全新内容 · 典藏版

品国学

卢志丹⊙著

国际文化出版公司
·北京·

图书在版编目（CIP）数据

毛泽东品国学：全新内容·典藏版/卢志丹著．－北京：国际文化出版公司，
2012.6

ISBN 978-7-5125-0337-3

I.①毛…　II.①卢…　III.①毛泽东思想－国学－研究
IV.①A841.6

中国版本图书馆CIP数据核字（2012）第032509号

毛泽东品国学：全新内容·典藏版

作　　者	卢志丹
责任编辑	艾迪
统筹监制	葛宏峰　古雪
策划编辑	许怡　廉勇
美术编辑	徐燕南
市场推广	刘菲
出版发行	国际文化出版公司
经　　销	国文润华文化传媒（北京）有限责任公司
印　　刷	阳谷毕升印务有限公司
开　　本	710毫米×1000毫米　　16开
	30印张　　　　　　450千字
版　　次	2012年6月第1版
	2020年1月第3次印刷
书　　号	ISBN 978-7-5125-0337-3
定　　价	78.00元

国际文化出版公司

北京朝阳区东土城路乙9号　　邮编：100013

总编室：（010）64270995　　传真：（010）64271499

销售热线：（010）64271187　64279032

传真：（010）84257656

E-mail：icpc@95777.sina.net

http://www.sinoread.com

序言："国学热"中的"冷思考"

目录

第六章

毛泽东品评《二十四史》（下）
★★★★★

目录

序言："国学热"中的"冷思考"

曾几何时，从八旬老叟到三岁小儿，人人开口"子曰"，闭口"国学"，许多被誉为"国学大师"和自封为"国学大师"者更是"你方讲罢我登坛"。

国学真的那么无所不能吗？我们应该不加辨别地"全盘复古"，还是与时俱进、古为今用呢？在"国学热"的扑面而至中，我们不能不进行一番"冷思考"。

在这种"冷思考"中，使我由然地缅怀一位伟人，那就是国学底蕴极其雄厚的开国领袖毛泽东。他熟读经书，精通史籍，诗词创作达到了很高的思想和艺术境界。毛泽东对国学的辩证思考和古为今用，在"国学热"的今日，仍然具有借鉴意义和指导作用。这正是我构思和创作《毛泽东品国学》的现实动因。

《毛泽东品国学》于2009年10月份出版后，引起全国各阶层读者的强烈反响，受到了一致好评，一直居于各大书城畅销书榜单中，纷纷被搜狐网、腾讯网、网易网、凤凰网等各大门户网站连载，点击率数以千万计，激起了网民的热议和评论。全国各地的报纸、杂志、电台等媒体也陆续或节选或连载，成为近年来"毛泽东热"和"国学热"的交响曲中的一道强音。

然而，毛泽东的国学素养博大精深，毛泽东读过的国学典籍汗牛充栋，显然，在一本小书中只能对毛泽东品读国学、活用国学的情况理其大端，粗线勾勒，所以难免有挂一漏万之憾。为了弥补这些缺憾和遗漏，笔者又一鼓作气，创作了《毛泽东品国学（全新内容·典藏版）》，对其令人叹为观止的毛泽东的国学大世界，更进一步地从纵横两大维度深入挖掘和拓展扩充。

这部《毛泽东品国学（全新内容·典藏版）》，对《毛泽东品国学》中没有充分展开的国学命题，予以纵深掘发。如毛泽东对《孙子兵法》的继承和超越，在《毛泽东品国学》中，只用了一小节的文字，蜻蜓点水，简略介绍；而在《毛泽东品国学（全新内容·典藏版）》中，则详细考证了毛泽东系统研读《孙子兵法》的确切时间，从兵学辩证法、"知彼知己"、"致人而不致于人"、"以十击一"、"避其锐气，击其惰归"等多个角度，阐述了《孙子兵法》对毛泽东军事思想形成的影响，以及毛泽东在现代战争中如何灵活运用《孙子兵法》的精髓以克敌制胜。

这部《毛泽东品国学（全新内容·典藏版）》，对毛泽东大智慧与国学精华之间的渊源关系，进行了深层探索和理论升华。在《毛泽东品国学》中对毛泽东与国学之间的关系进行了浅层的叙事性的陈述，即注重二者之间的"形似"；而在这本《毛泽东品国学（全新内容·典藏版）》中，则从更深的理论层面揭示了毛泽东对国学智慧的继承和超越，即更注重二者之间的"神似"。如探讨了毛泽东的"奋斗到死"人生哲学与儒家的"自强不息"思想的内在联系。又如对古典白话小说对毛泽东独具魅力的领袖风格的塑造进行了大胆的管窥蠡测。

这部《毛泽东品国学（全新内容·典藏版）》，对《毛泽东品国学》中没有介绍和涉猎的毛泽东国学世界，做了横向拓展。如中华民俗文化和传统曲艺是国学文化中的最富民族特色和生动鲜活的瑰宝，一般人脑海中的国学范畴对此多有忽视，而毛泽东对此却颇为关注和津津乐道，并留下大量品评和论述，《毛泽东品国学（全新内容·典藏版）》浓墨重彩地介绍了这两方面的内容。毛泽东与现代国学大师胡适、梁漱溟、郭沫若等名家的交往和对他们的品评，则更是《毛泽东品国学（全新内容·典藏版）》全新披露的内容。

当然，要驾驭如此重大而敏感的题材，要完成两部近百万言的厚重的书稿，没有对毛泽东的无限崇敬，没有满腔的激情，没有长期的研究和积累，是不可想象的。所幸我与毛泽东似乎有某种天然的联系：在我出生仅半个月后，毛泽东撒手人寰；我在十二岁时，就能背诵毛泽东全部诗词；而在我十七岁时，一个偶然的机会，使我读到一部美国人写的《毛泽东传》，我从此成为毛泽东的"忠实粉丝"。当同龄人在对歌星、影星们的狂热迷恋中度过青春岁月时，我却似乎有些不合时宜地无限崇拜毛泽东。

十数载来，我对毛泽东从热情崇拜到理性研究，从未间断过。我几乎第一时间地阅读了每一本新出版的关于毛泽东的传记、回忆录，以及各种逐年不断公开的历史档案资料。

在研究毛泽东的过程中，我为毛泽东渊博的国学知识、挥洒自如地运用国学的气度所深深折服。可以说，毛泽东是我真正的"国学导师"。

年复一年的深入研究，使我愈来愈认识到毛泽东的伟大。《诗经》云："高山仰止，景行行止。虽不能至，心向往之。"由于"心向往之"，就有了创作《毛泽东品国学》和《毛泽东品国学（全新内容·典藏版）》的难以扼制的激情。

然而，要完成一部厚重的书稿，仅凭"心向往之"的激情，可能会半途而废。写作的过程往往是寂寞和枯燥的。我是以毛泽东一生所倡导的认真态度、"下苦功"毅力和"拼命三郎"精神，去字斟句酌地、扎扎实实地写作这部书稿的。北京大学图书馆的晨钟暮鼓，国家图书馆尘封多年的资料上所留下的汗渍，是最好的见证。我最大的体会是，要完成一部较有价值的作品，必须有"板凳要坐十年冷，文章不著一字空"的劲头。

虽然我对毛泽东有着较深入的研究，但一个人的学力，毕竟是有限的，观点也难免偏颇，所以我虚心地学习了国内外的一些专家学者在相关领域的研究和观点，弥补了我在许多问题的偏颇不足之处，使本书趋于严谨和完善。这正如毛泽东所言：虚心使人进步！

当我在平静的书桌上创作这部分书稿时，窗外的"国学热"一浪高过一浪。借此机会，我想联系我对毛泽东的认识，以及本书的创作，对目前的"国学热"，谈谈自己的一点"冷思考"。

对于以国学为主的中华传统文化，毛泽东历来都主张"批判地继承"，"取其精华，去其糟粕"。但是，不知从何时开始，很多人似乎有这样的看法：毛泽东认为国学是"糟粕"，对其采取彻底的否定和批判态度。有人举例说：毛泽东与孔夫子水火不容，主张把"孔老二"批倒批臭。我认为，这些看法未免有些"以点代面"，"攻其一点，不及其余"。诚然，在毛泽东的最后岁月里，对孔夫子，对国学，说过一些过头的话，采取过一些极端的做法，但这远远不能代表他一生的态度。事实上，在毛泽东的一生中，在不同时期，不同场合，多次说过孔子的好话。我的总体感觉是，毛泽东对国学以继承和"取其精华"为主，以批判和"去其糟粕"为次。在这一点上，我们必须以历史的、辩证的眼光，加以分析，给毛泽东一个公允的评价。

在全面现代化的21世纪中国，传统的国学不可过热，过热就会"膨胀"，就是"发烧"，就会"发炎"，就会导致"病态"。如果不加辩证地机械复古、不加批判地盲目继承、不甄别其糟粕地全盘吸收，传统文化会"复而不兴"，"国学热"会熄灭于历史的死胡同中！令人遗憾的是，在今日的"国学热"大潮中，很多人恰恰缺失的是毛泽东的冷静的审视、辩证的眼光、批判的精神和"古为今用"的艺术。这也正是21世纪的今天，每个中国人探索毛泽东的国学大视野、重温毛泽东对国学的睿智品评的现实意义！

卢志丹

第一章

毛泽东品儒

孔孟有一部分真理，全部否定是非历史的看法。

——《毛泽东文集》第3卷，第84页

1. 青年毛泽东的道德修养与儒家的"内圣外王"

"内圣外王"是儒家所推崇的道德目标和行为模式。受儒家"内圣外王"之道的影响，青年毛泽东注重探讨"大本大源"，致力于道德品行的修炼。

"内圣外王"是儒家精神所昭示的人生理想。所谓"内圣"指内在的修养；所谓"外王"即把修养所得施之于外，将学问引向事功之途，达到"学问"与"事功"的统一。

集养身、进德、修业、建功于一体，这样的人，便是青年毛泽东所追求的"圣人"。在1917年8月20日给黎锦熙的信中，毛泽东依据儒家传统的人格分类模式，把人划分为圣人、贤人和愚人，并明确把是否把握了大本大源作为区分的标准：

"圣人，既得大本者也；贤人，略得大本者也；愚人，不得大本者也。圣人通达天地，明贯过去现在未来，洞悉三界现象，如孔子之'百世可知'，孟子之'圣人复起，不易吾言'。孔孟对答弟子之问，曾不能难，愚者或震之为神奇，不知并无谬巧，惟在得一大本而已。执此以对付百纷，驾驭动静，举不能逃，而何谬巧哉？"

毛泽东心目中的圣人，很有些像汉代大哲学家王充说的："儒者论圣人，以前知千岁，后知万世，有独见之明，独听之聪，事来则名。"古代儒家所说的圣人是"不学自知，不问自晓"，于是乎"圣则神矣"。显然，这样的生而知之并且直接等同于神的圣人，不是青年毛泽东心目中的圣人。他所说的圣人，是前面说过的必须是学而知之，并且有长期的自我更新和磨炼过程，他们不是神，只是对"本源"问题具有特殊领悟力的人。具体说来，"所谓圣人，而最大之思想家也"，并无"谬巧"之处。

青年毛泽东把"内圣"和"外王"的统一，学问和事功的结合视为完美人格的体现。在涉及"内圣"和"外王"的关系时，毛泽东十分重视前者的前导和决定作用，即"有豪杰而不圣贤者，未有圣贤而不豪杰者也。圣贤，德业俱全者；豪杰，歉于品德，而有大功大名者"。那么，怎样才称得上"内圣"呢？青年毛泽东认为，领悟到宇宙的"大本大源"，即"宇宙真理"，便标志着"内圣"的完成。

翻开毛泽东的早期文稿，"本源"的字眼和有关本源问题的讨论和探究出现在他很多文章、书信中。为表示对其的尊崇，他往往又将"本源"称之为"大本大源"。其中最有名的一段关于"本源"问题思考的文字是在他1917年8月23日致黎锦熙的信中。信中他是这样阐发自己对"本源"问题重要性的认识的：

"欲动天下者，当动天下之心，而不徒在显见之迹。动其心者，当具有大本大源。今日变法，俱从枝节入手，如议会、宪法、总统、内阁、军事、实业、教育，一切皆枝节也。枝节亦不可少，惟此等枝节，必有本源。本源未得，则此等枝节为赘疣，为不贯气，为支离灭裂，幸则与本源略近，不幸则背道而驰。夫以与本源背道而驰者而以之为临民制治之具，几何不谬种流传，陷一世一国于败亡哉？而岂有毫末之富强幸福可言哉？夫本源者，宇宙之真理。天下之生民，各为宇宙之一体，即宇宙之真理，各具于人人之心中，虽有偏全之不同，而总有几分之存在。今吾以大本大源为号召，天下之心其有不动者乎？天下之心皆动，天下之事有不能为者乎？天下之事可为，国家有不富强幸福者乎？"

那么什么是他所说的"本源"？他在信中说道"愚意所谓本源者，倡学而已矣。惟学如基础，今人无学，故基础不厚，时惧倾圮。"从这句话中可以看到，他"所谓本源者，倡学而已矣"。可是他"倡学"倡什么"学"，仅仅是普通的知识吗？从引用的上段文字可以看到，他又将"大本大源"称之为"宇宙之真理"。这个"真理"是绝对独立于人、物而高高在上的精神本体，是于冥冥之中操控宇宙、社会、人生万千形态的法则。这个"大本大源"虽超然独立于宇宙、社会、人生之外，却又"各具于人人之心中"，甚至"虽有偏全之不同，而总有几分之存在"。从他这些对"大本大源"的描述上，可以看到朱熹"体用不离"思想对他的影响，朱熹也曾说过"无涵养本原功夫，终是觉得应事匆匆"，这和毛泽东对"本源"的态度也有异曲同工之妙。

青年毛泽东对于"大本大源"的探索充满热情。他在致黎锦熙的信中激情豪迈地鞭策自己说："将全副工夫向大本大源处探讨。探讨所得，自然足以解释一切，而枝叶扶疏，不宜妄论短长，占去日力"；他还在给黎锦熙的信中称本源为"大原则"，认为"宇宙间所有一切之现象，悉自此大原则而生"。那么，这一"大原则"又通过什么去贯彻呢？他回答说："故愚以为，当今之世，宜有大气量人，从哲学、伦理学入手，改造哲学，改造伦理学，根本上变换全国之思想。"也这是"天下亦大矣，社会之组织极复杂，而又有数千年之历史，民智污塞，开通为难"的缘故，非以哲学、伦理学入手"动天下之心"恐难以奏效。可见，他所"倡"的"学"不是一般知识，而是包含伦理思想的哲学。他当时的"倡学"就是"普及哲学"：

"欲人人依自己真正主张以行，不盲从他人是非，非普及哲学不可。吾见今之人，为强有力者所利用，滔滔皆是，全失却其主观性灵，颠倒之，播弄之，如商货，如土木，不亦大可哀哉！人人有哲学见解，自然人己平，争端息，真理流行，群妄退匿。"

从是否注重抓"大本大源"入手，毛泽东对一些历史人物的成败利钝进行了分析考察。在他看来，被人奉为"至圣先师"的孔子之所以百无不知，影响遍及列国，并没有什么神奇之处，而"惟在得一大本而已"；曾国藩被人推崇为"立德"、"立言"、"立功"三不朽，也是因为曾氏好讲"大本大源"之道，深感"义理明则躬行有要而经济有本"。

圣人不仅是思想智力超群的人，还是具有高度的历史责任感，进入道德精神最完善境界的人。圣人所做的事，普通人之所以不能做或做不到，就因为他们的"精神及身体发达之能力"没有达到至高至善至美的境地。圣人在思想上超越了自我、超越了肉体欲望的束缚和困扰，他们是"宇宙之我，精神之我"融入宇宙的仁人"大我"，自然是要以天下事为己任，这是他们的人格价值实现的基本途径，为此他们不惜牺牲肉体"小我"。

青年毛泽东在《讲堂录》中写道："语曰，毒蛇螫手，壮士断腕，非不爱腕，非去腕不足以全一身也。彼仁人者，以天下万世为身，而以一身一家为腕。惟其爱天下万世之诚也，是以不敢爱其身家。身家虽死，天下万世固生，仁人之心安矣。"毛泽东的这番言论继承了儒家思想重精神大我而轻肉体小我的传统，这就涉及义利之辩的老课题。

儒家历来主张"重义轻利"，"君子谋道不谋食"，"杀身成仁，舍生取义"，"去私心，行公义"。儒家这种"义利观"包含着两个关系，即道德与利益的关系，个人与社会整体利益的关系。强调精神道德高于物质利益。孔子说，"不义而富且贵，于我如浮云"；强调个人利益服从社会整体利益，视整体利益为最大的"义"。又说"志士仁人，无求生以害仁，有杀身以成仁"，道德理想比生命更重要。儒家这一思想为历代文人志士所称道。

对此，毛泽东提出了一个"精神乐利"的说法。在《讲堂录》中，他说："乐利者，人所共也，惟圣人不喜躯壳之乐利（世俗之乐利），而喜精神之乐利，故曰饭疏食饮水，曲肱而枕之，乐亦在其中矣。不义而富且贵，于我如浮云。"所谓精神乐利，就是安贫乐道。

圣人的精神境界如此之高，就难免曲高和寡，不过圣人之所以为圣人，就是因为他们于孤独中，更能彰显出固有的清高和自尊。他们面对困难无所畏惧，专注于寻求本源和守持人格的独立意志。对此，毛泽东在《讲堂录》中又说："圣人之道，不求人知，其精神惟在质天地而无疑，放四海而皆准，俟百世而不惑，与乎无愧于己而已。并不怕人毁，故曰举世非之而不加沮，而且毁之也愈益甚，则其守之也愈益笃，所谓守死善道是也。独立不惧，遁世不闷。狂澜滔滔，一柱屹立。醉乡梦梦，灵台昭然。泰山崩于前而色不动，猛虎蹴于后而魂不惊，独立不惧之谓也。邦无道而愚，邦无道贫且贱焉可也；一箪食一瓢饮，在陋巷不改其乐，遁世不闷之谓也。"

圣人之所以孤独，是因为这个世界有更多的不得大本大源的小人愚人存在。他们终日经营忙碌，蔽于物欲，缺乏"高尚之道德"和理想，眼光狭隘，心里盘算的无非是这样几件事："生死一也，义利一也，毁誉一也。"由于没有本源的支撑，盘算也没有用，仍然不能掌握自己的命运，更不具备自我解放的动力和能力，说起来也"大都可悯"。

在描绘了这些在苦海中挣扎的芸芸众生之后，一种恻隐之心在青年毛泽东心里油然而生，进而赋予他心目中圣人君子以慈悲情怀："君子当存慈悲之心，以救小人。"具有慈悲之心的圣人君子胸中应该存有这样一种逻辑："小人者，吾同胞也，吾宇宙之一体也，吾等独去，则彼将益即于沉沦。"这样，圣人要从事泽被万代的教化，要把关于本源的了不起的认识成果普及于人间，要把高尚的仁义道德精神灌输给大众。

自走出"乡关"之后，毛泽东就开始自觉地把完善自我道德视为实现远大抱负的必由之路。翻开毛泽东早年写给师友的一些信函，一种对儒家圣贤高山仰止般的崇敬之情，几乎随处可见。他立志以"言天下国家之大计，成全道德，适当于立身处世之道"作为人生追求。他深信："内省不明"则无以立身，只有通过持之以恒的"尽吾之性，完吾之心"的道德实践，使自己达到"内圣"的人格境界，即"发展吾之一身，使吾内而思维、外而行事，皆达正鹄"，才可以安身立命，并体验到圣人那种天人合一的崇高的道德人生境界。他早年"沧海横流安足虑，世事纷纭何足理。

管却自家身与心，胸中日月常新美"的诗作，就明显地流露出对超越尘世的向往。

1915年9月27日，毛泽东致信萧子升："吾人立言，当以身心之修养、学之研求为主，辅之政事时务，不贵文而贵质，彩必遗弃，惟取其神。"道德学问的功夫被摆到了绝对优先的地位，相形之下，一般人所热衷的"政事时务"倒是其次了。

儒家特别强调修己正身。身就是个人，修身即把个人修养到完善的地步，提出自天子至庶人皆以修身为本，都要从"知仁勇"方面去发展人的理想。

孔子强调"克己"，主张"慎独"；曾子提出"吾日三省吾身"；孟子主张在困难的环境里有意识地去经受锻炼。儒家这套反身内省的道德修养方法，包含了许多有价值的东西，为历代有志者所借鉴。

毛泽东青年时代深受这种克己内省说的影响，主张通过内省、恢复主观性灵。为培养自己的"克己"功夫，他"忍劳苦、制嗜欲，而好深沉之思"。成为马克思主义者后，毛泽东批判了主观内省说的唯心主义本质，吸取其重视主体修养功夫的合理因素，提出了自我修养就是自我改造的修养方法。

日常生活中，他与朋友约定"三不谈"：不谈金钱，不谈男女，不谈家庭琐事，专心致力于道德人格的提升。为磨炼自己的意志，他坚持冷水浴和冬泳。

青年毛泽东诚心实意地致力于道德品行的修炼，但他越是真诚地进行道德反省，就越产生出深切的道德紧张感，即一种对于自身道德功夫难以企及圣贤气质的忧患意识，以至"夙夜危惧，愧对君子"。

1915年8月，毛泽东创作了一则富有哲理的寓言，借以对自己的道德修养功夫进行深刻的反省与"自讼"。在寓言中，他以质朴无华而硕果累累的匏瓜和艳丽多姿华而不实的牡丹来象征两种截然不同的人格，进而又设置"客与我"的对话，由对方以柏拉图式的提问来剖析和暴露自己身上所存在的"耸袂轩眉"、"姝姝自悦，曾不知耻"的"浮嚣之气"。通过这种道德"自讼"，毛泽东深切地认识到自身的道德功夫同圣贤君子的巨大差距，进一步激发了强化"内省"功夫的紧迫感。

直到1921年1月，在写给彭璜的信中，毛泽东还颇为自责地检讨了自己几年来"几尽将修养功夫破坏，论人喜苛评，而深刻的内省功夫，几乎全废"。他冷峻地提出："吾人有心救世，而于自己修治未到，根本未立，枝叶安茂？"可以说，青年毛泽东受儒家传统思想的影响，对"内省"功夫的追求已达到相当自觉的程度。

受时代思潮的影响，青年毛泽东讲求的"内省"功夫，其具体内涵在"五·四"前后经历了由儒家道德到近代启蒙主义道德思想范式的转变。一方面，"内圣"的整个价值背景已由儒家"三纲五常"之类的宗法伦理体系，转换为自由、平等、博爱以及个性至上等近代启蒙主义的思想价值体系；另一方面，毛泽东没有因此而从思维模式上割断同内省之道的精神联系，而是把传统的内省之学同"五·四"时期所流行的个性解放、自我实现等近代西方价值观念糅合在一起，将传统的内省之道转变成了发达个性、实现自我价值的现实途径。

青年毛泽东对儒家"内圣外王"的内涵进行改造和扬弃，还表现在他对传统的"内圣"之学引向"外王"之业方面的突破。求"内圣"，传统儒学以守静笃敬和直观顿悟为不二法门，把获致"大本大源"的过程看做是一种神秘的内心体验和灵感生发。把"内圣"引向"外王"，传统儒学将其视作一种自然而简单的外推和扩充，主要方式便是"倡学"，"攻心"。青年毛泽东则认为，人之所以无"内圣"，不仅仅在于无"内省之明"，而且还因为"无外观之识"。也就是说，"大本大源"的取得不仅仅需要主观上的自察自省，而且离不开后天的磨炼和积累。这反映出青年毛泽东在认识上有注重理性和实践发展的趋向。青年毛泽东愈来愈不相信"圣人"能够"从容中道"，相反，"圣人"都是"抵抗极大之恶而成者也"。

"五·四"运动以后，毛泽东并没有简单地抛弃传统的内省之道，而是运用新的世界观和方法论，将儒家注重人的道德修养转变为关于改造人的主观世界的思想体系。他摒弃了单纯依靠个体主观的内省功夫来提升人格境界的思想路径，突出地强调社会个体必须积极投身现实的社会斗争，并在实践中不断地改造自己的立场、观点，不断净化自己的思想灵魂，使自己从思想到情感都来一个脱胎换骨的转变，最终把自己塑造成为一个无私、忘我的"纯粹的人"。他将"动"、"斗"、"抵抗"等实践观念引入自己的人生观中，使其人生观带上了辩证和务实的色彩，表现出意欲通过暴烈的方式推行"宇宙真理"的潜在趋势。这也正是他以后接受马克思主义的社会革命论的重要思想基石。

随着毛泽东逐步成为马克思主义者和革命家，对于"内圣外王"之道，无论在内涵还是在实现方式上，毛泽东都给予其革命性的突破。正是这种突破和"动"、"斗"、"抵抗"的实践奋进精神，使他能够经受长期艰苦卓绝的英勇奋斗，最终领导中国革命取得胜利。

2. 青年毛泽东注重实践与儒家的知行观

青年毛泽东思想受儒家文化的影响，最突出的一点就是他注重实践。

儒家很重视道德践履的作用，重视的往往不是理论（知）本身，而是如何把理论付诸实践（行）。儒家各派，对知与行关系，虽有"知先行后"、"行先知后"或"知行合一"的区别，但无论哪一派都认为"行"重于"知"。孔子教育弟子要"讷于言而敏于行"，即多做事少夸夸其谈。孔夫子评价学生好坏的标准，不看他怎么说，而是看他怎么做："听其言而观其行。"孔子认为一个有道德的人应当是"言之必行也"，一个人如果说空话不行动，言而无信，那是很可耻的。

1913年，在湖南一师求学的毛泽东在《讲堂录》中写道："有办事之人，有传教之人。前如诸葛武侯、范希文，后如孔、孟、朱、陆、王阳明等是也。"

1916年12月9日，毛泽东在致黎锦熙信中阐述智、仁、勇（德、智、体）三育并举，引孔子、孟子事迹作为论据，说"昔者圣人之自卫其生也。鱼馁肉败不食，《乡党》一篇载之详矣。孟子曰：'知命者不立夫岩墙之下一。'"

1917年4月，毛泽东在《体育之研究》中说："盖此事不重言谈，重在实行。"毛泽东在《体育之研究》一文中又说："惟北方之强，任金戈死而不厌；燕赵多悲歌慷慨之士；烈士武臣，多出凉州。"列举明末清初学者颜元、李筼、顾炎武的事迹说："此数古人者，皆可师者也。"其实，在中国古文献记载中，注重实践锻炼的儒家先贤随处可见。

青年毛泽东对司马迁寻访天下而著《史记》，顾祖禹遍历大江南北而著《读史方舆纪要》，徐霞客也游历天下名山大川，顾炎武虽然是南方人但好骑马而居北方，等等事迹，非常向往。因为这些做法无不是儒家践履"明道"而游历天下的写照。

毛泽东曾满怀激情地写道："闭门求学，其学无用。欲从天下国家万事万物而学之，则汗漫九垓，遍游四宇尚已，游之为益大矣哉！仲尼登祝融之峰，一览众山小；泛黄渤之海，启瞬江湖之失；马迁览潇湘，泛西湖，历昆仑，周览名山大川而其襟怀乃益广。"毛泽东曾利用暑假和自己的好友萧子升徒步旅行湖南的大部分地区，一路上他们切磋学问，拜访学者，体验社会人情风貌。可以说，这是他第一次较大范围的社会实践。

青年毛泽东在《伦理学原理》批注中说"吾人务须致力于现实者：如一种行为，此客观妥当之实事，所当尽力遂行；一种思想，此主观妥当之实事，所当尽力实现"，"主观、客观皆满足而后谓之善"，"凡吾思想之所及者，吾皆有实行之义务"。即认为学、思的行为的目的都在于实践。

毛泽东强调将一切思想和学说落实在具体的行动和对现实的改造中。在致周世钊的信中，他说："吾人如果要在现今的世界稍可尽一点力，当然脱不开'中国'这个地盘，关于这地盘内的情形，似不可不加以实地的调查，及研究。"1921年1月，毛泽东主张把新民学会的方针确定为"改造中国与世界"。这些主张都体现了毛泽东注重实践的思想。

然而这并不是说，青年毛泽东注重于行，而不注重知。纵观毛泽东的早期实践活动，他同样重视对观念和思想的改造（"涤除旧思想、开发新思想"）。

在毛泽东早期思想中，"心"是一个极其重要的概念。在《讲堂录》中，他写道："精神心思，愈用愈灵，用心则小物能辟大理"。1917年8

月23日，毛泽东给黎锦熙的信中写道："欲动天下者，当动天下之心"。之所以如此，主要是由于儒家文化的积淀。首先是宋明理学的影响。毛泽东的恩师杨昌济就是宋明理学的提倡者，"在中西两个渊源中，仍以中国传统哲学为主，而宋明理学尤为杨昌济所推崇"。

青年毛泽东说："天下之生民，各为宇宙之一体，即宇宙之真理，各具于人人之心中。"这与朱熹"人人一太极，物物一太极"的宇宙生成论何其相似！太极即理，理即世界的大本大源。学生时代的毛泽东认为，通过"内省"认识了这种大本大源，以之为号召，"天下之心其有不动者乎"？

青年毛泽东还认为："凡知识必建为信仰，当其知识之时，即心以为然，此以为然之状态，即信仰也。""夫知者信之先，有一种之知识，即建为一种之信仰，既建一种之信仰，即发为一种之行为。知也，信也，行也，为吾人精神活动之三步骤。"这显然非常近似于宋代大儒朱熹的"知先行后"观。

要实现"动天下之心"的目的，需现实之手段，这便是教化。青年毛泽东非常重视对人的观念和精神的改造。他认为中国积弱积贫，根本原因在于"觉吾国人积弊甚深，思想太旧、道德太坏。夫思想主人之心，道德范人之行，二者不洁，遍地皆污"。因此，他主张根本解决之道还在于从改变"人心道德"、"变化民质"入手，这是实现其大同理想的切入点和手段。他说："天下之心皆动，天下之事有不能为者乎？天下之事可为，国家有不富强幸福者乎？"他还说："人人有哲学见解，自然人己平，争端息，真理流行，群妄退匿。"

毛泽东在《伦理学原理》批注中说："然谓知识毫无影响于人心则非，知识固大有影响于人心者也。人心循感情冲动及良心而动作者半，循新得之知识而动作者亦半。人类之有进步、有革命、有改过之精神，则全为依靠新知之指导而活动者也。"显然，毛泽东认为学习教化可以改造人心。

宋明理学对湖湘学风影响深远，青年毛泽东当然受到其熏染。他对中国文化传统的继承和创新，特别是对学以致用、实事求是思想的继承和创新，实际上就是对儒家文化开放的道德践履理论的继承和创新。

3. 毛泽东的"奋斗到死"与儒家的自强不息

《论语》中尽管也记载着孔子说过的"道不行，乘桴浮于海"的话，孔子对隐士表示出了足够的理解与尊敬，但是他终究没有"遁世"。他周游列国，试图以"王道"来改变"礼崩乐坏"、"王道湮没"、"霸道横行"的乱世，以自己的身体力行为后世的儒者演绎了积极入世的情怀。

孟子主张："古之人得志，泽加于民；不得志，修身兼于世。穷则独善其身，达则兼济天下。"

宋代大儒张载更是以"为天地立心，为生民立命，为往世继绝学，为万世开太平"雄伟的姿态，诠释儒家的入世情怀。

入世，济世，就得奋斗。儒家认为，要实现自己的人生价值和济世理想，决不是一件轻而易举的事情，必须发挥刚健有为、自强不息的精神，诚如《易经》所言："天行健，君子以自强不息。"

孔子的人生态度是积极向上的，他一生"学而不厌，诲人不倦"，"发愤忘食，乐以忘忧，不知老之将至"，为传播和推行自己的政治主张，周游列国，虽遭冷嘲热讽和挫折打击，但从不灰心丧气。他说"士不可以不弘毅"，始终"不怨天，不尤人"。孔子满怀信念，认为事在人为，一切取决于自己的努力，只有具有坚毅刚强的意志，发挥自己的积极性、主动性和自觉性，才能战胜人生的各种艰难困苦，获得成功。

孟子的人生态度也是积极有为的。孟子认为人们的先天素质一般差不多，关键在于后天的努力。"舜，何人也？予，何人也？有为者亦若是。"主张只要积极有为，充分发挥自己的主观能动性，每个人都可以成为像尧舜那样的圣人。他还踌躇满志地说："夫天未欲平治天下也；如欲平治天下，当今之世，舍我其谁也！"号召人们不能仅仅考虑个人的私利，必须履行自己的社会责任，勇敢地承担起自己肩负的历史使命。孟子还有一个非常著名的观点："故天将降大任于是人也，必先苦其心志，劳其筋骨，饿其体肤，空乏其身，行拂乱其所为。"即人们要有所作为，成就一番事业，就不能贪图安逸，而应该到艰苦的环境中自觉锻炼自己。

荀子从人与自然关系的角度来阐述积极进取的人生态度。他认为，在世界万事万物中，"人最为天下贵"，人应该发挥自己的本质力量去征服自然，让自然为人类造福。荀子曾豪迈地说："大天而思之，孰与物畜而制之？从天而颂之，孰与制天命而用之？故错人而思天，则失万物之情。"荀子认为，人要从大自然的奴隶跃升为大自然的主人，就必须一步一个脚印地扎实奋斗，"道虽迩，不行不至；事虽小，不为不成"；就必须发扬坚韧不拔、锲而不舍的精神，"骐骥一跃，不能十步；驽马十驾，功在不舍。锲而舍之，朽木不折；锲而不舍，金石可镂"；就必须有百折不挠、愈挫愈勇的气概，"良农不为水旱不耕，良贾不为折阅不市，士君子不为贫穷怠乎道"。

对儒家的积极入世、自强不息、刚健有为的奋斗精神，毛泽东一生不仅继承和发扬光大，而且身体力行，有所超越。

毛泽东多次强调人要有"朝气"和"精神"。早在湖南第一师范读书时，他就说年轻人必须有蓬勃向上的朝气，"少年须有朝气，否则暮气中之。暮气之来，乘疏懈之隙也"，没有朝气，暮气就会乘隙而入，就会贪图安逸享受，滋生懒散惰性。青年毛泽东说："人而懒惰，农则废其田畴，工则废其规矩，商贾则废其所鬻，士则废其所学。业既废矣，无以为生，而杀身亡家乃随之。"认为懒惰是万恶之源，不仅导致事业荒废，而且可能带来杀身亡家之祸。

相反，青年毛泽东认为一个人如果有奋斗和拼命精神，则可以一当十，迸发出平时难以想象的巨大力量，"以五千之卒，敌十万之军；策疲乏之兵，当新羁之马"。

青年毛泽东在日记中豪迈地写道："与天奋斗，其乐无穷；与地奋斗，其乐无穷；与人奋斗，其乐无穷！"认为人要生存，就必须奋斗。奋斗不仅是生存的前提，而且是人生快乐幸福的重要源泉。

20世纪初动荡的时局，促使毛泽东胸怀了"天下兴亡，匹夫有责"的强烈使命。他曾为自己取别名"子任"，以示"以天下为己任"，并以实际行动积极融入改造社会的洪流之中。

为了响应辛亥革命，18岁的毛泽东曾投笔从戎，参加长沙的起义新军。1918年，毛泽东与蔡和森等倡导建立了"新民学会"，以图"革新学术，砥砺品行，改良人心风俗"。

1919年7月14日，在《湘江评论》的《创刊宣言》中，毛泽东以国家主人翁的豪情写道："天下者，我们的天下；国家者，我们的国家；社会者；我们的社会。我们不说，谁说？我们不干，谁干？"

在1920年前后转变为马克思主义者后，在长期的革命实践以及在与各种错误思想、路线，以及内外敌人的斗争过程中，毛泽东逐渐成长为一位成熟而坚定的无产阶级领袖，他以更加积极雄浑的气势，忘我地投身到中国的革命与建设的伟大事业中。

毛泽东自强不息的奋斗精神，可以概括为四点：

其一，决不屈服，抗争到底。

在抗日战争爆发前夕，毛泽东曾号召全国人民发扬自强不息的民族精神，与日本帝国主义进行殊死斗争。"我们中华民族有同自己的敌人血战到底的气概，有在自力更生的基础上光复旧物的决心，有自立于世界民族之林的能力。"他领导的中国共产党带领中国人民以自己的血肉之躯战胜了凶恶残暴的日本帝国主义者和蒋介石领导的国民党反动派，推翻了"三座大山"，取得了中华民族的独立和解放。

其二，吃苦耐劳，艰苦卓绝。

早在青年时代，毛泽东就认为"咬得菜根，百事可做"。所谓"咬得菜根"就是能吃大苦、耐大劳、艰苦卓绝。"艰苦奋斗"是中国共产党的"传家宝"。中国共产党之所以能在极其艰难困苦的条件下不断发展壮大，最后取得革命胜利，一个重要原因就是艰苦奋斗。井冈山时期，红军的物质生活非常艰苦。毛泽东曾亲笔描述："许多士兵还是穿两层单衣。好在苦惯了，而且什么人都一样苦，从军长到伙夫，除粮食外一律吃五分钱的伙食。"正是这种吃苦精神，中国工农红军创造了二万五千里长征的惊世奇迹。延安时期，由于国民党反动派的严密封锁，陕甘宁边区的物质极其匮乏。为了生存和发展，毛泽东提倡"自己动手，丰衣足食"，发动大生产运动。全国解放前夕，毛泽东预见到在夺取全国政权、共产党成为执政党以后，少数党员干部将滋生贪图安逸、追求享乐的思想，一些人甚至会走上腐化堕落的道路，为此，他警告务必预防"党内的骄傲情绪，以功臣自居的情绪，停顿起来不求进步的情绪，贪图享乐不愿再过艰苦生活的情绪"，号召全党"继续地保持艰苦奋斗的作风"。

其三，坚忍不拔，持之以恒。

在数不清的困难和挫折面前，毛泽东以湖南人特有的"打脱牙齿和血吞"的精神，坚定地抗争。他认为克服困难、战胜挫折，必须有"恒心"与"耐力"。而恒心和耐力则必须具备顽强的意志和坚韧的毅力，锲而不舍，坚持到底，最后"以久制胜"。

其四，生命不息，奋斗不止。

毛泽东的一生是奋斗不息、永不停步的一生。学生时代主张"今日之我与昨日之我挑战，来日之我与今日之我挑战"。延安时期提倡"永久奋斗，奋斗到死"。全国解放后，毛泽东要求全体党员，"保持过去革命战争时期的那么一股劲，那么一股革命热情，那么一种拼命精神，把革命工作做到底"。晚年毛泽东的奋斗意识更加紧迫，他在《满江红·和郭沫若同志》一诗中写道："多少事，从来急；天地转，光阴迫。一万年太久，只争朝夕。"这种"只争朝夕"的紧迫感与儒家"老牛明知夕阳短，不用扬鞭自奋蹄"的自强不息精神一脉相承。

毛泽东以天下为己任、自强不息、卓绝奋斗的精神，得到了广泛的赞誉。美籍华人、著名中国问题专家费正清先生认为毛泽东"是历史上最少丧失信心并具有坚强意志的人之一"，在他身后，是"一个面貌一新的民族"和"一片经过改造的国土"。美国著名学者斯图尔特·施拉姆说："虽然毛未能超越他自己的历史局限性，但他对于作为一个20世纪的民族的中国的发展作出的贡献，仍然是给人印象深刻的。他充满着不妥协的献身于中国的独立和民族的尊严的强烈的精神，使它从一个衰弱、分裂、任凭外国干涉的国家变成了世界大家庭的强大的、受到尊敬的一员。"

4. 毛泽东的忧国忧民与儒家的忧患意识

儒家思想中，具有浓厚的忧患意识。孔子指出"人无远虑，必有近忧"，孟子也主张"生于忧患，死于安乐"。儒家忧虑的不是个人的一己私利，而是心忧天下，关注黎民百姓的疾苦、社稷的安危、仁政的推行与否，一句话，就是忧国忧民。

孟子主张统治者要和老百姓同欢乐共患难，他说："乐民之乐者，民亦乐其乐；忧民之忧者，民亦忧其忧。乐以天下，忧以天下。"

北宋范仲淹把孟子"乐以天下，忧以天下"的思想推向一个更高的境界，他在《岳阳楼记》中说："先天下之忧而忧，后天下之乐而乐。"不管个人的命运如何，时刻心系国家的命运、社稷的安危、黎民的疾苦，时刻准备匡济天下、以身许国，即所谓"位卑未敢忘忧国"，"天下兴亡，匹夫有责"。这样，就把忧患意识升华为"以天下为己任"的崇高社会责任感和历史使命感，并使之成为中华民族生生不息的爱国主义精神的源泉。

在儒家思想的熏陶下，中华民族成为一个具有强烈忧患意识的民族。忧患意识的本质是"居安思危"，即所谓"安而不忘危，存而不忘亡，治而不忘乱"，从而未雨绸缪，防患于未然。

毛泽东继承和发扬了儒家的忧患意识，认为忧患与人俱生而来。他指出："一点不怕，无忧无虑，真正单纯的乐神，从来没有。每一个人都是忧患与生俱来。学生们怕考试，儿童怕父母有偏爱，三灾八难，五痨七伤，发烧四十一度，以及'天有不测风云，人有旦夕之祸'之类，不可胜数。"既然忧患是客观存在的，人们就应该以积极理性的态度对待它，要承认忧患、正视忧患，时刻保持忧患意识。

毛泽东认为，忧患并不完全是坏事，从某种意义上说还是好事。因为忧患能锻炼人的意志，考验人的毅力。毛泽东经常引用司马迁《报任安书》中的一段话："文王拘而演周易，仲尼厄而作春秋，屈原放逐，乃赋离骚。左丘失明，厥有国语。孙子膑脚，兵法修列。不韦迁蜀，世传吕览。韩非囚秦，说难孤愤。诗三百篇，大抵圣贤发愤之所作也。"以此来说明一个人要有所作为，或想成就一番事业，必须经过痛苦忧患的磨炼。

忧患意识使毛泽东能正确地认清形势并在强烈的危机感中始终保持奋发有为的精神状态，在危急关头力挽狂澜，在更清醒的思考中规划发展的蓝图，不断地开拓事业的新境界。

毛泽东的忧患意识源于对国情的清醒认识与反映。近代中国被动挨打，"国将不国"的现实激发了毛泽东为民族复兴而努力奋斗的决心，这是他忧患意识产生的现实根源。正是由于正确认识了当时中国社会的性质是"半殖民地半封建"的国情，并在此基础上制定了革命的正确路线、方针和政策，才最终迎来了新中国的诞生。

在十四五岁时，毛泽东读了一本关于帝国主义列强瓜分中国的小册子，这本小册子记述了日本占领朝鲜、台湾的经过，谈到了越南、缅甸等国家主权的丧失。读了这本小册子以后，毛泽东受到极大刺激，开始关注国家的前途命运，忧国忧民，以天下兴亡为己任。

中年时期，特别是在成为中国共产党主要领导人之后，毛泽东主要忧虑中国共产党能否在错综复杂、艰难险恶的环境中获得生存发展，避免夭折和被扼杀的命运。

在中国共产党的早期历史上，由于国内外敌人相互勾结、联合绞杀，再加上中共本身比较弱小、没有经验以及早期领导人多次犯"左倾"、"右倾"错误，中国共产党几次面临九死一生的危险。毛泽东对此十分忧虑。虽然他当时不是中共的主要领导人，不能决定中国革命的航向，但他凭着自己的大智大勇和独立思考，多次扭转了被动局面和危险局势。

在成为中国共产党主要领导人后，特别是在抗日战争时期，毛泽东殚精竭虑、运筹帷幄，一手抗击外患，一手化解内忧，既取得了抗日战争的伟大胜利，又粉碎了蒋介石妄图消灭共产党的阴谋，还极大地发展壮大了共产党的力量。

全国解放前夕，毛泽东开始忧虑两个问题：一是在进入城市以后，党能否继续保持自己的艰苦奋斗本色，经受住资产阶级糖衣炮弹的袭击；二是党能否巩固自己的执政地位，承担起领导全国经济建设的重任。对第一个忧虑，他主要是告诫全党牢记"两个务必"，继续保持谦虚谨慎、不骄不躁、艰苦奋斗的优良作风，同时也采取"三反"、"五反"等预防措施和惩戒手段。对第二个忧虑，他主要是将党的工作重心从农村转移到城市，号召全党"必须用极大的努力去学会管理城市和建设城市，必须学会在城市中与帝国主义、国民党、资产阶级作政治斗争、经济斗争和文化斗争"；同时全党要学习经济知识和专业知识，尽快从外行转变为内行。

毛泽东的忧患意识也是对历史经验教训的深刻反思和总结。毛泽东善于从中国历史经验中吸取教训。秦朝"万代"而终于二世、隋炀帝纵情声色而人亡政息、李自成"声色犬马"而撤出北京等，这些生动事例验证的"逸豫可以亡身"之理，是历史总跳不出"其兴也勃焉，其亡也忽焉"的怪圈的原因。正是为了跳出历史周期率，毛泽东提出"让人民来监督政府，政府才不会懈怠；只要人人起来负责，才不会人亡政息"。

中华人民共和国成立以来，中国共产党却面临更大的挑战：中国工业生产由于战争的破坏而远远低于当时世界工业生产的平均水平。这就是中国的基本国情，即毛泽东所说的"一穷二白"。中国搞建设的外部环境不利：帝国主义对中国的政治、经济、文化、外交等方面进行全面的封锁与遏制；社会主义苏联搞霸权主义，在中苏边境陈兵百万，不断进行武装挑衅；再加上自己搞建设的经验不足。这样的国情和建设环境使毛泽东一方面担心经济文化长期得不到快速发展，中国可能重新回到"落后挨打"的境地甚至将会"被开除球籍"；另一方面忧虑"党变修"、"国变色"。因而愈到晚年，毛泽东的忧患意识愈浓烈。

笔者以为，毛泽东晚年愈来愈浓烈的忧患意识等原因，促使他在实际进行社会主义建设过程中，提出了一些"左"的路线、方针和政策，如经济建设上的"大跃进"等。晚年毛泽东忧虑国家的安全，担心帝国主义、霸权主义很快发动世界大战。帝国主义军事包围和经济封锁破产后，毛泽东对"和平演变"又表现出特别的敏感。20世纪60年代中后期，毛泽东认为中国在国际上面临"帝、修、反"的包围和发动大规模侵略战争的危险，因而从1965年开始把经济建设的着眼点放在军事战略上，把国民经济转移到以"战备为中心"的军事战略发展轨道，希望全国人民做好战争准备，立足"早打、大打、打核战争"，与"帝、修、反"争时间，抢速度。毛泽东晚年还特别关心"党变修"、"国变色",坚持认为国际上修正主义思潮泛滥,自己的睡榻旁边正"酣睡"着中国式的"赫鲁晓夫",因而得出"在社会主义条件下,仍然存在着资本主义复辟的危险性",也正是出于这种"忧患意识",提出了"无产阶级专政下继续革命"的理论,这就奠定了发动"文化大革命"的理论基础,其教训是深刻的。

继承了儒家忧患思想的毛泽东忧患意识,是当代中华民族的精神支柱;以忧国忧民为主要内容的毛泽东忧患意识,必将成为实现中华民族伟大复兴的动力之源。

5. 毛泽东对儒家"取其精华"式的活用

在新民主主义革命时期,毛泽东在他的讲话和著作中,经常引用孔子和儒家其他人物的一些言论,以增加自己论述的思想性和生动性。这种运用,反映了毛泽东对于孔子和儒家思想是十分熟悉的,善于取其精华,去其糟粕,熟练地为我所用。

其一,运用在政治斗争上。

在抗日战争时期,毛泽东经常将《论语》中的"和为贵"思想,运用于统一战线工作中。在1937年12月召开的中央政治局会议上的发言中,毛泽东说,统一战线工作的"总的方针要适合团结御侮","目前应该是和为贵","使国共合作,大家有利"。1939年2月,毛泽东在中央党校的演讲中说:"统一战线一方面讲亲爱、讲团结,另一方面又要斗争,那就这不是自相矛盾吗?你们在学校里,一个人自身也有统一与斗争,自己犯了错误,不是要斗争吗?孔子说'君子和而不同,小人同而不和',这也是说统一里有斗争。"1944年3月,毛泽东在《关于路线学习、工作作风和时局问题》一文中说:"我们的方针是避免内战,集中抗战……我们要采取同国民党搞好关系的方针,即是实行'孔夫子打麻将——和为贵'。"同月,毛泽东在《关于陕甘宁边区的文化教育问题》一文中说:"拿环境来说,今年比去年好,磨擦仗大概是不会打了。罗斯福不赞成我们中国打磨擦仗，那位蒋委员长也不想打，我们更不想打，大家都不想打，自然就打不起来，所谓'和为贵'。"抗日战争结束之后，毛泽东亲自赴重庆参加国共谈判，争取避免内战。所以他在1945年9月2日出席张澜以中国民主同盟名义举行的宴会时，在宴会上反复强调"和为贵"。同年10月8日，毛泽东在张治中为他回延安举行的欢送宴会致答词时说："中国今天只有一条路，就是和，和为贵，其他的一切打算都是错的。"毛泽东之所以反复运用"和为贵"来宣传中国共产党的统一战线主张，是因为这句话是出自"圣人"之书，当时大喊"尊孔读经"的国民党顽固派也无法对之进行反驳。

在和国民党顽固派进行斗争时，毛泽东巧用《礼记·曲礼》中"礼尚往来"的思想，为自己行为的正义性进行辩护。1939年5月5日在，毛泽东延安后方留守兵团军事会议上的讲话中说："巩固边区有一个方针，两条原则。一个方针，就是：'一步不让'，对于他们的捣乱给以无情的打击，决不让步。两条原则的第一条便是'人不犯我，我不犯人'，同他讲亲爱，讲团结，要是他对我们不客气，我们就来第二条，就是'人要犯我，我必犯人'，这叫磨擦，人家磨擦来，我们就磨擦去，也就是孔夫子所谓的'来而不往非礼也'，否则不叫'礼尚往来'。这是圣人之言，天经地义，我们一定要磨擦去。"1945年4月24日，毛泽东在中国共产党第七次全国代表大会上的口头报告中说："我们要站在自卫的立场反击国民党的进攻，一个是自卫，一个是反击……我们的方针：第一条，就是老子的哲学，叫做'不为天下先'。就是说，我们不打第一枪。第二条，就是《左传》上讲的'退避三舍'……第三条，是《礼记》上讲的'礼尚往来'。来而不往非礼也，往而不来亦非礼也，就是说'人不犯我，我不犯人；人若犯我，我必犯人'。"毛泽东还曾将这三条原则让国民党的联络参谋告诉准备进攻延安的胡宗南："我叫国民党的联络参谋把这三条告诉胡宗南，希望他们也采取'不为天下先'、'退避三舍'、'礼尚往来'的政策，这样就打不起来。他们不喜欢马克思主义，我们说：这是老子主义，是晋文公主义，是孔夫子主义。"正是利用了这种"孔夫子主义"，毛泽东在抗日战争中领导共产党，和国民党顽固派进行了有理、有利、有节的斗争。

毛泽东还肯定儒家的某些民主思想。1944年7月18日，毛泽东和美国《巴尔的摩太阳报》记者莫理斯·武道谈话时指出："在政治科学方面，我们从国外学到民主政治。但是，在中国历史上也有它自己的民主传统。共和一词，就来源于三千年前的周朝。孟子说，民为贵，社稷次之，君为轻。中国农民富有民主传统。千百次大大小小的农民战争有着民主的含义。"

其二，运用在伦理道德上。

毛泽东用孔子"吾十有五而志于学"，说明革命者也必须立志。1938年7月9日，毛泽东在抗大纪念"七·一"、"七·七"及突击运动总结大会讲话时说："每个领袖都应当有他的志向。孔子说：'吾十有五而志于学'，马克思主义者也有他的志向。……这个志向是根据老百姓的需要与当时当地的环境而定的。"同年12月15日，他在向抗大八大队同学所作的讲演中又说："同志们的志愿都很好，从前有个孔夫子，他讲自己是十五而读书，可见他十四岁的时候还没有读书。今天我们不但是立志，要读书，而且要立志做大事，而且要立志打倒日本帝国主义，而且要立志创造一个新中国。"毛泽东还劝延安干部不要学宰予白天睡觉："同志们：大家都要努力学习，不可落后，不可躲懒睡觉。从前孔子的学生宰予，他在白天睡觉，孔子骂他'朽木不可雕也'，对于我们队伍中躲懒的人，也可以这样讲一讲。但是对学习有成绩的，就要奖赏，有赏有罚，赏罚严明。不过我们主要的在于奖，假使有个把宰予，也没有什么关系。"正是由于善于引用孔子的一些话，毛泽东把立志和勤学的问题讲得既深刻又十分生动形象。

毛泽东还阐述过儒家倡导的"父慈子孝"。1944年3月22日，毛泽东在《关于陕甘宁边区的文化教育问题》一文中说："我们还要提倡父慈子孝。过去为了这件事，我还和我的父亲吵了一架，他说我不孝，我说他不慈，我说应该父慈第一，子孝第二，这是双方面的。如果父亲把儿子打得一塌糊涂，儿子怎么样能够孝呢？这是孔夫子的辩证法。今年庆祝'三·八'妇女节，提出建立模范家庭，这是共产党的一大进步。我们主张家庭和睦，父慈子孝，兄爱弟敬，双方互相靠拢，和和气气过光景。"

其三，运用在思想方法上。

毛泽东曾运用孔子的"每事问"、"不耻下问"等来阐明调查研究的重要性。1930年5月毛泽东在《反对本本主义》一文中说："许多做领导工作的人，遇到困难问题，只是叹气，不能解决。他恼火，请求调动工作，理由是'才力小，干不下'。这是懦夫讲的话。迈开你的两脚，到你的工作范围的各部分各地方去走走，学个孔夫子的'每事问'，任凭什么才力小也能解决问题，因为你未出门时脑子是空的，归来时脑子已经不是空的了，已经载来了解决问题的各种必要材料，问题就是这样子解决了。"要做好调查研究，还要解决一个态度问题，即孔子所说的"不耻下问"。所以毛泽东1949年在《党委会的工作方法》中说："我们切不可强不知以为知，要'不耻下问'，要善于倾听下面干部的意见。先做学生，然后再做先生；先向下面干部请教，然后再下命令。"毛泽东极力反对那种"强不知以为知"的主观主义态度，他在中共七大口头政治报告中说："要讲真话，不偷、不装、不吹。……什么是不装？就是'知之为知之，不知为不知'。孔夫子的学生子路，那个人很爽直，孔夫子曾对他说：'知之为知之，不知为不知，是知也。'懂得就是懂得，不懂得就是不懂得，懂得一寸就讲懂得一寸，不讲多了。"毛泽东认为，只有坚持调查研究，讲真话，才能做到实事求是。

毛泽东还运用孔子的"四毋"，说明观察和思考问题要客观、全面。1941年8月5日，毛泽东在致谢觉哉的信中说："事情确需多交换意见，多谈多吹，才能周通，否则极易偏于一面。对下情搜集亦然，须故意（强所不愿）收集反面材料。我的经验，用此方法，很多时候，前所认为对的，后觉不对了，改取了新的观点。客观地看问题，即是孔老先生说的'毋意，毋必，毋固，毋我'，你三日信的精神，与此一致，盼加发挥。此次争论，对边区，对个人，皆有助益。各去所偏，就会归于一是。"要做到观察的客观性和全面性，除了从多方面搜集材料之外，还要多思。所以毛泽东在《反对党八股》一文中说："孔夫子提倡'再思'，韩愈也说'行成于思'，那是古代的事情。现在的事情，问题很复杂，有些事情甚至想三四回还不够。"

毛泽东认为，孔子思想中"有它的辩证法的许多因素，例如孔子对名与事，文与质，言与行等等关系的说明"。他认为，孔子讲的"内省不疚，夫何忧何惧"，有内因是根据的思想。他在《矛盾论》初稿本中曾说："内因是变化的条件，外因是变化的根据，外因通过内因而起作用……'物必先腐也，然后虫生之，人必先疑也，而后谗入之'，这是苏东坡的名言。'内省不疚，夫何忧何惧'，这也是孔夫子的实话。"

以上所举，是毛泽东在新民主主义革命时期对孔子和儒家言论的"取其精华"式的运用和发挥。当然，在这一时期，毛泽东对他认为是儒家"糟粕"的某些观点也曾进行过批评和驳斥。例如，他认为在阶级社会中，在政治上提出"己所不欲，勿施于人"的口号是不适当的。他还批评过西汉董仲舒的"正其谊不谋其利，明其道不计其功"，认为我们不是处在"学也，禄在其中"的时代，我们不能饿着肚子去"正谊明道"，我们必须弄饭吃，必须注意经济工作，因此他批评孔夫子轻视生产，"四体不勤，五谷不分"。

6. 毛泽东对儒家中庸的分析与批评

1915年9月6日，就读于湖南第一师范的毛泽东就为学之"博"与"约"、"通"与"专"的关系，在致萧子升的信中表达了自己的观点：

"仆读《中庸》，曰博学之，朱子补《大学》，曰：即凡天下之物，莫不因其已知之理而益穷之，以至乎其极。表里精粗无不列，全体大用无不明矣。其上孔子之言，谓博学于文，孟子曰博学而详说，窃以为是天经地义，学者之所宜遵循。"

这封信是目前所见的毛泽东谈及《中庸》的最早文字。实际上毛泽东早在私塾时期就已精读了《中庸》，因为《中庸》为"四书"之一，是当时私塾的"必修课"。

《中庸》是儒家经典著作之一。它本是《礼记》中的一篇，后经宋儒朱熹选注而成为一部独立的著作。《中庸》相传为孔子之孙子思所作。司马迁在《史记·孔子世家》中说："子思作《中庸》。"但其中的思想内容及其反映的社会情况，有些明显地带有秦汉统一中国后的色彩。故而当代学者一般认为此篇当为秦汉时孟子一派之儒者所作。

《中庸》讲："诚者，天之道；诚之者，人之道。"《中庸》认为，作为道德修养境界的"诚"是天赋予人的，努力追求"诚"是人生目标，要实现这一目标，就须做到"博学之，审问之，慎思之，明辨之，笃行之"。这样，博学、审问、慎思、明辨、笃行便成为修养的方法和过程。通过博学深思，增广知识，提高素养，以至理想的道德境界。

《中庸》所倡言的这一修身治学之道，对于正在寻求济民救世之真理的青年毛泽东来说，自然有很大的启迪意义，因此深受他的推崇。

由于毛泽东对博学之于心性修养和治学的必要性和重要性有深刻的体认和理解，因此，博览群书、广泛涉猎、精进不已便成为青年时期毛泽东读书生活的一个最显著的特点。从国学到西学，从历史典籍到新潮学术，从人文、社会科学到自然科学，毛泽东几乎都有所涉猎。

《中庸》承续孟子一脉，吸取和改造了《老子》"道"的意蕴，从内在心性切入，构建起天人相通的世界观。《中庸》首章开宗明义："天命之谓性，率性之谓道，修道之谓教"。"道也者，不可须臾离也；可离非道也"，就是说，人生一刻也离不开道，人们时时刻刻都在行道，道与人生有着极密切的关系。

《中庸》所言之"道"，看上去似乎有些玄奥，但其实是有其具体内容的。《中庸》说："天下之达道五，所以行之者三。曰，君臣也，父子也，夫妇也，昆弟也，朋友之交也。五者，天下之达道也。知、仁、勇三者，天下之达德也。所以行之者一也。"

这里所谓"达道"，即是封建社会中的五种人与人的社会关系，即所谓"五伦"。而所谓"达德"，即指封建社会中的个人道德品质。就是说，道的内容就是按照伦理准则处理好五种社会伦常关系。而要处理好这五种关系，则须具备知、仁、勇三种优良品质和道德修养。

对于《中庸》中宣扬的这些"道"、"德"观，延安时期的毛泽东曾以马克思主义的立场，给以唯物论的观察，加以更多的批判。

对于《中庸》中的"三达德"，毛泽东曾给予了入木三分的批判。1939年2月20日，毛泽东针对陈伯达《孔子的哲学思想》一书，致张闻天的信中说：

"例如'知仁勇'，孔子的知（理论）既是不根于客观事实的，是独断的，观念论的，则其见之仁勇（实践），也必是仁于统治者一阶级而不仁于大众的；勇于压迫人民，勇于守卫封建制度，而不勇于为人民服务的。知仁勇被称为'三达德'，是历来的糊涂观念，知是理论，是思想，是计划，方案，政策，仁勇是拿理论、政策等见之实践时候应取的一二种态度，仁像现在说的'亲爱团结'，勇像现在说的'克服困难'（现在我们说亲爱团结，克服困难，都是唯物论的，而孔子的知仁勇则一概是主观的），但还有别的更重要的态度如像'忠实'，如果做事不忠实，那'知'只是言而不信，仁只是假仁，勇只是白勇。还有仁义对举，'义者事之宜'，可说是'知'的范畴内事，而'仁'不过是实践时的态度之一，却放在'义'之上，成为观念论的昏乱思想。'仁'这个东西在孔子以后几千年来，为观念论的昏乱思想家所利用，闹得一塌糊涂，真是害人不浅。我觉孔子的这类道德范畴，应给以历史的唯物论的批判，将其放在恰当的位置。"

《中庸》中的核心思想就是"中庸"。中庸，是孔子提出的一个道德范畴，"过犹不及"是对它的具体解释之一。有一次，子贡问孔子：师（子张）与商（子夏）哪一个人好些？孔子答道："师也过，商也不及。"子贡又问："然则师愈与？"（那么是不是子张比子夏好呢？）孔子又说："过犹不及。"即过了头与未达到是一样的，也不好。因此，孔子在人格道德上所追求的是中庸之道，"中庸之为德也，其至矣乎"。"中"，就是不偏不倚，恰到好处；"庸"即平常、常道。作为行为规范，达到"中庸"的方法，是"执其两端，用其中"，即掌握各种议论的两种极端，选择适中的办法。

《中庸》中充分发挥了孔子的观点主张，认为修道要达到的最高标准就是"中和"。《中庸》说："道之不行也，我知之矣。知者过之，愚者不及也。道之不明也，我知之矣，贤者过之，不肖者不及也。"封建社会的五伦关系，道德标准之"不行"、"不明"，盖在于人们的认识和行为出现或"过"或"不及"的偏差，它要求人们不要太"过"也不要"不及"，而要追求所谓的"中"。

那么，在毛泽东的眼里，"中庸"又是什么呢？

1939年，毛泽东在阅读艾思奇编的《哲学选辑》时，针对该书所说"中国的中庸思想常常被人曲解为折中主义，或妥协调和主义"，指出：

"中庸思想本来有折中主义的成分，它是反对废止剥削又反对过分剥削的折中主义，是孔子主义即儒家思想的基础。不是'被曲解'，它本来是这样的。"

当艾思奇说"中国的中庸思想，被一部分人曲解为折中主义，中庸思想中的精华，是辩证法的，它肯定质的安定性，而不是把肯定和否定平列看待"时，毛泽东批注道：

"中庸思想是反辩证（法）的。他知道量变质，但畏惧其变，用两条战线斗争方法来维持旧质不使变化，这是维持封建制度的方法论。他只是辩证法的一要素，如同形式论理之同一律只是辩证法一要素一样，而不是辩证法。中庸主义包括了死硬派和折中派两种思想。当其肯定质的绝对安定性，这是同一律，也就是死硬派思想。当其畏首畏尾于过程正反之间成为排中律的反面之唯中律，代表两端间的过渡形态时，他是折中主义。当新势力与旧势力斗争激烈而胜负未分时，往往出现这种折中主义。"

显然，毛泽东对于中庸思想中的折中主义因素是持否定态度的。在革命家毛泽东看来，儒家之所以将折中主义当做自己的理论基础，是企图"用两条战线斗争的方法来维持旧质不使变化"，所以"这是维持封建制度的方法论"。

1939年2月1日，毛泽东在致陈伯达的信中，谈到墨家的中庸思想时还说过："墨家的'欲正权利，恶正权害'、'两而无偏'、'正而不可摇'，与儒家的'执两用中'、'择乎中庸服膺勿失'、'中立不倚'、'至死不变'是一个意思，都是肯定质的安定性，为此质的安定性而作两条战线斗争，反对过与不及。"

在进一步的论述中，毛泽东还划清了辩证法与折中主义的界限："一个质有两方面，但在一个过程中的质有一方面是主要的，是相对安定的，必须要有所偏，必须偏于这方面，所谓一定的质，或一个质，就是指的这方面，这就是质，否则否定了质。所以墨说'无偏'是不要向左与右的异质偏，不是不要向一个质的两方面之一方面偏（其实这不是偏，恰是正），如果墨家是唯物辩证论的话，便应作如此解。"这段话所说的，正是毛泽东在《矛盾论》中所说的主要矛盾方面决定事物的质，也就是毛泽东后来所说的"两点论"中的"重点论"。而所谓折中主义，则恰恰是反对这种重点论，主张不向两方面的任何一方面偏向。所以毛泽东说陈伯达讲"两而无偏，恰是墨子看到一个质之含有不同的两方面，不向任何一方面偏向，这才是正，才真正合乎那个质"，是"甚不妥，这把墨家说成折中论了"。通过毛泽东的这些分析，就可以理解他为什么说儒家中庸思想中有折中主义的因素了。

然而，毛泽东对于儒家反对"过犹不及"的思想，又给予充分肯定。1939年2月20日，毛泽东在致张闻天的信中，在谈到中庸问题时，毛泽东说：

"伯达的解释是对的，但是不足的。'过犹不及'是两条战线斗争的方法，是重要思想方法之一。一切哲学，一切思想，一切日常生活，都要作两条战线斗争，去肯定事物与概念的相对安定的质。'一定的质含有一定的量'（不如说'一定的质被包含于一定的量之中'），是对的，但重要的是从事物的量上去找出并确定那一定的质，为之设立界限，使之区别于其他异质，作两条战线斗争的目的在此。"

7. 毛泽东群众路线对儒家民本思想的扬弃

1938年10月，毛泽东在中共六届扩大的六中全会上所作的《论新阶段》的报告中指出：

"从孔夫子到孙中山，我们应当给以总结，承继这一份珍贵的遗产。这对于指导当前的伟大的运动，是有重要的帮助的。"

1940年1月，毛泽东又在《新民主主义论》一文中，对如何批判地总结和继承传统的国学文化遗产作了进一步阐述：

"中国的长期封建社会中，创造了灿烂的古代文化。清理古代文化的发展过程，剔除其封建性的糟粕，吸收其民主性的精华，是发展民族新文化提高民族自信心的必要条件；但是决不能无批判地兼收并蓄。必须将古代封建统治阶级的一切腐朽的东西和古代优秀的人民文化即多少带有民主性和革命性的东西区别开来。"

正是依据这一立场和方法，毛泽东从儒家民本思想中吸取了大量人民性、民主性精华，并立足于中国革命和建设的具体实践加以扬弃和综合创新，从而形成了在毛泽东思想中占有重要地位的毛泽东群众路线的理论和实践。

儒家的民本思想强调民众在国家和社会生活中的基础地位，主张重民、爱民、裕民、亲民、从民、信民，对后世产生了深远影响。毛泽东的群众路线对这些思想作了批判性的继承和创造性的超越。

（一）毛泽东人民主体论，对儒家"重民"思想的继承和超越。

儒家的民本思想充分肯定民众在社会生活、国家政治中的基础性作用，揭示了民众是立国根本的真理，主张"重我民"。

春秋以前，天命神权的思想占主导地位。春秋时期，人们关于天命神权的意识越来越淡化，逐渐由"近鬼神"转向"近人事"。孔子虽然没有否定鬼神的存在，但他认为人比神重要得多。《论语》记载，当子路问孔子如何服"事鬼神"时，子曰："未能事人，焉能事鬼。"可见孔子已将人的地位置于神灵之上，而对神灵基本上采取"存而不论"的态度。孔子的核心思想是"仁"，仁者，人也。孔子的重民思想更多体现于重民轻神；而在君民关系上，孔子只提出君依赖民，民制约君，有很大的局限性。

孟子"继孔子以往，开儒家之来"，明确提出先有人民而后有国家，有了国家方有君主的思想。孟子说："民为贵，社稷次之，君为轻。是故得乎丘民而为天子，得乎天子为诸侯，得乎诸侯为大夫。诸侯危社稷，则变置。牺牲既成，粢盛既洁，祭祀以时，然而旱干水溢，则变置社稷。"他告诫统治者"政在得民"，得民心者才能得天下，如能"保民而王"，其政权就一定牢不可破。孟子"民贵君轻"的思想突破了长期以来君民关系的排序，对儒家重民思想作了极大的发展。

儒家另一位重要代表人物荀子，非常赞同孟子"民贵君轻"的主张，也认为没有人民就没有国家和君主，强调君主一定要重民，提出一个非常著名的论断："君者舟也，庶人者水也；水则载舟，水则覆舟。"荀子的见解堪称先秦儒家重民思想的最高表现形态。

西汉贾谊指出："民无不以为本也。""自古至于今，与民为仇者，有迟有速，而民必胜之。"

唐太宗李世民从荀子"载舟覆舟"的历史事实中认识到人民力量的"可畏"，说："天子者，有道则人推而为主，无道则人弃而不用。诚可畏也。"

毛泽东继承和发展儒家的重民思想，提出人民主体论。毛泽东常说："必须明白：群众是真正的英雄，而我们自己则往往是幼稚可笑的，不了解这一点，就不能得到起码的知识。"

早在1927年3月，毛泽东的《湖南农民运动考察报告》就集中体现了相信群众、依靠群众、放手发动群众和尊重群众的首创精神的革命思想。毛泽东在党的七大政治报告中指出："人民，只有人民，才是创造世界历史的动力。"充分重视人民群众作为历史的创造者的巨大力量，认识到人民群众是社会历史的主体，是推动人类社会前进的动力，是中国革命和建设的力量之源。他说："只要我们依靠人民，坚决地相信人民群众的创造力是无穷无尽的，因而信任人民，和人民打成一片，那就任何困难也能克服，任何敌人也不能压倒我们，而只会被我们所压倒。"

可以看出，毛泽东的群众路线与儒家重民思想有一种内在的关联。但也必须看到，二者存在着根本的区别。

儒家的重民思想是明君贤臣的自我反省、追求治国安邦的理论武器，其目的在于维护封建专制统治和保持社会稳定，其之所以重民，不过是存社稷、固君位、达邦宁的手段，民众仅仅是一种值得重视和利用的政治资源，重民仅仅被统治者视为"驭民"、"治民"之术。"君舟民水"的比喻，也正说明他们从未真正地把民众视为国家的主体，他们心目中的主体是君主政治，民众不过是载体，是为主体服务的工具。而毛泽东的群众路线，则是把马克思主义关于人民群众是历史的创造者的原理，创造性地运用于党的全部工作中，把辩证唯物主义认识论同党的领导方法和工作方法统一起来而形成的党的根本工作路线。因而实现了对儒家重民思想的超越。坚决相信和依靠人民群众，尊重人民群众的历史创造者地位，这是毛泽东人民主体论思想的基本内涵，也是毛泽东民本思想区别于儒家民本思想的根本所在。

中国封建国家政治是建立在氏族和宗法组织之上的，这种宗法社会结构，在整个漫长的封建社会，一直未能发生革命性变化。在中国古代的宗法结构中，个人经济、政治和思想全都不能独立，"民"始终是一个抽象的混沌统一体。所谓"民心"、"民意"，不可能以多数的形式取得可以分辨的客观体现，而是靠统治者凭借手中的权力宣称，于是"成王败寇"成了封建政治的铁律。而毛泽东则明确指出，人民群众是一个历史范畴，"在不同的国家和各个国家的不同的历史时期，有着不同的内容"。他说："在现阶段，在建设社会主义的时期，一切赞成、拥护和参加社会主义建设事业的阶级、阶层和社会集团，都属于人民的范围。"这一概括，确定了"民"的内涵的真实具体性，使共产党人所代表的"民意"成为可以量化的客观存在，摆脱了传统儒家"爱有差等"和墨家"兼爱"观念的束缚，赋予共产党人的人民观以鲜明的阶级性和现实性。这一点在党的群众路线、民主集中制的工作方法和组织原则中已经得到了充分体现。我国人民代表大会制、选举制度中规定的公民权利也充分反映了这一思想。

（二）毛泽东人民利益高于一切的论断，对儒家"利民"思想的继承和超越。

儒家"利民"思想的渊源很早。儒家经典《尚书》里就有"裕民"、"惠民"的观点。而在《易经》中，"利"和"富"已广泛使用，"富"

指财货，"利"除了指物质利益外，还包括婚姻、祭礼、政治等事宜，但更多的是指经济活动。孔子认为："百姓足，君孰与不足？百姓不足，君孰与足？"将利民视为治国安邦的根本，并提出"富而教"，认为只有人民生活富裕，才进而实行礼、乐等教育。孔子还提出了"惠民"而不"费民"的思想。孔子说"因民之所利而利之，斯不亦惠而不费乎？择可劳而劳之，又谁怨？"据《孔子家语》记载："哀公问政于孔子。孔子对曰：政之急者，莫大乎使民富且寿也。公曰：为之奈何？孔子曰：省力役，薄赋敛，则民富矣。"以"裕民"、"富民"为仁政的前提。

孟子主张发展生产和给人民减负，认为"易其田畴，薄其税敛，民可使富也"。孟子甚至主张人人都应当拥有一定数量的财产（田宅和家产），使之可以"养父母"和"蓄妻子"，认为民有恒产方有恒心，没有私有财产的人很难安于清贫，这对政治统治不利。孟子还专门设计了一种"制民之产"的土地经济制度，按照"井田制"的方式将土地划分成一个个方块，分配给农民，让农民在自己的土地上耕种、植桑、养蓄、纺织等，使老百姓"乐岁终身饱，凶年免于死亡"，以保障民众安居乐业和国家的长治久安。

荀子提出"下富则上富"的命题，反对聚敛穷民，认为"自古及今，未有穷其下而无危者也"。他强调："不利而利之，不如利而后利之之利也。不爱而用之，不如爱而后用之之功也。利而后利之，不如利而不利者之利也。爱而后用之，不如爱而不用者之功也。利而不利也，爱而不用也者，取天下者也。利而后利之，爱而后用之，保社稷者也。不利而利之，不爱而用之，危国家者也。"荀子进而认为："不富无以养民情，不教无以理民性。故家五亩宅、百亩田，务其业，而勿夺其时，所以富之也。立大学，设庠序，修六礼，明七教，所以道之也。诗曰：'饮之食之，教之诲之。'王事具矣。"可见，"利民"是荀子王道政治的重要治理目标之一，民富方可进一步教化。

毛泽东继承和发展了儒家的利民、惠民、爱民思想，提出"人民利益高于一切"的英明论断。坚持人民利益高于一切，是毛泽东民本思想区别于儒家民本思想的根本标志。毛泽东在党的七大政治报告中指出：党除了

"人民群众的利益外，没有任何自身特殊的利益。全心全意为人民服务，一刻也不脱离群众；一切从人民利益出发，而不是从个人或小团体利益出发；向人民负责和向党的领导机关负责的一致性；这些就是我们的出发点"。"共产党人的一切言论行动，必须以合乎最广大人民群众的利益，为最广大人民群众所拥护为最高标准。"建国以后，毛泽东更是反复强调："要全心全意为人民服务，不要半心半意或者三分之二的心三分之二的意为人民服务。"阐明了共产党作为革命党、执政党的阶级性质、政治宗旨和历史使命，从而将传统民本思想升华为以"富民"、"利民"、"为民"为价值指向的共产党人新爱民观、利民观。毛泽东曾多次强调，"必须给人民以看得见的物质福利"，这是我们党的根本路线，根本政策。一切空话都是无用的，只有给人民带来实实在在的利益，我们才能取得人民的拥护。

儒家利民思想认为那些没有自己财产的人是不会长久地安于清贫而不失操守的，他们可能表现得很不安分，产生私邪之念，到处流浪，容易犯罪作恶，给社会稳定带来隐患。即使政府把这些人统统绳之以法，但这样的人多了，毕竟不是清明政治所要求的。无疑，儒家所主张的利民终究是为维护封建统治服务的。从唯物史观来看，儒家的利民思想也不可能真正得以实现。因为封建社会的经济基础和上层建筑都是以阶级剥削为前提的，利民思想与封建剥削制度是根本对立的，这就决定了利民思想必然只是一种根本无法实现的政治空话。而毛泽东认为，全心全意为人民服务，实现最广大人民群众的利益，最终要靠解放和发展生产力。在《论联合政府》中，毛泽东明确指出："中国一切政党的政策及其实践在中国人民中所表现作用的好坏、大小，归根结底，看它是束缚生产力的，还是解放生产力的。"

毛泽东先后提出"发展经济、保障供给"、"减租减息"、"精兵简政"等方针政策，努力减轻人民负担，有效保障人民群众的物质利益，并强调通过发展生产来实现人民看得见的物质利益。他特别强调固本开源，在严厉批评那种离开发展经济而单纯在财政收支上打主意的错误思想的同时，又尖锐批评那种不注意帮助人民群众发展生产只注意向人民索取钱财的错误作风。即便是在物质条件相当艰苦的战争年代，毛泽东也多次告诫全党，决不能不顾人民困难，只顾政府和军队的需要而竭泽而渔。毛泽东的一系列精辟论断始终强调物质利益的人民性，无论是发展生产还是人民减负都是为了保障和实现人民群众的利益。

（三）毛泽东的人民民主论，对儒家"从民"思想的继承和超越。

西周政治家周公最先提出"天视自我民视，天听自我民听"和"民之所欲，天必从之"的"从民"思想。儒家民本思想更是非常重视民众的意愿，认为民意不可违，顺民意即是顺天命。这种从民思想的理论基点在于既然民众是国家之本，那么爱本安本就必须得民心、顺民意。为了得民心，孔子告诫统治者："为政以德，譬如北辰，居其所而众星共之。"统治者对民众实行德政，民众自然就像群星朝北斗那样爱戴统治者。孔子一贯反对用武力来征服的方式，认为那样不可能真正获得民众的拥护。孔子认为还必须考虑到民意，"举直错诸枉，则民服；举枉错诸直，则民不服"。

尊重民意，强调察举，是孟子继孔子之后重要的政治理念，他指出在上位者不可妄自决断，而一定要倾听民众意见："国君进贤，如不得已，将使卑逾尊，疏逾戚，可不慎与？左右皆曰贤，未可也；诸大夫皆曰贤，未可也；国人皆曰贤，然后察之；见贤焉，然后用之。左右皆曰不可，勿听；诸大夫皆曰不可，勿听；国人皆曰不可，然后察之；见不可焉，然后去之。左右皆曰可杀，勿听；诸大夫皆曰可杀，勿听；国人皆曰可杀，然后察之；见可杀焉，然后杀之。"

汉代著名思想家王符在《潜夫论·遏利》中指出："帝以天为制，天以民为心。民之所欲，天必从之。"

《后汉书·王常传》中也写道："夫民所怨者，天所去也；民所思者，天所与也。举大事者必当下顺民心，上合天意，功乃可成。"儒家认为执政者心中必须要有民众，治国之道最重要在于从民。

明末清初思想家黄宗羲继承儒家"从民"观，力主君臣"同议可否"，接纳"四方上书言利弊者"，使"凡事无不达"。黄宗羲认为：
"天子之所是未必是，天子之所非未必非；天子遂不敢自为非是，而公其非是于学校。"黄宗羲这一论断使儒家从民思想突破向一个新的高度。

毛泽东继承和发展儒家的从民思想，提出了人民民主。毛泽东认为，民本思想要真正落到实处，还必须赋予人民群众以各项民主权利，即真正做到"国家主权在民"，以民为本才不至于成为空洞的政治口号。这也是毛泽东民本思想的核心之所在。

1939年5月，毛泽东在《青年运动的方向》的讲演中就提出了"建立人民民主主义制度"的设想。此后不久，他在《新民主主义论》和《论联合政府》中进一步提出，新中国应当"建立一个以全国绝大多数人民为基础而在工人阶级领导之下的统一战线的民主联盟的国家制度"。这些论著的发表，标志着中国共产党人关于中国新民主主义革命理论体系的形成。

1945年7月，毛泽东在回答著名爱国民主人士黄炎培关于中国共产党能否跳出"其兴也勃焉，其亡也忽焉"的历史周期率的提问时，指出："我们已经找到新路，我们能够跳出这个周期率。这条新路，就是民主。只有让人民来监督政府，政府才不敢松懈。只有人人起来负责，才不会人亡政息。"中国共产党能够跳出这个怪圈，因为党找到了人民民主这一有力武器。

后来，毛泽东在《论人民民主专政》和《正确处理人民内部矛盾》等文中系统阐述了人民民主论思想。他指出，政府只是基于人民的委托才获得权力，这种权力必须接受人民的监督，领导者只有代表人民群众，向人民群众负责，正确行使这一权力，才能实现社会进步和大多数人的幸福。我国的人民代表大会制度、政治协商制度、民主集中制等各项政治制度，无不体现了这一主权在民的人民民主思想。

儒家从民思想中的"民"，是指封建专制统治下的老百姓，是被统治者。儒家主张从民意、顺民心，旨在保障君主决策的民众基础，其根本目的是为了维持和巩固封建专制制度。在《论语》中就有"中人以下不可以语上"、"民可使由之，不可使知之"、"民斯为下"等诸多愚民、卑民的观点。即使是具有悲天悯人情怀的孟子，也同样认为"劳心者治人，劳力者治于人"。他并没有承认也不会真正承认民众是国家的根本，从民不过是开明君主的统治策略。在民众应有的政治权利问题上，儒家虽然也提出给予民众一定的参政议政权，但即便是这点权利的给予也必然是从维护封建统治出发的，而决不是为了人民的权益。而且，这种有限的参政议政权还必须依赖"明君"、"清官"的恩赐，同时，敢于异议的"臣"和"民"的生命财产权还随时面临被剥夺的危险。所以，儒家的从民思想"徒言民为邦本，政在养民，而政之所从出，其权力乃在人民以外"。

　　而毛泽东认为"国家主权在民"，人民民主不是单纯的"从民"，而是真正赋予人民群众以各项民主权利，动员和组织最广大人民群众参与政治、监督政府，从而建立和实现最广泛的民主。在人民民主制度下，公民的各项政治权利都有确实保障。人民依照宪法和法律规定，通过各种形式和途径，管理国家事务，管理经济和文化事业，管理社会事务。我国的人民代表大会制、政治协商制等政治制度就是公民参政议政的有效途径。毛泽东群众路线虽承袭了儒家的从民精神，但群众路线的理论前提是人民当家做主，这是对儒家的从民思想的本质性超越。

　　作为党的第一代领导人，毛泽东不仅充分重视人民群众作为历史的创造者的巨大力量，而且找到了怎样把这种力量凝聚并发挥出来的科学的领导和工作方法，这就是"从群众中来，到群众中去"的群众路线。毛泽东精辟地指出："在我党的一切实际工作中，凡属正确的领导，必须是从群众中来，到群众中去。这就是说，把群众的意见（分散的无系统的意见）集中起来（经过研究化为集中的系统的意见），又到群众中去作宣传解释，化为群众的意见，使群众坚持下去，见之于行动，并在群众行动中考验这些意见是否正确。然后再从群众中集中起来，再到群众中坚持下去。如此无限循环、一次比一次地更正确、更生动、更丰富。"毛泽东一再强调，共产党的路线，就是人民的路线。毛泽东还多次告诫全党，要做群众的先生，就要先做群众的学生。他说："我们的领导机关，就制定路线、方针、政策和办法说来，只是一个加工厂。"因此，党和政府的各项方针、政策，也都是在执行群众路线，广泛征求党内外群众意见的基础上制定的。群众路线既是认识路线，即根本的认识方法；又是工作路线，即根本的领导方法和工作方法。既生动地体现了马克思主义的唯物史观，又生动地体现了马克思主义的认识论和辩证法，是以毛泽东为代表的中国共产党人在领导方法上的一个伟大创造，是毛泽东思想的核心内容和活的灵魂。群众路线的科学概括和提出，标志着毛泽东民本思想的体系化。

毛泽东的群众路线立足于中国革命和建设的伟大实践，以马克思主义为理论武器，继承和吸收了儒家民本思想中的许多基本内核和合理思想，从而具有鲜明的民族特色，体现了中国马克思主义者对唯物史观的真正坚持和对马克思主义的创造性发展。

毛泽东曾指出："马克思主义必须和我国的具体特点相结合并通过一定的民族形式才能实现。"毛泽东对中国传统民本思想的继承和超越，赋予马克思主义基本原理以鲜明的中国作风和中国气派，创造了马克思主义与中国优秀传统文化相结合的光辉典范，使儒家民本思想的优秀内涵再次释放出时代的光焰，使"以民为本"这一古老的价值原则重新闪烁出灿烂的时代光芒。

8. 毛泽东的理想主义与儒家的大同思想

《礼记》，是一部秦汉以前儒家讨论礼制的论文集，多为孔子的弟子或再传、三传弟子所记，间有讲述礼仪的古书。后来成为儒家经典之一。相传为西汉戴圣编纂，故又称《小戴记》或《小戴礼记》。全书分"曲礼"、"檀弓"、"中庸"、"大学"、"礼运"、"乐记"、"杂记"等49篇。

年轻时的毛泽东对《礼记》这部书是非常熟悉的。在1913年10月至12月记的《讲堂录》以及稍后的书信和文章中，曾引用不少《礼记》中的话。

《礼记》对毛泽东影响最深远的，恐怕要数其"大同"思想了。

中国儒家所追求的大同思想，其本质是"天下为公"。这在孔孟的经书里，都是有表述的。毛泽东少年时代在私塾里读了四书五经时，对于其中所描述的大同思想，虽然不能说就是真的懂得了，但是总算是有了接触，这对于他后来理解康有为的《大同书》，是有直接帮助的。

《礼记·礼运》中的《大同》章，明确地提出了"大同"概念，并对理想的大同社会进行了具体的描述：

"大道之行也，天下为公。选贤与能，讲信修睦。故人不独亲其亲，不独子其子，使老有所终，壮有所用，幼有所长，矜寡孤独废疾者，皆有所养。男有分，女有归。货恶其弃于地也，不必藏于己；力恶其不出于身也，不必为己。是故谋闭而不兴，盗窃乱贼而不作。故外户而不闭，是谓大同。"

在这里，大同世界的本质是一个"公"字。这个"公"字，体现在用人上，是选贤任能；体现在人与人的关系上，是讲究"信"与"睦"（互相信任和团结）。人们在生活中，"不独亲其亲"，还要"亲"他人之"亲"，"不独子其子"，还要视他人之子如己之子。这样，人与人互相关心，就造成了"老有所养"、"壮有所用"、"幼有所长"、"矜寡孤独废疾者"也有人照顾的充满爱的世界。这样的社会，有东西不必为自己去争，整个社会太平安定，没有盗贼，夜不闭户。

在儒家圣贤中，伊尹是比较受青年毛泽东推崇的。在《讲堂录》中，毛泽东这样写道："伊尹道德、学问、经济、事功俱全，可法。伊尹生制之代，其心实大公也。"

1910年秋天，毛泽东到湘乡县的东山高等小学堂读书。这一时期，毛泽东最大的收获，是第一次系统接触了表兄借给他的梁启超主编的《新民丛报》。"我读了又读，直到可以背出来。我崇拜康有为和梁启超"。康有为对毛泽东最大的影响是他的《大同书》。

由于处于旧学与新学、国学与西学交汇冲撞的历史转折时期，康有为的思想极为芜杂，这主要表现在他思想来路和学说建构上。而所有的这些最终都汇结到他一生最为重要而且影响极为深广的《大同书》当中。

康有为吸收了西方的自由、平等、博爱思想，最后结合《春秋公羊传》的"三世说"与《礼记·礼运》中有关"大同"、"小康"思想，把人类社会历史的发展分为据乱世、升平世、太平世三个阶段。大同"始基之据乱世"，"渐行之升平世"，"成就之太平世"。这也就是说，"升平世"时就进入了大同世界；到了"太平世"，不仅神州大地进入了大同世界，而且全世界都进入了大同世界，"无国家，全世界置一总政府，分若干区域"。

由此可见，康有为的"大同说"，乃是一种非常宏伟、非常美妙的理想。这种理想图式又以整个康梁哲学系统中的"主变"思想为核心，因而深得毛泽东的认同。

《大同书》是康有为吸收西方思想，以救亡图存为目的，对中国传统儒家思想进行的一次积极改造。毛泽东能接受《大同书》，一方面说明了他对传统儒家思想某些积极方面的肯定和吸收，另一方面也说明他试图用西方思想去改造传统儒家思想的愿望。

1917年8月23日，毛泽东在致黎锦熙的信中说："天下皆为圣贤而无凡愚，可尽毁一切世法，呼太和之气而吸清海之波。孔子知此义，故立太平世为鹄，而不废据乱、升平二世。大同者，吾人之鹄也。"

然而，毛泽东并没有盲目地全盘接受康有为的"大同"理想，他看到了其中的"谬误"成分。早在湖南第一师范学习期间读包尔生《伦理学》时，毛泽东就曾着眼与当下的历史，对大同说作了密密麻麻的批注。"然而不平等，不自由，大战争亦当于天地终古，永不能决，世岂有纯粹之平等自由博爱者乎？有之，有惟仙境。然则唱大同之说者，岂非谬误之理想乎？"青年毛泽东是从人们试图摆脱当下苦难的角度来理解"大同"思想的心理基础的。他说，"人现处于不大同时代，而想望大同，亦犹热病处于困难之时，而想望平安"，断言它像陶渊明的《桃花源记》中所描述的一样，是虚幻的，"是故老庄绝圣弃智，老死不相往来之社会，徒为理想之社会而已。陶渊明桃源之境遇，徒为理想之境遇而已。则此又可证明人类理想之实在性少，而谬误性多也"。

面对"大同"，毛泽东似乎是矛盾的。一方面，他理性地看到了其空想性并对其进行批判；另一方面，毛泽东在自己革命的一生中，时时都没有忘记建立"世界大同"的理想。

1918年夏天，青年毛泽东和蔡和森等几位热血青年在岳麓山下选中了一处地方，作为他们建立欧文式理想村庄的实验地。他们设计的欧文式村庄包括公共农场、食堂、消费社、养老院等一切公共设施，甚至连人也是公共的。同时，他们还设计了种种措施来排除社会上所现有的贪婪、剥削、等级、痛苦等人间罪恶。但是在实践过程中，他们首先碰到的就是私有财产问题。他们不像欧文那样有钱，没有钱去铲平山头，没有钱去搭建房子，没有钱去购置最起码的日常生活用品。当实验进行到第八天时，"村庄"不得不停建并宣布解散，毛泽东也离开岳麓山，前往北京。

这段大同理想的实验，虽然以失败告终，但并没有泯灭毛泽东内心对大同世界的向往和为之奋斗的决心。大同理想如天边梦幻般的美景，时时冲击着毛泽东诗人般的情怀。

1935年10月，中国工农红军的长征队伍胜利地到达了陕北，毛泽东写下了《念奴娇·昆仑》一词，词中抒发了他胸中时时存在着的"世界大同"的理想：

> 而今我谓昆仑：不要这高，不要这多雪。安得倚天抽宝剑，把汝裁为三截？一截遗欧，一截赠美，一截还东国。太平世界，环球同此凉热。

据此可见，毛泽东的革命，一直就是胸怀着祖国同时又放眼于世界的。他要手挥倚天长剑，把莽莽昆仑山裁为三截，分别放到世界的几大洲去，使整个的地球"同此凉热"。这是多么宏大的胸怀和气魄！

在革命战争年代里，毛泽东一直把中国的解放与世界人民的解放联系起来。他说，"中国胜利了，侵略中国的帝国主义者被打败了，同时也就是帮助了外国的人民"，"我们要和一切资本主义国家的无产阶级联合起来，要和日本的、英国的、美国的、德国的、意大利的以及一切资本主义国家的无产阶级联合起来，才能打倒帝国主义，解放我们的民族和人民，解放世界的民族和人民"，就是他的世界大同的理想的体现。

在革命的实践中，毛泽东愈来愈明确地认识到，这种大同的理想靠改良的办法是绝不能实现的，要实现这种理想只有通过革命。

1949年，他在《论人民民主专政》一文中说：

"康有为写了《大同书》，他没有也不可能找到一条到达大同的路。"

说的就是改良主义无法使世界进入"大同"的问题。毛泽东认为，要在中国和全世界实现大同理想，就必须让"资产阶段的民主主义让位给工人阶段领导的人民民主主义"，就必须让"资产阶段共和国让位给人民共和国"，因为只有经过人民共和国才能"到达社会主义和共产主义，到达阶级的消灭和世界的大同"。

1949年10月1日，中华人民共和国成立了。疾风暴雨式的阶级斗争结束了，中国开始了伟大的社会主义建设。1958年，毛泽东又领导着中国人民，在合作化的基础上建立了人民公社。

《论语·季氏》有云："不患寡而患不均，不患贫而患不安。盖均无贫，和无寡，安无倾。"

晚年毛泽东把分配领域中的薪水制看做人与人之间森严等级制度的外化，发动了对"资产阶级法权"的批判。"差异就是矛盾"，他取缔社会生活中的不平等现象的尝试，与他对未来的充分平等社会的设想是分不开的。人民公社化运动实质上是试图在生产力不发达的基础上，建立一个所谓普遍平等、平均、公平合理的社会。

人民公社作为社会的基本单位，集工、农、商、学、兵为一体。关于人民公社的特点，毛泽东把它概括为"一大二公"："大"，指的是规模，就是把原来几十户、一百户的合作社合并为几千户甚至上万户的人民公社；"公"指的是所有制，就是在公社成立后，一切财产上缴，在全社范围内统一核算，统一分配，实行供给制。

人民公社的劳动推行军队化和行动战斗化，将所有劳动力编组成如同军队一样的班排连营，采用大兵团作战的方法进行生产。针对人民公社化过程中出现的问题，毛泽东提出了整顿人民公社的方针："统一领导，队为基础；分级管理，权力下放；三级核算，各计盈亏；分配计划，由社决定；适当积累，合理调剂；物质劳动，等价交换；按劳分配，承认差别。"

全国普遍人民公社化之后，在毛泽东看来，没有剥削、没有压迫、共同富裕的"大同理想"在中国是基本上实现了，所以他才在1959年写的《七律·答友人》中，把神州大地比喻为人间的"芙蓉国"，高唱出"芙蓉国里尽朝晖"的赞歌。现在看来,毛泽东当时的想法和做法,有些是不切实际的。

神州大地变成了人间的"芙蓉国"以后,毛泽东接着便想到世界人民的解放。

1958年12月,毛泽东在广州,看到文物出版社1958年9月出版的《毛主席诗词十九首》,一时觉得有些注解的部分解释不对,于是便在《毛主席诗词十九首》的天头上写下了一些说明的文字。在写这些说明的文字时,毛泽东一下子想到了1927年鲁迅在广州修改《古小说钩沉》时"饕蚊遥叹"的现实,一下子想到了全世界还有许多地方没有解放,于是长期存在于脑际里的实现世界大同的理想,一下子涌上了心头。他写道:

"从那时到今天,三十一年了,大陆上的饕蚊灭得差不多了,当然,革命尚未成功,同志仍须努力。港台一带,饕蚊尚多,西方世界,饕蚊成阵。安得起全世界各民族千百万愚公,用他们自己的移山办法,把蚊阵一扫而空,岂不伟哉!"

接下去,毛泽东试仿陆放翁的《示儿》诗,作了一首表达大同心志的绝句:

> 人类今娴上太空,但悲不见五洲同。
>
> 愚公尽扫饕蚊日,公祭无忘告马翁。

毛泽东是马克思主义者,他时时不忘马克思提出的"全世界无产者联合起来"的号召,他时时都在希望:全世界各族人民能够一齐起来,把地球上的"蚊阵"一扫而空,使全世界的人民都能得到解放,使人类大同的理想真正能够实现。他叮嘱人们,到全世界各族人民扫尽饕蚊实现大同理想那一天,一定不要忘记告诉马克思他老人家。

人民公社从1957年至1960年历时三年多,全国上下通过行政引导方式迅速完成了生产关系的跨越,跑步进入了"共产主义"。各地在建社过程中,纷纷放"卫星";为加快工业化进程,各地纷纷大伐林木、大炼钢铁;为实现生活上的大同理想,各地纷纷成立了"大食堂",同吃一锅饭。

　　人民公社体现了毛泽东为实现中华民族的繁荣富强所付出的艰辛探索和努力，体现了他对中国早日屹立于世界民族之林的殷切希望，其情其志皆可彪炳千秋。但由于严重脱离了中国国情，且操之过急，结果造成了众所周知的灾难性悲剧。

第二章

毛泽东说佛

我们再把眼光放大，要把中国，把世界搞好。佛教教义就有这个思想。佛教的创始人释迦牟尼主张普度众生，是代表当时印度受压迫的人讲话。为了免除众生的痛苦，他不当王子，出家创立佛教。因此，信佛的人和我们共产党人合作，在为众生即人民群众解除压迫的痛苦这一点上是共同的。

——1955年3月8日，毛泽东同达赖喇嘛的谈话

1. 少年毛泽东的观音信仰

伟人毛泽东的母亲，名字很普通：文七妹。她是一位善良、勤劳、品德高尚的虔诚信佛的女性。

1867年，文七妹出生于湖南湘乡县唐家圫（现名棠佳阁）的一个富农家庭。文七妹的母亲，即毛泽东的外祖母一生信佛，所以文七妹虽然没念过书，但佛教思想对她的影响极深，布施、持戒、忍辱、慈悲，这些思想

在她的身上有鲜活的反映，对少年毛泽东也产生了深刻的影响。

"男儿立志出乡关，学不成名誓不还"，为了求学，实现人生理想，毛泽东走出韶山，与慈母离多聚少。

1919年，文七妹不幸罹患腮腺炎。当时，毛泽东在长沙任教，得知消息，急忙赶回韶山把母亲接到省城长沙治疗，母子才得以短聚。其间，毛泽东和毛泽民、毛泽覃搀扶着老母到照相馆合影留念。这竟是他们母子最后的一次团聚，也是仅存的一张他们与母亲的合影。

1919年10月，毛泽东接到二弟毛泽民发来的母亲病危的特急信，立即安排好教学工作后，与三弟毛泽覃一起连夜从长沙赶回韶山冲。文七妹于10月5日（农历八月十二日）因患瘰疬（俗称疬子颈，有些地区也叫老鼠疮），结核菌侵入淋巴结，发生核块而病逝，已入棺两天。他们兄弟二人没有见到母亲慈祥可亲的面容，而见到的只是她老人家长眠于其中的那副灵柩。二弟毛泽民告诉毛泽东：母亲临终时还在呼唤他的名字。毛泽东听后，心如刀绞。那几天，面对暗淡的油灯，毛泽东一直守在灵前。毛泽东遭受母亲病逝的巨大心灵创痛，慈母的往事历历在目。悲痛之余，于10月8日写下了一篇饱含深情的四言体长诗《祭母文》。

在佛家看来，生老病死是人生无法避免的痛苦。《祭母文》开篇，毛泽东痛哭慈母的早逝，和辛劳养育子女，以致积劳成疾："呜呼吾母，遽然而死。寿五十三，生有七子。七子余三，即东民覃。其他不育，二女二男。"

文七妹13岁经人介绍来到毛家当童养媳，18岁与毛顺生拜堂成亲。当年就生了一子，不幸夭折；三年后再生一子，又没成人。信佛的文七妹认为只有佛菩萨才能保佑她，于是虔诚拜佛求子。于是，她的第三胎又怀上了毛泽东。为保证孩子的顺生顺产，她经常到佛龛前烧香礼拜，田地里的重活也尽量少干了。

生下毛泽东之后，文七妹非常高兴。为了使儿子能够平安健康地长大成人，使他"长命百岁"，于是，她先后采取了四项措施：

其一，吃"观音斋"。

毛泽东的母亲文七妹坚持吃"观音斋"。观音菩萨的诞生日是农历二月十九日,成道日是农历六月十九日,出家日是农历九月十九日。"观音斋"是二月、六月、九月,由初一到十九日都要吃素。

其二,让毛泽东拜七舅妈为"干娘"。

毛泽东的七舅妈子女颇多,而且个头长得健壮结实。文七妹让毛泽东拜七舅妈为干娘,是希望托七舅妈的福,庇荫他健康成长。

其三,替儿子向南岳观音菩萨"许愿",并承诺毛泽东长大成人之后去"还愿"。

湖南自古以来有一座佛教名山——南岳衡山,据说山上有七十二座寺庙,其中许多寺庙中都供奉有观音菩萨像。文七妹就向南岳的观音菩萨许了愿,希望菩萨保佑自己的儿子平安健康地成长。

据有关资料记载,1909年,16岁的毛泽东曾去南岳衡山"朝山进香"。他手拿小凳,走十来步就跪下顶礼一次。这样要走百来里路。关于这次"进香"的原因,有的说是因为母亲生病时许了愿,病治好之后去"还愿"。后来1957年,毛泽东在一次谈话中也是这样说的。但有的学者认为:在毛泽东幼年时,母亲曾向南岳的观音菩萨"许愿",祈求保佑儿子健康成长。因此,不能排除这次"进香"可能肩负着双重任务:既替母亲"还愿",也替自己"还愿"。

其四,让毛泽东拜"石观音"为"干娘"。

在毛泽东外婆家村后的龙潭山脚下,有一块拔地而起的天然巨石,村里人称"石观音"。巨石高两丈八,宽一丈余。石后,有一股终年不涸、长流不断的泉水从山洞中潺潺流出,名曰"龙潭"。人们称这块巨石为"神石",远近的善男信女纷纷前往敬香朝拜,所以这里一年四季香烟缭绕。毛泽东的外婆、母亲自然看中了这块"神石",认为要说长寿,恐怕算这"石观音"了,并让毛泽东拜其为"干娘"。文七妹领着年幼的毛泽东拜石观音做干娘时,还向石观音表示,从此这个小孩就寄名石头,因他排行第三,所以就叫他"石三"。于是,幼年毛泽东"石三伢子"的乳名,就在亲友中喊开了。

中国共产党成立之后,因革命斗争环境的险恶,毛泽东还曾用"石山"的化名发表文章或通信。这个"石山"显然就是从"石三"衍化而来的。例如1923年7月1日，毛泽东在《前锋》杂志上发表《省宪下之湖南》一文时，署名便是"石山"。同年9月28日，毛泽东在致林伯渠、彭素民信的附语中特别交代：

"此信托人带汉寄上，因检查极厉害，来信请写交毛石山，莫写毛泽东。"

1951年5月，毛泽东在接见他的表兄文运昌等人时，曾谈到拜石观音为干娘事。他说：

"我小时候有个乳名叫石三伢子。那时候，我母亲信迷信，请人算八字，说我八字大，不拜个干娘难保平安。母亲带我去唐家坨外婆家，发现路上有一块人形巨石，便叫我下地跪拜，拜石头为干娘。因此，母亲又给我取名'石三伢子'。"

1959年6月，毛泽东回到了他阔别了32年的故乡韶山。6月26日傍晚，毛泽东在韶山招待所设了几桌便宴，款待他少年时代的师长和亲友，以及当年曾和他一道出生入死的赤卫队员、老共产党员和烈士家属。当宾主各就其位之后，工作人员轻声地告诉毛泽东："主席，客人都来齐了，可以开始了。"

毛泽东站了起来，举杯环视四周，微微笑道："今天，各位父老乡亲都到齐了，就只差我干娘冒（没）来呢。"

顿了顿，他用商量的口气说："是不是还等呢？"

乡亲们听毛泽东这么一说，都感到很诧异。他们知道主席有个干娘是七舅妈赵氏，已去世30多年了，这事主席自己也知道的。怎么现在又冒出个干娘呢？

毛泽东见乡亲们迷惑不解的样子，也没有作进一步的说明，只是爽朗地笑道："大家喝吧，我们不等啦。"

席间，有几个年轻人仍想打听个究竟，便指使一个小姑娘去问毛泽东："主席爷爷，您的干娘是哪一个呀？"

毛泽东放下杯筷，笑容可掬地抱起小姑娘，大手向西一指说："我是那个山坨里石头的孩子，你又是哪个的孩子呀？"

原来毛泽东讲的就是"石观音"。他拜石观音为干娘，是幼年时代在外婆家生活时的事，即使是当时在座的五六十岁的韶山老人亦不知情。所以当毛泽东重提此事时，大家都感到诧异。

毛泽东8岁前，主要是在外祖母家度过的，外祖母也虔诚信佛。每逢观音菩萨的诞生日、成道日和出家日，由母亲、外婆或舅舅、舅母领着，去向石观音礼拜。

很显然，毛泽东的母亲文七妹和少年毛泽东，信仰的是观音菩萨。

观音菩萨是佛教大菩萨中知名度最高、最有影响的一位。俗语所谓"家家敬弥陀，户户拜观音"，充分反映了观音信仰在中华大地的普遍盛行和在民众之中的深远影响。

观音，全称"观世音"，是梵文的音译。唐朝时因避唐太宗李世民讳，改称"观音菩萨"，也叫"观音大士"，是阿弥陀佛的左胁侍，西方三圣之一。《法华经·观世音菩萨普门品》载，观世音有三十三种化身，这些化身随缘应现，为救度世间众生，随三界六道之不同状况和需要而变化为适宜的形象和身份。

观音信仰在中国初起于两晋时期《法华经》两个译本的流传影响。竺法护译出《正法华经》后，其中的《光世音普门品》迅速被传抄流行，称之为《普六经》或《普门品经》《光世音经》。后秦鸠摩罗什译出《法华经》后，其《观世音菩萨普门品》也被抄出作《观世音经》单独流行。

古印度的观音信仰自魏晋时代传入中国之后，由于正好填补了中国文化中慈悲救世宗教思想的缺失，适应了当时动荡不宁、苦难深重的社会特征，所以立即在中国引起热烈回应。在外来佛教信仰者的推动下，观音信仰在中国迅速传播开来。后秦鸠摩罗什重译《法华经》之后，伴随着这个权威译本的流行，观音信仰更加深入中国社会的各个领域。与此同时，古代印度各种观音信仰的经典都相继传入中国，不断推动着观音信仰的传播。经过魏晋南北朝时期的中国人的理解、吸收和逐渐接受，到了隋唐两宋时期，观音信仰已经在中国达到非常普及的程度。到了宋代以后，观音信仰不但在佛教内部各个宗派、各个信仰群体之中被普遍接受，而且在社会上几乎达到人人皆知的程度，俗语所谓"家家敬弥陀，户户拜观音"正是这种社会现实的一种反映。

而在实践上，观音信仰最核心的修持方式就是称名，即称"观世音菩萨"就行，或者再加上"南无"、"大慈大悲"、"广大灵感"等表示归心和赞叹的词语。净土往生型观音信仰里主要是念阿弥陀佛的名号，也有兼念观音名号的，方法照样，非常简单。

观音的慈悲是大慈大悲，是无缘之慈，同体大悲，是超越一切世俗的隔阂与限制的普遍关切，是平等一如的爱护，所以经典中常说观音是世界的慈悲父，众生的救度母，民间更亲切地称观音为娘娘、妈妈。也就是说，观音就像自己的父母一样具有亲近性和可信性，可以绝对地信赖和跟从。经典中所记述的观音显化身相和社会上出现的观音灵验事迹，大多是慈眉善目、亲切平易的形象。宋代以后的观音造像多作慈祥柔和的美妇形象，观音的亲和性进一步得到加强，表明中国人对观音慈祥亲切品格的一致认同。

深受毛泽东爱戴的母亲，经常烧香拜观音菩萨，童年的毛泽东也自然而然地信佛了，并且每当在母亲生病的时候，就跑到庙里去敬拜烧香，求菩萨保佑母亲尽快好转，保佑全家人平安。逢年过节，向观音菩萨顶礼膜拜更是他必不可少的"功课"。毛泽东于1959年回到韶山冲，来到他家堂屋的神龛前时，对身边随行的工作人员说："这是我小时候初一、十五工作的地方。"可见，母亲虔诚的信佛情形不知不觉中在少年毛泽东身上潜移默化着，形成了他日后善良、悲悯的心地。

少年毛泽东信佛，固然有来自母亲的直接影响，但家乡韶山的社会习俗和毛氏家族对待佛教的态度，也与之有很大的关联。韶山地区历来有崇信仙佛的风俗，仅佛教寺庙至清朝末期就多达33所，形成了浓厚的宗教氛围。毛泽东的少年时代就在环境幽雅、寺庙众多的韶山冲度过，其母还要定期带他去庵寺中顶礼膜拜，而毛泽东也常向僧尼借阅经书。另一方面毛氏家族对佛教有着特殊的情感，不仅修建庵寺，还在家谱中记下了许多宣扬佛教禅理的词句。在这样的环境中，尚未成年的毛泽东信佛是自然而然的事。

2. 毛泽东的济世情怀与佛教的慈悲为怀

毛泽东因在慈母身边耳濡目染，从小也跟随母亲虔诚信佛。佛教讲慈悲、布施、平等、博爱，这些思想在毛泽东母亲身上有完整的反映。母亲去世后，毛泽东在《祭母文》中说：

"吾母高风，首推博爱。远近亲疏，一皆覆载。恺恻慈祥，感动庶汇。爱力所及，原本真诚。不作诳言，不存欺心。整饬成性，一丝不诡。手泽所经，皆有条理。头脑精密，劈理分情。事无遗算，物无遁形。洁净之风，传遍戚里。不染一尘，身心表里。五德荦荦，乃其大端。"

毛泽东在这里集中再现了母亲的"盛德"：她有博爱的胸怀，远近亲疏，一视同仁。她平易慈祥，感动了众人。她普施爱心，完全是出于真诚。她不说假话，更不存欺人之心。她正直谨慎，一点也不作假。她细心，经她手做之事，皆有条理。她头脑精密，"理"（智）"情"（感）分得很清。她计划周密，事无遗漏，观察事物也没有不见之处。她爱洁净的习惯，传遍了亲戚乡里。她一尘不染，身心表里如一。仁、义、礼、智、信的"五德"，在她身上体现得最为充分。

毛泽东就这样从博爱、真诚、整饬、洁净、五德等方面写出了母亲的高风亮节和伟大人格。深深滋润毛泽东心田的，则是母亲的博爱和无私。文七妹为人慷慨厚道，深受佛教布施思想的影响，认为人一生只有多做善事，积德行善，真诚互助，才能获得好报。

每遇荒年，邻近四乡逃难的人便增多了，不管是谁，只要是走到毛泽东家的门口，文氏总是背着丈夫，用平时节衣缩食、精打细算省下来的粮食接济这些受苦的乡亲们。她不仅自己这样去做，而且也鼓励自己的儿子这样去做。

文七妹也常对毛泽东三兄弟讲："救人一命，胜造七级浮屠。这是救命粮，我们少吃一口不就得了。"这位操劳一生、俭省一生的仁慈、怜悯、善良、贤淑的母亲的一言一行，深深影响着少年毛泽东。少年毛泽东从家庭生活环境中汲取的最重要的精神养分正是这样一种普济众生的道德情怀。作为他的道德启蒙老师，母亲的慈悲为怀给毛泽东留下了至为深刻的印象

毛泽东六七岁时开始到私塾读书。一天，他向母亲提出要带着午饭到学校里去吃。文七妹以为儿子是为了利用往返时间多读点书，于是便同意了儿子的要求。可是在这以后的连续几天内，文七妹发现儿子带的午餐一次比一次量多，但是晚上放学回家后却依旧显得很饥饿。她担心儿子是不是得了什么怪病，便细细盘问。当她得知儿子带饭是为了和穷苦的同学黑皮伢子一起吃的时候，文七妹不但没有责备他，反而感到非常欣慰。

然而毛泽东的父亲毛顺生是不赞成施舍的，家里为了这种事情经常发生争吵。毛泽东回忆往事的时候，曾风趣地说："我家分成两党。一党是我父亲，是执政党。反对党由我、母亲、弟弟组成，有时连雇工也包括在内。"毛泽东有个堂叔生活非常困难，毛顺生想"乘人之危"买下他的水田，这遭到了文七妹的坚决反对，她常带着毛泽东偷偷地去接济这位穷本家。母亲的美德对毛泽东影响极深，耳濡目染，无声无息地渗入他幼小的心灵。

母亲去世后，毛泽东还含泪给他的同学、好友邹蕴真写信，说："世界上有三种人，损人利己的人；利己而不损人的人；可以损己而利于人的人。我母亲正是最后一种人。"母亲的美德对毛泽东影响极深，使毛泽东从小就对弱者极具有同情心和慈悲心。

1936年，毛泽东对埃德加·斯诺谈起母亲时，曾这样说："我母亲是个心地善良的妇女，为人慷慨厚道，随时愿意接济别人。她可怜穷人，他们在荒年前来讨饭的时候，她常常给他们饭吃。"

"博爱"的概念与"五·四"时期人们反复宣传的西方概念"自由、平等、博爱"有关，但中国古代即已有墨子的"兼爱"和韩愈所说的"博爱之为仁"。青年毛泽东熟读康有为的《大同书》和谭嗣同的《仁学》，这两部书吸收了佛教的许多思想，强调君子仁人、英雄豪杰当以慈悲为心，解除现世众生的种种苦难。谭嗣同在《仁学》中论述"兼爱"、"仁"、"慈悲"、"爱力"都是同一系列的概念，它们可以互相置换。

毛泽东在《祭母文》中提到了"博爱"、"慈祥"、"爱力"，是受了谭嗣同《仁学》的影响，其实质就是佛家的"慈悲为怀"。

佛典《观无量寿传经》中说："佛心者，大慈悲是。"《大智度论》中说："大慈，予一切众生乐；大悲，拔一切众生苦。"

佛教主张要"无缘大慈，同体大悲"。虽然施与一切众生以欢乐，但无所执著，离一切取舍分别，心无所缘，叫"无缘大慈"；心、佛、众生无差别，真如法身毕竟平等，故发大悲救拔之心，叫"同体大悲"。"无缘大慈，同体大悲"，是大乘佛法修行的总纲。

佛学思想是毛泽东早期思想的重要组成部分。在1917年8月23日致黎锦熙的信中，毛泽东表达了这样的观点："若以慈悲为心，则此小人者，吾同胞也，吾宇宙之一体也"，因此，"君子当存慈悲之心以救小人"，"吾人存慈悲之心以救小人也"。

在以后的革命生涯中，毛泽东把佛家的怜悯弱者、普度众生、行善积德、平等博爱等主张，运用马克思主义的方法批判地加以改造和吸收，融入他的人格理想之中。成为革命领袖的毛泽东读佛经时的引申发挥，重在普度众生、解民痛苦一面。所以，他很推崇释迦牟尼佛不当王子，去创立佛教的举动，认为他是"代表当时在印度受压迫人讲话"的。他还说佛教徒与共产党人合作，"在为众生（人民群众）解除压迫的痛苦这一点上是共同的"。

佛教慈悲思想的一个表现就是护生放生。1949年，毛泽东路经五台山塔院寺时，见一门框上贴着一副对联："劝君莫打三春鸟，子在巢中盼母归。"毛泽东默念着，颇为赏识，便问："这对联是谁写的？"老方丈忙答："是老衲所写。"毛泽东略一沉吟道："这副对联应广为宣传。"

"不杀生"在中国古代就甚为推崇。孟子说："见其生，不忍见其死；闻其声，不忍食其肉。是故君子远庖厨也。"不杀生更是佛教文化中极为重要的部分，历代高僧大德纷纷阐扬。明代四大高僧之一的莲池大师在其《放生文》中说："盖闻世间至重者生命，天下最惨者杀伤。是故逢擒则奔，蚚虱犹知避死；将雨而徙，蝼蚁尚且贪生。何乃网于山，罟于渊，多方掩取；曲而钩，直而矢，百计搜罗。使其胆落魂飞，母离子散。

或囚笼槛，则如处囹圄；或被刀砧，则同临剐戮。""恃我强而凌彼弱，理恐非宜；食他肉而补己身，心将安忍。"

文七妹反对暴力和杀生，少年毛泽东耳濡目染，那时候他深信杀生是罪大恶极的。这种观念潜移默化地影响了毛泽东的一生，他虽然身经百战，指挥大大小小的战役，内心却总是不失慈悯。

跟随毛泽东15年的卫士长李银桥说毛泽东一生有三怕：一怕泪，二怕血，三怕喊饶命。李银桥回忆说："我见他第一次落泪，是看到一名病重的孩子，那孩子母亲哭，他也跟着掉泪，命令医生尽全力去抢救。"开国前夕，毛泽东住在香山的双清别墅。同住在香山的将士们都听惯了枪声，此时耐不住寂寞，几位警卫干部便打起鸟来。毛泽东开会回来看见被打得血淋淋的麻雀，显出大不忍的悲戚神色，以手遮脸，喊起来："拿走，拿开！我不要看。"并下令禁止任何人打麻雀。他说："麻雀也是有生命的嘛！它们活得高高兴兴，你们就忍心把它们都打死？"有一次，毛泽东与李银桥拉家常时，李银桥说他喜欢母亲，因为母亲心地善良待人宽厚，毛泽东说："你母亲一定信佛。"他还说："你说她心善嘛，出家人慈悲为怀。"

3. 青年毛泽东对佛学的研读与解悟

少年毛泽东对佛教的信仰是十分虔诚的。可是随着年龄的增长和知识的增多，善于独立思考的他对佛教信仰的怀疑也与日俱增了。在延安时，毛泽东曾对斯诺说：

"我看的书，逐渐对我产生了影响，我自己也越来越怀疑了。我母亲开始为我担忧，责备我不热心拜佛，可是我父亲却不置可否。……这时还有一件事对我有影响，就是本地的一所小学来了一个'激进派'教师。说他是'激进派'，是因为他反对佛教，想要去除神佛。他劝人把庙宇改成学堂。大家对他议论纷纷。我钦佩他，赞成他的主张。"

毛泽东所说的"激进派"教师指李漱清，毕业于湘潭师范学堂和地方自治法政专门学校，曾在湘潭县西二区上七都都校和韶山李氏族校执教多年。

1917年8月23日，风华正茂的毛泽东在致黎锦熙的信中，认为宗教崇拜的偶像，包括释迦牟尼，是老百姓自己将他们神化起来的：

"惟宗教家见众人以为神奇，则自然奇之，如耶稣、穆罕默德、释迦牟尼。"

然而，这并不意味着毛泽东这时对宗佛教的理论已经失去了兴趣。恰恰相反，由于毛泽东从青年时代起，即养成了对哲学的浓厚兴趣，所以在湖南一师读书时期，他不仅比较系统地研究过中国传统哲学和西方哲学，而且对佛教哲学亦有深入研究。直到1920年6月，即毛泽东世界观向马克思主义转变的前夕，他在致黎锦熙的信中还表示要研究佛学。他说：

"文字学、言语学和佛学，我都很想研究，一难得书，二不得空时，懈怠因循，只好说'今日不学又有明日'罢了。希望先生遇有关于言语文字学及佛学两类之书，将书名开示与我，多余的印刷物，并请赐寄。收聚了书，总要划一个时间，从事于此。"

青年毛泽东对于佛学研究的心得，在保留下来的《〈伦理学原理〉批注》中可略见冰山之一角。

《伦理学原理》是德国哲学家、伦理学家泡尔生（1846—1908）的著作。1909年，蔡元培将日译本译成中文。杨昌济在一师授修身课时，曾用此译本作为教材。毛泽东在精读此书时，不仅画了很多圈点直线和波线，而且密密麻麻地写了1.5万字左右的批注。

《〈伦理学原理〉批注》中的文字表明，此时的毛泽东对佛学思想在以下几个方面进行了独到的解悟：

其一，青年毛泽东对佛教"缘起说"的解悟。

佛典《杂阿含经》卷十二说："此有故彼有，此生故彼生。"《俱舍论》卷九云："由此有法至于缘已和合升起，是缘起义。"可见，所谓"缘起论"，就是认为一切事物均处于因果联系中，依一定条件生起变化。具体来说，就如赵朴初先生所说的："认为所谓'有情'，无非是种种物质和精神的要素的聚合体。"

在《〈伦理学原理〉批注》中，毛泽东在解释生死现象时，其观点即与这种"缘起说"和"聚合论"很相似。他说：

> 凡自然界无无故而成者，无无故而毁者。人类无无故而生者，无无故而死者，其死既有故，则其故即所以解释之点也。

这里说的"故"，正是强调因果联系的普遍性，认为自然界一切现象，包括人类均处于因果联系之中。毛泽东又说：

> 人类者，自然物之一也，受自然法则之支配，有生必有死，即自然物有成必有毁之法则……且吾人之死，未死也，解散而已。凡自然物不灭，吾人固不灭也。不仅死为未死，即生亦系未生，团聚而已矣。由精神与物质之团聚而为人，及其衰老而遂解散之。

这里讲的"自然法则"也就是因果法则。而所谓"由精神与物质之团聚而为人"，与缘起论的"聚合"说，不是十分相像吗？正是基于这种认识，所以毛泽东又说：

> 一人生死之言，本精神不灭、物质不灭为基础（精神物质非绝对相离之二物，其实即一物也，二者乃共存者也）。世上各种现象只有变化，并无生灭成毁也，生死也皆变化也。既无生灭，而只有变化，且必有变化，则成于此必毁于彼，毁于彼者必成于此，成非生，毁非灭也。生于此者，必死于彼，死于彼者，必生于此，生非生，死非死也。

毛泽东这里强调的"世界各种现象只有变化，并无生灭成毁"的观点，与佛教缘起说中之"无作者义"，即否定"造物主"的存在也是一致的。因为既然一切现象都是在处在因果关系的链条之中，就不可能存在从无到有的"生"，也不可能存在从有到无的"灭"，从而使造物者失去了存在的根据。

其二，青年毛泽东对佛教"灵魂不灭"思想的解悟。

毛泽东1916年12月9日致黎锦熙的信中说过："世界之外有本体，血肉虽死，心灵不死"，表明他当时是承认灵魂不灭的。在《〈伦理学原理〉批注》中，这种灵魂不灭的思想就表现为"精神不灭"。前面所引毛泽东受佛教"缘起论"思想影响的一些引文中，已经可以看到一些精神不灭的观点。再如：

> 精神不灭，物质不灭，即精神不生，物质不生，既不灭何有生乎，但有变化而已。

毛泽东强调"精神不灭，物质不灭"，具有"二元论"的倾向，并且《〈伦理学原理〉批注》中"物质不灭"思想的形成，是毛泽东后来向唯物论转变的重要契机。但是，就"精神不灭"这个观点本身来看，则无可否认地是受了佛教"灵魂不灭"思想的影响。而且从《〈伦理学原理〉批注》的全部论述来看，尽管毛泽东提出了"精神不灭"和"物质不灭"两个并列的命题，但他当时更重视的还是"精神不灭"。他认为精神比物质更加具有能动性。如：

"予谓人类只有精神之生活，无肉体之生活。试观精神时时有变化，肉体则万年无变化可以知也。"

又说："自利之主要在利自己之精神，肉体无利之价值。"

青年毛泽东既然承认精神不灭、灵魂不灭，就势必承认灵魂转世的佛教"轮回说"。佛教将"果报说"与"轮回说"结合起来，认为众生前生所作之"业"的不同，所得的报应也就不同，来世也就会在不同的境界中"轮回"。

在《伦理学原理》中，泡尔生曾引用斯弥得所著《希腊伦理学》中的话："人类之运命，至公至正，善人受赏，恶人受罚，此希腊人最确实之信仰也。"

毛泽东在这段话旁，引用《尚书·伊训》中一段话作了如下批注：

吾国人亦曰："作善降之百祥，作不善降之百殃。"

希腊人与《尚书》中的这种观点，就与佛教的因果报应之说相似。不过前者主要讲的是当世报应，后者更多的是强调来世报应。佛教既然讲因果报应，所以主张人在现世生活中要多做善事，如修桥补路之类，以便"积阴德"。

但毛泽东在《〈伦理学原理〉批注》中将此类行为归之于"盲目道德"。例如当泡尔生说："老妇畏忌盗窃之事，彼徒以其背于基督第七戒耳，非有他理想也。"基督教的"十诫"中有"不可偷盗"之一诫，此处所说的"第七戒"即指此。基督教认为生前违背戒条，死后便不能升天国而只能入地狱，其说与佛教的因果报应说相似。毛泽东不赞成人们只因为害怕因果报应才去按道德的要求办事，他主张人们要有道德的自觉。所以对于上述泡尔生的观点，他不表赞同：

"此处不免有奖励盲目的道德之弊。现今之人所为善事，如修桥补路之类，无非盲目的道德也。道德之实行，固赖感情与意志，而其前必于此将实行之道德，有时判然之意识，而后此行为乃为自动的。若盲目之道德，固毫无价值也。"

这表明毛泽东当时反对的只是慑于因果报应而去做善事，但并没有彻底否定佛教因果报应说。

其三，青年毛泽东对佛教"一多相容"思想的解悟。

在《〈伦理学原理〉批注》中，毛泽东写道：

至不同即至同，至不统一即至统一。

观念即实在，有限即无限，时间感官者即超绝时间感官者，想象即思维，形式即实质，我即宇宙，生即死，死即生，现在即过去及未来，过去及未来即现在，小即大，阳即阴，上即下，秽即清，男即女，厚即薄。质而言之，万即一，变即常。

显然，毛泽东的这种"万即一"的思想除了受佛教华严宗的"圆融无碍"的思想影响外，还与华严宗的"一多相容"的思想影响分不开。

华严宗的实际创始人法藏（643—712）有一篇著作，名叫《华严金狮子章》，是他向唐代女皇帝武则天讲佛法的教材，比较集中和简要地概括了华严宗的根本观点。其中第七节专门介绍了华严宗的"十玄门"观点。

"十"是华严宗用以表示无尽的意义。"玄"是玄妙。"十玄门"就是指示通向成佛的十种玄妙法门。

"十玄门"中有一门便是"一多相容不同门"，认为金和狮子在金狮子中，相互容摄，"一"和"多"相互容受，互不相碍。法藏看到了本体与现象的区别，但他更加强调的是其同一性。所以他通过对没有"一"就没有"多"，没有"多"也就没有"一"，"一"就包括了"多"，"多"就包括了"一"的论证，最后得出了"一"就是"多"，"多"就是"一"的相对主义的绝对同一论。

毛泽东在《〈伦理学原理〉批注》中论证其"一多相容"的观点时，强调的也是同一性，而贬低甚至抹杀差别的多样性及客观性的。他写道：

> 事实本无区别，惟概念有区别，以为便利言语记忆计也。道德之本质，本一人因其适用之方面，而有公私、大小乃至善恶之分。不仅道德为然，凡宇宙一切之差别，皆不过其发显之方面不同，与吾人观察及适应之方面有异而已，其本质只有一个形状也，如阴阳、上下、大小、高卑、彼此、人己、好恶、正反、洁污、美丑、明暗、胜负之类皆是。吾人各种之精神生活即以此差别相构成之，无此差别相即不能构成历史生活。……
>
> 差别之所以生，生于有界限。为界域生活之人类，其思想有限，其能力有限，其活动有限，对于客观界，遂以其思想能力活动所及之域，而种种划分之，于是差别之世界成矣。

其四，青年毛泽东对佛教"三世一念"思想的解悟。

毛泽东在《〈伦理学原理〉批注》中说：

时间之有去来，今人强分之耳，实则一片也。然则吾人之生活在此一片之时间，处处皆现实，而岂有所谓过去之生活非现实耶？

又说：

余意以为生死问题乃时间问题，成毁问题乃空间问题。世上有成毁无生死，有空间无时间。由此义而引申之，可得一别开生面之世界。即吾人试设想除去时间但有空间，觉一片浩渺无边、广博宏伟之大域，置身其中，既无现来（在），亦无过去，又无未来。身体精神两俱不灭之说，至此乃可成立，岂非别开生面之世界邪！

毛泽东在否定时间客观性的基础上，进而又否定时间存在的具体形态，即过去、现在、未来区别的确定性。他在《〈伦理学原理〉批注》中又说：

现在即过去及未来，过去及未来即现在。

这种否定时间过去、现在、未来区别的相对主义思想，在泡尔生的著作中找不到，是毛泽东作批注时发挥的。这种发挥，显然也不是毛泽东的独创，它的理论来源，显然为佛教的华严宗。

法藏《华严金狮子章》的"十玄门"中的一门叫做"十世隔法异成门"，其内容的原文如下：

狮子是有为之法，念念生灭。刹那之间，分为三际，谓过去、现在、未来。此三际各有过、现、未来；总有三三之位，以立三世，即束为一段法门。虽则九世，各各有隔，相由成立，融通无碍，同为一念，名"十世隔法异成门"。

大意是：金狮子是因缘和合而生的事物，时时刻刻在生灭的过程中，在极短暂的刹那间就分为过去、现在、未来三世，过去、现在、未来三世的每一世又分为过去、现在、未来三世，共为九世，一切事物都受九世的约束。虽是九世，各各不同，但又相由成立，融通无碍，同在一念之中，称为"十世隔法异成门"。

所以"十世隔法异成门"又被称为"三世一念"，即将过去、现在、未来的区别只是头脑中的区别。

在《〈伦理学原理〉批注》中，毛泽东说过"事实本无区别，惟概念有区别"的话，表明他也是将时间上的过去、现在、未来的差别，看成主观的东西。毛泽东还说这样一段话：

"吾意时间观念之发生，乃存在于客观界一种物理机械之转变，即地球之绕日而成昼夜是也。设但有白昼或但有长夜，即可不生时间之观念，此可证明无所谓时间。地球之绕日，但为空间之运动也。"

总之，《〈伦理学原理〉批注》的字里行间所流露的，是青年毛泽东对佛学的深湛研究和领悟，以及佛学思想对他的深刻影响。

4. 毛泽东研读过的佛教经典

1950年3月，逄先知从华北人民革命大学调到中共中央书记处政治秘书室工作，从而进入了万人瞩目的中南海。从这年11月份起，逄先知被安排负责管理毛泽东的图书、报刊杂志等，在毛泽东身边工作了近17年。1978年后，逄先知到中国科学院政策研究室工作，1980年调中共中央文献研究室，长期从事毛泽东生平、思想的研究和毛泽东著作的编辑工作。他曾参加编辑《毛泽东选集》《毛泽东文集》《邓小平文选》等，主编《毛泽东年谱（1893—1949）》，著有《毛泽东和他的秘书田家英》，合著有《毛泽东的读书生活》《毛泽东与抗美援朝》等。

据逄先知回忆，毛泽东很重视佛教经典的学习和研究。佛教的一些重要经典如《金刚经》《华严经》《六祖坛经》等，以及研究这些经典的著述，毛泽东都读过。

根据逄先知提供的书目单，1959年10月23日毛泽东外出前指名要带的书籍，除马克思、恩格斯、列宁、斯大林、黑格尔、费尔巴哈、诸子百家、朱熹、王夫之、《二十四史》《资治通鉴》等书外，指名要带的佛经有《六祖坛经》《般若波罗密多心经》《法华经》《大涅槃经》等。

《六祖坛经》一书，毛泽东曾向逄先知要过多次，外出还经常带着。逄先知回忆说，凡是哲学刊物上发表的讲禅宗哲学思想的文章，毛泽东几乎都看，《现代佛学》期刊也成为毛泽东经常看的杂志。

1958年8月21日，在中共中央政治局北戴河扩大会议的讲话中，毛泽东就谈到过禅宗六祖慧能：

"唐朝佛教《六祖坛经》记载，惠（慧）能和尚，河北人，不识字，很有学问，在广东传经，主张一切皆空。这是彻底的唯心论，但他突出了主观能动性，在中国哲学史上是一个大跃进。惠（慧）能敢于否定一切。有人问他：死后是否一定升天？他说不一定，都升西天，西方的人怎么办？他是唐太宗时的人，他的学说盛行于武则天时期，唐朝末年乱世，人民思想无所寄托，大为流行。"

担任过毛泽东的秘书和英文老师的林克，在其所著的《在毛泽东身边的岁月片断》中说：

"毛泽东很欣赏禅宗六祖慧能，《六祖坛经》一书，他经常带在身边。他多次给我讲六祖慧能的身世和学说，更为赞赏他对佛教的改革和创新精神。我对慧能及禅宗的一点微薄知识，多是得自毛泽东的讲授。

"毛泽东对我谈到慧能的身世。……为我背诵了这两首法偈：'身是菩提树，心如明镜台；时时勤拂拭，勿使惹尘埃。' '菩提本无树，明镜亦非台；本来无一物，何处惹尘埃。'毛泽东跟我说，后一首是慧能所作，指出世间本无任何事物，故无尖埃可沾；佛性本来是清净的，怎么会染上尘埃？这与佛教大乘空宗一切皆空、万法皆空的宗旨最契合，胜神秀一筹。

"毛泽东还谈了慧能学说在佛教史上的地位。他说，慧能主张佛性人人皆有，创顿悟成佛说，一方面使繁琐的佛教简易化；一方面使印度传入的佛教中国化。因此，他被视为禅宗的真正创始人，也是真正的中国佛教的始祖。"

禅宗六祖慧能生于唐太宗时代贞观十二年（638年），小时家境贫寒，皈依佛门后，一直是杂役僧，干些舂米的活儿。年老的禅宗五祖弘忍打算找接班人，一次要众僧作法偈，意在从中体会各僧的根基悟性。门人都推崇他的大弟子神秀，不敢作偈。神秀夜间在壁上作了一首，众僧都叫好，就是毛泽东对林克背诵的第一首。但弘忍似乎不大满意，说他只到门前，还未入得门来，让他重作。

神秀苦思数日，作不出新偈。于是，不识字的慧能一反神秀之意，请人代写了一首，就是毛泽东给林克讲解的第二首。弘忍听后很赏识，就定慧能为传人，把衣钵授给了他，并让他速回广东新县老家。慧能遂为禅宗六祖。

《六祖坛经》，是慧能的弟子法海根据慧能的谈话集录的一部典籍，又称《六祖大师法宝坛经》，简称《坛经》。其中记述了禅宗六祖一生得法传宝的事迹和他启导门徒的言教。

毛泽东认为，慧能的思想动摇了印度佛教在中国的地位，主要是他使禅宗徒众敢于说佛不在外，在我心中，甚至人人都可以自称为佛了。

六祖慧能敢于否定经典偶像和成规，勇于创新，以及把外来的宗教中国化，使之符合中国国情的特点，与毛泽东追求变革，把马克思主义原理同中国革命实践相结合，并使之中国化、民族化的思想，似不无相通之处。对此，毛泽东在晚年曾有过直接的表述。

1975年6月，在会见一国外共产党的领导人时，毛泽东特别强调，各国革命要根据本国的实际情况，"不要完全照抄中国"。接着，以佛教为例，说："什法师说过，学我者病。什法师叫鸠摩罗什，是南北朝人。他是外国人，会讲中国话，翻译了许多佛经。这就是要自己想一想。马克思说，他们的学说只是指南，而不是教条。中国有个学者叫严复，他引了什法师的话，在他翻译的赫胥黎写的《天演论》上面说的。……赫胥黎赞成印度的佛学哲学。"

1959年10月22日，毛泽东同班禅大师的一次谈话中，就提到过鸠摩罗什。他说：

"东晋时西域龟兹国的鸠摩罗什，来到西安，住了十二年，死在西安。中国大乘佛教的传播，他有功劳。汉译本《金刚经》就是他译的。我不大懂佛经，但觉佛经也是有区别的。有上层的佛经，也有劳动人民的佛经，如唐朝时六祖（慧能）的佛经《法宝坛经》就劳动人民的。"

毛泽东认为，禅宗六祖慧能的《坛经》是"劳动人民的佛经"。其实，慧能是在听闻《金刚经》之后开悟成道的。

《坛经》中记载，慧能在未出家前，因家贫卖柴度日。有一次，送柴至一客店，听一旅客在诵一经，听了几句，心即开悟。一问方知那旅客诵的是《金刚经》。后来慧能到黄梅县东禅寺禅宗五祖弘忍大师处求法。五祖观察他有利根。于是一日深夜三更将他唤至室内，为他单独讲授《金刚经》。当讲至"应无所而生其心"时，慧能言下顿悟一切万法不离自性，惊叹道：

何期自性，本自清净；何期自性，本不生灭；何期自性，本自具足；何期自性，本无动摇；何期自性，能生万法。

由此可以说，《坛经》是《金刚经》思想的发挥和通俗化；换言之，《金刚经》是《坛经》之母。所以，佛祖释迦牟尼在《金刚经》说"一切诸佛及诸佛阿耨多罗三藐三菩提，皆以此经出"，决非虚语。也正因为如此，禅宗的各代祖师都大力弘扬《金刚经》，劝导世人读《金刚经》。这也是《金刚经》在中国家喻户晓的原因。

1961年1月22日，毛泽东同班禅大师又进行了一次深入的谈话。

谈话过程中，毛泽东饶有兴致地问班禅大师："西藏是大乘，还是小乘？"

班禅说："我们学的是大乘，搞密宗，但小乘是基础，也懂得小乘。"

毛泽东问："释迦牟尼讲的是大乘吗？"

班禅说："释迦牟尼讲经分三个时期，早期和晚期讲小乘，中期讲大乘。"

毛泽东又问："《莲花经》和《金刚经》在藏文的经典中都有吗？释迦牟尼著的经典比孔夫子的书还多吧？"

班禅说："西藏有《金刚经》，是从梵文译成藏文的。释迦牟尼的经书很多。"

毛泽东说："《金刚经》，很值得一看。我也想研究一下佛学，有机会你给我讲讲吧！"

毛泽东认为"《金刚经》值得一读"，那么，小时候信佛、青年时代研究过佛学的他，到底读没读过《金刚经》呢？虽然目前没有明确的记载显示他读过《金刚经》，但是从佛教大德赵朴初先生的关于他与毛泽东的一段谈话的记载，则可以断定毛泽东是读过《金刚经》的。

赵朴初先生在他的颇受读者欢迎的《佛教常识答问》的"序"中，讲到这样一件事：

"1957年我陪一位柬埔寨僧人见毛泽东主席，客人未到之前，我先到了，毛主席便和我漫谈。他问：'佛教有这么一个公式——赵朴初，即非赵朴初，是名赵朴初，有没有这个公式呀？'我说：'有。'主席再问：'为什么？先肯定，后否定？'我说：'不是先肯定，后否定，而是同时肯定，同时否定。'谈到这里，客人到了，没有能谈下去。"

毛泽东这里使用的"是……即非……是"的句式，出自《金刚经》。在《金刚经》中，上述句式很多。例如：

> 佛说般若波罗蜜，即非般若波罗蜜，是名般若波罗蜜。
>
> 须菩提，诸微尘，如来说非微尘，是名微尘。
>
> 如来说世界，非世界，是名世界。
>
> 如来说三十二相，即是非相，是名三十二相。……

如果不是对《金刚经》的内容非常熟悉，毛泽东就不会开玩笑式地与赵朴初先生讨论"赵朴初，即非赵朴初，是名赵朴初"这样一个命题的。可见，毛泽东不只是提倡"《金刚经》值得一读"，而且他自己也下工夫读过《金刚经》。

因为毛泽东常常研究佛理，所以对献身于佛教的人物常怀敬意，毛泽东曾对秘书林克说："唐代的玄奘赴印度取经，其经历的艰难险阻，不弱于中国工农红军的两万五千里长征。他带回了印度佛教的经典，对唐代文化的丰富和发展，都产生了极大的影响。"毛泽东更赞叹道："鉴真和尚，说他六渡扶桑，虽然前五次都失败了，但他不屈不挠，终于到了日本，对于佛教的东渐，特别是中国佛教及文化贡献最大。"

据林克回忆：有一次，毛泽东和周谷城谈论哲学问题，说到胡适写的哲学史，然后突然对中国当时尚无一部佛教史流露出遗憾之情。

5. 毛泽东情系佛教圣地五台山

毛泽东从青少年时代起，就游览朝拜过几座佛教名山。前文提及，1909年，16岁的毛泽东曾去南岳衡山"朝山进香"。

据毛泽东湖南一师时的好友萧子升在《我和毛泽东的一段曲折经历》一书中回忆：

1917年暑假期间，毛泽东和萧子升从长沙出发，到好几个县的农村里"游学"。行至宁乡县沩山密印寺时，他们特意拜访了老方丈，翻阅了寺中藏的各种佛经，向方丈请教一些佛经问题。

毛泽东和萧子升在这座寺庙里住了两天，由和尚引导在各处参观，了解了寺院的组织和僧人的生活。他们还向方丈询问了全国佛教的概况，以及佛经出版的情况。还了解到上海、南京和杭州是佛教经籍出版的中心。像沩山寺这样的讲经中心，全国至少有100处，如果算上规模较小的，有千处左右。

在领导中国革命取得胜利的进程中，毛泽东与中国著名佛教圣地五台山结下了一段不解之缘。无论在抗日战争时期，还是在解放战争时期，毛泽东都多次在讲话和谈话中从不同角度、在不同场合提及五台山。最后，在"进京赶考"前夕，毛泽东实现了五台山之行。这既反映出五台山在中国佛教文化史和中国现代革命史上的特殊地位，同时也从一个侧面展示出伟人毛泽东丰富而博大的精神世界和极具魅力的国学文化个性。

毛泽东三论五台山

1937年，中国共产党领导的八路军开辟了以五台山地区为中心的晋察冀抗日革命根据地以及晋绥抗日根据地，极大地鼓舞了中国人民的抗日斗志。此时已成为中国共产党领袖的毛泽东在电报、讲话、谈话中屡屡提及五台山。给人们留下深刻印象的是毛泽东"三论五台山"。

1938年4月28日，毛泽东在给鲁迅艺术学院的学员讲话时，曾这样说：

"……过去一个研究《红楼梦》的人说，他曾切实地把大观园考察过一番。现在你们的'大观园'是全中国，你们这些青年艺术工作者个个都是大观园中的贾宝玉或林黛玉。要切实地在这个大观园中生活一番，考察一番。你们的作品'大纲'是全中国，'小纲'是五台山。"

毛泽东将认识上升到"大纲"与"小纲"的高度，足见五台山在他心目中的特殊位置。他是把五台山放在当时全国抗战的整体格局中，以凸显其重要的战略地位。

1938年3月，加拿大医生、国际共产主义战士白求恩大夫，率领的医疗队奔赴晋察冀抗日革命根据地，救治八路军伤员。临行前，毛泽东亲切地接见了白求恩，并风趣地给他介绍说：

"中国有一部很著名的古典小说，叫做《水浒传》，里面写了鲁智深大闹五台山的故事，五台山就在晋察冀。五台山，前有鲁智深，今有聂荣臻。聂荣臻就是新的鲁智深。"

毛泽东将聂荣臻与鲁智深这两个著名人物联系起来谈，很快就能让白求恩大夫既了解到五台山的历史、现状以及中国文化背景，又明确了聂荣臻所发挥的中坚作用。寥寥数语，意蕴丰富。原来，1937年秋平型关大捷后，聂荣臻遵照八路军总部的指示，率领一部分兵力离开八路军115师主力，从五台山区向周围广阔的地域发展，创建了敌后第一块最大的根据地——晋察冀边区，创造了当时全党全国在抗战中有很高价值的典范，充分显示出他独当一面的统帅才能。

1945年5月24日，毛泽东在《七届中央全会的选举方针》的讲话中，再次提到五台山：

> ……中国革命有许多山头，有许多部分。内战时期，有苏区，有白区，在苏区之内又有这个部分、那个部分，这就是中国革命的实际。离开了这个实际，中国革命就看不见了。内战之后是八年抗战。抗战时期也有山头，就是说有许多抗日根据地。白区也有很多块，北方有，南方也有。这种状况好不好？我说很好，这就是中国革命的实际。没有这些就没有中国革命。所以这是好事情，不是坏事情。坏的是山头主义、宗派主义，而不是山头。山头它有什么坏？清凉山有什么坏？太行山有什么坏？五台山有什么坏？没有。但是有了山头主义就不好。

在这里，毛泽东从另一个角度肯定了五台山作为抗日根据地的意义和作用。

这三次评论显示，延安时期的毛泽东尽管没有机会亲自登临佛教圣地五台山，但对它已经是非常熟悉了，并且在言谈间处处流露出由衷的好感与赞赏。

毛泽东亲临五台山

1948年3月23日，毛泽东率领中央机关告别陕北，经晋西北、晋东北挺进河北省平山县西柏坡，途经五台山。4月9日傍晚，因大雪路阻，毛泽东、周恩来和任弼时一行向五台山峰巅鸿门岩攀登而上。

毛泽东对任弼时说："寺庙是中华民族文化遗产，我们应当引以自豪。我们去年转战陕北时，还到过佳县的白云山寺，这次来五台山，大可一饱眼福。"

两人边说边朝塔院寺方丈院走去。提前到达的周恩来等人早已为毛泽东安排好食宿。毛泽东这晚就下榻在里院的北屋。

4月的五台山，入夜很冷，毛泽东一边用饭，一边烤火，还捎带翻阅着一本经书。

一会儿，老方丈由一小沙弥陪同着来到毛泽东居住的院子。警卫员及时转告，毛泽东和江青急忙走出屋子笑迎方丈。

方丈合十行礼道："打搅贵人了，贫僧不安得很。"

毛泽东回答："哪里哪里！是我们打搅贵寺了，请多原谅。"

寒暄间，方丈和小沙弥走进屋来。毛泽东让江青给二位让座。方丈看到毛泽东桌上有一本翻开的经卷，颇为惊讶地问："怎么，贵人也读经书？"

毛泽东笑着将佛经送给方丈道："随便看看。我是无神论者，不信神佛的。更当不得以'贵人'相称哎。"

方丈合掌笑答："贵人信佛佛在，贵人不信佛佛自在。当得，当得，有何当不得呢！"

毛泽东同方丈亲切地交谈，并详细询问了五台山寺庙的建筑史，而且还颇有兴味地向方丈打听鲁智深和杨五郎在哪个寺庙里当和尚。方丈一一作答，并邀请毛泽东翌日观赏五台山胜境，自愿担当向导。

次日，吃过早饭，毛泽东、周恩来、任弼时以及江青、警卫员阎长林等，在晋察冀军区保卫部长许建国、晋察冀边区政府秘书长周荣鑫陪同下，由老方丈、小沙弥做向导，游览参观宏大壮观的台怀诸寺院。

这日瑞雪初霁，旭日东升，五台山群峰银装素裹，金阁浮空，香烟缭绕，钟鸣鼓钹参差交响，合着抑扬有致的梵唱声，好一派庄严肃穆的佛教胜境！毛泽东兴致很高，一边急匆匆地从里院走出，一边对任弼时感叹道："古人灿烂的文化，都是和宗教紧密相连哟。"

在众人簇拥下，毛泽东从塔院寺东口出来。由塔院寺进十方堂，来到大殿时，毛泽东看见几个喇嘛正在整理残缺不全的藏经，其中有个叫罗真呢嘛的喇嘛与陪同参观的老方丈搭话，毛泽东微笑着问他："你是青海人吧。"罗真呢嘛答道："是的。"

毛泽东又温和地问："你来五台山多久了，为啥子出家？"罗真呢嘛并没有马上回答，而是反问道："你去过青海？你知道青海有几座出名的寺庙？"毛泽东当即答道："有两座。西宁东广大寺和塔尔寺，对吗？"

罗真呢嘛佩服地点了点头。

毛泽东指了指地上堆放的有些残损的经书，又问罗真呢嘛："这些经书毁坏了，可惜不可惜？"罗真呢嘛又没有正面回答，而是一本正经地道："有生之物，有生就有灭；有形之物，有成就有坏。"

时正值刘邓大军挥师南下，挺进中原，蒋介石国民党的南京政府已危在旦夕，毛泽东若有所思地问罗真呢嘛："那么，打倒蒋介石可惜不可惜？"罗真呢嘛一时语塞，不知所答。

毛泽东又无意间看到"四大天王"背后被人掏了个大洞，再一细瞅有几个"弥勒"缺少了脑袋。他不禁愕然，忙问身边的方丈："此为何由？"方丈痛心地说："五台山数僧为掩护抗日军民，曾遭日寇屠戮，寺庙亦被破坏。"

毛泽东说："等全国解放了，我们一定要保护好寺庙和文物，绝不能让祖国的文化遗产受到破坏。"

接着，毛泽东又详细询问了寺院的修缮工作和寺僧生活情况，并指示陪同的几位地方干部，要加紧寺院的修复和管理保护。

毛泽东一边观察一边兴致勃勃地踏上了通往灵鹫峰菩萨顶的108级石阶。

老方丈气喘吁吁赶到毛泽东身边，叹道："老衲老矣，跟不上贵人龙骧虎步了。"

毛泽东回首作答："慢走，不急，我们这几年转战陕北，成天与国民党几十万军队周旋于崇山峻岭之中，早已习惯了。"

方丈仰视毛泽东，目露崇敬之情，对搀扶自己的小沙弥道："徒儿，此人雍容富贵，体拥佛云，目蕴睿智，行止大度，有拔众生脱苦海之力，苍生有福了！"

此时，早已进殿的毛泽东，正端详着弥勒佛的慈笑憨态，打趣道："胖师傅，久违了……"引得众人一阵哈哈大笑。

刚从殿外进来的任弼时，见众人大笑，说道："笑么子哟，莫非要和弥勒佛比个高低！"

毛泽东笑着对方丈说："讲得好，等革命成功那一天，老师傅可给我们作证，看谁笑得最好，笑得最响。"

方丈垂头念佛："阿弥陀佛！……出家人不敢嬉笑佛爷，罪过罪过！"

毛泽东赶忙致歉："噢，是我们的不是了。方丈若能明白我们说革命成功是什么意思，恐怕就不见怪了。"

接着，毛泽东不无感慨地说："所谓革命成功之日，便是消灭剥削，消灭压迫，天下老百姓耕者有其田，万民乐业安居之时。"

任弼时给方丈解释说："用佛教的话说，就是人无贵贱，众生平等，行善慈悲，福极无涯的境界。"

毛泽东反问方丈："弥勒佛的像义不就是如此吗？"方丈点头："贵人所言即是，但愿此话弥勒佛爷知晓。谢罪！"

毛泽东笑道："信仰自由嘛！你们可以信佛教；我们信马列主义。你们讲修行；我们讲革命，讲造反，用枪杆子推翻旧世界，创造一个新世界！"

毛泽东边说边走上钟楼，细细品读着巨钟上铸刻的经文，时而抬头对周恩来说："佛教文化传入中国近两千年，它和儒、道学说相融，成为了中华民族灿烂的文化遗产，我们要加以保护和研究。"

周恩来点头："是啊，历史是不断向前发展的。今人成就是在历史的基础上取得的。我们信仰马列主义，也是在历史发展的过程中逐渐形成的。"

毛泽东又说："几千年来，佛教在哲学、建筑、美术、音乐上取得的成就是不可忽视的，这是全人类也是中华民族文明和灿烂文化的重要部分。"

毛泽东以手虚引任弼时，请发表高见。任弼时笑道："佛学的教义从根本上讲，也是一种献身于拯救民众的精神。佛教的创始人释迦牟尼就是看到人世间百姓遭受生离死别、病患贫困、自然灾害的痛苦，才下决心抛弃荣华富贵、儿女情长献身于佛教事业，舍生取义嘛。"

任弼时的话引得毛泽东一阵情绪激昂，随口而出："对呀！共产党就是信仰马列主义这个'佛'，高举无产阶级革命的旗帜，拯救天下穷人脱离苦海，团结起来闹革命，求解放，当家作主人。"

毛泽东谈兴很浓，转身对方丈说道："长老意下如何，请赐教！"

方丈正和小沙弥听几位讲佛论禅，深感精深博大，一时难以找到适当的词句对答，慌忙说道："岂敢！岂敢！施主真人，大义参天，老衲受教匪浅。"

毛泽东回视周、任二人，目光转向方丈自谦道："长老谬赞了。我们共产党从献身精神上来讲，与佛教有相同之处；但本质不同，最大的分别便是共产主义讲现实，向一切不合理的封建剥削制度发动革命，推翻蒋家王朝，让天下穷人都过上实实在在的美满幸福生活。来世如何？空怀一种美好的信念，不去斗争，一切子虚乌有。"……

一行人游兴正浓，忽听远处传来口哨声，伴随着军械的撞击声，脚步的踢踏声，战士们已开始列队集合了。毛泽东连忙告别老方丈，与周恩来、任弼时向塔院寺返回。

半个钟头之后，毛泽东、周恩来、任弼时等吃完午饭，分乘吉普车穿过"太行八径"之一的龙泉关，向河北省平山县西柏坡驶去。

毛泽东在五台山发表的一系列观点，集中而鲜明地表达了毛泽东对佛教的理解以及批判地加以吸收的科学态度。全国解放后。毛泽东在五台山上的佛教论又有了新的发展和引申。毛泽东曾这样说："佛教的创始人释迦牟尼主张普度众生，是代表当时印度受压迫的人讲话。为了免除众生的痛苦。他不当王子，出家创立佛教。因此，信佛的人和我们共产党人合作。在为众生即人民群众解除压迫的痛苦这一点上是共同的。"

6. 毛泽东与藏传佛教领袖

中国是一个有多种宗教的国家，世界的三大宗教（佛教、天主教、伊斯兰教），在中国都有其信徒、组织和活动场所。其中，佛教分汉语系佛教（前2年传入）、藏语系佛教（7世纪传入）和巴利语系佛教（13世纪传入）三大支。藏传佛教，指的就是这三大支系中的藏语系佛教。

伟人毛泽东对中国传统文化有着精深的造诣，对作为中国传统文化重要组成部分的佛教文化同样具有真知灼见。毛泽东生前非常关心藏传佛教的发展，与藏传佛教领袖第十世班禅大师等建立了较为密切的关系。

藏传佛教的历史

公元7世纪时，吐蕃王朝的国王是著名的松赞干布。为了加强藏族与周边民族的经济文化交流，吸收其他民族的先进文化，松赞干布积极发展与邻近地区的友好关系，先后与尼泊尔尺尊公主和唐朝文成公主联姻。尺尊公主和文成公主各自带了一尊佛像到西藏，修建起拉萨著名的大、小昭寺。随同公主前来的工匠也陆续修建寺庙，随同前来的佛教僧人开始翻译佛经。佛教开始从尼泊尔和汉地传入西藏。

到松赞干布的曾孙赤德祖赞时，又大力发展佛教。公元710年，赤德祖赞向唐朝请婚，求得金城公主。金城公主到吐蕃后，把文成公主带去的佛像迁到大昭寺供奉，安排随行僧人管理寺庙，主持宗教活动。金城公主还成功地劝说王室接纳从西域逃出的僧人，为他们修建了7座寺庙。这些措施促进了佛教在西藏的发展，引起苯教大臣的不满。他们极力压制佛教，直到赤德祖赞的儿子赤松德赞掌权后，佛教发展趋势才得到改善。

为巩固王权，赤松德赞以佛教为号召，打击借苯教发展异己势力的大臣。他请来印度著名僧人寂护和莲花生，于公元799年修建起西藏第一座剃度僧人出家的寺院——桑耶寺，剃度7名贵族子弟出家，开创了西藏佛教史上自行剃度僧人的先河。

在邀请印度高僧的同时，赤松德赞还派近臣前往内地请僧人到西藏讲经。根据其要求，公元781年唐朝开始轮流派僧人去西藏。受人尊敬的大乘和尚摩诃衍，就是汉族僧人在西藏的代表，他在西藏传教11年，著述9部经论，讲经说法，使汉地佛教在西藏兴盛起来。

后来，历任赞普都不遗余力地提倡佛教，兴寺建庙，翻译佛经，以王室收入供养僧人，以僧人参政削弱大臣权势。王室利用佛教巩固王权，激化了与苯教大臣的矛盾。公元842年，苯教大臣趁国王赤祖德赞酒醉时将其谋害，拥戴其兄朗达玛为赞普，掀起一场大规模的灭佛运动。

朗达玛灭佛不久后，遭佛教徒暗杀。吐蕃权臣，挟王子自重，互相征战。随后一场奴隶平民大起义又席卷吐蕃，西藏陷入各个势力割据一方的分裂状态。藏传佛教"前弘期"至此结束。

公元10世纪初，藏区步入封建社会，原来割据一方的吐蕃权臣，成了各地的封建势力，他们积极开展兴佛活动，佛教得以在西藏复兴。不过这时兴起的佛教无论在形式或内容上，与吐蕃佛教都有很大不同，它在与苯教进行的300多年斗争中，又互相吸收、互相接近、互相融合，并随着封建因素的增长，完成其西藏化过程，形成既有深奥佛教哲学思想，又有独特西藏地方色彩的地方性佛教。至此，藏传佛教终于形成，步入"后弘期"。

到11世纪中叶以后，西藏佛教进入各个教派形成时期，相继出现了十多个宗派，期中五个影响较大的教派是：宁玛派（红教）、噶当派、萨迦派（花教）、噶举派（白教）、格鲁派（黄教）。

藏传佛教对藏民族的影响是广泛而深刻的。佛教传入藏族社会后，逐渐渗入其历史、政治、经济、文化、教育和风俗习惯中，成为中国藏族广泛信仰的宗教。并且通过长期的民族文化交流，又传入中国蒙古族、土族、裕固族、珞巴族、门巴族、纳西族、普米族等民族中。在中国西藏、四川、云南、甘肃、青海、新疆、内蒙七省、自治区流传，并传入锡金、不丹、尼泊尔、蒙古人民共和国、俄罗斯的布里亚特共和国等地。

毛泽东接见班禅大师

第十世班禅大师于1938年正月初三诞生于青海省循化县文都乡玛日村。他是圆寂于1937年12月1日的第九世班禅大师的转世灵童。九世班禅因与十三世达赖不和，于1923年11月流亡内地。此后直到1937年圆寂于青海省玉树寺，九世班禅一直未能返回西藏。班禅同达赖的这种不和，反映了解放前西藏统治集团的内部矛盾。

按照历史习惯，西藏分为前藏和后藏两个部分。前藏以拉萨为中心，是达赖喇嘛的管辖区，其行政机构称"噶厦"，意为西藏地方政府。后藏以日喀则为中心，是班禅管辖区，其最高行政机构是堪布会议厅。从宗教地位上讲，达赖和班禅同为黄教创始人宗喀巴的徒弟，二者是完全平等的。从政权方面讲，自从五世达赖喇嘛洛桑嘉措创立噶丹颇章王朝之后，噶厦政府便管辖着整个西藏，包括后藏地区，连日喀则宗的宗本也由噶厦政府委派。堪厅方面管辖的地区只有4个宗（相当于县）、36个庄园和牧场，不到整个西藏地域的十分之一。自清代雍正、乾隆以来，前藏与后藏一向归中央政府驻藏大臣直接领导，堪厅与噶厦处于平行地位。辛亥革命后，赶走了驻藏大臣，噶厦即强迫堪厅服从达赖的统治，并向班禅辖区派粮派款，征兵征税；而堪厅方面则援引旧例，不愿有任何负担，于是双方发生了尖锐的斗争。斗争的结果是班禅失败，并于1923年流亡内地。

1944年农历正月，班禅堪布会议厅经过长期考察和反复辨认，将当时已经7岁的贡布慈丹确认为九世班禅的转世灵童，在青海塔尔寺举行了隆重的坐床仪式。但是，对九世班禅转世灵童的确认，要经过中央政府的批准，才能取得合法资格。由于拉萨方面的噶厦政府坚持要到拉萨经过金瓶掣签才能确认，所以当时国民党的中央政府为了照顾拉萨方面意见，迟迟没有批复。直到1949年6月，国民党政府才由代总统李宗仁发布命令，承认"青海灵童保慈丹（贡布慈丹），慧性澄圆，灵异夙著，查系第九世班禅额尔德尼转世，应即免于掣签，特继任第十世班禅额尔德尼"。这一情况，决定了在新中国成立伊始，在解放西藏的同时，还必须解决有关班禅、达赖的两个问题：一是班禅和达赖在西藏的地位；二是班禅返回西藏。这是关系藏族内部团结的两个大问题。

毛泽东主席与班禅大师的交往，从新中国成立第一天便已开始了。

1949年10月1日中央人民政府成立时，班禅大师即从青海致电毛泽东和朱德，表示拥护中央人民政府成立，期望西藏早日解放。11月23日，毛泽东和朱德联名复电班禅：

"接读十月一日来电，甚为欣慰。西藏人民是爱祖国而反对外国侵略的，他们不满意国民党反动政府的政策，而愿意成为统一的富强的各民族平等合作的新中国大家庭的一分子。中央人民政府和中国人民解放军必能满足西藏人民的这个愿望。希望先生和全西藏爱国人士一致努力，为西藏的解放和汉藏人民的团结而奋斗。"

同一天，毛泽东在致当时任中共中央西北局第一书记、中国人民解放军第一野战军司令员兼政治委员彭德怀的电报中，又着重指出："经营西藏问题……目前除争取班禅及其集团给以政治改造（适当地）及生活照顾外，训练藏民干部极为重要。"

1950年5月，毛泽东审阅中共中央西南局报送中央审查的与西藏谈判的十项条件，第三条就明确指出"达赖活佛之地位及职权，不予变更"。在其第八条"有关西藏的各项改革事宜，完全根据西藏人民的意志，由西藏人民采取协商方式加以解决"中的"由西藏人民"后面，毛泽东亲笔加写了"及西藏领导人员"七字，表明他对西藏政教领袖人物是十分尊重的。

同年8月23日，毛泽东在给西南局的电报中指出："如我军能于十月占领昌都，有可能促使西藏代表团来京谈判，求得和平解决。"正是按照毛泽东的这一部署，人民解放军于11月19日解放了昌都，从而有力地促进了西藏的和平解放。

1951年4月27日，班禅大师一行抵达北京。5月1日，班禅应邀到天安门城楼观礼，受到了毛泽东的接见。5月23日，经过中央人民政府代表和西藏地方政府代表谈判的结果，签订了《关于和平解放西藏办法的协议》（十七条）。协议不仅解决了西藏和平解放的各项原则，而且解决了达赖与班禅长达数十年的矛盾。协议的五、六两条专门谈到班禅的地位及其与达赖的关系：

　　五、班禅额尔德尼的固有地位及职权，应予维持。
　　六、达赖喇嘛和班禅额尔德尼的固有地位及职权，系指十三世达赖喇嘛与九世班禅额尔德尼彼此和好相处时的地位及职权。

5月24日，毛泽东举行宴会，庆祝协议的签订。班禅大师与西藏首席谈判代表阿沛·阿旺晋美等都应邀出席。在宴会上，毛泽东发表讲话，他说：几百年来，中国各民族之间是不团结的，特别是汉民族与西藏民族之间是不团结的，西藏民族内部也不团结。这是反动的清朝政府和蒋介石政府统治的结果，也是帝国主义挑拨离间的结果。现在，达赖喇嘛所领导的力量与班禅额尔德尼所领导的力量与中央人民政府之间，都团结起来了。这是中国人民打倒了帝国主义及国内反动统治之后才达到的。这种团结是兄弟般的团结，不是一方面压迫另一方面。这种团结是各方面共同努力的结果。今后，在这一团结的基础之上，我们各民族之间，将在各方面，将在政治、经济、文化等一切方面，得到发展和进步。

5月26日，毛泽东在审阅《人民日报》社论《拥护关于和平解放西藏办法的协议》的草稿时，还专门就西藏两位政教领袖的地位作了评价，指出，在西藏"人民对达赖喇嘛和班禅额尔德尼的信仰是很高的。因此，协议中不但规定对宗教应予尊重，对寺庙应予保护，而且对上述两位藏族人民的领袖的地位和职权也应予以尊重。这不但是为和解藏族内部过去不和睦的双方，也为使国内各民族对藏族领袖引起必要的尊重"。可见，《关于和平解决西藏办法的协议》的签订，达赖和班禅之间矛盾的解决，不仅是毛泽东民族政策的伟大胜利，也是他的宗教政策的伟大胜利。协议签订之后，班禅于5月30日致电达赖，表示愿意"精诚团结"，"彻底实行决议"；而达赖亦于藏历7月19日复电班禅说"我卜卦所得良好征兆，您确是前辈班禅化身"，从而正式承认了班禅的地位，并希望他"即速起程回寺"。

解决了达赖与班禅的关系之后，接着要解决的便是班禅返藏的问题。毛泽东对此十分关心。早在1950年昌都解放不久，中央即指示西北局准备组织力量护送班禅入藏。1951年1月4日，毛泽东在一个批语中提出：要以在玉树之八百骑兵为核心，招收若干青海藏人参加，作为护送班禅入藏的兵力，尔后即作班禅的卫队。1951年5月，班禅在北京参加签订《关于和平解放西藏办法的协议》后不久，即返回青海塔尔寺，并着手准备返藏。同年10月6日，毛泽东在一个批示中，同意当时中共中央统战部部长李维汉的报告，以毛泽东名义给班禅送黄缎子袈裟料、砖茶等礼物及毛泽东亲笔题字的照片。12月初，班禅致电毛泽东，报告即将从西宁起程返藏，并表示愿意在中国共产党和中央人民政府领导下，与达赖合作，彻底实现和平解放西藏办法的协议。12月13日，毛泽东复电班禅：感谢你的来电。我完全同意你的这种志愿，即在中国共产党和中央人民政府领导下，与达赖喇嘛紧密团结，为彻底实行和平解放西藏办法的协议，驱除帝国主义在西藏的影响，巩固国防和建设新西藏而奋斗。并祝你顺利地到达目的地。

1951年12月19日，班禅一行从青海塔尔寺起程返回西藏。途中经过四个多月的艰苦跋涉，于1952年4月28日抵达拉萨。当日十世班禅与十四世达赖第一次相见，这是自九世班禅与十三世达赖失和之后，27年来班禅与达赖第一次相聚，它象征着中国共产党民族政策的伟大胜利。班禅在拉萨期间，噶厦政府和堪布会议厅讨论并解决了若干涉及恢复班禅固有地位和职权的一些问题。随后，十世班禅便于6月9日从拉萨起程，并于6月23日返回日喀则的札什伦布寺，从而结束了班禅29年的流亡生活。

称"领袖"，喊"万岁"

班禅回藏之后，精神振奋，工作积极。他于1952年11月3日向毛泽东呈送了9月、10月两个月的工作报告，毛泽东于12月4日复电予以肯定。

1953年3月，毛泽东在致达赖喇嘛的信中再次重申："西藏的宗教和在国内其他地方的宗教一样，是已经受到尊重和保护的。只要人民还相信宗教，宗教就不应当也不可能人为地加以消灭。"

1953年8月1日，班禅又给毛泽东写信并送了礼物。1954年4月，毛泽东在给他的回信中说："知道你身体很好并经常为团结努力，我很高兴。"毛泽东还给班禅赠送了牛奶分离机一部，扩音机一部，两用无线电收音机一台。同年9月4日，班禅和达赖都作为西藏的人大代表抵京参加第一届全国人民代表大会。

1954年9月11日，毛泽东主席在中南海勤政殿亲切接见了班禅和达赖两位活佛。这是毛泽东第一次会见十四世达赖，也是第一次同时接见两位活佛。这在西藏的政治生活中，是一件具有重要历史意义的事情。两位活佛都把这一天看做吉祥喜庆的日子。

下午三时许，两辆吉斯车一前一后停在勤政殿前。车门开处，达赖、班禅精神焕发地走了下来，达赖侧身等班禅来到后，两人并肩走进接见厅休息室。

接见的时间到了，达赖、班禅紧张而兴奋地从沙发上站起来，不约而同地用手整理身上只有在盛大节日场合才穿的"礼袍"，随着工作人员走进大厅。

刚入大门，达赖迎面看见一个身材魁伟、满面笑容的人向他伸过手来。

尽管是首次见面，达赖还是一眼就认出这是毛泽东主席。他慌忙拿出早已准备好的又宽又长的雪白哈达，低头躬身、双手平举地向毛泽东敬献。

毛泽东微微躬身，用双手接过哈达，略一举表示谢意后交给身边的工作人员。转过身来，毛泽东向达赖伸出手，动情地说："欢迎你哟，达赖喇嘛！我们等你好久喽，很早就想请你到北京来。"

"毛主席好！谢谢毛主席的邀请。"达赖紧紧握住毛泽东的双手，激动地说。

毛泽东微笑着回答："好，好，达赖喇嘛身体也好吧？"

达赖感激地说："好，好，谢谢毛主席的关心。"

当接受班禅敬献的哈达后，毛泽东握住他的手说："班禅额尔德尼，你好哇！你是第二次来北京，我们见过面，已经是老朋友了嘛！"

"毛主席好！您的身体还是这么健康！"被毛泽东称为"老朋友"的班禅高兴地说。

"托新中国的福，身体还不错。"毛泽东说完后，一一介绍刘少奇、宋庆龄、张澜等领导人和达赖、班禅见面。接着，毛泽东提议："我们今天见面是个大喜事，咱们照张相做纪念吧！"

在工作人员的安排下，一张历史性的镜头留下了。前排自左至右依次站着的是：李维汉、黄炎培、张澜、宋庆龄、班禅、毛泽东、达赖、刘少奇、李济深、郭沫若和陈叔通。后排站着的是其他领导人和达赖、班禅的主要随从。

第二天，首都各大报都在头版头条刊登了这条消息和照片，在全国影响很大。

这一喜讯很快从北京传到拉萨，传到万里高原，广大藏族僧俗群众，更是激动万分，他们奔走相告。人们高兴地谈论：这真是吉祥圆满！我们的民族，我们的国家，犹如初升的太阳，上弦的月亮，从今以后会更加发达兴旺，繁荣昌盛。

1954年9月27日，达赖当选为第一届全国人民代表大会常务委员会副委员长，班禅当选为常务委员。12月25日，班禅当选为全国政协副主席，达赖当选为政协常委。这年，达赖19岁，班禅才16岁，他们都成了最年轻的国家领导人。在京期间，毛泽东多次勉励他们：你们是最年轻的国家领导人，担负着很重要的责任。你们两位都很年轻，前途远大，要好好团结，谦虚谨慎，戒骄戒躁，努力学习，大胆工作。我们要共同努力，把西藏的事情办好，把全国的事情办好。这样，西藏人民就会感到高兴。毛泽东还反复强调团结的重要性。他说：你们两位不仅是西藏的领袖人物，而且是国家领导人，搞好你们两位活佛之间的团结非常重要。还要搞好噶厦方面和堪厅方面的团结，搞好藏族同志和汉族同志之间的团结。要搞好团结，就要互相学习。在藏工作的汉族同志要学习藏语文，不懂藏语文，怎么和藏族同胞接触？怎么能为藏族同胞服务？你们两位都很年轻，建议你们在可能的条件下学点汉语文。

1955年2月23日，是藏历木羊年正月初一，这天下午，达赖和班禅到中南海向毛泽东、刘少奇、周恩来等国家领导人拜年。次日下午，达赖和班禅在中南海举行盛大宴会，毛泽东、刘少奇、周恩来等党和国家领导人应邀出席。达赖和班禅先后致辞。班禅在致辞中说，毛泽东等领导人出席藏历新年宴会一事，使他"深深地认识到这只有在中国共产党和毛主席领导下和祖国温暖大家庭中，才能如此尊重少数民族的风俗习惯，才能如此关怀备至。这是毛主席伟大民族政策的光辉。"毛泽东也在宴会上致辞，他说：当着藏族新年的时候，让我们向达赖喇嘛、班禅额尔德尼祝贺，向西藏全体在京人员祝贺，向西藏和其他地区的全体藏族人民祝贺！我们大家应当努力，进一步加强和巩固我国各民族间的团结，进一步加强和巩固汉、藏民族间以及藏族内部的团结，共同建设我们伟大的祖国。

1955年3月9日，国务院举行第七次会议，在周恩来总理亲自主持下，专门讨论西藏工作。会议通过了《国务院关于成立西藏自治区筹备委员会的决定》，并决定由达赖任主任委员，班禅任第一副主任委员，张国华为第二副主任委员。

同一天，毛泽东亲自到畅观楼班禅住地看望班禅，并和班禅作了长时间亲切交谈。在座的有汪锋、计晋美等人。毛泽东一开始就说，"昨天我去看望了达赖，今天特意来看您，为您送行。"毛泽东又说："每个民族都应有自己的民族领袖，西藏有达赖和班禅这样的领袖是很好的。"班禅听到毛泽东称自己是"领袖"，感到很惊讶，以为自己听错了。毛泽东便把这句话重复了一遍。班禅觉得自己承受不起，对毛泽东说："我不是领袖，只有毛主席是各族人民的伟大领袖！"毛泽东认真地说："您就是领袖嘛！我看在西藏，不能只喊：'毛主席万岁！''朱总司令万岁！'还要喊：'达赖喇嘛万岁！''班禅喇嘛万岁！'"毛泽东问计晋美："我早给张代表讲过，在西藏，不能只挂我和朱总司令的像，还要挂达赖和班禅的像。他们挂了没有？"计晋美答："1953年国庆节时，在拉萨和日喀则都挂了。"毛泽东满意地说："这就好嘛！"毛泽东还对班禅说："昨天我给达赖喇嘛讲了，我这个人薪水不多，开支不小。一要抽烟，二要喝茶，三还要买点书看。这样一来，所剩无几。你们要走了，我也没有什么礼物可送，就送你们八个字：团结讲步，更加发展。作为临别赠言。"此后，经中央讨论，"团结进步，更加发展"就成了指导西藏工作的基本方针。

毛泽东还身体力行，当他接见的西藏国庆观礼团代表们高呼"共产党万岁"、"毛主席万岁"时，毛泽东则高呼"达赖喇嘛万岁"、"班禅喇嘛万岁"。

毛泽东对达赖的争取

在几年的交往中，毛泽东和达赖喇嘛也多次通信并互赠礼物，达赖喇嘛赠送毛泽东的有黄金5两、红花1桶、哈达1条以及照片鲜花等，后毛泽东将其送中央民委保存。毛泽东赠送达赖喇嘛的有电影放映机以及《中国人民的胜利》《中华民族大团结》影片各1部，黄缎几匹、扩音机2个、喇叭4个、电转1个、片子几个、长白山人参1个、貂皮衣筒1件。毛泽东不仅用政策去争取达赖喇嘛，而且努力用感情去影响和感化达赖喇嘛。

1956年4月22日，西藏自治区筹备委员会成立大会在拉萨召开，毛泽东致电祝贺。国务院副总理陈毅率中央代表团赴藏做了大量工作。当时，西藏邻近的四个省，包括这些省藏民族聚居的地区都先后开展了民主改革。

为争取达赖喇嘛及西藏大多数上层人士，针对达赖等上层集团的大多数对实行《关于和平解放西藏的办法的协议》很勉强的状态，毛泽东在坚持原则的前提下，作了极大的让步，显示了高度灵活的策略原则。他在致达赖喇嘛的信以及讲话中多次表示，我们要把协议的全部实行延缓下去，"成立军政委员会和改编藏军是协议上规定的，因为你们害怕，我通知西藏工作的同志要他们慢点执行。今年害怕，就待明年执行，如果明年还害怕，就等后年执行"。对于西藏的社会改革，毛泽东明确指出，"目前几年不实行改革"，"要各方面条件成熟，方能实行"，"中央认为第二个五年计划是不能实行的，第三个五年计划时期还要看情况如何才能决定"。但是让步是有原则的，这个原则就是不能破坏十七条协议，也就是不能破坏国家的统一、民族的团结、社会的稳定，否则"就有可能激起劳动人民起来推翻封建制度，建设民主的西藏"。

1956年11月，印度政府邀请达赖喇嘛和班禅喇嘛参加释迦牟尼佛涅槃2500年纪念活动。让不让达赖等人去呢？毛泽东认为"还是让他去好，不让他去不好"。"要估计达赖可能不回来，不仅不回来，而且天天骂娘，说'共产党侵略西藏'等等，甚至在印度宣布'西藏独立'，他也可能指使西藏上层反动分子来一个号召，大闹起来，把我们赶走，而他自己却说他不在那里，不负责任"。正如毛泽东所预料的，达赖等到达印度以后，在印度的一小撮西藏反动分子，企图把达赖、班禅等推向分裂的道路。经过在印度的周恩来的坚决斗争和耐心说服，班禅先期回国，达赖喇嘛在晚些时候也回来了。

达赖回国后，毛泽东在致达赖的信中肯定他"在访问印度期间，拒绝了那些逃亡国外的反动分子的坏主意，是做得很对的"，并希望他在加强各民族团结和西藏内部团结的工作中做出新的成就，对达赖的动摇进行了耐心帮助。

令人遗憾的是，党和毛泽东的耐心帮助、争取并没有使达赖喇嘛的思想发生真正的转变。

1959年3月10日开始，拉萨发生叛乱事件。17日深夜，达赖喇嘛出逃印度。3月19日，人民解放军奉命平叛，局势很快平定。3月28日，周恩来总理发布命令，指出："为维护国家统一和民族团结，除责成中国人民解放军西藏军区彻底平息叛乱外，特决定自即日起，解散西藏地方政府，由西藏自治区筹备委员会行使西藏地方政府职权。在自治区筹备委员会主任达赖喇嘛丹增嘉措被劫持期间，由班禅额尔德尼·确吉坚赞副主任委员代理主任委员职务。"3月29日，班禅致电毛泽东、周恩来，表示他个人并代表西藏广大僧俗人民，坚决拥护国务院命令。

1959年4月，第二届全国人民代表大会第一次会议在北京举行。4月14日，班禅抵京，15日，他参加了毛泽东主席召开的第十六次扩大的最高国务会议。毛泽东在讲话中，着重谈了西藏问题，对西藏的平叛斗争和民主改革工作，作了重要指示，并提出"边平叛边改革"的方针。在全国人大二届一次会议上，班禅大师被选为全国人民代表大会常务委员会副委员长。

达赖虽然出逃到印度，但是，毛泽东还是希望能争取达赖回国。1959年4月，他在接见班禅时说："达赖叛逃了，这件事是我们所不希望的。但只要他们回心转意，我们还是欢迎的。"正是在这种思想的指导下，第二届全国人大一次会议仍然选举达赖为全国人民代表大会常务委员会副委员长，并保留了西藏自治区筹备委员会主任委员的职务。

但是，达赖在分裂中国的路上越走越远。1964年12月，在第三届全国人民代表大会上不得不撤消了他的这些职务。

第三章

毛泽东论道

　　《老子》这部书乃是唯心主义的，但包含丰富的辩证法思想。它对春秋战国时期社会大变革的一些现象，特别是战争的规律作了概括和总结，所以它也是一部兵书。

——毛泽东

1. 毛泽东读《老子》评《老子》实录

　　一生嗜书如命的毛泽东，早在青少年时代对《老子》一书和老子思想已非常熟悉。他在《讲堂录》里便记有："《老子》：天下莫柔弱于水，而攻坚强者莫之能胜。"

　　老子，即老聃，大约生活在春秋末年，姓李，名耳，年长于孔子。作为道家思想的创始人，老子不仅是中国古代最有影响的思想家、哲学家，而且在世界文化史上占有极其重要的地位。老子所著《道德经》亦称《老子》，篇幅不长，以"道"为核心，构建了一套完整而独特的宇宙观、社会观和人生观，虽然只有短短五千余字，但超过与之同时期的无数鸿篇巨制，可谓博大精深，字字千金。

老子在哲学思想上的独特之处，或者说首创和功绩在于，在天地万物之外，另外假设了一个"道"，这个"道"无声、无形；独立存在，又周行天地万物之中；生于天地万物之先，并且是天地万物的本源。他用"道"说明宇宙万物的变化，提出"道生一，一生二，二生三，三生万物"，和"天下万物生于有，有生于无"的玄远的观点，给后代学者和思想家留下了无穷想象、思索、探讨、争论的余地。

老子认识到事物都有正反对立的两面，一切事物的变化都是"有"和"无"的统一，并且对立的两方面是可以转化的。他不满当时的政治，对统治者多有抨击之词，说过"民之饥，以其上食税之多"这一类比较激烈的话。提出了"无为而治"的政治观点："道常无为而无不为，侯王若能守之，万物将自化。""故圣人云：'我无为，而民自化；我好静，而民自正；我无事，而民自富；我无欲，而民自朴。'"提倡愚民政策："是以圣人之治，虚其心，实其腹；弱其志，强其骨；常使民无知无欲。"认为只要让民众吃饱肚子就行了，无须让他们学习知识。并幻想回到"小国寡民"的原始状态："小国寡民……邻国相望，鸡犬之声相闻，民至老死，不相往来。"老子主张倒退，不赞成社会文明进步，提倡无知无欲及与世无争，等等，这些都是他的消极思想。

钱基博在《中国文学史》一书中谈到了《老子》的独特文风："文章安雅，语约而有馀于意，其味黯然而长。"是说《老子》语言特别简约，而寓意很深。

毛泽东读《老子》，很注意吸取书中的哲学思想精华，并在写作时引用书中的精彩观点和辩证法思想。

1917年暑假，毛泽东与同学萧子升一道"游学"时，在湖南宁乡境内拜访了一位隐居的刘翰林。在同刘翰林谈话中，很自然地提到《老子》一书。毛泽东说"我们读过《老子》"，"最好的《老子》注是王弼作的"。

在1917年下半年至1918年上半年读泡尔生《伦理学原理》的批语中，毛泽东说到没有"大同之境"存在时写道："是故老庄绝圣弃智、老死不相往来之社会，徒为理想之社会而已。"其中所概括的，便是《老子》里的话。《老子》第19章云："绝圣弃智，民利百倍。"第80章云："邻国相望，鸡犬之声相闻，民至老死，不相往来。"毛泽东认为这种"大同之境"实际上是倒退，"徒为"而已，行不通。这说明，毛泽东早期思考中国未来社会形态时，曾对《老子》一书下过工夫。

走上革命道路之后，毛泽东一直对《老子》一书抱有浓厚的兴趣。据不完全统计，在《毛泽东选集》中直接引用《老子》名言至少有八条之多。

1936年12月，毛泽东写作了《中国革命战争的战略问题》。在总结土地革命战争的经验教训时，他强调指出：要改变敌我强弱力量的对比，使之发生于我有利的变化，要实行必要的战略退却，暂时放弃一些土地和城池。接着，毛泽东引用了《老子》中关于"将欲取之，必固与之"的智慧来加以说明。他说："关于丧失土地的问题，常有这样的情形，就是只有丧失才能不丧失，这是'将欲取之必先与之'的原则。如果我们丧失的是土地，而取得的是战胜敌人，加恢复土地，再加扩大土地，这是赚钱生意。"在以后的多次谈话中，毛泽东还引用过老子这句名言。

1945年4月24日，在中国共产党第七次全国代表大会上的口头政治报告中，在谈到面临的困难和应对的方针时，毛泽东说："我和国民党的联络参谋也这样讲过，我说我们的方针：第一条，就是老子的哲学，叫做'不为天下先'。就是说，我们不打第一枪。"他引用了老子"不敢为天下先"的名言，意思就是先退后进，先让后争，采取有理、有利、有节的斗争策略。实践证明，毛泽东的这一战略决策是非常富有远见的。

1949年3月13日，在关于《党委会的工作方法》中，毛泽东强调要"互通情报"，并批评"有些人不是这样做，而是像老子说的'鸡犬之声相闻，老死不相往来'，结果彼此之间就缺乏共同的语言"。

1949年8月18日，在《别了，司徒雷登》一文中，毛泽东说："多少一点困难怕什么。封锁吧，封锁十年八年，中国的一切问题都解决了。中国人死都不怕，还怕困难吗？老子说过：'民不畏死，奈何以死惧之。'美帝国主义及其走狗蒋介石反动派，对于我们，不但'以死惧之'，而且实行叫我们死。""过去三年的一关也闯过了，难道不能克服现在这点困难吗？"　"没有美国就不能活命吗？"毛泽东引用的老子的一句话（见《老子》74章）。译成白话便是：民众不怕死，为何拿死来恐吓他们？《老子》原文这句话后面还有一段，大意是说，人的死亡，是由"天道"掌管的，代替专管杀人的"天道"去杀人，就像代替木匠去砍木头，很少有不伤手的。联系上下文再来读毛泽东引的《老子》的这句话，可以看出，包含了两层意思：一是说，民众不怕死，你拿死来恐吓他们，是徒劳的；二是说，你一定要拿死来恐吓他们，只会适得其反，就像不是木匠的人代替木匠砍木头，是要伤手的，是要受惩罚的。由于在关键之处引用了《老子》的精辟语句，文章便显得更雄辩，更有气势。

建国之后，毛泽东对《老子》爱不释手，每到一处必带《老子》。例如，1959年10月23日，外出前他指名要带走的书籍中，便有"关于《老子》的书十几种"。直至晚年，毛泽东依旧常读《老子》，在讲话、谈话、文章中每每引用老子名言，并十分重视老子思想的研究。

1957年2月27日，在《关于正确处理人内部矛盾的问题》中，毛泽东谈到了事物的矛盾转化，他说："在一定的条件下，坏的东西可以引出好的结果，好的东西也可以引出坏的结果。老子在二千多年以前就说过：'祸兮福所倚，福兮祸所伏。'日本打到中国，日本人叫胜利。中国大片土地被侵占，中国人叫失败。但是在中国的失败里面包含着胜利，在日本的胜利里面包含着失败。历史难道不是这样证明了吗？"

1959年，有关部门搞了一个学术界讨论老子思想的综述材料，题为《关于老子哲学是唯物主义还是唯心主义的问题》，送到毛泽东手中。毛泽东在日理万机中认真读了这个材料，读后极为重视，在材料第一页批示道："印10份，交我为盼。"这件事是当时任毛泽东机要秘书的高智办的。

1960年8月22日，毛泽东、刘少奇、周恩来等人接见出席中国国民党革命委员会、中国民主同盟、中国民主促进会等6个民主党派中央全会扩大会议的代表，并且和这些党派的主席、副主席进行了亲切的谈话。周建人刚好坐在毛泽东身边，他们谈起了哲学问题。时值哲学界正在争论老子哲学是唯物还是唯心的，毛泽东知道周建人写了关于老子哲学问题的文章，并且知道周建人是主张老子哲学是唯心论的。毛泽东说，怎么会把老子哲学看做唯物论的呢？老子是客观唯心主义。毛泽东鼓励周建人继续写下去。

1965年1月9日，在与美国著名记者斯诺谈话中，毛泽东说，两千多年前，庄周写了关于老子的不朽著作《庄子》。后来出现了诸子百家，争论《庄子》的意义。

1968年10月31日，在中共八届十二中全会闭幕会上的讲话中，毛泽东说："任继愈讲老子是唯物论者，我是不那么赞成的。天津有个教授叫杨柳桥，他有本《老子今译》，他说老子是唯心主义者，客观唯心论者，我就很注意这个人。"

据1974年出版的马叙伦《老子校诂》载：毛泽东说过："《老子》这部书乃是唯心主义的，但包含丰富的辩证法思想。它对春秋战国时期社会大变革的一些现象，特别是战争的规律作了概括和总结，所以它也是一部兵书。"

1974年5月，在会见华裔美籍物理学家李政道时，毛泽东知道李政道是在上海长大的，一见面就幽默地问他："有上海，有没有下海？"李政道虽然在上海长大，但从未听说过下海，便回答："不知道。"毛泽东说："有上海就有下海，不然就不对称了。下海是一个镇子。"这正是老子所说的"高下相倾"。在谈到基础科学与应用科学的关系时，毛泽东又一次谈起老子思想，谈起老子的辩证法。李政道惊叹80多岁高龄的毛主席，竟然有如此超人的记忆力。

作为中华民族传统文化精华的重要组成部分，老子思想与毛泽东思想有着一定的渊源关系，是毛泽东思想的重要来源之一。

《老子》首先是一部哲学书，毛泽东对《老子》一书最看重的，便是老子的朴素辩证法思想，即有关对立统一和矛盾转化的论述。此外，毛泽东的"实事求是"，就是对老子"孔德之容，惟道是从"思想的批判继承；"群众路线"和"全心全意为人民服务"，就是对老子的"圣人无常心，以百姓之心为心"思想的批判继承；"独立自主"，就是对老子的"独立而不改"的批判继承。毛泽东领导穷人打土豪，分田地，走共同富裕的道路，与老子所说的"天之道，损有余而补不足"有相通之处。毛泽东视人民为上帝，爱心始终向着人民，向着弱者和穷人，认为"贪污和浪费是极大的犯罪"，一生俭朴清廉，先天下之忧而忧，后天下之乐而乐，也与老子所说"我有三宝，持而保之：一曰慈，二曰俭，三曰不敢为天下先。慈，故能勇；俭，故能广；不敢为天下先，故能成器长"不无关系。毛泽东说："卑贱者最聪明，高贵者最愚蠢。"老子则说："贵以贱为本，高以下为基。"毛泽东说："虚心使人进步，骄傲使人落后。"老子则说："自见者不明，自是者不彰，自伐者无功，自矜者不长。"毛泽东说："要斗私。"老子则说："为道日损。"毛泽东大公无私，一心为了国家的独立统一和人民的自由幸福，带领劳苦大众艰苦奋斗，排除万难，最终成就了一番惊天动地的伟大事业。老子则认为："非以其无私耶？故能成其私。"如此这般，举不胜举。真是说不尽的《老子》，说不尽的毛泽东！

2. 毛泽东的矛盾对立统一与道家的阴阳相反相成

毛泽东辩证法思想是马克思主义哲学中国化的产物，其形成与中国古代哲学尤其是先秦道家哲学密切相关。与道家哲学的阴阳范畴相对，毛泽东提出了矛盾的概念，并继承和发展了道家哲学"相反相成"的辩证法思想，指出事物以对立统一的方式存在。法国学者托马斯认为，"中国古代的道教哲学对于毛泽东的影响远比儒教的影响强烈"。

阴阳是我国辩证法史上最古老、延用最久的对立统一的基本范畴。《易经》八卦以阴阳二爻为基础构成，但阴阳二字在《易经》中并没有出现。最早关于阴阳说的文献，见于《国语·周语》的记载："阳伏而不能出，阴迫而不能蒸，于是有地震。"

先秦道家哲学对阴阳作为哲学上对立统一的范畴的确立作出了重要贡献。老子说："道生一，一生二，二生三，三生万物。万物负阴而抱阳，冲气以为和。"同时代的孙子、范蠡都曾运用阴阳概念解释自然和社会现象，但都十分具体。庄子继承老子衣钵，重视阴阳概念．提出"《易》以道阴阳"。

阴阳二字并举多见于《易传》之中。《易传》是解释《易经》的，《易经》是一部占筮之书，《易传》则是哲学义理之作。据陈鼓应先生考证："《易传》中最重要的部分《彖传》和《系辞》二传来看，其受到老庄思想的主要影响，是毫无疑问的。究其实，它们是以道家哲学为主体而吸收阴阳、儒、墨、法各家思想而成的一部作品。就其哲学中最重要的组成部分的天道观及辩证法等方面来看，我们可以称《易传》学派为道家别派。"认为以阴阳解《易经》是《易传》尤其是《系辞》的特点。

《易传》对阴阳概念作了重要的发挥，提出"一阴一阳之谓道"的具有普遍意义的命题，认为阴阳的相互交替作用是宇宙的根本规律。

毛泽东继承了道家哲学的精神实质，提出与传统哲学中"阴阳"相对的一对概念"矛盾"，"矛盾"一词最早来源于韩非的《难一》。"道"的派生物阴阳推动着事物的生成与发展，毛泽东认为"一切事物中包含的矛盾方面的相互依赖和相互斗争，决定一切事物的生命，推动一切事物的发展"。先秦道家哲学中"道"的概念，在毛泽东哲学里用"矛盾的法则"来代替了。道家哲学认为"道"既是宇宙万物生成的根源和存在的依据，又是自然界中事物运动和变化依循的规律。毛泽东在《矛盾论》中指出："事物的矛盾法则，即对立统一的法则，是唯物辩证法的最根本的法则。"

"道"存在于自然万物中，具有普遍性和永恒性。《庄子·知北游》："道无所不在。"毛泽东在《矛盾论》中指出："矛盾是普遍的、绝对的，存在于事物发展的一切过程中，又贯串于一切过程的始终。"

毛泽东在《矛盾论》中指出："辩证法的宇宙观，不论在中国，在欧洲，在古代就产生了。"中国古代的大智者老子积前人的思考探索和他本人对社会实践的观察，提出了诸如有无、难易、长短、高下、音声、前后、美丑、损益、刚柔、强弱、福祸、荣辱、智愚、巧拙、大小、生死、胜败、攻守、进退、静躁、雌雄、轻重等一系列对立统一的概念。

老子还提出了对立双方的互相依赖、互有同一性的思想。《老子》指出："有无相生，难易相成，长短相形，高下相倾，声音相和，前后相随。"准确地说明了矛盾双方对立的统一，一方以另一方为存在条件。

毛泽东继承和发展了老子的这一思想，他在《矛盾论》中直接采用"相反相成"这一命题来说明矛盾的本质属性。他说："'相反相成'就是说相反的东西有同一性。这句话是辩证法的，是违反形而上学的。'相反'就是说两个矛盾方面的相互排斥，或互相斗争。'相成'就是说在一定条件之下两个矛盾方面互相联结起来，获得了同一性。"矛盾就是对立统一，相反相成。

老子的辩证法，不是简单地猜测和比喻，而是给予了理性的说明论证。老子肯定世界上的事物不是铁板一块。而是普遍存在着对立的，存在着一个肯定，必然存在着一个否定。在中国哲学史上，正是老子首先揭示了对立存在普遍性，从而提出了矛盾的普遍性。老子在此基础上指出世界万事万物是动的，是运动变化的，何以会动呢？因为事物内部存在对立面，对立面的作用促进了事物的运动，"反者道之动"，准确地说明了相反的两个方面的斗争或相反的两种作用，是事物存在和运动的根据。老子进而揭示了对立面的相互依存性、渗透性、同一性，提出"相反相成"的辩证法思想。

不可否认，老子的哲学思想对毛泽东是有很大影响的，毛泽东论证的矛盾的普遍性，实际上是对老子"反者道之动"命题的展开。他在《矛盾论》指出："没有什么事物是不包含矛盾的，没有矛盾就没有世界。"毛泽东还列举了很多例子，说明矛盾的普遍存在：如数学中的正和负，微分和积分；力学中的作用和反作用；物理学中的阳电和阴电；化学中原子的化合和分解；战争中的攻守、进退、胜负等矛盾着的现象。毛泽东这些思想主要来自马克思主义辩证法，但不难看出他的论证和阐述方式明显带有老子辩证法的印记。

老子研究了矛盾的同一性问题，为后世留下极为宝贵的思想遗产。毛泽东继承并发挥了老子的这一思想，他说："原来矛盾着的各方面，不能孤立地存在。假如没有和它作对的矛盾的一方，它自己这一方就失去存在条件。试想一切矛盾着的事物或人们心中矛盾着的概念，任何一方面能够独立地存在吗？没有生，死就不见；没有死，生也不见。没有上，无所谓下；没有下，也无所谓上。没有祸，无所谓福；没有福，也无所谓祸。没有顺利，无所谓困难；没有困难，也无所谓顺利。"毛泽东还说："一切对立的成分都是这样，因一定的条件，一面互相对立，一面又互相联结、互相贯通、互相渗透、互相依赖，这种性质，叫做同一性。"毛泽东这段关于同一性的论述与老子的"有无相生，难易相成"那段话的叙述形式基本上是一致的。

作为当代哲学大师，毛泽东又发展了古老的老子哲学。首先，毛泽东根据列宁的思想提出了同一性的相对性和斗争性的绝对性，这对于坚持唯物辩证法反对形而上学是极为重要的；而老子倾向于强调同一性的无条件性、绝对性。老子的矛盾观偏重于同一性，而毛泽东则偏重于斗争性。其次，毛泽东具体论证了矛盾是如何推动事物发展的，形成了比较完备的矛盾动力论理论体系：区分内部矛盾与外部矛盾，提出内因是根据，外因是条件，外因通过内因而起作用；提出矛盾的斗争性与同一性的相互结合，决定事物的生命，推动事物的发展；提出主要矛盾主要方面决定事物的本质。这是老子哲学所没有深入阐述的。更重要的是，老子哲学只是提出命题，缺乏科学实践的基础和严密的逻辑论证；而毛泽东的矛盾辩证法总结了中国革命实践经验，以科学的马克思主义哲学作指导，有着详细的论证过程，具有严密的逻辑体系。

3. 毛泽东的矛盾转化思想与老子的"道者反之动"

毛泽东的《矛盾论》关于矛盾转化的思想是对老子辩证法的批判、继承和发展。

《老子》不但反复说明事物的矛盾双方存在着互相对立、互相依赖的关系，并指出矛盾双方总是向着对立面的地位转化而去。《老子》一书中举出"物壮则老"、"正复为奇，善复为妖"、"祸兮福所倚，福兮祸所伏"、"曲则全，枉同直，洼则盈，敝则新，多则得，少则惑"等例证，说明了强弱、祸福、曲直、洼盈等对立的现象，都向它的对立面转化。老子发现了事物向对立面转化是一个普遍的现象，并揭示事物向对立面转化的原因。事物为什么会向对立面转化呢？老子回答"大曰逝，逝曰远，远曰反"，"反者道之动"，事物发展到极端（大），就会远离它的本质，向它的反面转化去。矛盾着的事物之所以向对立面转化，是因为对立双方互相作用的结果，各自走到相反的地位上去，这是事物内部矛盾决定的。

老子不仅提出事物是不断走向反面的这一观点，还以大量的实例说明，事物向某一特定方面的转化是有条件的。

其一，老子认为对立面向特定方面的转化是有条件的。如他说："物或损之而益，或益之而损。"即事物通过减损转化为增加，通过增加变为减损。有的能实现，有的则不能，可见是有条件的。又例如："故抗兵相加，哀者胜矣。"两军对垒，势力相当时，悲愤的一方获得胜利，老子把军心、士气当做是取胜的条件。这对只看到武器、军队数量的作用的形而上学的观点也是一种批判。又例如："以其终不自为大，故能成其大。"也就是说，正因为不自以为伟大，才能成就它的伟大，这就把谦虚、不自以为是当成为转化的条件。再例如"甚爱必大费"，即过分的吝啬，会招致更多的破费。

其二，老子认为可以创造（顺从、遵守）一些条件促进事物向某一特定方向的转化。例如，对于《老子》中关于"柔弱胜刚强"的策略思想的那一段话，任继愈先生写道："对待敌人，老子主张创造一些不利于敌人的条件，使他们陷于不利。他说'将欲弱之，必固强之；将欲废之，必固兴之；将欲夺之，必固与之'。"

其三，正因为事物向某一特定方面转化需一定的条件，老子主张可以通过消除这一特定条件，使事物不向这一方向转化。例如："知不知上，不知知病。夫唯病病，是以不病。"意思是知道自己不知道，最好；明明自己不知道，却自以为知道，这是缺点。只有把它当成缺点，才不会犯这种缺点。又例如："勇于敢，则杀；勇于不敢，则活。""盖闻善摄生者，陆行不遇兕虎，入军不被甲兵。兕无所投其角，虎无所投其爪，兵无所容其刃。夫何故？以其无死地。"

其四，综上二、三点，老子主张创造条件，使事物不向不利于自己的方向转化，而向有利于自己的方向转化。例如他说："上善若水。水善利万物而不争，处众人之所恶，故几于道。居善地，心善渊，与善仁。言善信，正善治，事善能，动善时。夫唯不争，故无尤。"老子认为，道是不能言说的（"道可道非常道"），故退而求其次，他选择了最接近于道（"几于道"）的水为范例。老子更是直截了当地提出"天下莫柔弱于水，而攻坚强者莫之能胜，其无以易之"，天下没有比水更柔弱的东西，而攻击坚强的力量中没有比它更有效的，没有什么东西能够代替它。水的这种"柔弱"、"不争"成了攻击敌人的最有效的武器了。这种"不争"其实是争，是不争名义下的"善争"，即不但争，而且讲究争的方式方法。"不争"的目的首先是使己方不犯过失（"故无尤"），使自己立于不败之地；最终是要战胜对方，"夫唯不争，天下莫能与之争"。这种"不争"，就是转化为"莫能与之争"、"莫之能胜"的条件。

总之，《老子》一书在对事物的具体转化的研究中，已初步触及了转化的条件性的诸问题，只是没有充分展开论述，更没有得出像"反者道之动"这样一种普遍性的结论。

当代哲学家冯友兰先生说过："《老子》确实是对于一个真正的哲学问题有所认识。这个问题就是一般和特殊、共相和殊相的分别和关系问题。《老子》所讲的道、有、无都是一般，共相；它讲的天地万物是特殊，殊相。"冯先生盛赞道："从哲学观点看，这是人类思辨能力、抽象思维能力达到很高程度的表现。只要有一两句能达到这个程度，那就是很可贵的，至于说这一两句话的人可能还有不完全的地方，可能对于这一两句话的含义还没有完全认识，那也没有关系，那是有待于后来的人发展的。这一两句话可能只是一个闪光，但这个闪光，却照耀了人的思辨能力发展的道路。"

《老子》中"只是一个闪光"，未明确提出和论述的观点，毛泽东在他的哲学著作《矛盾论》中明确地提了出来，并作了论证。

毛泽东指出："一切矛盾着的东西，互相联系着，不但在一定条件之下共处于一个统一体中，而且在一定条件之下互相转化，这就是矛盾的同一性的全部意义。"点明了矛盾转化的条件性和相对性。同时又提出了："一切过程都有始有终，一切过程都转化为它们的对立物。一切过程的常住性是相对的，但是一种过程转化为他种过程的这种变动性则是绝对的。"

毛泽东在读李贽的《李氏文集》中的"以退为进，以败为功，以福为祸，以得为失，以无知为知"时，批注道："在一定条件下。"

毛泽东在1957年发表的哲学名著《关于正确处理人民内部矛盾的问题》中指出："在一定的条件下，坏的东西可以引出好的结果，好的东西也可以引出坏的结果。老子在二千多年以前就说过：'祸兮福所倚，福兮祸所伏。'"在该文中毛泽东还说："矛盾着的对立的双方互相斗争的结果，无不在一定条件下相互转化。在这里，条件是重要的。没有一定的条件，斗争的双方都不会转化。"

有一点十分明确，毛泽东在这篇讲话中并没有批评老子"讲转化不讲条件"。

毛泽东所引的老子的"祸兮福所倚，福兮祸所伏"，在《老子》58章中。恰巧在这一章中老子讲转化没有讲条件，由此引发了一些哲学史家对老子的某些误会。从此，在对老子辩证法的不彻底性的批评中，"讲转化不讲条件"似乎成了一种普遍观点。

在相当长的一个时期内，毛泽东追踪、注视着自然科学的最新发展，注重以马克思主义哲学为指导，总结自然科学的最新成果。1957年，毛泽东指出："你看原子里头，就充满矛盾的统一。有原子核电子两个对立面的统一。原子核里头又有质子和中子的对立统一。质子里又有质子、反质子……总之对立面的统一是无往不在的。……一分为二，这是个普遍的现象，这就是辩证法。"

毛泽东在看到《自然辩证法通讯》刊载的日本物理学家坂田昌一1961年写的《新基本粒子观对话》，以及1964年外国物理学家发现了基本粒子"夸克"后，引发了他的一篇谈话，他指出："世界是无限的，世界在时间上、在空间上都是无穷无尽的。在太阳系外有无数个恒星，太阳系和这些恒星组成银河系。银河系外又有无数个'银河系'。宇宙从大的方面来看是无限的。宇宙从小的方面看也是无限的。不但原子可分，原子核也可分，电子也可以分，而且可以无限地分割下去。庄子讲'一尺之棰，日取其半，万世不竭'，这是对的。因此，我们对宇宙的认识也是无穷无尽的。"

1964年8月，毛泽东与周培源、于光远的谈话中说：

> 一切个别的、特殊的东西都有它的发生、发展与灭亡。每一个人都要死，因为他是发生出来的。人类是发生出来的，因此人类也会灭亡。地球是发生出来的，地球也会灭亡。不过，我们所说的人类灭亡、地球灭亡，同基督教讲的世界末日不一样。我们说人类灭亡，是说有比人类更进步的东西来代替人类，使事物发展到更高阶段。我说马克思主义也有它的发生、发展与灭亡。这好像是怪话。但既然马克思主义说一切发生的东西都有它的灭亡，难道这话对马克思主义本身就不灵吗？说它不会灭亡是形而上学。当然马克思主义的灭亡是有比马克思主义更高的东西来代替它。

这是迄今为止人们看到的毛泽东对这个问题最全面、最透彻的论述。这和毛泽东经过长期的艰苦探索，已经基本破解了"相对怎样成为绝对的"这个问题不无关系。

毛泽东这些论述启迪我们，在客观世界里即使是看来十分简单的东西，也具有复杂的结构，也充满着矛盾，因而内在地包含着多方面发展的根据即可能性；同时，这些事物又处在普遍联系之中，联系是客观的、多样的，这些就构成了千差万别、千变万化的条件。"一定和必要的条件具备了，事物的过程就发生一定的矛盾，而且这种或这些矛盾相互依存，又相互转化，否则一切都不可能。"因而，"事物（经济、政治、思想、文化、军事、党务等）总是随着过程而向前发展的。"因此，事物的转化既是相对的，又具有绝对性。用列宁的话说，就是："相对和绝对的差别也是相对的……相对中有绝对。"

毛泽东关于矛盾转化的思想不是简单重复老子的哲学思想，而是在继承的基础上有所突破和发展。老子认为，向对立面转化是个普遍的现象，但老子认为这个规律性现象是自然而然产生的，"万物并作，吾以观复"，这就必然走向消极的宿命论和循环论。既然祸福、好坏、强弱、美丑是不可避免的要向对立面转化，我们何必为某种目标而奋斗呢？用不着奋斗，安于现状，听天由命，这是老子思想的消极因素。毛泽东吸收其合理成分，摒弃其哲学中消极的宿命论，挖掘出矛盾转化中"推陈出新"的思想内涵，他说："新陈代谢是宇宙间普遍的永远不可抵抗的规律。依事物本身的性质和条件，经过不同的飞跃形式，一事物转化为他事物，就是新陈代谢的过程。"毛泽东对老子思想的这一改造的意义在于：只有把矛盾转化归结为事物发展前进的必然环节，这种转化观才是辩证法的。因为辩证法是承认事物发展变化必须通过矛盾双方的互相转化。当然这种转化不是对立双方无休止地转过来又转过去，而是代表新生事物的具有强大生命力的。矛盾的一方最终会消灭与其对立的另一方，新事物战胜旧事物。

4. 毛泽东的以弱胜强和老子的"柔弱胜刚强"

1974年，毛泽东曾说：《老子》是部兵书。

《老子》中蕴涵的兵学思想早已引起人们的关注。唐代王真认为，《老子》"五千之言"，"未尝有一章不属意于兵也"。近代思想家魏源则认为："《老子》其言兵之书乎。"可见《老子》虽然不是一部军事著作，但其中确实蕴涵着十分宝贵的兵学思想和军事智慧，其中所倡导的反对战争、呼吁和平的鲜明态度和深刻辩证的军事认识论及战争指导思想等，都对后世军事思想的发展产生了深远的影响。

老子提出"柔弱胜刚强"，历来被军事家推崇为重要的战争指导思想。老子的思想总的来说是"贵柔"、"守柔"。老子强调以静制动，认为作为弱者，要战胜并取代强者，就不能与其死打硬拼，而要采取以柔克刚、以弱胜强、不战而胜的策略原则。在这个总的思想指导下，老子充分展示了其辩证法的智慧，提出了"以奇用兵"等一系列军事谋略思想。

纵观《老子》，其中关于"柔"、"弱"、"柔弱"具有多层含义，大致可梳理、概括为三个层次：首先是指幼小的新生的事物。老子喜欢以典型的新生事物——婴幼儿为例："含德之厚比于赤子，骨弱筋柔而握固。"婴儿的骨是弱的，筋是柔软的，可他的手握东西却能握得很紧，是有前途有力量的象征。再如："专气致柔，能婴儿乎？""常德不离，复归于婴儿。"其次是指充满生命力的东西。例如老子说"人之生也柔弱"，"草木之生也柔脆"，"故柔弱者生之徒"。第三层含义是指灵活、随机应变、适应性强、不僵化。对此老子以水为典型，"弱者道之用"，而"天下莫柔弱于水"。水在常温常压下是一种流动性很强、没有固定形状的液体，老子说它"无有"；水善于避高就下，即"居善地"；水灵活、随机应变，遇方则成方，遇圆则成圆，所以说它"事善能，动善时"。天下之物没有比水更柔弱的了，但没有什么东西比它更善于攻坚的了。滴水穿石，水这种没有固定形状的东西，硬是把极其坚硬的（"至坚"）、没有缝隙的（"无间"）岩石、山体啃出了大窟窿、穿出了大裂缝。会聚起来的水，更是气势磅礴，撼山淹谷，不可阻挡。所以老子说："天下之至柔，驰骋天下之至坚。无有入无间。"

综上所述，老子所说的"柔弱"，颇为类似我们今天所说的新生事物，充满生命力，灵活、随机应变，适应性强，不僵化。在老子眼里，"柔弱"的对立面是"刚强"、"坚强"。它颇为类似于我们今天所言的旧事物，它陈旧、僵化，它的强大是它趋于灭亡的标志。所以老子说，人之"死也坚强"，"万物草木其生也柔脆，其死也枯槁"，"坚强者死之徒也"。老子的"柔弱胜刚强"具有类似于毛泽东所说的"新生事物一定战胜旧事物"的含义。

基于"柔弱胜刚强"，老子提出反"弱"为"强"的策略思想。他认为，强弱只是一个相对的问题，面对强大的敌人，若是硬要削弱它，反而无济于事。因此，按照"物壮则老"的道理，让它持续地强大下去，过不了多久，它倒会自动地衰弱下去，这就是"将欲弱之，必固强之"的道理。为了达到"柔弱胜刚强"的目的，老子在战争中十分注重以"退"

为"进"的策略。他认为，一味进攻，反而会招致大败；弱者有时退避三舍，反而会取得胜利。所以在战争中，不赞成无谓的冒险与盲动，过分的勇敢反而会遭殃，这就是老子所讲的"勇于敢则杀，勇于不敢则活"的道理。要善于将进与退有机地结合起来，才能发挥更大的威力。

在以革命战争夺取全国政权的过程中，毛泽东认为我军的战略战术，在敌强我弱、敌大我小的条件下，应当从战争实际出发，扬长避短，避强击弱，充分地利用敌之弱点和我之优点，充分地依靠人民群众的力量，以求得生存、发展和胜利。

纵观毛泽东各个时期的著述和战争实践，都是主张在整体以弱胜强，而在局部上以强胜弱的。在《中国革命战争的战略问题》一文中，毛泽东对战略与战役战斗优劣关系作了明确论述，指出"我们是以少胜多的"（战略上），"我们又是以多胜少的"（战术上）。我们的战略是"以一当十"，我们的战术是"以十当一"，这是我们制胜敌人的根本法则之一。毛泽东长期战争指导的实践也充分证实了这点。由此可见，毛泽东以弱胜强思想是就整体上、战略上而言的，这与具体作战上的以强胜弱是辩证统一的。

为了达到"柔弱胜刚强"的目的，老子十分注重战争的"夺"与"与"的关系。如何实现"反夺为与"和"反与为杀"，老子对此作出了深刻的解答。老子指出："将欲歙之，必固张之。将欲弱之，必固强之。将欲废之，必固与之。将欲夺之，必欲予之。是谓微明，柔弱胜刚强。"也就是说，想要缩小它，必须暂且扩张它。想要削弱它，必须暂且加强它。想要废除它，必须暂且兴起它。想要夺取它，必须暂且给予它。这就叫微妙而又明白的道理，也就是柔弱胜刚强。而柔弱为什么能胜刚强呢？就在于对立面是相互转化的。物极必反，强则必折。暂且使对方"张之"、"强之"等，就能麻痹对方，诱使它走向反面，从而不战而胜。这种辩证的军事策略体现了老子独特的思维方式，即"反者道之动"的逆向思维方式。老子喜欢从反面去寻求解决问题的方法，因此能更深刻地认识事物，"夺"和"与"也是一个问题的两个方面。"与"是为了"夺"，只有更好地"与"，才能"夺"得最后的胜利。

相应地，毛泽东对攻防关系的论述也更加系统，并在实践中取得了完全的成功。从井冈山时期的"十六字诀"：敌进我退，敌驻我扰，敌疲我打，敌跑我追，反"围剿"斗争中的"诱敌深入"的方针，以及后来的一系列战略战术原则，都反映了对于攻防辩证关系的正确处理。攻防关系在他的军事战术原则中，主要体现在对"打"和"走"的关系处理上。毛泽东认为："集中兵力各个歼敌的原则，以歼灭敌军有生力量为主要目标，不以保守或夺取地方为主要目标。""为了进攻而防御，为了前进而后退，为了向正面而向侧面，为了走直路而走弯路，是许多事物在发展过程中所不可避免的现象，何况军事运动。"毛泽东在对待进攻与防御的问题上，自觉地运用矛盾及其转化原理，赋予攻防关系以许多新的、生动的具体内容，使中国革命战争实践，最终取得了伟大的胜利。

为了达到"柔弱胜刚强"的目的，老子主张"以奇用兵"。老子所讲的"以奇用兵"就是要像水一样机动灵活，出奇制胜，袭其不备。只有这样，才能在战争中争取主动，获得胜利。奇与正是相对的两个概念，"正复为奇"，在正常的情况下为正者，在特殊的情况下则为奇者。战争情况瞬息万变，如果墨守成规、按部就班很难取得胜利；因此要善出奇兵，出其不意，攻其不备，才能取得意想不到的胜利。

毛泽东所领导的人民战争，其战略战术也表现在"奇"上。毛泽东曾强调："我们研究在各个不同历史阶段、各个不同性质、不同地域和民族的战争的指导规律，应该着眼其特点和着眼其发展，反对战争问题上的机械论。"而这种"以奇用兵"的思想在游击战争中得到充分的发挥。他认为："游击战争战略原则的第一个问题——主动地、灵活地、有计划地执行防御中的进攻战，持久战中的速决战，内线作战中的外线作战。这是游击战争战略原则的最中心的问题。"在长征时期，为了跳出国民党几十万大军的围追堵截，毛泽东采取"兜圈子"的游击战术，避实就虚，迂回穿插，指挥红军在运动战中声东击西，以走制胜。先后四渡赤水，二占遵义，佯攻贵阳，威逼昆明，最后巧渡金沙江，终于跳出了国民党军队的重重围追堵截。对于如何运用兵力，毛泽东强调："按照情况灵活地分散兵力或集中兵力，是游击战争的主要的方法，但是还须懂得灵活地转移（变换）兵力。"兵贵神速，毛泽东将"以奇用兵"发挥得淋漓尽致。这种灵活机动的战略战术与老子的"以奇用兵"有异曲同工之妙。

5. 毛泽东一生喜欢读《庄子》用《庄子》

毛泽东在长沙读书时，就熟读了《庄子》一书。这不仅从萧子升的回忆里可以知道，而且从毛泽东当时所记的《讲堂录》和为泡尔生《伦理学原理》所作的批注中，也可以知道。

在第一师范读书时期，毛泽东在《讲堂录》里写道：

"且夫水之积也不厚，则其负大舟也无力。覆杯水于坳堂之上，则芥为之舟。置杯焉则胶，水浅而舟大也。予诵斯言，未尝不叹其义之当也。夫古今谋国之臣夥矣，其雍容暇豫游刃而成功者有之，在踽踽失度因而颠踬者实繁有徒，其负大舟也无力，岂非积之也不厚乎？吾观合肥李氏，实类之矣。其始也平发夷捻，所至有功，则杯水芥舟之谓也；及其登坛□理国交，着着失败，贻羞至于无已者，何也？置杯焉则胶，水浅而舟大也。孟子曰：流水之为物也，不盈科不行；群子之志于道也，不成章不达。浅薄者流，亦知省哉。"

从"且夫水之积也不厚"至"水浅而舟大也"，是《庄子·逍遥游》的原文，意思是：积水如果不深厚，它负载大船就没有力量。在厅堂的低洼地方倒一杯水，它只能负载草芥那么大的船，这时如果放上一个杯子，杯子就会被胶住了。这是因为水浅而船大的缘故。

这段话包含着很深的哲理。浅水负载不了大船；在浅水里去行大船，那船就要搁浅，就要被胶住。一切事情都离不开条件，这在哲学里叫做"有待"。

"予诵斯言，未尝不叹其义之当也"，说明毛泽东已经被《逍遥游》中的真理所折服了。一切事物都是有待的，都是有条件的。这其中反映着自由与必然的辩证关系。必然就是规律，掌握了必然的规律，才能获得自由；离开掌握必然规律去追求自由，是根本办不到的。这就像大船离不开大水、鲲鱼离不开大海、大鹏离不开大风一样。

毛泽东在《讲堂录》中提到的合肥李氏，即近代的李鸿章。他"平发夷捻"（镇压太平军和捻军起义）很成功，是因为杯水负载了小舟，合乎了事物的规律；后来，他处理国家大的政务却"着着失败"，是因为浅水负载了大舟，违反了事物的规律。

《讲堂录》中，毛泽东记录读魏际瑞《铭书案曰净厚宽平》一文时，对其中内容的解释，摘用了《庄子》中的许多词句。诸如，《庄子·齐物论》中的"毛嫱丽姬"、《庄子·应帝王》中的"浑沌"。《讲堂录》也有对《庄子》原著的解释记录，如对《逍遥游》的解释等。

在《〈伦理学原理〉批注》中，毛泽东也不时地引用了庄子的思想。例如，批注中谈到"人类之目的在实现自我"时，就引用了庄子说的"痀偻者承蜩"，认为"癯瘘丈人承蜩，惟吾蝉翼之知"（意思是：驼背老人之取蝉，只有老人自己知道捕蝉之趣）。

庄子，名周，战国时哲学家。有著作《庄子》，约有10多万余字。庄子继承和发展了老子关于"道"、"天道"的观念和"无为"的思想。杨柳桥在《庄子译诂》一书中说，"庄子把'天道'发展为'天倪'或'天钧（均）'说，并且把老子的'无为'的下半截'而无不为'予以抛除，这就和老子的本旨大不相同了"。

庄周的"天倪"或"天钧（均）"说，是形而上学的循环论和相对主义。他看到了事物的变动不居，却忽视了它的稳定性和差别性。他提倡"安时处顺"、"安之若命"，即安于时运、听从命运安排的思想，倡导宿命论、虚无主义和出世哲学。这种思想，说好一点是旷达，说不好一点就是颓废。对后世的影响，也有完全不同的两个方面。胡适说："古代的'命定主义'，说得最痛切的，莫如庄子。……庄子把天道看做无所不在，无所不包……后来庄子这种学说的影响，养成一种乐天安命的思想，牢不可破。在社会上，好的效果，便是一种达观主义；不好的效果，便是懒惰不肯进取的心理。造成的人才，好的便是陶渊明、苏东坡；不好的便是刘伶一类达观的废物了。"

《庄子》全篇汪洋恣肆，其想象力之丰富，在先秦诸子百家中少有其比，"寓真于诞，寓实于玄"，通篇以说寓言、讲故事的形式，阐发玄深的哲学思想。看似海阔天空，不着边际，荒诞玄远，其实思想脉络是很清楚的。

毛泽东对《庄子》一书有很透彻的研究。与人交谈，或撰写文章时，可以随时娴熟地征引书中的有关段落，借庄子的话表达自己的思想，并为谈话助兴，为文章增色。

1927年，毛泽东在《湖南农民运动考察报告》一文中谈到农民做的十四件大事。在叙述第七件事"推翻祠堂族长的族权和城隍土地菩萨的神权以至丈夫的男权"时，毛泽东谈到了发动群众的重要性。毛泽东说：

"菩萨是农民立起来的，到了一定时期农民会用他们自己的双手丢开这些菩萨，无须旁人过早地代庖丢菩萨。共产党对于这些东西的宣传政策应当是'引而不发，跃如也'。菩萨要农民自己去丢，烈女祠、节孝坊要农民自己去摧毁，别人代庖是不对的。"

在这里，"代庖"一词，出自《庄子·逍遥游》中的典故：

尧要把天下让给许由，于是就对许由说："日和月出来了，那小小的火把还不熄灭，它再想发光，是很难的！及时的雨已经降下来了，这时还在那里灌溉，实际是不必要的！你站出来天下就会得到治理，请让我把天下让给你。"许由听了回答说："你治理天下，天下已经治得很好了。你让我来代替你，我将以什么名义向人们来说呢？名是实之外之宾，难道你就让我做这个外表吗（有名无实）？鹪鹩鸟在森林里为巢，只不过是在一个树枝上；偃鼠到河里饮水，只不过是要喝饱了肚子。你还是回去吧，我是不能为天下做什么的。厨师虽然不能做出祭祀用的饭菜，可掌管祭祀的人也不会离开自己的岗位去代替他。"

许由的意思是，你就是扔下天下不管了，我也不会代替你去掌管天下。于是许由便到箕山过隐居生活去了。

据1932年受共产国际委派来中国、任中共中央军事顾问的李德在《中国纪事》一书中回忆，当有人第一次提出，红军的主力是否应突破敌人对中央苏区的封锁这个问题时，毛泽东用一句"毫不相干的话"回答说：

"良庖岁更刀，割也；族庖月更刀，折也。今臣之刀十九年矣，所解数千牛矣，而刀刃若新发于硎。"

不熟悉中国古代典籍的李德以为这段话出自《老子》，其实见于《庄子·养生主》。这段话的大意是：好的庖人一年要换一次刀，因为他用刀割肉；一般的庖人一个月就要换一次刀，因为他用刀斩骨头。我的刀已经用了十九年了，宰杀的牛有几千头了，可是刀刃还像刚刚在磨刀石上磨过的一样。

李德以为，毛泽东背诵的庄子的这段话跟红军的主力是否应突破敌人对中央苏区的封锁这个问题"毫不相干"。实际上不是不相干，而是他听不懂庄子的这段话，更领悟不了毛泽东背诵庄子这段话的用意。庄子讲了三种庖人：好的、差的、优秀的。好的庖人用刀割肉，不致太伤刀；差的庖人用刀斩骨头，很伤刀；优秀的庖人看准牛的骨节，从骨节的空隙处下刀，就不伤刀。毛泽东引用这番话想说明：庖丁解牛，要懂得牛的解剖学；军事指挥员指挥打仗，要懂得战略、战术，要了解敌我形势，知己知彼。李德听不出毛泽东的弦外之音。

1935年12月27日，毛泽东在陕北瓦窑堡党的活动分子会议上，作了题为《论反对日本帝国主义的策略》的报告。报告中谈到红军的形势时，批评了片面地看问题的一些人。毛泽东引用了《庄子》里的一个寓言：

"马克思主义者看问题，不但要看到部分，而且要看到全体。一个虾蟆坐在井里说：'天有一个井大。'这是不对的，因为天不止一个井大。如果它说：'天的某一部分有一个井大。'这是对的，因为合乎事实。我们说，红军在一个方面（保持原有阵地的方面）说来是失败了，在另一个方面（完成长征计划的方面）说来是胜利了。敌人在一个方面（占领我军原有阵地的方面）说来是胜利了，在另一个方面（实现'围剿''追剿'计划的方面）说来是失败了。这样说才是恰当的，因为我们完成了长征。"

在这里，毛泽东化用了庄子的寓言"井底之蛙"。《庄子·秋水》中写道：

井里的青蛙对东海来的大鳖说："你看我在这里该有多快乐呀！在井里，我可以躺在井壁的砖洞里休息；到井外，我可以在井台的四周随意地跳跃；有时我还可以到水里去，水可以托着我，使我的头露出水面，也可以到我的夹肢窝；我还可以到软绵绵的泥地上散步，淤泥只能淹没我的脚，漫过我的脚背。我在这地方向四周一看，觉得那些小虫子、小螃蟹、小蝌蚪谁都赶不上我。我快乐到了极点。"东海大鳖听了感到很惊奇，它准备到井里去看一看，可是当它刚要把左脚伸出来时，右脚就被井台的栏杆绊住了，于是它只好又退了回来。这时，大鳖开始向青蛙介绍了东海的情况。它说："东海用几千里也无法量它的广阔，用几千仞也不能说明它的深度。大禹时十年有九年发大水，海水并没有因之而增加；商汤时八年有七年大旱，海水也并没有因之减少。海水无穷无尽，不因时间的推移而变化，也不因雨水的多少而增减。我生活在这无比广阔的大海里，才是真正的快乐呢！"青蛙听了大鳖的话，才感到自己的渺小。

这则寓言讽刺的是那些眼光短浅、片面看问题的人。成语"井底之蛙"、"坐井观天"，就是由此而来的。

毛泽东在《读艾思奇编〈哲学选辑〉一书的批语》中，引用了庄子"其作始也简，其将毕也必巨"（《庄子·人间世》）的话，因其中揭示了事物变化由小到大的规律。

庄子的"齐物论"，把世上的是非、善恶、物我、生死等，都看成是一样的，都看成无差别的。既然是一样的，因此也就没有必要去区别什么是非，去区别什么善恶；因此也就没有什么必要去为生而高兴，去为死而悲痛。

据《庄子·至乐》记载，庄子的妻子死了，庄子并没有痛苦，而是敲着盆子唱起歌来（"鼓盆而歌"）。

毛泽东引申庄子的"齐生死"思想，阐发了事物变化的辩证法。1964年，毛泽东同几位哲学工作者谈话时说：

"如果现在孔夫子还在，那还了得，地球就住不下。死了人应该开庆祝会，庆祝辩证法的胜利。庄子老婆死了，不是鼓盆而歌吗？发生，发展，消灭。一个消灭一个。"

在哲学上，庄子还看到了事物的无限可分性。1964年8月18日，毛泽东在北戴河同几位哲学工作者谈到日本哲学家板田昌一的基本粒子观，毛泽东赞赏板田昌一的基本粒子并不是最后的不可分的粒子的观点。谈到凡事都可分的观点时，毛泽东肯定了庄子的万物永远可分的观念，说：

"列宁说过，凡事都可分。举原子为例，不但原子可分，电子也可分。可是从前认为原子不可分。原子核分裂，这门科学还很年轻。近几十年来，科学家把原子核分裂了。有质子、反质子，中子、反中子，介子、反介子，这是重的，还有轻的。至于电子同原子核可以分开，那早就发现了。电线传电，就利用了铜、铝的外层电子的分离。电离层，在地球上空几百公里，那里电子同原子核也分离了。电子本身到现在还没有分离，总有一天能分裂的。'一尺之棰，日取其半，万世不竭。'这是个真理。不信，就试试看。如果有竭，就没有科学了。"

"一尺之棰，日取其半，万世不竭"，是《庄子·天下》中的话，意思是一尺之棰永远可分。毛泽东认为这是一个真理。

《庄子·天下》还提出一个"飞鸟之景，未尝动也"的命题，意思是飞鸟的影子是不动的。毛泽东则看到了其中包含着的动与静的辩证法。

在中国共产党第八次中央委员会第二次全体会议上的讲话中，毛泽东说：

"看电影，银幕上那些人净是那么活动，但是拿电影拷贝一看，每一小片都是不动的。《庄子》的《天下篇》说：'飞鸟之景，未尝动也。'世界上就是这样一个辩证法：又动又不动。净是不动没有，净是动也没有。动是绝对的，静是暂时的，有条件的。"

据埃德加·斯诺回忆，1965年1月9日晚，毛泽东邀请他共进晚餐。他们交谈了大约4小时。谈话涉及的范围很广，可说是"天南海北"，"海阔天空"。斯诺问毛泽东："你在中国进行一场革命时，你也革了外国'中国学'的命，现在有了毛学和中国学种种学派。不久前我出席过一个会议，教授们争议你对马克思主义是否作出了首创性贡献。会议结束之际，我问一位教授，如果能表明毛从未宣称自己有过任何创造性贡献，那么这对他们的争论有没有影响？那位教授不耐烦地回答：'没有，真的，那完全是另一个问题。'"

毛泽东笑了起来，说："2000多年以前，庄子写了一篇关于老子的著作（《庄子》一书），于是涌起百家思想学派，争论《庄子》的意义。"

毛泽东以谈论庄子，巧妙地回答了斯诺的问题。毛泽东所说庄子身后各家"争论《庄子》的意义"，可能是指后世注释《庄子》的很多，往往各持一端，争执不下。据《世说新语》一书载，至晋代向秀注释《庄子》时，注家已多达数十家，"莫能究其旨统"，没有一家真正弄清了《庄子》一书旨趣的系统。毛泽东以上谈论庄子的话，或许是想说，毛泽东对马克思主义是否作出了首创性贡献这类问题，还是留待后人去争论吧！

6. 毛泽东诗词对《庄子》中"鲲鹏"的化用

毛泽东的诗词创作也受到《庄子》文风和意象的影响。在诗词中，毛泽东续写了庄子精神，同时也营创出恢弘无涯、厚重渊浩的宇宙气象，这主要体现他的诗作《七古·送纵宇一郎东行》（1918）、《沁园春·长沙》（1925）和《念奴娇·鸟儿问答》（1965）中。

毛泽东上述五首诗词与《庄子》的关联，一方面是字句的化用，另一方面是精神意象上的借鉴。

"鲲鹏"是庄子笔下的巨物，它一种极大的鱼，也是一种由大鱼变成的极大的鸟：既可分两物，也可合指一物。《庄子·逍遥游》有绘形绘影的描写："有鸟焉，其名为鹏，背若泰山，翼若垂天之云，抟扶摇羊角而上者九万里。"

在毛泽东诗词中，"鲲鹏击水"多连缀在一起，成为一种雄健有力、冲决奔纵的象征。

青年毛泽东风华正茂，他在《送纵宇一郎东行》中咏唱道：

"吾行吾为发浩歌，鲲鹏击浪从兹始。"

纵宇一郎，是毛泽东的好友罗章龙在1918年留学日本前，为自己所取的日本名，寄寓着一飞冲天、大展宏图的志愿。行人的击浪远行，送行者的浩歌钱别，奇花初苗，鲲鹏试翼，无不透发出所向披靡的气概。这一意象，与《沁园春·长沙》中的"鹰击长空"，俱显诗人毛泽东的高远大志；而"中流击水，浪遏飞舟"则以具体行动，尽见其阳刚英迈。

据罗章龙回忆，毛泽东早年有两句诗云"自信人生二百年，会当水击三千里"，悬为人生高标。建国后，毛泽东在自注《沁园春·长沙》时回忆：

"击水，游泳。那时初学，盛夏水涨，几死者数。一群人终于坚持，直到隆冬，犹在江中。当时有一篇诗，都忘记了，只记得两句：自信人生二百年，会当水击三千里。"

唐代大诗人李白在《大鹏赋》中称赞庄子"吐峥嵘之高论，开皓荡之奇言"。这种鹏飞刺天、凌摩霄汉的境界，实是一个人的胸襟怀抱与气度格局的外化：一方面是无羁无束的舒张与驰骋；一方面是壶视天地、控引古今的豪雄。在《送纵宇一郎东行》中，青年毛泽东展露了他的壮志奇怀："丈夫何事足萦怀，要将宇宙看稊米。沧海横流安足虑，世事纷纭从君理。管却自家身与心，胸中日月常新美。"其中"稊米"即语出《庄子·秋水》："中国之在海内，不似稊米之在太仓乎？"这种自碧远高空的俯视，更见其高卓超拔。

这种豪气干云的激情和气概，同样见诸于《沁园春·长沙》："恰同学少年，风华正茂；书生意气，挥斥方遒。"其时，毛泽东与蔡和森、张昆弟等立志救国的知识青年，正值青春年少，神采飞扬，意气风发，情怀奔放。诗人在此巧妙化融《庄子·田子方》，中"夫至人者，上窥青天，下潜黄泉，挥斥八极，神气不变"的意境，气象更其恢弘，气势更其豪壮。

无论是"鲲鹏击水"，还是"鹰击长空"，一个"击"字，驱山走海，遒劲有力，一种体勇犷悍，至伟至大的气势磅礴纸上。

与"鲲鹏"相对应的另一意象为"蓬间雀"，也出自于《庄子·逍遥游》。在毛泽东的词作《念奴娇·鸟儿问答》中，二者联袂而出，互相问答。

《念奴娇·鸟儿问答》上阕，一开始，就直接切入鲲鹏展翅九万里，上下扶摇翻飞的伟岸情状。诗人借鲲鹏的目光背负着浩瀚的青天往下看，到处是大城连小城的尘世。诗人仿佛这时已变成了那高瞻远瞩的鲲鹏，大气磅礴、吐纳风云，大有"四海翻腾云水怒，五洲震荡风雷激"之势。

的确，当时世界革命的风云正在漫卷全球，到处是"炮火连天、弹痕遍地"，世界正处于大动荡、大分化、大改组之中。从1963年到1965年，毛泽东前后共发表了六个支持世界革命人民正义斗争的声明。就在这世界人民在争解放、争自由的硝烟弥漫的斗争中，鲲鹏漫卷长空，背负青天，不动声色地俯瞰现实人间的雄姿，它的沉稳庄重与冷静观察，颇具内在伟力。而与之形成极鲜明对照的，则是蓬间雀，在面对"炮火连天、弹痕遍地"时吓得要命，连喊着"怎么得了"呀，急于惊惶逃跑，一副惨相。

下阕起句，承接蓬间雀的情况，诗人试问：这雀儿究竟要去哪里？然后就展开了鲲鹏与蓬间雀的对话，整个下半阕以问答形式贯穿始终。先是雀儿答道：要去蓬莱仙境。诗人在此以讥讽调侃的语气暗示人间哪有这样的幻景。雀儿继续恬不知耻地说，你不知道吗？去年秋天明月当空，我们还订了三家条约。这三家条约指1963年7月至8月苏联与美、英两国在莫斯科签订了《禁止在大气层、外层空间和水下进行核试验条约》。这个条约的实质，已被诗人毛泽东看穿，它本质上想剥夺其他国家为抗拒少数核大国的核讹诈而进行核试验的权利，并进而维护几个核大国的核垄断地位。接着诗人又以戏谑的笔调一转，"还有吃的，土豆烧熟了，再加牛肉"，对赫鲁晓夫给予了辛辣的讽刺。因为赫鲁晓夫曾于1964年4月1日在匈牙利布达佩斯电机厂演说时，将他所谓的"共产主义"总结为"需要有一盘土豆烧牛肉的好菜"。这种"土豆烧牛肉"式的共产主义后来在全中国范围内成了一种"苏修"的代名词，也成了国人讽刺"苏修"的口头禅。

《念奴娇·鸟儿问答》最后两句，诗人以前无古人后无来者的雷霆万钧之力对"苏修"当头棒喝，"不须放屁，试看天翻地覆"。既是鲲鹏对蓬间雀的怒斥，也是诗人情不自禁的愤慨之言。对于其中"不须放屁"一句，有论者认为，这一句用得极好。尤其在通读全篇之后，更有此感觉，诗人在这里以一句让人想不到的话对敌人给予了愤怒的痛斥。而且纵贯古今，无一人敢将这四字入诗，只有毛泽东敢，他遣词用句决不瞻前顾后、忐忑不安，而是君子坦荡荡的心胸。没有他那样大的气魄，谁又胆敢这样写呢？

纵观毛泽东一生，不独在其青年时代，直至暮年，他都如鲲鹏凌空，"翼若垂天之云"，在波谲云诡的现代史上，显示出遮天盖地的巨大影响力。

第四章

毛泽东智用《孙子兵法》

我们承认战争现象是较之任何别的社会现象更难捉摸，更少确实性，即更带所谓"盖然性"。但战争不是神物，仍是世间的一种必然运动，因此，孙子的规律，"知彼知己，百战不殆"，仍是科学的真理。

——《毛泽东选集》第二卷，第2版，第490页

1. 毛泽东到底是什么时候研读《孙子兵法》的

兵书是国学宝库中的奇珍异宝。毛泽东一生对中国古典兵书十分重视，广泛阅读。在金戈铁马的战争年代更是如此。毛泽东的军事思想的来源之一便是中国传统的军事智慧，而这其中《孙子兵法》对毛泽东军事思想的形成影响非常大。建国后，毛泽东多次谈到过《孙子兵法》对自己的影响。

《孙子兵法》简称《孙子》，是我国现存最早的一部军事著作，是古代大军事家孙武所著。孙武为春秋末期齐国人，其生卒年月已不可考，约

与孔丘同时期，活动于公元前6世纪末到前5世纪初。他从齐国奔到南方吴国，经吴王重臣伍子胥推荐，吴王阖闾知他善于用兵，便重用为将。他与伍子胥辅助吴王经国治军，对于吴国的崛起发挥了重要的作用。

《孙子兵法》共一卷，十三篇，论述了"计"、"作战"、"谋攻"、"形"、"势"、"虚实"、"军争"、"九变"、"行军"、"地形"、"九地"、"火攻"和"用间"等问题。

《孙子兵法》是中国第一部自成体系的军事学著作。在孙武之前，虽有不少关于战争的观点与论述，如吕尚、曹刿、司马子鱼等，但都无系统的完整的著作问世。我国兵书传于今者，以《孙子兵法》为最古。历代作注者甚多，有《孙子十家注》。第一位整理注释《孙子兵法》的曹操说："吾观兵书、战策多矣，孙子所著深矣。"（《孙子注》序）明人茅元仪则曰："前《孙子》者，《孙子》不遗；后《孙子》者，不能遗《孙子》。"（《武备志·兵诀评》序）此非虚言。

毛泽东究竟在何时研读《孙子兵法》一书的呢？一直以来，就有"遵义会议之前"和"遵义会议之后"两说。

持"遵义会议之前"说有两例：一例是据毛泽东当年的警卫员回忆，另一例是吴冷西的回忆。

在《毛泽东之初》一书中写道：据毛泽东当年的警卫员回忆，毛泽东在井冈山上最"珍贵"的家产，是两个竹编的书篓。无论他走到哪里，总让警卫员带着这两个书篓。在书篓之中，他最常看的是两本书，一本是《共产党宣言》，另一本则是《孙子兵法》。

在《毛泽东谈毛泽东》一书中，编者这样写道："对党内教条主义者攻击他靠《三国演义》和《孙子兵法》指挥打仗一事，毛泽东在建国后曾多次提到。1957年6月，他在与新华社社长吴冷西的谈话中说，他讲游击战争十六字诀时，并没有看过《孙子兵法》。后来王明'左'倾路线领导讥讽说十六字诀来自过时的《孙子兵法》，而反'围剿'打的是现代战争。这时他才找到《孙子兵法》来看。那时他被解除指挥中央红军的职务，就利用空闲看了不少从红军走过的县城中弄来的书籍。"此书编者引用的是吴冷西《"五不怕"及其他——回忆毛主席的几次谈话》一文。

上述两例，第一例说毛泽东在井冈山时期，第二例说毛泽东在被解除指挥中央红军的职务时期，都是说毛泽东读《孙子兵法》是在1935年1月即遵义会议以前。警卫员与毛泽东朝夕相处，吴冷西回忆的又是毛泽东本人对他所讲的话，似乎具有一定的可信性。

但是，文献记载，20世纪60年代初期，毛泽东曾经三次亲口直截了当地讲到他是在"遵义会议之后"才读《孙子兵法》的。

第一次，是1960年12月25日毛泽东在同部分亲属和身边工作人员聚餐时的谈话。他说："那时我没有事情做，走路坐在担架上，做什么？我看书！他抬他的担架，我看我的书。他们又批评我，说我凭着《三国演义》和《孙子兵法》指挥打仗。其实《孙子兵法》当时我并没有看过；《三国演义》我看过几遍，但指挥作战时，谁还记得什么《三国演义》，统统忘了。我就反问他们：你们既然说我是按照《孙子兵法》指挥作战的，想必你们一定是熟读的了，那么请问：《孙子兵法》一共有几章？第一章开头讲的是什么？他们哑口无言。原来他们也根本没有看过！"该文刊发于《党的文献》1993年第4期。

第二次，是毛泽东在1961年3月23日广州中央工作会议上的讲话中提到的。他说："如果不经过第五次反'围剿'的失败，不经过万里长征，我那个《中国革命战争的战略问题》小册子也不可能写出来。因为要写这本书，倒是逼着我研究了一下资产阶级的军事学。在遵义会议上有人讲我的兵法是靠两本书，一本是《三国演义》，一本是《孙子兵法》。《三国演义》我是看过的。《孙子兵法》我就没有看过。"

第三次，是1962年1月12日，毛泽东在会见日本社会党顾问铃木茂三郎率领的访华代表团时，在谈话中他讲了和上述大致相同的话。

既然毛泽东这三次谈到自己读《孙子兵法》的基本意思是一致的、很明确的，那么，我们就应以他本人的有原始记录为依据的回忆为准。

1935年1月召开的遵义会议上，正如前面所述，凯丰攻击毛泽东说：你的兵法并不见得高明，无非是靠《三国演义》《孙子兵法》这两本书。毛泽东反问道：你说《孙子兵法》一共有多少篇？第一篇的题目叫什么？请你讲讲。凯丰顿时语塞，答不出来。于是，毛泽东批驳说：你怎么晓得我就熟悉《孙子兵法》呢？

在此之前，毛泽东是否全然不知《孙子兵法》呢？也不尽然。其实，早在毛泽东于湖南省立第一师范学校读书期间，已从授课老师的口中间接地了解到《孙子兵法》的部分内容。毛泽东在1913年10月至12月间所作的课堂笔记《讲堂录》中，就记录了这样一段话："百战百胜，非善之善者也；不战而屈人之兵，善之善者也。故善用兵者，无智名，无勇功。"他还注明出自《孙子兵法》的《谋功篇》（应为《谋攻篇》）。实际上，这段话分别出自《孙子兵法》的《谋攻篇》和《形篇》。这段话的"故善用兵者，无智名，无勇功"一句，同原文略有差别。原文为："故善战者之胜也，无智名，无勇功。"

1935年中央红军胜利到达陕北后，毛泽东于12月在陕北瓦窑堡会议上作《论反对日本帝国主义的策略》的报告，系统地解决了第二次国内革命战争时期的政治上的问题。紧接着，他开始把注意力集中到解决党的军事路线上来。他说："过去的革命战争证明，我们不但需要一个马克思主义的正确的政治路线，而且需要一个马克思主义的正确的军事路线。"

1935年12月瓦窑堡会议后，德国顾问李德不同意会议确定的"把国内战争同民族战争结合起来"、"准备直接对日作战的力量"、"猛烈扩大红军"的军事战略方针。1936年1月，李德向中共中央提出书面意见，极力主张"巩固与发展苏区，创造新根据地"，认为"我们转入进攻是过早的"，"战争未发生以前，在我们这方面的应当避免能够引起苏日冲突的行动"。可以看出，李德是非常害怕把苏联牵扯到军事冲突中去的。这种离开"发展"来谈"巩固"的主张，其实又在重复他导致第五次反"围剿"战争失败的那种单纯防御战略。从当时陕北的实际情况来看，更不合时宜。

毛泽东随即指出，这是在革命进攻下的保守的单纯防御战略。1936年3月，中共中央政治局晋西会议讨论了李德的"意见书"，许多人在发言中批评李德的错误主张。最后，会议决议"战略决定由毛主席写"。这样，也促使毛泽东下决心写一部系统总结十年内战时期在军事斗争上的经验教训的著作。

为了很好地完成党中央委托的任务，毛泽东在写作前做了充分而认真的准备。

　　毛泽东首先反复精读了马克思主义经典作家，特别是列宁的军事著作。他还通过多种渠道从国民党统治区购买并仔细研读了一批军事方面的书籍。1936年10月22日，毛泽东致电叶剑英、刘鼎时说，在这之前"买来的军事书多不合用，多是战术技术的"，明确提出"我们要的是战役指挥与战略的，请按此标准选买若干"，还特地要求"买一部《孙子兵法》来"。可见他当时手头还没有《孙子兵法》。在写书的准备和写作期间，毛泽东认真研读了德国克劳塞维茨写的《战争论》，日本人写的军事操典，苏联人写的论战略、多兵种配合作战等书，并仔细地研读了《孙子兵法》。

　　可以肯定，毛泽东是到陕北才认真研读了《孙子兵法》的，"遵义会议以前说"是不严谨的。毛泽东是为了写《中国革命战争的战略问题》，是为了总结革命战争的经验，开始研究资产阶级军事学与《孙子兵法》。把毛泽东研读《孙子兵法》一书的时间确定在了1936年，应该是准确的。

　　1936年12月，毛泽东终于完成了把中国革命战争中积累起来的丰富经验上升为理论的《中国革命战争的战略问题》。在这部军事著作中，毛泽东直接引用《孙子兵法》达三处之多。

　　毛泽东十分看重《孙子兵法》。他曾说："在几千年前，中国就有这样的兵书，真是件了不起的事。"1939年，当毛泽东知道郭化若在研究孙子时，很高兴地说：要为了发扬中华民族的历史遗产去读孙子，要精滤《孙子兵法》中卓越的战略思想，批判地接受其对战争指导的法则，以新的内容去充实。建国后，郭化若的《孙子今译》出版发行。1973年，毛泽东批示郭化若，要他对所著《孙子今译》写一个"批判吸收性的序言"后重新出版。可见，直到晚年，毛泽东对《孙子兵法》也是极其重视的。

2. 毛泽东哲学思想对《孙子兵法》辩证法的借鉴

　　近代中国社会是半殖民地半封建社会，内无民主，外无独立，人民没有进行合法斗争的权利，因此，只能以武装的革命反对武装的反革命。

1927年大革命失败的惨痛教训，使中国共产党人深刻认识到了武装斗争的重要性。中国共产党人毅然拿起武器，走上了武装反抗国民党反动统治的道路，创建了人民军队。然而，中国革命战争长时间内是敌大我小、敌强我弱的严重局面。

如何战胜在数量上和装备上远远优于自己的敌人？这在马克思主义经典作家的著作上是找不到现成答案的。马克思、恩格斯没有领导过革命战争。列宁、斯大林虽分别领导了十月革命和反击14国武装干涉的战争以及苏联卫国战争，但因欧洲的特点而比较多的是采用常规作战方法，这与中国革命战争的特点有很大差别。中国共产党内的"左"倾冒险主义者曾经搬用俄国十月革命等正规战的打法，给中国革命造成了重大损失，红军没有打破敌人的第五次"围剿"，被迫进行长征。因此，必须找到适合中国革命战争特点的战略战术原则，中国革命才能取得胜利。

中国古代战争频繁，造就了一大批杰出的军事家。他们写下卷帙浩繁的兵书，构成了丰富多彩的从各个角度总结战争规律的传统军事文化。中国古代兵书，发端之悠久，规模之宏大，体系之完备，内容之丰富，在世界上首屈一指。这对于指导中国革命战争的胜利进行，是很有益处的，可资借鉴。

据统计，中国古代兵书见诸著录的在4000部以上，现存约有500部，著名的约有50部，如《孙子》《吴子》《孙膑兵法》《司马法》《尉缭子》《六韬》《三略》《李卫公问对》《虎钤经》《武经总要》《何博士备论》《守城录》《历代兵制》《纪效新书》《练兵实纪》《武备志》，等等。其中，尤以被毛泽东誉为"中国古代大军事家孙武子书"的《孙子兵法》为杰出代表。

成书于两千多年前的《孙子兵法》是世界上最早的一部兵书，是把对立统一的辩证思维运用于军事斗争的杰作，至今仍具有重大影响。

《孙子兵法》在内容上引人入胜，虽然是一部军事学专著，但充满了辩证法智慧，是中国古代辩证法的重要组成部分，对毛泽东哲学思想的形成产生了极为深远的影响。毛泽东正是在批判地吸收了包括《孙子兵法》在内的中外军事辩证法精华的基础上，创立了毛泽东军事思想。

《孙子兵法》对于战争的朴素唯物主义思想，表现在它从政治、军事、天时、地利等客观的具体情况去考量战争的胜负，而不是靠天命迷信，或从主观的臆测出发。如它提出必须根据敌我双方的兵力来决定进攻与退却的战略部署；战争的胜败除了客观条件的对比外，还决定于主观指挥的正确与否。指挥正确的关键在于了解敌情，决定对策。

　　在唯物主义认识论的基础上，《孙子兵法》提出了丰富的朴素辩证法思想。

　　《孙子兵法》虽是专门讲军事战略的书，但是它注意到战争与政治、经济、自然条件等的辩证关系。它从总体上，从战争与其他事物的普遍联系中来观察战争，分析战争。《孙子兵法·形篇》中说："兵法：一曰度，二曰量，量生数，数生称，称生胜。"具体列举比较敌我双方实力强弱的五种要素，明确主张根据国土的大小，判断产物资源的多少，进而推算出兵力的大小；再从双方军事力量的对比中，判断战争的胜负，明确地阐述了战争的胜负受到多种因素制约的观点。

　　《孙子兵法》不但初步认识到战争与政治、经济、自然条件的辩证关系，它还从事物的正反两个方面看问题，看到事物相互矛盾的两重性。孙子提出了一系列的对立统一的范畴，如主客、强弱、众寡、进退、攻守、虚实、得失、迂直、轻重、己彼、钝锐，等等。而在论述这些矛盾范畴时，孙子都能指出这些矛盾着的对立面不仅互为依存，而且在一定的条件下互相转化，蕴涵着丰富的辩证法思想。

　　在《孙子兵法》这些精辟的论述中，人们看到了矛盾双方互相依存的一面，又看到了它们相互对立、相互转化的趋势。在潜移默化之中，暗合了矛盾的对立统一规律。

　　朴素辩证法思想是《孙子兵法》的思想精华，它的某些概念、范畴和命题，和马克思主义唯物辩证法的概念、范畴和命题在本质上是相近的。

　　毛泽东哲学思想，就其根本的理论内容和世界现体系来说，是从马克思列宁主义中学习而来的。但是，这并不是说毛泽东哲学思想的存在和发展可以离开中国自身固有的哲学传统。毛泽东指出："马克思主义必须和我国的具体特点相结合并通过一定民族形式才能实现。"毛泽东哲学思想作为在中国土壤上产生和形成的科学的哲学学说，作为马克思主义哲学的继承和发展，不可能离开中国固有的哲学传统，不能不带有中国的民族色彩。

中国古代兵家辩证法的思维方式代表着我国先秦时期思维发展的正确方向，对毛泽东科学思维方式具有重要的借鉴意义，从而影响着毛泽东哲学思想的科学性。辩证性思维是古代兵家辩证法中的一个重要特征。孙子将这种思维模式创造性地运用于军事思维领域。《孙子兵法》全书运用诸如敌我、彼己、治乱、胜败、众寡、奇正、虚实、勇怯、强弱、刚柔、文武、赏罚、利害、得失、存亡、生死、攻守、进退、安危、寒暑、阴阳、远近、险易等对立统一的概念多达一百多个，充分显示了孙子思维的辩证特色。

逆向性思维也是古代兵家辩证法中的重要特征之一。基于常法、变法而言，《孙子兵法》中的"奇正"无疑是逆向思维的根本，辩证法则是指导逆向思维的方法论；而"攻其无备，出其不意"则是逆向思维要达到的效果。孙子"奇正"理论的奥妙就在于充分利用矛盾双方的变化，达到出奇制胜的效果，这显然是对逆向思维方式的活用。

毛泽东运用"一分为二"、"同一性和斗争性"、"内因外因的关系"分析了革命和建设中的重大问题，充分体现了其思维方式的辩证性特征；同时运用逆向思维方式，在革命时期走"农村包围城市的革命路线"，取得了新民主主义革命的胜利，解放了全中国。

毛泽东正是集包括《孙子兵法》在内的古今中外军事理论精华之大成，并将其与中国革命战争实践相结合，进行多方面的创造和发展，才形成了独具特色的毛泽东军事思想。《孙子兵法》所代表的兵家思辩哲学属于中国古代辩证法的深层结构，内化于毛泽东哲学思想的思维方式之中，最能代表中华民族的智慧，对我们民族的哲学思维、军事生活以及政治生活等都产生过重大影响。这一思想为我们提供了认识事物的根本立场、观点、方法，是一笔宝贵的精神财富。

3. 毛泽东对孙子"知彼知己"思想的继承和超越

《孙子兵法·谋攻篇》中说："知彼知己，百战不殆；不知彼而知己，一胜一负；不知彼不知己，每战必殆。"这是《孙子兵法》的精华所在。孙子在不可取于鬼神的反天命的唯物思想指导下，看到战争是生死搏斗，要达到自保而全胜，必须全面掌握情况。毛泽东改造了这一命题，并赋予其新的含义。

毛泽东在《中国革命战争的战略问题》《矛盾论》《论持久战》等文里都曾引用过"知彼知己，百战不殆"，并称它是认识论的科学真理，认为它既是一个哲学问题，又是一个领导艺术问题。

"知彼"是认识对方，"知己"就是有"自知之明"。毛泽东经常教导人们办任何事都应当有"自知之明"。

在《论持久战》中，毛泽东写道："我们承认战争现象是较之任何别的社会现象更难捉摸，更少确实性，即更带所谓'盖然性'。但战争不是神物，仍是世间的一种必然运动，因此，孙子的规律，'知彼知己，百战不殆'，仍是科学的真理。"

毛泽东指出，战争不是神秘莫测的，它与世间其他事物一样有其运动发展的客观规律。只是由于交战双方各种因素的千变万化，才使战争现象较之其他的社会现象更难捉摸，更带有"盖然性"。尽管如此，只要"知彼知己"，就能"百战不殆"。战争指挥者必须了解敌我双方的情况，正确判断敌情，做好充分的应敌准备，找出双方行动的规律，从而确定作战方案，最终战胜敌人。经过毛泽东的解释和发挥，孙子的这个军事格言成为举世公认的最重要的军事原则。

显然，毛泽东在肯定孙武朴素唯物主义战争可知论命题的同时，又从辩证唯物主义的立场出发，通过驳斥战争问题上的不可知论，科学地阐明了战争规律的客观性和可知性，进而把"知彼知己，百战不殆"这个古老的命题，奠定在马克思主义战争认识论的基础之上。

《孙子兵法》认为，要做到知彼知己，必须全面了解敌我各方面的情况，必须"经之以五事，校之以计，而索其情。"（《计篇》）毛泽东在反对形而上学片面性时，特意引用孙武的话说："孙子论军事说：'知彼知己，百战不殆'。他说的是作战的双方。"又明确指出，认识战争规律，就是认识战争客体中彼和己两个方面，强调战争认识对象包括敌我两个方面，要如实反映敌我情况，必须去掉明于知己，暗于知彼，或者明于知彼，暗于知己的片面性。毛泽东依据马克思主义矛盾分析的观点，引申出了力求研究把握认识对象的一切方面和一切联系的全面性的观点，认为只有坚持全面的辩证观点，才能从中找出规律性的东西以指导战争。

战争规律是发展的。毛泽东主张研究战争规律和指导战争，要着眼其特点和发展，"反对战争问题上的机械论"。

毛泽东在《中国革命战争的战略问题》中写道："中国古代大军事学家孙武子书上'知彼知己，百战不殆'这句话，是包括学习和使用两个阶段而说的，包括从认识客观实际中的发展规律，并按照这些规律去决定自己行动克服当前敌人而说的；我们不要看轻这句话。"毛泽东结合中国革命战争的实际，把"知彼知己，百战不殆"作为一个完整的战争认识过程，提到知行统一观的高度认识，进而将这个命题深化和发展成为马克思主义战争认识论的重要原。

毛泽东运用辩证唯物主义认识论去解释孙子的"知彼知己，百战不殆"，使这块璞玉变得更加光彩夺目。他指出孙子这条原则包括学习和使用两个阶段，要成为智勇双全的常胜将军，就要熟识敌我各方面的情况，将各种材料"加以去粗取精、去伪存真、由此及彼、由表及里地改造制作工夫"，然后作出计划，并在实施计划过程中不断构成新的认识。随着经验的不断积累和视野的不断开阔，指挥员的指挥能力会大大提高，自由度就愈加增加。毛泽东经过这一番精心改造，使《孙子兵法》中的这一军事原则得以升华。

4. 毛泽东对孙子"致人而不致于人"的运用和创新

用兵作战，贵在能调动敌人，而不为敌人所调动。《孙子·虚实篇》提出"善战者致人而不致于人"（调动敌人而不被敌人调动）。《李卫公问对》说：古代兵法，千章万句，最重要无过于"致人而不致于人"。可见，"致人而不致于人"，即争取主动权实为古代作战思想的核心。

毛泽东对这一思想进行了创新。他强调革命军队应该保持在战场上的主动权。在军事名著《论持久战》中，毛泽东指出，主要权"说的是军队行动的自由权，是用以区别于被迫处于不自由状态的。行动自由是军队的命脉，失去了这种自由，军队就接近于被打败或被消灭"，"为此缘故，战争的双方，都力争主动，力避被动"。

《孙子兵法》主张，为了牢牢把握克敌制胜的主动性，应当灵活用兵，"兵无常势，水无常形；能因敌变化而取胜者，谓之神"（《虚实篇》），即打仗没有固定的方式，就像水没有固定的形态一样；能根据敌情变化而变化，最终取得胜利的，就叫做用兵如神。毛泽东继承和发展了这一思想，在革命战争中，他十分注重作战的主动性与灵活性问题，他说："灵活地使用兵力这件事，是战争指挥的中心任务，也是最不容易做好的。"然而，毛泽东自己却对此运用得娴熟自如，他指挥中央红军运用机动灵活的战术打败了国民党军队的三次"围剿"，长征途中的"四渡赤水出奇兵"更是他的平生灵活用兵的"得意之笔"。

古代兵家认为，主动制敌，主要手段有两个方面，一是隐蔽企图，所谓三军之事，其重于密。二是示形用诈，迷惑敌人。《孙子兵法·计篇》中指出："兵者，诡道也，故能而示之不能，用而示之不用，近而示之远，远而示之近。"只有达到形人而我无形的境界，才能出其不意，攻其不备，有力地打击敌人，战而胜之。三十六计中就有瞒天过海、调虎离山、声东击西等用诈手段。古代用隐真示假调动敌人的例子很多，如韩信暗度陈仓奔袭安邑、孙膑马陵之战中减灶示弱致庞涓上当等均是。

毛泽东从《孙子兵法》示形惑敌的理论领悟到了弱军争取主动的奥妙。他指出，"错觉和不意，可以丧失优势和主动。因而有计划地造成敌人错觉，给以不意的攻击，是造成优势和夺取主动的方法，而且是很重要的方法"。他举例说，"'八公山上，草木皆兵'，是错觉之一例，'声东击西'，是造成敌人错觉之一法"。

　　毛泽东认为造成敌人错觉和出其不意地攻击，先决条件是优越的民众组织。他说，我们利用组织和武装起来的民众条件，"我们要把敌人的眼睛和耳朵尽可能地封住，使他们变成瞎子和聋子，要把他们的指挥员的心尽可能地弄得混乱些，使他们变成疯子，用以争取自己的胜利"。

5. 毛泽东对《孙子兵法》"以十击一"的继承和发展

　　古今中外一切卓越的军事家，没有不强调集中使用兵力的。《淮南子·兵略训》说："五指之更弹，不如卷手之一挃；万人之更进，不如百人之俱至也。"《孙子兵法·虚实篇》中指出："我专为一，敌分为十，是以十击一也"。

　　孙子兵法集中兵力的总原则在其《形篇》中："故胜兵若以镒称铢，败兵若以铢称镒。"孙子主张要战胜敌人，就要有雄厚的实力，像以镒称铢那样占绝对优势（镒是铢的576倍）。胜方要力求制造"多数"，造成绝对优势，使败方处于绝对劣势，用牛刀杀鸡，用大炮打蚊子，从而绰绰有余，轻而易举地战胜敌人。孙子在《谋攻篇》中还提到："识众寡之用者胜。"即明确在什么情况下如何配置兵力的众寡才能够获胜。孙子还说："故兵以诈立，以利动，以分合为变者也。"兵力的集中和分散是以夺取战争的胜利为出发点的，该集中时要集中，该分散是要分散，集中是为了消灭敌人，分散是为了牵制敌人或者保存实力。毛泽东说过：集中以消灭敌人，分兵以发动群众。都是根据实际需要对于兵力集中和分散的收放自如的运用。

　　孙子说："我专而敌分，我专为一，敌分为十，是以十攻其一也，则我众而敌寡。""专"通"抟",本意为把分散的东西聚集成团,这里指集中兵力。这句话的意思是,我方的兵力集中在一处,敌人的兵力分散在十处,这样,我方就能以十倍于敌的兵力去进攻,从而造成了我众敌寡的态势。

毛泽东把历史经验同现实斗争结合起来,指出,"集中兵力"是取得战争主动地位的"首先的和主要的"条件。只有集中兵力,才能"改变进退的形势","改变攻守的形势","改变内外线的形势"。

孙子在《谋攻篇》中总结了集中兵力的指导原则:"故用兵之法,十则围之,五则攻之,倍则分之,敌则能守之,少则能逃之,不若则能避之。故小敌之坚,大敌之擒也。"是说要用集中兵力原则来作战,如果有十倍于敌人的优势兵力,就包围敌人,歼灭它;五倍于敌人就展开攻击,消灭敌人;一倍于敌人就分散切割敌人;势均力敌就坚守不战;兵力不如敌人就要撤退,摆脱敌人的攻击;兵力与敌人相差悬殊就要避免作战。所以,力量弱小的军队如果自不量力,死打硬拼,以卵击石,就会沦为强大敌人的俘虏。

早在井冈山时期,毛泽东就主张"红军以集中为原则,赤卫队以分散为原则"。1936年,他又把集中兵力作为一条作战根本原则,他说:"从战略防御争取胜利,基本上靠了集中兵力的一着。"解放战争时期,毛泽东把集中兵力作为"十大军事原则"之一,强调:"每战集中绝对优势兵力(两倍、三倍、四倍,有时甚至是五倍或六倍于敌之兵力)四面包围敌人,力求全歼,不使漏网。"

那么,如何做到我专敌分、我众敌寡呢?孙子在《虚实篇》中指出了"示形"的方法,即以假象来诱骗敌人,想方设法来牵制和调动敌人。孙子说:"故形人而我无形,则我专而敌分;我专为一,敌分为十,是以十共其一也。则我众而敌寡;能以众击寡者,则吾所与战者约矣。吾所与战之地不可知;不可知,则敌所备者多;敌所备者多,则吾所与战者寡矣。故备前则后寡,备后则前寡;备左则右寡,备右则左寡;无所不备,则无所不寡。寡者,备人者也;众者,使人备己者也。"就是要诱使敌人暴露形迹,而我却隐藏形迹,想方设法调动敌人,牵制敌人,使敌人处处陷入顾此失彼、捉襟见肘的被动境地。这样我就能集中兵力，集中为一个整体，让敌人分散为十个部分；这样我就能以十倍的绝对优势兵力来共同对付敌人的十分之一的劣势兵力，就能各个击破敌人。

孙子主张设虚形以分其势，彼不敢不分兵以备我，我则专一，在局部上取得绝对优势。因此，兵之胜负，不在众寡，而在分合。这就是用兵之奥妙。

为了在具体战役战斗中，使我军真正形成优势，毛泽东吸收了《孙子兵法·九地篇》讲的"并敌一向，千里杀将"的观点，并根据中国革命实际情形，提出把"集中优势兵力"和"各个歼灭敌人"辩证统一起来。法国著名军事家拿破仑也说过："进攻战争的原则也和实施围攻的原则一样，火力必须集中在一点上，而且必须打开一个缺口，一旦敌人的稳定性被破坏，而后的任务就是把它彻底击溃。"毛泽东吸取并发展了这些观点，他指出："在有强大敌人存在的条件下，无论自己有多少军队，在一个时间内，主要的使用方向只应有一个，不应有两个。"集中兵力目的是各个歼灭敌人。所谓各个歼灭，就是逐步转移兵力，将敌人一部分一部分吃掉。毛泽东形象地指出这叫"削萝卜"。他强调要用"削萝卜"办法来歼灭敌人。使用这种办法，使我军在战略上处于劣势情况下，造成战役战斗上的绝对优势，以自己局部优势去攻击敌人的局部劣势。这样，就可以将敌人战略上的优势化为我军战役战斗上的优势，从而逐步转变战争形势。正如毛泽东所说："中国红军以弱小者的姿态出现于内战的战场，其迭挫强敌，震惊世界的战绩依赖于兵力集中。"

毛泽东提出把集中兵力与分散兵力有机地结合起来，要学会在主要方向上集中兵力，而在次要方向中要分散兵力；在此时此地要集中兵力，而在彼时彼地要分散兵力。总之，毛泽东把古代关于兵力分与合，"以一当十"和"以十当一"的思想有机地统一起来，成功地解决了弱小军队如何战胜强大敌人这个千古难题，指出："我们的战略是'以一当十'，我们的战术是以'以十当一'，这是制胜敌人的根本法则之一。"

6. 毛泽东对孙子"避其锐气，击其惰归"的活用

《孙子兵法·军争篇》中说："故三军可夺心。是故朝气锐，昼气惰，暮气归。故善用兵者，避其锐气，击其惰归。"意思是说，三军可以挫伤其锐气，将军可以动摇其决心。军队初战时，士气较旺盛；经过一段时间后，便逐渐怠惰；到后期，士卒就会气竭思归。所以，善用兵的人，总是避开敌人的锐气，待敌松懈疲惫了才去攻打它。

毛泽东对孙子的这句"避其锐气，击其惰归"非常欣赏。在《中国革命战争的战略问题》一文中，毛泽东指出：孙子说的"避其锐气，击其惰归"，就是指的使敌疲劳沮丧，以求减杀其优势。

"避其锐气，击其惰归"，换句话说，就是后发制人。

中国古代军事家都很重视后发制人。《六韬·发启》云："鸷鸟将击，卑飞敛翼；猛兽将搏，弭耳俯伏；圣人将动，必有愚色。"春秋时吴国名将伍子胥的朋友要离，是击剑能手，他和别人比剑，总是先取守势，待对方发起进攻，眼看那剑快挨身子时，才轻轻一闪，避开对方的剑锋，然后突然刺中对手。有人问他取胜诀窍。他说："我临敌先示之以不能，以骄其志；我再示之以可乘利，以贪其心；得其急切出击而空其守，我则乘虚而突然进击。"从击剑到用兵，有条共同的道理——欲要能胜人，必得先示之以不能胜人，使敌人心骄志懈，而我则充分准备，伺机乘隙，一击胜敌。积水不流，为的是流则必决，一泻千里；引而不发，为的是等待时机，瞅准要害再发；能而示之不能，后发制人，为的是最后一举成功。《李卫公问对》一书讲道："后则用阴，先则用阳。尽敌阳节，盈吾阴节而夺之。此兵家阴阳之妙也。"意思是后发制人用潜力，先发制人用锐气。把敌人锐气挫损至最低限度，而把我军的潜力蓄积到最大限度去消灭敌人。这才是军事家运用潜力和锐气的奥妙所在。

毛泽东在吸取前人后发制人思想基础上，把防御与进攻结合起来，制定了积极防御的战略方针。这是对《孙子兵法》的发展，这种结合是人民

军队战胜敌人的根本方法。因为人民军队刚开始非常弱小，并且经常处在敌人"围剿"之中。这就决定了打破敌人"围剿"的过程往往是迂回曲折的。因此，毛泽东说：战略退却是"为了保存军力，待机破敌，而采取的一个有计划的战略步骤"。

毛泽东将孙子的"避其锐气，击其惰归"运用于红军反"围剿"斗争，提出"敌驻我扰，敌疲我打"的"打圈子政策"。在根据地内，不停地与敌人"兜圈子"，叫敌人抓不住打不着。避免在不利条件下与敌决战，避其锐气，令其疲惫，然后伺机破敌。将敌人拖来拖去，始终掌握战争主动权，"致人而不致于人"。

以红军第三次反"围剿"为例。国民党第一、第二次"围剿"失败后，蒋介石恼羞成怒，他很快于1931年6月调集30万人马，亲任"围剿"军总司令，聘请英、日、德等国军事顾问参与策划，浩浩荡荡发起了第三次对红军的"围剿"。

蒋介石采取"长驱直入"的战略，企图先击破红军主力，捣毁苏区，然后再深入"清剿"。蒋介石临行前曾发誓：此次"围剿"如不获全胜，就舍命疆场。

毛泽东决定继续实行"诱敌深入"的方针，避敌锐气，击其惰归，后发制人。

蒋军气势汹汹进入苏区后，遭到苏区群众和地方武装的不断阻击和袭扰。红军主力则从建宁出发，绕道千里，折回兴国集中。蒋军在苏区狼奔豕突20余日，始终找不到红军主力。当好不容易发现红军在兴国地区后，便急令其主力分路向西向南疾进，企图将红军主力歼灭在赣江东岸地区。

毛泽东鉴于红军北、东、南三面受敌，情况险恶，遂改变决心，决定采取"中间突破"战法，避敌主力，打其虚弱。8月5日，红军主力从崇贤、兴国两地敌军之间20千米的空隙中秘密东进，随后秘密接近敌第三路"围剿"军，在莲塘、良村、黄陂连打3仗，歼敌1万余人。

当蒋介石掉头向东，企图寻歼红军主力于宁都以北时，毛泽东命红十二军伪装主力向东北方向佯动，诱敌主力尾追不舍。红军主力则采取敌进我进之法，越过敌人的密集包围，悄悄回到兴国集中休整。

红十二军与敌保持一定距离，牵着蒋军的鼻子走。一路翻山越岭，专挑崎岖难走的路行进，将敌军主力拖了近半个月。当蒋介石发觉上当再掉头向西时，红军主力已在兴国休息半月。国民党军虽想继续讨伐，但因受尽折磨，被拖得疲惫不堪，心有余而力不足，只得忍气退却。红军则乘势实施"敌退我追"战术，于9月上旬连打两仗，歼敌4000余人。9月13日又打一仗，歼敌1个师。

第三次反"围剿"共击溃敌7个师，歼敌17个团，毙俘敌3万余人，有力地打击了蒋介石的嚣张气焰。此后一年半的时间里，蒋介石都未敢轻举妄动。

为了说服弱小的红军在敌人进攻面前，实行积极的战略防御，诱敌深入，待机破敌，毛泽东在《中国革命战争的战略问题》中说："春秋时候，鲁与齐战，鲁庄公起初不待齐军疲惫就要出战，后来被曹刿阻止了，采取了'敌疲我打'的方针，打胜了齐军，造成了中国战史中弱军战胜强军的有名的战术。"毛泽东还引用了《左传》中《曹刿论战》全文，分析道："当时的情况是弱国抵抗强国。文中指出了战前的政治准备——取信于民，叙述了利于转入反攻的阵地——长勺，叙述了利于开始反攻的时机——彼竭我盈之时，叙述了追击开始的时机——辙乱旗靡之时。虽然是一个不大的战役，却同时是说的战略防御的原则。"

毛泽东随后又举了中国战史中后发制人的有名大战实例，说："中国战史中合此原则而取胜的实例是非常之多的。楚汉成皋之战、新汉昆阳之战、袁曹官渡之战、吴魏赤壁之战、吴蜀彝陵之战、秦晋淝水之战等有名的大战，都是双方强弱不同，弱者先让一步，后发制人，因而战胜的。"

毛泽东指出："战略退却的目的是为了保存军力，准备反攻。退却之所以必要，是因为处在强敌的进攻面前，若不退让一步，则必危及军力的保存。"

毛泽东指出，我们主张必要的退却，是为了将来的进攻，我们实施的战略防御是积极防御，而不是消极防御，"积极防御又叫攻势防御，又叫决战防御……是为了反攻和进攻的防御。"这就把进攻和防御有机地结合起来了。毛泽东在《论持久战》中把敌我之间的犬牙交错，看做是积极防御方针的具体体现。他还规定了积极防御的具体方针——"战略防御中战役和战斗的进攻战，战略持久中的战役和战斗的速决战，战略内线中的战役和战斗的外线作战。"毛泽东创造的这种把进攻和防御结合在一起的积极防御的战略方针，是人民军队以少胜多的奥秘所在。毛泽东称这种积极防御的战争是中华民族自求解放的战争形态，是中外战争史上的奇观，是中华民族的壮举，是惊天动地的伟业。

在红军前三次反"围剿"中，毛泽东指挥红军用"盘旋式打圈子"的"拖死狗疲劳战术"，屡战屡胜。解放战争时期，毛泽东将红军游击战时期的"打圈子政策"，发展成为运动战中的"蘑菇战术"。

1947年3月，国民党军队发动了对陕北解放区的重点进攻。我西北野战军2万多兵力在毛泽东和彭德怀的直接指挥下主动撤离延安，转战陕北，与胡宗南25万兵力周旋，敌我兵力十与一之比。敌东奔西突，寻找我中央机关和我军主力决战。毛泽东指出："目前敌之方针是不顾疲劳粮缺，将我军主力赶到黄河以东，然后封锁绥德、米脂，分兵'清剿'。"他指示我军："我之方针是继续过去办法，同敌在现地区再周旋一时期（一个月左右），目的在使敌达到十分疲劳和十分缺粮之程度，然后寻机歼击之。"强调"我军此种办法是最后战胜敌人必经之路。如不使敌十分疲劳和完全饿饭，是不能最后获胜的。这种办法叫'蘑菇'战术，将敌磨得精疲力竭，然后消灭之"。我军完全按照毛泽东的战略意图，采用"蘑菇战术"，牵着敌人鼻子在陕北高原上"游行"，始终居于主动地位。相反，敌军处处被动，饿着肚子走冤枉路，却始终未见我中央机关踪影，丢盔弃甲，损兵折将，一年中间胡宗南主力丧失殆尽，最后不得不退出延安。"蘑菇战术"得到淋漓尽致的发挥，我西北野战军也由战略防御转入战略进攻，实现了"伟大的转折"。

毛泽东的"蘑菇战术"与《孙子兵法》中的"避其锐气，击其惰归"有异曲同工之妙。

7. 毛泽东《论持久战》对《孙子兵法·计篇》的借鉴

《计篇》是《孙子兵法》的首篇，是这部不朽的兵法宝典的总纲，具有提挈全书的作用。《计篇》的问世标志着中国古代军事战略、军事哲学理论的创立，也标志着孙子军事战略思想体系的形成。

毛泽东军事思想集马克思主义军事理论和中国传统军事思想之大成，无愧为中国第二座兵学高峰。毛泽东在抗日战争初期发表的《论持久战》，既是一部指导抗日战争实践的战略纲领，也是一部论述军事哲学的经典著作，更是一部军事战略巨著。这部光辉著作的问世，标志着毛泽东军事战略思想体系、军事哲学思想体系的成熟。

《孙子兵法·计篇》从战略上提出了重视战争和研究战争的问题后，紧接着就提出了如何研究战争和运筹战争的问题，并把"五事"作为战略运筹要素。孙子指出："故经之以五，校之以计，以索其情：一曰道，二曰天，三曰地，四曰将，五曰法。道者，令民与上同意也，故可与之死，可与之生，民弗诡也。天者，阴阳、寒暑、时制也。地者，高下、远近、险易、广狭、死生也。将者，智、信、仁、勇、严也。法者，曲制、官道、主用也。凡此五者，将莫不闻。知之者胜，不知者不胜。"孙子的"五事"——"道、天、地、将、法"，就是指政治、气候、地形、将领、法令等因素，孙子认为必须从这五个方面来进行战争的研究和进行战略全局的运筹。了解这些要素，就能预见战争的胜负；不了解这些要素，就不能预见战争的胜负。

在《论持久战》中，毛泽东从中日战争的全局、中日战争的双方特点、国际国内的条件、社会历史进程等来研究抗日战争。他采用马克思主义矛盾分析方法，指出了中日战争产生的根据，即是半殖民半封建的旧中国和帝国主义的日本之间在20世纪30年代的决死战争。这就是中日战争的内部矛盾，由此产生了中日双方的一系列矛盾，即敌强，我弱；敌退步，我进步；敌小，我大；敌寡助，我多助，等等。

毛泽东全面、系统地研究了中日矛盾双方的特点，包括中日双方的军事、经济、政治组织力、文化、地形、自然资源、国土面积、人力、财力、物力、社会历史进程、外交、国际环境等因素，即包括日本的综合国力和中国的综合国力。

毛泽东认为，只有全面系统地研究中日双方的特点，才能正确预见战争的历史进程，否则，只能得出"亡国论"或"速胜论"的结论。

毛泽东把双方的综合国力作为战略运筹要素，比孙武提出的要素要全面得多，系统得多，深刻得多。

《孙子兵法·计篇》提出"七计"作为运筹方法，就是比较战争双方的条件来决定战争的胜负。"故校之以计，而索其情。曰：主孰有道？将孰有能？天地孰得？法令孰行？兵众孰强？士卒孰练？赏罚孰明？吾以此知胜负矣。"

在《论持久战》中，毛泽东运用马克思主义矛盾分析方法，对中日战争进行战略运筹。

毛泽东还对敌我双方的矛盾体系进行了综合比较，把握了全部敌我矛盾体系的相互关系。他指出，只有研究了双方全部因素的相互关系，才能得出正确的或比较正确的结论。

毛泽东在论述抗日战争是持久战时，进行每对矛盾的对比分析，指出：敌强我弱，我有灭亡的危险，这决定了日本侵略战争的不可避免性；敌小我大，决定了中国能够支持长久的抗日战争，中国不会灭亡；敌退步、我进步，敌寡助、我多助等因素决定了中国能坚持持久的抗战，抗日战争的最后胜利属于中国，而不是日本。

毛泽东还紧紧抓住中日矛盾双方的不平衡性的特点进行分析，指出我方必须努力创造条件，促使矛盾双方的不平衡达到平衡，再促使矛盾双方向各自相反的方向转化。

《孙子兵法·计篇》进行战略运筹时，只作简单的——对应的比较，显得过于简单化。而毛泽东进行抗日战争战略运筹时，不但研究了各要素之间的相互关系，而且对敌我双方的全部因素进行了综合比较，从总体上、全局上把握了敌我全部因素的相互关系；不但如此，而且从动态上、发展上、变化上把握了中日矛盾双方的关系。

《孙子兵法·计篇》指出："将听吾计，用之必胜，留之；将不听吾计，用之必败，去之。"即如果听从我的计谋，作战一定胜利，我就留下；如果不听从我的计谋，作战一定失败，我就离去。这表现了孙武对预见战争胜负的把握，对掌握战争规律的必胜信心。

毛泽东对抗日战争进行战略思考后，在《论持久战》中指出：抗日战争是持久战，最后胜利是属于中国的。他说："中日战争既然是持久战，最后胜利又将是属于中国的，那么，就可以合理地设想，这种持久战，将具体地表现于三个阶段之中。第一阶段，是敌之战略进攻、我之战略防御的时期。第二阶段，是敌之战略保守、我之准备反攻的时期。第三个阶段，是我之战略反攻、敌之战略退却的时期。"

在《论持久战》中，毛泽东运用辩证法的可能性和现实性原理，还预见到抗日战争形态是犬牙交错的战争，他描绘了抗日战争的整个蓝图、整个历史进程。抗日战争的胜利证明了毛泽东预见的正确性。

《孙子兵法·计篇》提出了发挥主观能动作用而造成有利态势的原则，即所谓的"造势"。"计利以听，乃为之势，以佐其外。势者，因利而制权也。"所谓有利态势，就是根据于己有利的情况，而进行机动。孙子没有局限于战争双方的静态的、客观物质条件的对比，而把发挥主观能动性造成有利的战略态势作为战略指导原则，这在两千多年前来说是非常了不起的。

毛泽东继承和发展了孙武这一思想。在《论持久战》中，他根据马克思主义物质和意识的辩证关系的原理，指出战争的胜负，固然决定于双方军事、政治、经济、地理、战争性质、国际援助诸条件等；但仅有这些，还只是有了胜负的可能性，要分胜负，还须加上主观的努力。毛泽东指出，战争要取得胜利，必须发挥人的自觉能动性。

《孙子兵法·计篇》提出"兵者，诡道也"的战术原则。"故能而示之不能，用而示之不用，近而示之远，远而示之近。利而诱之，乱而取之，实而备之，强而避之，怒而扰之，卑而骄之，佚而劳之，亲而离之。攻其无备，出其不意。此兵家之胜，不可先传也。"这十二条战法，就是有名的"诡道十二法"，是孙子最早提出的军事命题，很符合军事辩证法，后世军事家都继承了这一思想。

在《论持久战》中，毛泽东提出的"主动性，灵活性，计划性"，揭示了战争指导规律的精髓。"运动战、游击战、阵地战"，"消耗战、歼灭战"，"乘敌之隙的可能性"、"抗日战争中的决战问题"等，是对孙子提出的战法的运用和超越。

毛泽东的《论持久战》的逻辑思路及结构，与《孙子兵法·计篇》也有相通的之处。

毛泽东在《论持久战》一文的中间部分有一段话："以上说的，都是说明为什么是持久战和为什么最后胜利是中国的，大体上都是说的'是什么'和'不是什么'。以下，将转到研究'怎样做'和'不怎样做'的问题上。怎样进行持久战和怎样争取最后胜利？这就是以下要答复的问题。"

这段话透露出"定计"的总体思路，对于帮助我们理解《论持久战》和《孙子兵法·计篇》非常有用。

"是什么"和"不是什么"解决的是中日战争中中国的方向和目标，即"抗日战争是持久战，最后胜利是中国的。"

"怎样做"和"不怎样做"解决的是中国为实现上述目标，而必须采取的策略和手段，主要包括："能动性在战争中，战争和政治，抗战的政治动员，战争的目的，防御中的进攻，持久中的速决，内线中的外线，主动性，灵活性，计划性，运动战，游击战，阵地战，歼灭战，消耗战，乘敌之隙的可能性，抗日战争的决战问题，兵民是胜利之本。"

任何一个完整而有效的"计"都必须包括两个部分：一是必须指出方向和目标，二是必须指明为达到此目标而应采取的策略和手段。《孙子兵法·计篇》从逻辑结构上讲，大体也可分为两部分。

《孙子兵法·计篇》从"孙子曰：兵者，国之大事，死生之地，存亡之道，不可不察也"到"势者，因利而制权也"，主要论述战略方向和目标"是什么"和"不是什么"。从"兵者，诡道也"到"吾以此观之，胜负见矣"，主要解决的是"怎样做"和"不怎样做"的问题。孙子主张，策略和手段越是具有了诡诈性、破坏性、突发性和预见性，就越是有助于实现既定的目标。

可见，毛泽东的《论持久战》借鉴和继承了《孙子兵法·计篇》的战略思想和逻辑结构，并进行了创造性的丰富和拓展，将我国古代兵家智慧发挥到了一个全新的高度。

第五章

毛泽东品评《二十四史》（上）

一部《二十四史》，大半是假的。所谓"实录"之类，也大半是假的。但是，如果因为大半是假的就不读了，那就是形而上学。不读，靠什么来了解历史呢？反过来，一切信以为真，书上的每句话，都被当作证实的信条，那就是历史唯心论了。正确的态度是用马克思主义的立场、观点和方法，分析它，批判它，把颠倒的历史颠倒过来。

——毛泽东

1. 毛泽东研读《二十四史》实录

毛泽东有着深厚的国学素养，这得益于他一生对中国历史典籍的浓厚兴趣。

1939年5月20日，毛泽东在延安在职干部教育动员大会上发表讲话时说："古人讲过：'人不通古今，马牛而襟裾。'就是说：人不知道古今，等于牛马穿了衣裳一样。什么叫'古'？'古'就是'历史'，过去的都叫'古'，自盘古开天地，一直到如今，这个中间过程就叫'古'。'今'就是现在。我们单通现在是不够的，还须通过去。延安的人要通古今，全国的人要通古今，全世界的人也要通古今，尤其是我们共产党员，要知道更多的古今。"

毛泽东认为研究中国历史，"必须扎扎实实把《二十四史》学好"。

早在青少年时代毛泽东就读过《二十四史》中诸如《史记》等部分专史，但系统地通读则是从1952年开始。毛泽东经常阅读并作了大量圈画和批注的《二十四史》是清乾隆武英殿版的线装本，是1952年添置的。

芦荻，1931年出生于辽阳的书香门第，曾就读于北京大学中文系。从1954年起，于中国人民大学教授中国古典文学。"文革"期间调往北京大学中文系。1975年初，毛泽东因患眼疾而无法读书，芦荻被选入中南海，为毛泽东侍读古籍。

因此机缘，芦荻有幸多次多次聆听毛泽东畅论历史，讲读诗文，受益匪浅。芦荻又因给毛泽东整理书籍，便得以阅读了经他圈画批注的武英殿大字本《二十四史》和其他书籍。十分可惜，当时，他的那部《二十四史》，已经丢失两部。经中办领导批准，芦荻和中办秘书处的胡永应特地跑到琉璃厂中国书店买了两部，补齐了这部巨著。

展阅毛泽东读过的《二十四史》，芦荻深为他在史海中辛勤耕耘的精神所感动。书中有些扉页已经磨损，从《史记》到《明史》，繁圈密点，画线加批，比比皆是，颜色有红有蓝，有铅有墨，新迹旧痕，判然可别。可以想见毛泽东在20多年中三复四温、经常在手的情形。

从圈画批注的情形看，毛泽东不仅认真细致地通读了这部4000万言的巨著，而且在每部书第一卷的封面上，都清楚地标写出卷、册的数目和分类，甚至某些传记所在的册数和卷数，也都一一标明。例如，在《辽史》的封面上，他除了列出"本纪三十、志三十二、表八、列传四十五，总计为一百一十五卷"的总目外，还写有下面一段话：

"《辽史》总列一百一十五卷，而本纪、志、表、列传、分数总合为一百一十四卷，错在志十七上。又有十七下。和其他条例不合，按其他各项体例，则应为十七、十八，应加以改正。类推，则志当为三十二卷。"

从这条按语看，毛泽东不仅在读该书时，一一标出了目录，而且还做过仔细的核查。

　　《二十四史》是一部经传体的史书，由《史记》《汉书（前汉书）》《后汉书》《三国志》《晋书》《宋书》《南齐书》《梁书》《陈书》《魏书》《北齐书》《周书》《隋书》《南史》《北史》《唐书（旧唐书）》《新唐书》《五代史（旧五代史）》《新五代史》《宋史》《辽史》《金史》《元史》《明史》二十四部史书组成。其内容包括了从传说中的皇帝时代到明朝崇祯十七年，长达4000年的历史。全书共有3200多卷，800多册，4000余万字。成书时间从公元前2世纪汉武帝时开始到清乾隆时代止，长达1900多年，是一部史料极其丰富的历史巨著。

　　据逄先知回忆：《二十四史》中，毛泽东"阅读次数较多的是《史记》《前汉书》《后汉书》《三国志》《晋书》《旧唐书》《新唐书》《明史》，其中《旧唐书》《新唐书》《晋书》《明史》看的遍数更多，有的至少看过五遍以上，还特别喜读'纪''传'部分"。"为了便于阅读查找，他在一些列传、本纪的封面上，用苍劲的笔迹标出传记的人名；绝大多数书中，他都作了圈点、断句；有的封面和天头上画着两三个圆圈的标记，《旧唐书》《新唐书》从头到尾都有圈点勾画，有的地方，他还细心地改正了错字。"

　　1982年由中宣部借调到中南海毛泽东图书管理小组工作的张贻玖后来说："对于这部《二十四史》，毛泽东从50年代开始，到70年代生命历程结束时，无论在京还是外出，无论健康或生病，他都用了相当多的时间，锲而不舍地攻读不辍，几乎全都通读了一遍，重点史册、篇章还二遍、三遍、四遍地读。"

　　《二十四史》里，除了《史记》是"一家之言"的通史性质外，其他诸史均为官方组织或授意编撰的断代史。诸史书有优胜之处，也程度不同地存在着不足之处。毛泽东怎么看待这部史书呢？

　　据芦荻在《毛泽东读二十四史》一文中回忆，晚年毛泽东曾说：

　　一部《二十四史》，大半是假的。所谓"实录"之类，也大半是假的。但是，如果因为大半是假的就不读了，那就是形而上学。不读，靠什么来了解历史呢？反过来，一切信以为真，书上的每句话，都被当作证实的信条，那就是历史唯心论了。正确的态度是用马克思主义的立场、观点和方法，分析它，批判它，把颠倒的历史颠倒过来。……

　　一部《二十四史》，写符瑞、迷信的文字，就占了不少，各朝各代的史书里都有。像《史记·高祖本纪》和《汉书·高帝纪》里，都写了刘邦斩白蛇的故事，又写了刘邦藏身的地方，上面常有云气。这一切都是骗人的鬼话。而每一部史书，都是由封建的新王朝臣子奉命修撰的，凡关系到本朝统治者不光彩的地方，自然不能写，也不敢写。如宋太祖赵匡胤，本是后周的臣子，奉命北征，走到陈桥驿，竟发动兵变，篡夺了周的政权。《旧五代史》（宋臣薛居正等撰）却说他"黄袍加身"，是受将士们"擐甲将刃"、"拥迫南行"被迫的结果，并把这次政变解释成是"知其数而顺乎人"的正义行为。同时，封建社会有一条"为尊者讳"的伦理道德标准，于是皇帝或父亲的恶行，或是隐而不书，或是把责任推给臣下或他人。譬如宋高宗和秦桧主和投降，实际上主和的责任不全在秦桧，起决定作用的是幕后的宋高宗赵构。这在《宋史·奸臣传》的《秦桧传》里，是多少有所反映的。……

　　洋洋四千万言的《二十四史》，写的差不多都是帝王将相，人民群众的生产情形、生活情形，大多是只字不提，有的写了些，也是笼统地一笔带过，目的是谈如何加强统治的问题；有的更被歪曲地写了进去，如农民反压迫、反剥削的斗争，一律被骂成十恶不赦的"匪"、"贼"、"逆"……这是最不符合历史的。

　　毛泽东这段谈话，道出了《二十四史》"写的差不多都是帝王将相"，而推动历史进步的主要力量人民群众则很少反映或加以歪曲的基本事实，因此说"大半是假的"，不能信以为真；同时告诫我们，要想了解历史，就必须好好去读它，只要用正确的态度分析批判并加以识别，就能"把颠倒的历史颠倒过来"。他举了正反两面的例子说明这个问题，实际上正是讲他自己读史书的方法和角度的。

　　基于这样的观点，毛泽东读《二十四史》有个突出的特点：他不仅认真地读那些所谓"正面"的材料，同时也认真地读那些"反面"的材料。

在《二十四史》中，举凡奸臣、佞臣、叛臣等人的传记，像《新唐书》《旧唐书》里的安禄山、史思明等人的传，《宋史》里的《奸臣传》（秦桧、蔡京），《明史》里的《奸臣传》（胡惟庸、严嵩）等，他都在封面上专门标出卷、册、姓名，有的还在名字前面画了圈。他说，一要看看他们的奸法和坏法，二要和其他传记参照看，弄清楚每项历史事件的原委，分清主要的责任和次要的责任，不能只信一面之词。

毛泽东不仅在读《二十四史》时，"正""反"不遗，参详互见，而且还阅读大量的其他史籍，包括历史演义、笔记小说等，以充溢史闻，广驰视野，力求在丰富的史料基础上，剖析史实，评论人物。毛泽东认为，有些稗野史由于不是官修的，有时倒会写出点实情。所以，《二十四史》要读，《资治通鉴》要读，稗野史、笔记小说也要读。他还说，历史书籍要多读，多读一本，就多了一份调查研究。读得多了，又有正确的立场和观点，进行判断和评论，就较少失误，这是辩证法，也是把被颠倒的历史再颠倒过来的重要的条件。

毛泽东对《二十四史》还作过如下具有代表性的评议：

　　像《史记》这样的著作和后来人对它的注释，都很严格、准确。

　　《后汉书》写得不坏，许多篇章，胜于《前汉书》。

　　西汉高、文、景、武、昭等读起来较有兴味，东汉两头均无意思，只有光武可以读。

　　颜师古注《前汉书》，李贤注《后汉书》，裴松之注《三国志》，就是尽量使你了解，而且反反复复。特别是颜师古，他刚才讲这个字或者这一句是什么意思，下一篇没有隔好远，他又重复，然后又重复，甚至重复那么好几遍。

　　李贤贤于颜师古远甚，确然无颖。裴松之注《三国》，有极大的好处，有些近于李贤，而长篇大论，搜集大量历史资料，使读者感到爱看。"青出于蓝而胜于蓝"，其此之谓欤？譬如积薪，后来居上。章太炎说，读《三国》要读裴松之之注，英豪巨眼，不其然乎？

《旧唐书》比《新唐书》写得好。

《南史》《北史》的作者李延寿有倾向统一的思想，比《旧唐书》更好些。……

为了读《二十四史》时查找古地名方便，毛泽东在1954年还提出编辑一本《中国历史地图集》。

毛泽东非常重视《二十四史》的标点出版工作。全国解放不久，他就提出要组织史学家从事《二十四史》的标点。首先指定标点前四史，即《史记》《汉书》《后汉书》和《三国志》。1959年后，齐燕铭、范文澜等历史学家建议将其余二十史，加上《清史稿》，全部加以整理，毛泽东深表赞同。在毛泽东的支持下，集中全国专家学者的力量，对这"二十五史"加以标点、分段、校字，大大便利了历史研究工作。

毛泽东有句话："读史的人决不是守旧的人。"的确，他读史书，是为了了解中国的昨天，以有利于建设中国的今天。毛泽东重视学习和研究历史，但决不是要人们食古不化，回到历史的后院；而是要人们批判地继承和发扬祖国优秀的文化遗产，从中汲取有益的经验教训，为革命斗争服务，使人们从历史的必然王国向自由王国迈进，"不断地总结经验，有所发现，有所发明，有所前进。"

和其同时代的领袖人物相比，毛泽东可谓读史最认真、历史知识最丰富的一代伟人。在共产党内，大家都承认毛泽东是最懂得中国历史的领袖。周恩来建国初在共青团会议上介绍毛泽东时这样说过，第三国际派来的李德也承认这一点，在1959年庐山会议上，张闻天与彭德怀交谈时，彭德怀说："在党内真正懂得中国历史的还只有毛主席一人。""文革"中邓小平疏散到江西时，他就带了一套《二十四史》去看，这大概也是受毛泽东的影响。

2. 毛泽东评点《二十四史》的基本观点

中央文献研究室主任、研究员逄先知曾说："毛泽东读《二十四史》及其他文史典籍，有以下几个特点：第一他是用历史唯物主义的观点，特别是用阶级分析的方法，解释和评价历史事件、历史人物和历史发展的过程的。第二他对历史上爱国的、起过进步作用的人物，给予称赞和肯定。第三他常常结合自己的革命经历阅读《二十四史》。毛泽东长期领导革命战争，有着丰富的战略战术思想。他在读《二十四史》时，用自己的战略战术思想分析和评价古代战争，写了一些很精当的批语。"

已故北京图书馆馆长、研究员任继愈说："史学家读史，有的着眼于史实考订，有的着眼于微言大义，也有的借题发挥自己的心得。政治家读史，则更着重于总结历史经验，评论古今得失，从中吸取教训。毛泽东读《二十四史》所作的圈点、批注，是20世纪中国共产党人指点江山、激扬文字的可贵记录，充分表达了当代政治家评点古人是非得失的立场、观点和方法。"

毛泽东的历史观，写在他的著作的很多篇章里，不过有些是直接讲，有些是间接讲的。毛泽东读《二十四史》的评语，尽管分散，他的历史观的基本内容还是表现得很鲜明的。这些评语直接讲到历史观的内容。

首先，毛泽东读《二十四史》，始终坚持唯物主义的观点，对历代农民起义给予高度评价。

毛泽东一反许多古书中将历代农民起义领袖称为"贼"、"匪"、"盗"、"寇"等做法，给予他们以很高的历史地位。他喜欢读历代农民起义领袖的传记，从陈胜、吴广到李自成传记他都反复阅读，认为在封建社会里，只有农民的阶级斗争、农民的起义和农民的战争，才是历史发展的真正动力。毛泽东对农民战争推动历史发展的论断，是与他对《二十四史》的精细阅读和分析分不开的。翻阅毛泽东圈画的《二十四史》，人们会发现，举凡有关农民运动的部分，都有毛泽东辛勤披览和思索的痕迹，圈点勾画，旁批眉注，备极细致。其至起义军作战的路线，书中也有勾画。在《旧唐书·黄巢传》后，附有毛泽东亲笔画的黄巢行军路线图一张，可以见出他读《黄巢传》时的用心之深。毛泽东高度肯定农民起义战争的积极作用，说：陈涉、吴广的功绩甚至连封建统治阶级也不否认。司马迁在《史记·陈涉世家》中说："胜虽已死，其所置遣侯王将相竟亡秦，由涉首事也。"《汉书·陈胜、项籍传》里也承认，"其所置遣侯王将相竟相亡秦"。同时毛泽东对于农民起义军的失误和领袖的错处，也总是惋惜地标出或批注，如在《史记》和《汉书》的陈涉传中写他斩杀故旧的地方，毛泽东特地加了"可惜"、"不当如是"之类的批语。

其次，在研读《二十四史》过程中，毛泽东阐明的另一个重要命题是中华民族具有维护统一、反对分裂的坚固的凝聚力和优良传统。

毛泽东在让芦荻读《晋书》《南史》《北史》的一次谈话中，说："我们的国家，是世界各国中统一历史最长的大国。中间也有过几次分裂，但总是短暂的。这说明，中国的各族人民，热爱团结，维护统一，反对分裂。分裂不得人心。"他还说："《南史》和《北史》的作者李延寿，就是倾向统一的，他的父亲李大师也是搞历史的，也是这种观点。这父子俩的观点，在李延寿所写的《序传》中说得十分明白。"毛泽东在李延寿写的《序传》中，画了大量的圈和线，注有很多赞赏的标记。

坚持统一还是搞分裂，是毛泽东评论历史人物的一个重要标准。他认为秦始皇最大的功绩就是既完成了统一，又实行郡县制，为中国"长治久安"的统一局面，奠定了牢固的基础。在谈《三国志》的时候，他说：汉末开始大分裂，黄巾起义摧毁了汉代的封建统治，后来形成三国，这是向统一发展的。三国的几个政治家、军事家，对统一都有所贡献，而以曹操为最大。司马氏一度完成了统一，主要就是他那时打下的基础。反之，对于破坏统一、搞分裂，毛泽东一概加以谴责和批评。对于士族门阀，毛泽东是持否定态度的，但对谢安，却给以很高的评价，原因就在于谢安为维护东晋的统一局面，立了两次大功。一次是他指挥了"淝水之战"，以少胜多，打了个漂亮仗；另一次是他拖住了搞分裂的野心家桓温，使其分裂的阴谋没有得逞。毛泽东说："桓温是个搞分裂的野心家，他想当皇帝。他带兵北伐，不过是作样子，搞资本，到了长安，不肯进去。符秦的王猛很厉害，一眼就看透了他的意图。还是谢安有办法，把他拖住了，使他的野心没得实现。谢安文韬武略，又机智又沉着，淝水之战立了大功，拖住桓温也立了大功，两次大功是对维护统一的贡献。"

毛泽东读史时，对一些能处理好民族关系的政治家，是十分推崇的。他说："诸葛亮会处理民族关系，他的民族政策比较好。获得了少数民族的拥护。"唐太宗李世民是毛泽东欣赏的一个皇帝，他除了推许李世民的军事才能外，还推许他的民族政策，认为唐代的繁荣富强和李世民较好的民族政策有很大关系。他说，唐朝的名将中有不少是少数民族，并特别谈到了文成公主与松赞干布的婚事，说那时的吐蕃和唐政府就是一家人了，松赞干布是个很有远见、很有作为的人物。

再次，毛泽东将辩证法的观点和方法，深刻地贯注在评读《二十四史》的过程中。

毛泽东是精通唯物辩证法的思想家和理论家。在读《二十四史》时，无论是批注圈画，还是畅谈小议，以至只言片语的评论，都体现出了他对辩证法的灵活运用。对于纷繁复杂的历史现象，毛泽东从不给以简单的论断，而是谨慎地从当时的历史条件出发，具体地加以剖析。譬如对于宋代的道学家，他既深刻地指出了道学维护没落的封建统治的反动本质，又没把情况复杂的道学家简单化。他对朱熹，一方面指出他的虚伪，说他责打被压迫的妓女，给妓女加上伤风败俗的罪名，而自己却又纳妾；另一方面又指出朱的学问渊博，是个大学者，而且还颇有开通的地方；一方面指出骂曹操为"汉贼"的正统观念始自朱熹的论著，另一方面又说朱熹的《紫阳纲目》是应该一读的著作，并手书了"紫阳纲目"和"道学三朱熹"（《朱熹传》在《宋史·道学三》）。

对《二十四史》中随处可见的那些含有朴素辩证法的警句名言，毛泽东是从不曾放过的。他或是加上连圈密点，或是摘录在天头，并铭记脑中。如"豺狼当路、安问狐狸"（《张胜传》），"偏听成奸，独任成乱"（《邹阳传》），"意合则胡越为兄弟，不合则骨肉成雠仇"（同上），"水至清则无鱼，人至察则无徒"（《东方朔传》，"明有所不见，聪有所不闻，举大德，赦小过，无求备于一人"（同上），"凡战者，以正合，以奇胜"（《皇甫嵩传》，引《孙子兵法》。毛泽东引录之后，又加了解释："正，原则性，奇，灵活性"）。"天地之性人为贵"以及"一死一生，乃知交情，一贫一富，乃知交态，一贵一贱，交情乃见"（《郑当时传》）等。通检《二十四史》全书，经毛泽东圈画摘录的这类至理名言，不可胜数。这些充满辩证法思想的至理名言，也常常被毛泽东运用于喻事喻理的言谈中。

最后，毛泽东评点《二十四史》，重在吸取历史经验教训，古为今用。

1956年，毛泽东在同音乐工作者座谈时，指出要重视中国的文化传统，不能将传统丢掉，但向古人学习是为了现在的活人，这就是他的"古为今用"思想。毛泽东一向将"古为今用"看做是研读《二十四史》的指针。毛泽东常常举历史上的人和事来阐明现实中的道理，来警示现实中的人，给人留下深刻的印象。他以历代农民起义失败的教训阐明革命不能"没有巩固的根据地"；以李自成兵败的教训告诫党内不要产生骄傲情绪；以《三国志·郭嘉传》中郭嘉的多谋善断来要求党和国家的领导干部要多动脑筋，要在"谋"字上下工夫；读《三国志·吕蒙传》，他要求公安干警应成为能文能武的人；以《后汉书·黄琼传、李固传》中两人的直言敢谏要求在党内要提倡正气；《新五代史·王彦章传》载王彦章战败被俘，为晋所杀，毛泽东的评语说，"杀降不可，杀俘尤不可"……毛泽东读《二十四史》时还有多处对战争情况、战略战术得失、指挥人员优劣等的评说，实际上是毛泽东讲自己长期指挥战争的深刻认识，讲自己的军事思想和观点。凡此种种，用毛泽东自己的话来说，就是要引起"我党干部"的注意，从中获得教益。

《二十四史》深深地影响了毛泽东。通过研读品评《二十四史》，毛泽东了解了中国的国情；通过研读品评《二十四史》，毛泽东悟出了推动历史发展的动力；通过研读品评《二十四史》，毛泽东结识了历史上许多叱咤风云的英雄；通过研读品评《二十四史》，毛泽东总结出了中国几千年治乱兴衰的规律……

3. 毛泽东评价《史记》作者司马迁

《史记》是西汉时期的历史学家司马迁撰写的史学名著，列为《二十四史》之首，是中国古代最著名的史籍之一。《史记》记载了上自中国上古传说中的黄帝时代，下至汉武帝时期，共3000多年的历史，可谓洋洋大观。司马迁以其"究天人之际，通古今之变，成一家之言"的学识与毅力，使《史记》成为了中国历史上第一部纪传体通史。

毛泽东从学生时代起就研读《史记》，对《史记》给予了很高的评价，他说："像《史记》这样的著作和后来人对它的注释，都很严格、准确。"对于《史记》的作者司马迁，毛泽东更是多次谈及，赞赏有加。

在1915年9月6日致萧子升的信中，他提出"欲通国学，首贵择书"，即选择重点篇目详加阅读而后及于全书。他举自己择书而读的方法的例子，便是《史记》，他说："《伯夷列传》一篇出于《史记》，吾读此篇而及于《史记》，加详究焉出于《史记》者若干篇，吾遂及于《史记》之全体矣。"毛泽东不仅熟读《史记》，而且对司马迁的生平遭遇也很了解。他在《讲堂录》里，便记有一些关于司马迁的句子，如"马迁，龙门人"；"马迁览潇湘，泛西湖，历昆仑，周览名山大川，而其襟怀乃益广"。

1949年12月，毛泽东前往莫斯科，首次访问苏联。在列车上，毛泽东问俄文翻译师哲："你是什么地方人？""韩城。"毛泽东双眸一亮，"陕西的那个韩城？"师哲点点头。"噢，那你是司马迁的同乡喽！"毛泽东谈兴甚浓。他用手中的烟头续燃了一支香烟，深吸一口，悠然吐出，再问师哲："你住的地方离司马迁有多远？""大约40里。"师哲告诉毛泽东，司马迁得罪汉武帝被施以宫刑后，人们害怕受到株连，有一段时间，竟没人敢姓司马了，分成了冯周二姓，冯姓住县南，周姓住在县北。毛泽东听后不无感慨地说："打小报告的人，看来什么时候都有啊！"

对于司马迁悲惨的人生遭际，毛泽东寄予了无限的同情。谈到司马迁所受的宫刑，毛泽东颇有些伤感，他半天无语，许久，才扼腕叹息道："汉武帝7岁立为皇太子，16岁即位，在位54年，把汉朝推向全盛时期。可是就这么一个还算有作为的皇帝，一旦臣子违逆他的意愿，竟下如此毒手。"说到这儿，毛泽东连连摇头，"和皇帝佬倌有什么理好讲？汉武帝没有杀掉司马迁，已算是手下留情，不过，施以宫刑，也实在是够残忍的了！"

师哲说："司马迁也确实称得上一代人杰，身心蒙受了那么大的屈辱，居然能潜心著书，写出了'无韵之《离骚》，千古之绝唱'的《史记》！"

对经典古籍烂熟于胸的毛泽东连连点头，随口背诵出了司马迁《报任安书》中的一段话："'文王拘而演《周易》，仲尼厄而作《春秋》。屈原放逐，乃赋《离骚》。左丘失明，厥有《国语》。孙子膑脚，兵法修列。不韦迁蜀，世传吕览。韩非囚秦，说难孤愤。诗三百篇，大抵圣贤发奋之所为作也。'在这里，与其说司马迁是在感叹厄运对人精神世界的砥砺，不如说是在抒发自己的一种情怀，一腔抱负！"

说着，毛泽东站起身，在车厢里来回踱了两步，又回身望望师哲说："司马迁'身残处秽，动而见尤'，却'隐忍苟活，幽于粪土之中所不辞'，是因为他内心的积郁还没有来得及宣泄，苦衷还没昭之于世人，满腹文采还没有来得及表露，他希望自己正在写着的著作能'藏之名山，传之后人，通邑大都'。诚如是，则虽九死而心不悔，这愿望确实是达到了。可以说，真正的信史自司马迁始，'史学之父'，他是当之无愧的！"

师哲说："唐诗、晋字、汉文章。汉代的文章，因了司马迁的《史记》，确实被推向了极致。"

毛泽东点点头，重新坐回沙发上，轻轻在烟灰缸上弹掉烟灰，说："有人说中国没有鸿篇巨制的史诗，怎么没有？司马迁的《史记》难道不是一部有着广博学识、深刻目光、丰富体验和雄伟气魄的史诗！评论司马迁，可以有不同的侧面，单以文章论，他也不朽了。"

1958年8月22日，毛泽东在批改陆定一起草的《教育必须与生产劳动相结合》一文加写的一段话中，特意把"司马迁的颂扬反抗"，作为中国历史上的"民主文学"的代表之一。

1962年1月30日，毛泽东在扩大的中央工作会议（"七千人大会"）上，作了长篇讲话，其中谈道：

"降到下级机关去做工作，或者调到别的地方去做工作，那又有什么不可以呢？一个人为什么只能上升不能下降呢？为什么只能做这个地方的工作而不能调到别个地方去呢？我认为这种下降和调动，不论正确与否，都是有益处的，可以锻炼革命意志，可以调查和研究许多新鲜情况，增加有益的知识。我自己就有这一方面的经验，得到很大的益处。不信，你们不妨试试看。司马迁说过：'文王拘而演《周易》，仲尼厄而作《春秋》。屈原放逐，乃赋《离骚》。左丘失明，厥有《国语》。孙子膑脚，兵法修列。不韦迁蜀，世传吕览。韩非囚秦，说难孤愤。诗三百篇，大抵圣贤发愤之所为作也。'这几句话当中，所谓文王演《周易》，孔子作《春秋》，究竟有无其事，近人已有怀疑，我们可以不去理它，让专家去解决吧，但是司马迁是相信有其事的。文王拘，仲尼厄，则确有其事。司马迁讲的这些事情，除左丘失明一例以外，都是指当时上级领导者对他们作了错误处理的。我们过去也错误地处理过一些干部，对这些人不论是全部处理错了的，或者是部分处理错了的，都应当按照具体情况，加以甄别和平反。但是，一般地说，这种错误处理，让他们下降，或者调动工作，对他们的革命意志总是一种锻炼，而且可以从人民群众中吸取许多新知识。我在这里申明，我不是提倡对干部，对同志，对任何人，可以不分青红皂白，作出错误处理，像古代人拘文王，厄孔子，放逐屈原，去掉孙膑的膝盖骨那样。我不是提倡这样做，而是反对这样做的。我是说，人类社会的各个历史阶段，总是有这样处理错误的事实。在阶级社会，这样的事实多得很。在社会主义社会，也在所难免。不论在正确路线领导的时期，还是在错误路线领导的时期，都在所难免。不过有一个区别。在正确路线领导的时期，一经发现有错误处理的，就能甄别、平反，向他们赔礼道歉，使他们心情舒畅，重新抬起头来。"

毛泽东在讲话中所引用的司马迁的"这几句话"，出自千古名文《报任安书》。

《报任安书》是司马迁写给朋友任安的一封信。任安，字少卿，西汉荥阳人。所以这封书信有的选本上题之曰《报任少卿书》。任安经大将军卫青推荐，做到益州刺史、北军使者护军等职。因接受戾太子刘据的命令，起兵讨汉武帝信任的江充，失败后被判死刑。任安在狱中时致信司马迁，希望他尽"推贤进士"的责任，出面援救自己。司马迁曾因为替败降匈奴的李陵说话，遭受了残酷的宫刑，对任安的要求十分为难，久未答复。在任安就要被处决时，便写了这封信。信中，司马迁述说了自己蒙受的奇耻大辱，倾吐了郁积内心的痛苦和愤懑；同时引用了许多命运坎坷而德才杰出的历史人物在逆境中多有创作的事迹以自励，决心忍辱负重，完成《史记》的著述。该文见《汉书·司马迁传》，《昭明文选》也收入。

太史公司马迁在这封书信中一连举了七件事情。"文王拘而演《周易》"，说的是周文王姬昌（本是纣王时的西伯侯）曾被商纣王囚禁于羑里，他在羑里狱中将八卦重叠组合起来，变成六十四卦，这就是"演《周易》"。

"仲尼厄而作《春秋》"，说的是孔子一生游说无所立足，穷困中回到鲁国，修删鲁国史书《春秋》。

"屈原放逐，乃赋《离骚》"，说的是屈原被楚怀王贬斥后，流放到汉北、江南，途中写了传世绝唱《离骚》。

"左丘失明，厥有《国语》"，相传鲁国史官左丘明写《国语》时，已经双目失明。

"孙子膑脚，兵法修列"，说的是孙子因受过膑刑（剜去膝盖骨），在齐魏之战中，与田忌用"围魏救赵"之计，在马陵道大败魏军，由此天下显名。并著《孙膑兵法》传世。

"不韦迁蜀，世传吕览"，说的是秦国丞相吕不韦的故事。吕不韦曾广招门客，作有《吕氏春秋》一书，其中有"八览"，故又称"吕览"。史载秦王嬴政亲政后，下令罢免吕不韦的丞相之职，并将其迁徙到蜀郡。

"韩非囚秦，说难孤愤"，说的是韩非到秦国后，遭陷害下狱，又被毒酒所害，身后留有《韩非子》一书，《说难》《孤愤》是其中的两篇。

对于《报任安书》这篇千古名文，毛泽东很早就读过，几乎是熟读成诵。他1944年在发表的那篇著名的《为人民服务》的演讲中说：

"人总是要死的，但死的意义有不同。中国古时候有个文学家叫司马迁的说过：'人固有一死，或重于泰山，或轻于鸿毛。'"

这里所引，便是《报任安书》中的话。

毛泽东在1962年1月30日扩大的中央工作会议上的讲话中，再次引用这篇文章，做了颇具新意的发挥。司马迁举周文王、孔子、屈原、左丘明、孙膑、吕不韦、韩非等遭受种种磨难，创造了不朽的传世之作，是用来说明自己遭受了宫刑这奇耻大辱后，仍隐忍苟活的原因，便是为了写《史记》。在毛泽东看来，司马迁所说的这些人，"都是指当时上级领导者对他们作了错误处理的"。这样，受到"错误处理"的人，就有一个怎样对待随之而来的磨难，如下降或调动工作。毛泽东认为，只要正确对待，不消极沉沦，这种逆境，恰恰可以锻炼意志，汲取许多新知识，所以"有很大益处"，还说自己就有这方面的经验。这大概是指他在中央苏区时屡遭打击的那段经历。

毛泽东说这番话，除了表明他乐于在逆境中进取的个性特征外，在当时也有其具体的针对性。20世纪50年代后期，反右、大跃进、庐山会议等，确实"错误处理"了不少人。1962年1月召开的扩大的中央工作会议，毛泽东曾称之为"出气会"，也是意在纠正中央的一些错误做法，给一些曾经受过错误处理的干部摘帽子，"平反"。

1975年，病中的毛泽东与护士孟锦云谈论司马光主持编纂的《资治通鉴》时曾说，"中国有两部大书，一曰《史记》，一曰《资治通鉴》，都是有才气的人在政治上不得志的境遇中编写的。看来，人受点打击，遇点困难，未尝不是好事。"此语同《报任安书》里所列举的遭受磨难的历史人物，因为"意有所郁结，不得通其道，故述往事，思来者"而有所创造，其思路是一致的。

4. 19岁的毛泽东读《史记》评商鞅

1912年，湖南省立一中（今长沙市一中）始建，毛泽东以第一名的成绩考入，在普通（科）一班读了一个学期。在就读的这个学期里，他写了一篇题为《商鞅徙木立信论》的作文。这是迄今为止所发现的毛泽东最早的文稿。原件现藏中央档案馆。

原文无写作时间，作文纸折缝间印有"湖南全省高等中学校"字样，作者在题下写有"普通一班毛泽东"7字。毛泽东于1912年春退出长沙新军后，考入湖南全省高等中学校，同年秋即退学自修。此文当写于1912年上半年，时年19岁。

全文如下：

> 吾读史至商鞅徙木立信一事，而叹吾国国民之愚也，而叹执政者之煞费苦心也，而叹数千年来民智之不开、国几蹈于沦亡之惨也。谓予不信，请罄其说。
>
> 法令者，代谋幸福之具也。法令而善，其幸福吾民也必多，吾民方恐其不布此法令，或布而恐其不生效力，必竭全力以保障之，维持之，务使达到完善之目的而止。政府国民互相倚系，安有不信之理？法令而不善，则不惟无幸福之可言，且有危害之足惧，吾民又必竭全力以阻止此法令。虽欲吾信，又安有信之之理？乃若商鞅之与秦民，适成此比例之反对，抑又何哉？
>
> 商鞅之法良法也。今试一披吾国四千余年之纪载，而求其利国福民伟大之政治家，商鞅不首屈一指乎？鞅当孝公之世，中原最鼎沸，战事正殷。举国疲劳，不堪言状。于是而欲战胜诸国，统一中原，不綦难哉？于是而变法之令出，其法惩奸宄以保人民之权利，务耕织以增进国民之富力，尚军功以树国威，孥贫怠以绝消耗。此诚我国从来未有之大政策，民何惮而不信？乃必徙木以立信者，吾于是知执政者之具费苦心也，吾于是知吾国国民之愚也，吾于是知数千年来民智黑暗、国几蹈于沦亡之惨境有由来也。
>
> 虽然，非常之原，黎民惧焉。民是此民矣，法是彼法矣，吾又何怪焉？吾特恐此徙木立信一事，若令彼东西各国文明国民闻之，当必捧腹而笑，噭舌而讥矣。呜呼！吾欲无言。

当时的国文教员柳潜赞誉此文的作者年未弱冠的毛泽东"才气过人，前途不可限量"，作了如下评语："实切社会立论，目光如炬，落墨大方，恰似报笔，而义法亦入古。逆折而入，笔力挺拔。历观生作，练成一色文字，自是伟大之器，再加功候，吾不知其所至。力能扛鼎，积理宏富。有法律知识，具哲理思想，借题发挥，纯以唱叹之笔出之，是为压题（点题）法，至推论商君之法为从来未有之大政策，言之凿凿，绝无浮烟涨墨绕其笔端，是有功于社会文字。"并批给同学"传观"。

柳潜字钧湄，为湖南湘阴人，是清朝末年的一名举子。他早年酷爱读书，颇有才华；青壮年以后目睹国运衰竭，官场腐败，遂放弃仕途，一直以教书为业，积累了丰富的教学经验。在湖南省一中，柳潜称得上是首屈一指的国文老师。自从毛泽东以头榜进入省一中后，十分爱才的柳潜，便一直对这位"头名状元"给予特别"关照"。他除在课堂上对毛泽东严格要求，细心辅导外，还利用课余时间给毛泽东讲析历代文章大家的代表之作，使毛泽东得到了系统而规范的古汉语言文字的训练，阅读与写作水平有了很大提高。

据《史记·商君列传》所记，商君，战国时卫国人，本姓公孙，名鞅。后投奔秦国，为秦孝公所用，因破魏军有功，秦封之于商十五邑（今河南境内），故号"商君"，又称"商鞅"。商鞅在秦国推行变法之时，阻力甚多。包括秦孝公本人，开始也担心不合礼法，"恐天下议己"。甘龙等大臣更是反对。经商鞅反复争辩，才说服了他们。

接下来，为了使新法取信于老百姓，商鞅采取了"徙木立信"的办法："令既具，未布，恐民之不信，已乃立三丈于国都市南门，募民有能徙置北门者予十金。民怪之，莫敢徙。复曰：'能徙者，予五十金。'有一人行徙之，辄予五十金，以明不欺。卒下令。"

年轻的毛泽东对商鞅的评价是非常高的，认为他是4000多年历史上"首屈一指"的"利国福民伟大之政治家"。他在《史记》中读到商鞅推行新法的史实，破题三叹。因为商鞅所推行之新法，本是"利国福民"的"良法"。其主要内容为：奖励耕织，废除贵族世袭特权，推行连坐法，废除井田制，按丁男征税，按军功受爵等。这些，在毛泽东看来，是秦国"战胜诸国，统一中原"的"大政策"。可黎民百姓却不能认识这些政策的好处，不能辨别优劣，非要统治者"煞费苦心"地用徙木立信的办法来推行不可。

在青年毛泽东看来，理想的国民，应该是看到好的法令就支持，看到坏的法令就反对。由此观之，商鞅徙木立信一事说明"吾国国民之愚"。他还由此得出结论：中国屡次遭沦亡惨境，根子就在"数千年来民智之不开"。这也反映了辛亥革命后知识界、思想界的一个共识：改造国民性。

梳理近代史，确乎如此，从洋务运动到辛亥革命的历史进程，使大多数有志之士都不同程度地认识到这个问题，船坚炮利的洋务运动不见成效，政治体制的维新运动血洒刑场，物质文明、制度文明的药方把一个古老的病人弄得愈益衰弱，人们不约而同地把精神文明当做振兴中华的新的良方。从梁启超的"欲维新我国，当维新我民"，到严复的"开民智，兴民德"，再到鲁迅的"人立而后事举"，表明这是那个时代必然引申出的共同话题。在青年毛泽东后来的一系列政治和文化主张中，从"变化民质"、改造"人心道德"入手的救国图存的思路，格外的引人注目。《商鞅徙木立信论》，正是这条思路的发端。

5. 毛泽东读《史记》品秦始皇

晚年毛泽东在接见埃及外宾时，由谈时事由然地联系到大秦帝国的缔造者、集毁誉褒贬于一身的"千古一帝"秦始皇，说：

"中国历来分两派，一派讲秦始皇好，一派讲秦始皇坏。我赞成秦始皇，不赞成孔夫子。"

作为一位影响了中国数千年的历史人物，秦始皇"好"，好在哪里；秦始皇"坏"，又坏在何处？毛泽东为何反复强调自己赞成秦始皇？对于历史上公认的秦始皇的"坏"，毛泽东又持何种看法呢？

"第一个把中国统一起来的人物"

秦始皇（前259—前210），即嬴政，中国统一的秦王朝的开国皇帝。秦庄襄王之子，13岁即王位，39岁称帝，在位共37年。

据《史记·秦始皇本纪》记载：战国末年，从诸侯割据向全国统一的趋势已日益明显。当时，秦国实力最强，已具备统一东方六国的条件。秦王嬴政初即位时，国政为相国吕不韦和宦官嫪毐所把持。公元前238年，嬴政亲理国事，平定嫪毐的叛乱，免除吕不韦的相职，令其徙处蜀郡。并任用尉缭、李斯等人，部署统一全国的战略和策略。

自公元前230年至前221年，秦始皇驾驭群雄，指挥雄师，先后灭掉韩、魏、楚、燕、赵、齐等六国，终于建立了中国历史上第一个统一的、多民族的、专制主义中央集权制国家——秦朝。

嬴政为炫耀自己统一天下的功德，确立至高无上的权威，认为自己的功绩超过"三皇五帝"，便创立了"皇帝"的尊号，自称"始皇帝"，宣布子孙称二世、三世，以至万世，代代世袭。

接着，始皇帝在政治、经济、文化和军事等方面，推行了一系列巩固统一的中央集权国家的措施。

秦始皇在全国范围内废除分封制，实行郡县制。在皇帝的直接控制下，建立自中央直至郡县的一整套官僚机构：实行"三公九卿制"，丞相、太尉、御史大夫等高级官吏由皇帝亲自任免。这样，秦始皇就将大权牢牢地集中在自己的手中。

秦始皇崇尚"法家之术"，制定和颁行统一的法令。所有的律令都定期向御史核对，不容许错乱和篡改。将原六国贵族豪富迁至关中、巴蜀，以防止他们的分裂复辟活动。仅迁至咸阳者即达12万户。又明令禁止民间收藏武器，销毁没收得来的武器，铸造12个金人，陈列在宫殿之前。

在经济上，秦始皇大力推行重农抑商政策，扶植封建土地私有制的发展。以商鞅所制定的度量衡为标准统一全国的度量衡制度。废止战国时代的各国货币，统一全国币制。为发展水陆交通，又实行"车同轨"。拆毁旧东方各国的城郭，修建由咸阳通往各地的驰道。开凿沟通湘江和漓江的灵渠。

在文化方面，秦始皇以秦国通行的文字为基础制定小篆，作为标准文字，全国通用。

对于秦始皇的这些历史功绩，毛泽东给予了充分的肯定。毛泽东推崇秦始皇，主要着眼于其对中华民族统一事业所作出的伟大贡献。唐代大诗人李白曾赋诗颂扬秦始皇："秦王扫六合，虎视何雄哉！"毛泽东很喜爱李白的这首诗，原因就在于他自己对于秦始皇"扫六合"的丰功伟业也非常崇尚。

1964年6月24日，毛泽东在接见外宾的谈话中说：

> 秦始皇比孔子伟大得多。孔夫子是讲空话的。秦始皇是第一位把中国统一起来的人物。不但政治上统一中国，而且统一了中国的文字、中国各种制度如度量衡，有些制度后来一直沿用下来。中国过去的封建君主还没有第二个人超过他的。可是被人骂了几千年，骂他就是两条：杀了460个知识分子；烧了一些书。

在1973年7月的一次谈话中，毛泽东说：

> 早几十年中国的国文教科书，就说秦始皇不错了，车同轨，书同文，统一度量衡。

晚年毛泽东在接见埃及副总统沙菲时，又说："我赞成秦始皇，不赞成孔夫子。因为秦始皇是第一个统一中国、统一文字、修筑宽广的道路，不搞国中有国，而用集权制，由中央政府派人去各地方，几年一换，不用世袭制度。"

"劝君少骂秦始皇，焚坑事业要商量"

秦始皇广为后世诟病和痛骂的就是他干的"焚坑事业"，即焚烧诗书、坑杀儒生。这两件事让他背上了"千古暴君"的罪名。

在史籍记载中，这两件事的"本来面目"到底是什么呢？

据《史记》记载：秦始皇遵循秦国崇尚武力、重用刑罚的传统，灭掉六国之后，却不给人民休养生息的机会，浩大的工程有增无减：修筑长城，造骊山墓，建阿房宫，不断地巡幸天下……以至于国无宁日，民无宁时。那些来自六国的书生们，承袭了战国以来"处士横议"的风气，不断地以《诗》《书》典籍及先王善政为根据，讥评时政，煽动不满，威胁着秦王朝政权的巩固和政令的推行，这当然激发了秦始皇的强烈不满。

秦始皇三十四年（公元前213年）的一天，秦始皇在咸阳宫举办了一个宴会，70名博士都参加了，一齐向秦始皇敬酒祝福。仆射周青臣带头向秦始皇敬献祝词，他说：

"原先，秦国的土地不过千里，靠了陛下的神圣英明，才平定了海内，赶走了蛮夷。普天之下，莫不臣服。建立郡县，不封诸侯，人人安乐，万世万代永无战争之患。从古到今，谁也没有陛下这样的威德！"

淳于越是来自齐国的博士，他不同意周青臣之议，针锋相对地说：

"我听说商周享国千有余年，分封子弟功臣，在四周拱卫辅佐。现在陛下拥有天下，但您的子弟却是普通老百姓，一旦有犯上作乱之臣，怎么能互相救助？办事不效法古代而能长久的，我还没听说过。周青臣当面讨好您，却加深了您的过错，不是一个忠臣。"

秦始皇叫大家都发表意见。推崇法家思想的丞相李斯上奏道：

"五帝的政令不相重复，三代的制度不相承袭，都把国家治理得很好。为什么？因为时代变了。陛下创千秋大业，建万世功勋，这些，都不是像淳于越那样的腐儒所能理解的。可他们凭着一张嘴巴，以古非今，蛊惑百姓。新的政令一出，他们就街头巷尾，议论纷纷，拉帮结派，哗众取宠。如果让他们这样胡闹下去，不只降低了皇上的威信，而且也必将形成一股反对政府的势力。"

秦始皇对此深有同感，征询道："你认为要采取什么措施？"

李斯说："臣以为：除了秦国的史书，六国史官所记之简册，一律烧毁；除了博士，凡私家所藏《诗》《书》及百家语，也烧；有敢于交头接耳谈《诗》说《书》的，砍头；以古非今的，灭族；官吏知而不报的，同罪；令下三十日后留书不烧的，脸上刺字后罚四年苦役，戍边筑城。只有医药、占卜、种植的书不烧。要学习法令的，以吏为师。"

秦始皇闻奏大喜，立即批准，在全国推行。

一场蔓延全国的焚书运动就这样开始了！大量写在竹简上的古代文献

在熊熊的烈火中就这样化为灰烬了。

又据司马迁的《史记》记载：

秦始皇迷信神鬼，六国灭后，不断地求神访仙，寻找长生不死之药。

秦始皇二十八年（公元前219年），嬴政封泰山，登琅邪台，齐国方士徐市（福）上书，说海中有蓬莱、方丈、瀛洲三座神山，愿带童男童女去寻求仙药。秦始皇答应了，派去了几千童男童女。可是，徐市一去就再也没有回来。

秦始皇三十二年（公元前215年），嬴政东巡碣石，派燕国方士卢生出海寻找古仙人羡门、高誓，又派韩终、侯生、石生寻找长生不死之药。

不久，卢生回来，谈了许多神鬼之事，还带来一本仙书，那书上说："亡秦者，胡也。"于是始皇派将军蒙恬带30万大军去攻打北方的胡人（匈奴）。

到了秦始皇三十五年（公元前212年），卢生又劝秦始皇居处之地要保密，否则，"真人"（神仙）不会来，不死之药也不可得。秦始皇也一一照办。

尽管如此折腾，不死之药毕竟没有得到。

这时候，侯生与卢生商量说："秦始皇这个人，刚愎自用，并吞天下以后，意骄志满，自以为天下第一。亲信狱吏，博士七十人不过是摆设而已。又好用刑杀，大臣们畏惧，只得阿谀逢迎，不敢直谏。大小事都独断专行，甚至每天都要定量批阅一百多斤重量的竹简文书，不完成决不休息。一个人贪恋权势如此，怎么可以求到仙药呢？"

于是他们脚底抹油，溜之大吉了。

秦始皇获悉后，龙颜大怒：

"我前些时收聚天下书籍，把没用的尽行烧毁。又召集了许多文学方术之士，想让文学之士为我兴太平，方术之士为我求仙药。现在，韩终去而不返，徐市耗费巨万资财，也没见仙药送到。天天听到的都是作奸谋利的消息。卢生等人，受我优厚的赏赐，竟敢诽谤我，夸大我的过失。对那些还留在咸阳的诸生，我将派人查问，看看有没有人还在妖言惑众！"

于是秦始皇派御史拘捕诸生，严加拷问。诸生互相攀连，共有460人违犯了禁令。秦始皇下令将他们全部活埋在咸阳，并且诏告天下，以儆效尤。

随后，又有一批人被流放于边疆。

太子扶苏进谏说："天下刚刚平定，远方的百姓还没有完全顺服。诸生都是研读、效法孔子学说的，父皇都处以重刑，恐导致天下不安。望父皇明察！"

秦始皇大怒，把扶苏赶出皇城，让他到上郡蒙恬的部队去监军。

几千年来，人们众口一词，无不对秦始皇的"焚书坑儒"持批判、痛斥态度。但在这个问题上，毛泽东却有自己的独特看法。

1958年2月23日，在中央政治局扩大会议上，毛泽东在讲话中说：

"一股风一来，本来是基本上好的一件事情，可以说成不好的；本来是基本上一个好的人，可以说他是坏人。比如我们对于秦始皇，他的名誉也是又好又不好。搞了两千多年，封建社会没有人讲他好的。自从资本主义兴起来，秦始皇又有名誉了。但是，共产主义者不是每个人都说秦始皇有点什么好处，不是每个人都估计得那么恰当。这个人大概缺点甚多，有三个指头。主要骂他一条是焚书坑儒。……我跟好多人说过，跟章士钊也说过，我说：你们讲共产党等于秦始皇，不对，超过一百倍。……所以，一个古人，几千年评价不下来，当作教训谈谈这个问题，同志们可以想一想。"

毛泽东一贯主张秦始皇是"厚古薄今的专家"，1958年5月8日，毛泽东在中共八大二次会议上说：

> 范文澜同志最近写的一篇文章，《历史研究必须厚今薄古》，我看了很高兴。（这时站起来讲话了）这篇文章引用了很多事实证明厚今薄古是史学的传统。敢于站起来讲话了，这才像个样子。文章引用了司马迁、司马光……，可惜没有引秦始皇，秦始皇主张"以古非今者族"。秦始皇是个厚今薄古的专家。

同年8月30日，在谈到黄河流域的水利建设问题时，毛泽东又情不自禁地提起了秦始皇：

"齐桓公九合诸侯，订立五项条约，其中有水利一条，行不通。秦始皇统一中国，才行得通。秦始皇是个好皇帝，焚书坑儒，实际上坑了460人，是属于孟夫子那一派的。其实也没有坑光，叔孙通就没被杀么。孟夫子一派主张法先王，厚古薄今，反对秦始皇。李斯是拥护秦始皇的，属于荀子一派，主张法后王，后王就是齐桓、晋文，秦始皇也算。我们有许多事情行不通，秦始皇那时也有许多事情行不通。"

在"文化大革命"后期，全国开展了"批林批孔、评法批儒"运动。1973年7月4日，毛泽东在同王洪文、张春桥的谈话中，"批孔"的同时，又强调"不能大骂秦始皇"：

"郭老在《十批判书》里头自称人本主义，即人民本位主义，孔夫子也是人本主义，跟他一样。郭老不仅是尊孔，而且是反法。尊孔反法，国民党也是一样的啊！林彪也是啊！我赞成郭老的历史分期，奴隶制以春秋战国之间为界。但是不能大骂秦始皇。"

同年8月5日，毛泽东给江青念了他写的《读〈封建论〉呈郭老》：

> 劝君少骂秦始皇，焚坑事业要商量。
>
> 祖龙魂死秦犹在，孔学名高实秕糠。
>
> 百代都行秦政法，十批不是好文章。
>
> 熟读唐人封建论，莫从子厚返文王。

"要一分为二"

据《史记》记载，统一六国的伟业，使秦始皇无比陶醉，同时也促使他的欲望无限膨胀。好大喜功的秦始皇大兴土木，南征北战，耗费了大量民力。为修造骊山墓和阿房宫，征发人力70万。征伐南越，调发士卒50万。北筑长城，调派民力40万。派蒙恬戍边，派遣士卒30万。此外还有修驰道、直道和其他徭役征发。大批徭役征发使田园荒芜，农业歉收，民不聊生。

秦始皇实行重租苛赋政策，田租、田赋、口赋、户赋、更赋……赋税名目繁多，仅田租一项就高出古代20倍！"男子力耕，不足粮饷，女子纺绩，不足衣服，竭天下资财以奉其政"，人民生活痛苦不堪。

繁重的徭役与重税苛赋的后面，必然是严刑峻法。秦始皇本来就是一个崇尚法家统治思想的独裁者。他亲政不久，读到法家的集大成者韩非子的《孤愤》《五蠹》时，慨然表示，若能与此人游，死不足恨。秦始皇统一六国后，便把法家的统治思想推向了极端。他任用了一批精通刑法的狱吏，制定了严密残酷的法律，实行轻罪重罚，迫使人们不敢犯法。严密残酷的刑法，加重了人民的痛苦，激化了本已非常尖锐的阶级矛盾。

　　公元前210年，梦想长生不老的秦始皇在出巡途中一病不起，客死沙丘（今河北巨鹿东南），终年50岁。

　　秦始皇尸骨未寒，中车府令赵高勾结始皇少子胡亥和丞相李斯，伪造遗诏，立胡亥为太子，并赐扶苏死。

　　秦二世胡亥即位后，加重剥削压迫人民，社会矛盾激化，终于在二世元年（公元前209年）激起陈胜、吴广领导的农民大起义。不久，秦朝灭亡。

　　毛泽东虽然推崇秦始皇，但也不是全盘肯定，而是坚持历史唯物主义的方法，对秦始皇晚年的错误有着清醒的认识。

　　"文化大革命"后期，在轰轰烈烈的"评法批儒"运动中，有人大吹大捧秦始皇，认为他十全十美，反对对其作历史的辩证的分析。1975年夏，在毛泽东身边为他侍读古籍的北京大学讲师芦荻曾就此请教过他：对秦始皇到底怎么看？

　　毛泽东说：

　　　　秦始皇作为一个历史人物评论，要一分为二。秦始皇在历史发展过程中的进步作用要肯定。但他在统一六国以后，丧失了进取的方面，志得意满，耽于逸乐，求神仙，修宫室，残酷地压迫人民，到处游走，消磨岁月，无聊得很。陈胜、吴广揭竿而起，反抗秦的暴政，其中就包括对秦始皇，完全是正义的。这次战争掀开了我国封建社会中波澜壮阔的农民战争的序幕，在历史上有很大意义。

　　毛泽东对秦始皇的肯定性品评，始终和对儒家的批判联系在一起。这点在他的晚年更加鲜明。"文化大革命"中，"批林批孔"运动的另一方面便是对秦始皇的肯定。林立果在搞《五七一工程纪要》时，说毛泽东是"当代秦始皇"。"九·一三"事件发生后，毛泽东对秦始皇的评价，便加入了许多个人感情的成分。毛泽东接见埃及副总统沙菲时说：秦始皇是中国封建社会第一个有名的皇帝，我也是秦始皇，林彪骂我是秦始皇。

毛泽东对秦始皇的品评，着眼于法家的观点，又加入了个人的感情成分，因此难免出现一些偏颇，其中对秦始皇焚书坑儒和秦始皇暴政的品评，偏颇之处最为明显。对此，我们今天应当有一个较客观的认识。

毛泽东对自己所献身的伟大的中国人民的解放事业是忠诚的，他认为为了完成消灭一切剥削阶级的历史使命，有时需要强硬到铁面无情的地步。他之所以推崇被视为"暴君"的秦始皇，大概也包含这层原因。毛泽东主张"马克思要与秦始皇结合起来"，指的就是为了大多数人的利益，对敌人决不发慈悲心，也决不宽恕虽已受到打击，但仍负隅顽抗的敌人。"宜将剩勇追穷寇"，这是毛泽东一贯主张的；"痛打落水狗"，也是他一贯赞成的。当然，为了夺取政权，为了对付反动阶级的破坏和罪恶复辟，像秦始皇那样的铁面无情严刑峻法，是必要的。但是，当社会主义制度已经确立，人民已经当家作主，阶级矛盾已经退居其次，在人心思定、人心思治的形势下，仍然坚持疾风骤雨般的阶级斗争，对持不同政见者仍采用毫不留情的打击手段，就会将阶级斗争扩大化，激起新的动荡和不安。这是毛泽东晚年的悲剧。这与他对秦始皇颇为偏颇的品评和崇尚无疑是有一定联系的。

6. 毛泽东读《史记》评刘邦、项羽

《史记》中记述的人物有帝王将相，有官僚地主，有商人学者，也有处于社会底层的人物，如占卜者、刺客、游侠等，在上下三千年、纵横几千里的广阔历史背景上，塑造出一个个有血有肉、个性鲜明的历史人物形象，讲述了一个个或雄奇悲壮，或婉约缠绵的历史故事，做到了史学的严谨性和文学的艺术性的完美结合。

在《史记》记述的众多风云人物中，毛泽东瞩目较多、评论较多的，要算秦末争天下的汉高祖刘邦和楚霸王项羽了。毛泽东在经过一番对比后，评价说："项王非政治家。汉王则为一位高明的政治家。"

据《史记》载：项羽与刘邦均为秦末农民战争中崛起的义军将领。项羽率军亡秦，自立为"西楚霸王"，并大封诸侯，封刘邦为汉王。随即二人为争夺皇位而逐鹿中原，展开了长达五年的楚汉战争。战争的结果，刘邦以弱胜强，建立了统一的西汉王朝。

关于项羽的败因，司马迁在《史记》中总结了几条：一、放弃关中，心怀楚地；二、放弃义帝，自为霸王；三、自恃有攻伐本领，不知师法古人；四、欲以武力平天下。对于刘邦的取胜，司马迁认为他能够对有功的将士和谋臣给予应得的奖赏，而项羽则轻视有功的人，特别是对一些有见地的谋臣时常猜忌并予打击，致使将士和谋臣离心离德。

刘邦当皇帝后，自己总结成功之道是善用了张良、萧何、韩信："运筹策帷帐之中，决胜于千里之外，吾不如子房（张良）；镇国家，抚百姓，给馈饷，不绝粮道，吾不如萧何；连百万之军，战必胜，攻必取，吾不如韩信。此三人，皆人杰也，吾能用之，此吾所以取天下也。项羽有一范增而不能用，此其所以为我擒也。"

毛泽东在谈到刘、项的成败时，倾向于刘邦的自我总结。他说："汉高祖刘邦比西楚霸王项羽强，他得天下一因决策对头，二因用人得当。"

后来，毛泽东在此基础上又作了更深层次的探讨，认为刘邦之所以能够打败项羽，"是因为刘邦和贵族出身的项羽不同，比较熟悉社会生活，了解人民心理"。

毛泽东最为称赞刘邦的是善用人、善纳谏。1962年1月30日的中央工作扩大会议上，毛泽东大谈刘邦从谏如流的故事：

"从前有个项羽，叫西楚霸王，他就不爱听别人的不同意见。他那里有个范增，给他出过些主意，可是项羽不听范增的话。另外一个人叫刘邦，就是汉高祖，他比较能够采纳各种不同的意见，有个知识分子名叫郦食其，去见刘邦。初一报，说是读书人，孔夫子这一派的。回答说，现在军事时期，不见儒生。这个郦食其就发了火，他向管门房的人说，你给我滚进去报告，老子是高阳酒徒，不是儒生。管门房的人进去照样报告了一篇。好，请。请了进去，刘邦正在洗脚，连忙起来欢迎。郦食其因为刘邦不见儒生的事，心中还有火，批评了刘邦一顿。他说，你究竟要不要取天下，你为什么轻视长者！这时候，郦食其已经六十多岁了，刘邦比他年轻，所以他自称长者。刘邦一听，向他道歉，立即采纳了郦食其夺取陈留县的意见。此事见《史记·郦生陆贾列传》。刘邦是在封建时代被历史学家称为'豁达大度，从谏如流'的英雄人物。刘邦同项羽打了好几年仗，结果刘邦胜利了，项羽败了，这不是偶然的。我们现在有些党委第一书记连封建时代的刘邦都不如，倒是有点像项羽。这些同志如果不改，最后是要垮台的。不是有一出戏叫《霸王别姬》吗？这些同志如果总是不改，难免有一天要'别姬'了。（笑声）我为什么要讲得这样厉害呢？是想讲得挖苦一点，对一些同志戳得痛一点，让这些同志好好地想一想，最好有两天睡不着觉。他们如果睡得着觉，我就不高兴，因为他们没有被戳痛。"

显然，毛泽东这里的用意是借古喻今，以史论政。

1964年的一次谈话中，毛泽东指出：项羽有三个错误，如鸿门宴不听范增的话，放跑了刘邦；鸿沟协定，他认真了；建都徐州，那时叫彭城。那么，项羽为什么不能纳谏，不会用人呢？这便和他主观上的弱点有关。在毛泽东看来，崇尚"沽名"，就是项羽主观上的一个明显弱点，也是他失败的一个原因。由此使人联想到1949年4月，解放战争如火如荼的时候，南京国民党政府提出"划江而治"的方案，毛泽东对此发出"宜将剩勇追穷寇，不可沽名学霸王"的宣言。

刘邦是一介平民百姓，文化水平不高，而在秦末起义群雄中脱颖而出，夺得天下，开创几百年的王朝基业，这在中国夏、商、周以来的历史上，算是第一个人。这引起了平民领袖毛泽东的极大兴趣，并且由此得出了"老粗出人物"的论断。

司马迁在《史记·高祖本纪》里，也多次强调汉高祖刘邦"起微细"，还对他早年在沛县乡里颇有些无赖气的行径作了铺叙。如"不事家人生产作业"，对"廷中吏无所不狎侮，好酒及色"等。另一方面，又

"仁而爱人，喜施（舍），意豁如也。常有大度"。这些，大抵是刘邦出身"细微"而又有高远抱负的"老粗"本色。毛泽东说刘邦能打败"贵族出身"的项羽，是因为他"熟悉社会生活，了解人民心理"。这个评论，显然与毛泽东一贯主张的卑贱者胜过高贵者的观点相一致。

在古代社会，出身与文化程度时常是一致的，高贵者文化高，贫贱者文化低。由此，毛泽东在谈到卑贱者胜过高贵者的时候，总是与他的另一个观点联系在一起的，即文化低的人打败文化高的人。毛泽东不完全否定知识分子的作用，但对干出大事的老粗们胜过知识分子的地方，却特别的感兴趣。刘邦似乎并无一技专长，但他却有过人的胆魄和组织才能。《史记·高祖本纪》说到刘邦等刚起事时，老百姓杀了沛县县令，想请刘邦做县令，他说："天下方扰，诸侯并起，今置将不善，一败涂地。吾非敢自爱，恐能（力）薄，不能完父兄子弟。"这自然是谦虚之词。但是，"萧、曹等皆文吏，自爱，恐事不就，后秦种族其家，尽让刘季"。也就是说，萧何、曹参这些当时比刘邦地位高的知识分子，看重身家性命，恐怕万一大事不成，以后要被秦朝绝种灭族，所以总是推举刘邦。这里就可看出刘邦这位老粗同一般知识分子的差别。这样，知识分子们如萧何、曹参、张良、陈平以及郦食其等，只能归附于刘邦这位老粗，为其所用。

1964年1月7日，毛泽东在一次谈话中直率地说："老粗出人物。自古以来，能干的皇帝多是老粗出身。汉朝的刘邦是封建社会皇帝里边最厉害的一个。刘敬劝他不要建都洛阳，要建都长安，他立刻就去长安。鸿沟划界，项羽引兵东退，他也想到长安休息，张良说：'什么条约不条约，要进攻。'他立刻听了张良的话，向东进。韩信要求封假齐王，刘邦说不行；张良踢了他一脚，他立刻改口说：'他妈的，要封就封真齐王，何必要假的？'"

接着，毛泽东又引申说，南北朝，宋、齐、梁、陈，五代，梁、唐、晋、汉、周，很有几个老粗。文的也有几个好的，如李世民。

老粗出人物，并不是毛泽东读史偶然思考的一个观点，这个话，他讲过多次。特别是晚年读史，毛泽东越来越强调这个观点。1964年3月24日，毛泽东在一次谈话中说：可不要看不起老粗。知识分子是比较最没有出息的。历史上当皇帝，有许多是知识分子，是没有出息的。隋炀帝就是一个会做文章、诗词的人，陈后主、李后主，都是能诗能赋的人。宋徽宗既能写诗，又能绘画。一些老粗能办大事情，成吉思汗、刘邦、朱元璋。

毛泽东在此道出了一个历史上的事实，就是统帅之才并非是读书人才行。有些读书不多，乃至不读书的"老粗"，往往能成大业。但如果就此得出知识分子没用的结论，那就大错而特错了。历史上的老粗能成大事，很大一个因素是他们善于利用读书人的才智，刘邦如此，朱元璋也是如此。

7. 毛泽东读《三国志》说曹操

毛泽东在品读《三国志》时，圈画批注得较多的是有关魏武帝曹操的内容，多次主张给曹操"翻案"，对曹操给予实事求是的评价。

青年毛泽东在读《伦理学原理》时，曾写过这样的批语：

"吾人揽史时，恒赞叹战国之时，刘、项相争之时，汉武与匈奴竞争之时，三国竞争之时，事态百变，人才辈出，令人喜读。至若承平之代，则殊厌弃之。"

这段话表达了他对乱世英雄豪杰的赞美之情。从毛泽东一生的读史实践来看，他是始终遵循着这一观点，认为"乱亦历史生活之一过程，自亦有实际生活之价值"。即使到了晚年，他最赞赏的也是那些乱世中的英雄。

三国时代是中国历史上十分动荡的乱世，也是人才辈出的时代。文韬武略曹操就是其中的杰出代表，他是历史上罕见的政治家、军事家和诗人，也是在历代颇多争议的人物。汉末名士许劭评价他为"治世之能臣，乱世之奸雄"。后来随着小说《三国演义》走进千家万户和戏剧舞台上曹操造型的奸相脸谱化，使曹操的"奸雄"形象代代流传，为更多的人所认同。裴松之注卢弼集解的《三国志》也有这种倾向。

毛泽东年轻时就对曹操十分推崇。1918年8月，他路过河南，特地与罗章龙、陈绍休三人到许昌瞻仰魏都旧墟，凭吊曹操，并与罗章龙作《过魏都》联诗一首：

横槊赋诗意飞扬，　（罗）

自明本志好文章。　（毛）

萧条异代西田墓，　（毛）

铜雀荒伦落夕阳。　（罗）

诗中表达出毛泽东对曹操的钦佩之意。在毛泽东看来，曹操是中国古代少见的一位集政治、军事、文学才能于一身的人。因此，他在不同场合多次谈及曹操，并给予高度评价。

鲁迅先生在《魏晋风度及文章与药及酒之关系》一文中说："我们讲到曹操，很容易就联想起《三国演义》，更而想起戏台上那位花面的奸臣，但这不是观察曹操的方法"，"其实，曹操是很有本事的人，至少是一个英雄，我虽不是曹操一党，但无论如何，总是非常佩服他"。毛泽东在20世纪50年代再读鲁迅先生这篇文章的上述语句时，曾用粗重的红铅笔画了着重线，以示他对鲁迅有关曹操的看法的赞同。

建安元年（196年），曹操采纳了枣祗、韩浩等人的建议，实行屯田政策，根据"分田之术"，屯田户用公家牛耕种，公家得六成，耕者得四成；用自己的牛耕种，则对半分。"五年中，仓廪丰实"，"公私有蓄"。这个政策对恢复农业生产，支援战争，起到了非常积极的作用。毛泽东对此很重视。对《三国志》有关这方面的记述，毛泽东都圈点断句，多处画了着重线，有的地方，天头上还画着三个大圈。特别对曹操所说的"夫定国之术，在于强兵足食。秦人急农兼天下，孝武以屯田定西域，此先代之良式也"一语，毛泽东密密画线，天头上还画上圈记。

建安十五年（210年）春，曹操下令征贤，提出"唯才是举，吾得而用之"的方针。裴松之在注解里，引用了《魏武故事》里记载的曹操在这年十二月所下的《让县自明本志令》。该令内容是曹操自述辗转征战的经历及许多内心活动，表明自己守义为国，并无取代汉室之意，为明此志，决定让出受封的阳夏、柘、苦三县，以解除别人的误会。卢弼的《三国志集解》对此作了些考证、订谬外，还引述别家评语，对曹操予以许多指责，说这是"奸雄欺人之语"。曹操在令中说，自己之所以不放弃兵权，

"诚恐已离兵为人所祸也"，这是"既为子孙计，又己败则国家倾危"。卢弼说这是"肝鬲至言，欲盖弥彰者也"，认为陈寿写《三国志》对这些话"削而不录，亦恶其言不由衷耳"。曹操在令中又说，自己打仗，"推弱以克强，处小而禽大"，卢弼在注里又例举他打的败仗，指责他"志骄气盛，言大而夸"。对曹操让出三县一事，卢弼在注里引别人的话说，"文词绝调也，惜出于操，令人不喜读耳"。

毛泽东对卢弼的注作了圈点，在天头上写了批语：

此篇注文，贴了魏武不少大字报，欲加之罪，何患无辞。李太白云："魏帝营八极，蚁观一祢衡。"此为近之。

毛泽东的批语里"魏帝营八极，蚁观一祢衡"，引自李白《望鹦鹉洲悲祢衡》一诗。祢衡是东汉人，狂傲有才气，曹操没有重用他反而污辱他，被祢衡大骂。传统戏曲中有《击鼓骂曹》一出戏，说的就是这件事。相传鹦鹉洲是祢衡作赋的地方，李白在《望鹦鹉洲悲祢衡》一诗中肯定了曹操统一北方的功绩，又指出他轻视祢衡的失误。毛泽东同意这个评价，说"此为近之"，即认为李白对曹操的这种评价才比较符合客观实际。

毛泽东对曹操"不杀降"的政策也给予高度评价。《三国志·魏书·刘表传》有一段裴松之的注，说刘表初到荆州时，江南有些刘姓宗室据兵谋反，刘表"遣人诱宗贼，至者五十五人，皆斩之"。毛泽东在"皆斩之"旁画着曲线，天头上批曰："杀降不祥，孟德所不为也。"建安三年，曹操在兖州，任用毕谌。后张邈叛，将毕谌之母、弟、妻劫去。曹操对他说："卿老母在彼，可去。"毕谌一去不复返。后来讨平张邈，毕谌被捉，大家都为之担心。但曹操没有杀他，反而任他为鲁相。这只是曹操"不杀降"史实中的一例。曹操在对待俘虏问题上表现出的宽宏气度，确实为一般人所不及，这对他取得全局的胜利起到很大的作用，因而得到了毛泽东的赞赏。

1952年11月1日，毛泽东视察河南安阳，参观殷墟。他对随行人员说："漳河，就是曹操练水兵的地方。曹操也是个了不起的人物。他在这进行了大规模的扩建，还在这一带实行屯田制，使百姓丰衣足食，积蓄力量，逐渐统一北方，为后来晋统一全国打下了基础。"

曹操不仅具有很高的政治、军事才能，而且还具有很高的文学艺术修养。他"外定武功，内修文学"，与其子曹丕、曹植都是中国文学史上著名的诗人，史称"三曹"。当时，在曹氏父子周围会聚了许多文人学士，形成了被文学史称做黄金时代的"建安文学"。曹操的文学作品《蒿里行》《短歌行》《碣石篇》《龟虽寿》都是文学史上的名篇。宋代敖陶孙赞誉曹操的诗说："魏武帝如幽燕老将，气韵沉雄。"他的名句"老骥伏枥，志在千里；烈士暮年，壮心不已"，至今被人传诵。毛泽东很喜欢曹操的诗文。在一本《古诗源》中，作者"武帝"旁，毛泽东用红笔画着两条粗线；在《短歌行》的标题前，有毛泽东红、蓝两色笔迹画的圈记；对诗中的"对酒当歌，人生几何。譬如朝露，去日苦多"等处，毛泽东都密密地加了旁圈。

1954年夏天，毛泽东来到北戴河。据他的保健医生徐涛回忆，有些天，毛泽东在海边散步，口里总是念念有词地背诵《观沧海》："东临碣石，以观沧海。水何澹澹，山岛竦峙……"他还找来地图，查证出"曹操是来过这里的"。他说：曹操"建安十二年五月出兵征乌桓，九月班师经过碣石山写出《观沧海》"。也就是在这时，毛泽东创作了《浪淘沙·北戴河》这首词，词中写道：

> 往事越千年，魏武挥鞭，东临碣石有遗篇。萧瑟秋风今又是，换了人间。

这是毛泽东给曹操定论的名篇。其中，"萧瑟秋风"是对《观沧海》中的"秋风萧瑟"点化而成。

毛泽东对工作人员说："我还是喜欢曹操的诗，气魄雄伟，慷慨悲凉，是真男子，大手笔。"

1954年7月23日，毛泽东在致女儿李敏、李讷的信中说："北戴河、秦皇岛、山海关一带是曹孟德到过的地方。他不仅是政治家，也是诗人。

他的碣石诗是有名的，妈妈那里有古诗选本，可请妈妈教你们读。"

在北戴河期间，毛泽东针对历史上对曹操的不公正评价，对身边工作人员说："曹操统一中国北方，创立魏国。他改革了许多恶政，抑制豪强，发展生产，实行屯田制，还督促开荒，推行法治，倡节俭，使遭受大破坏的社会开始稳定、恢复、发展。这难道不该肯定？难道不是了不起？说曹操是白脸奸臣，书上这么写，戏里这么演，老百姓这么说，那是封建正统观念制造的冤案。还有那些反动士族，他们是封建文化的垄断者，他们写东西就是维护封建正统。这个案要翻。"

1957年4月10日，毛泽东与《人民日报》负责人谈话时说："小说上说曹操是奸雄，不要相信那些演义，其实，曹操不坏。当时曹操是代表正义一方的，汉是没落的。"

1957年9月，毛泽东来到武汉，住在东湖甲舍。一天，毛泽东同湖北省委秘书长梅白谈起领导干部子女的教育问题。毛泽东问梅白：你记得曹操评汉献帝的话吗？梅白答道：记得。有这样两句："生于深宫之中，长于妇人之手。"毛泽东称赞说：不错，你读书不少。现在有些高级干部的子女也是"汉献帝"，"生于深宫之中，长于妇人之手"，娇生惯养，吃不得苦，是温室里的花朵，有些是"阿斗"呀。中央、省级机关的托儿所、幼儿园、部队的八一小学，孩子们相互之间比坐的是什么汽车来的，爸爸干什么，看谁的官大。这样不是从小培养一批贵族少爷吗？这使我很担心呀！毛泽东还说，现在有些高级干部对自己的子女要求不严格。根本问题是要自己带头，要严以律己。毛泽东问梅白，你的孩子要坐你的车吗？梅白说，我不给坐。毛泽东又问，你是怎么办的？梅白说，三个姑娘老实些，不敢上，两个男孩子上来，我就把他们从车上推下去。毛泽东说，这样好，应当推广你的经验。并且指出，有的领导干部让自己的子女跟着去北京、上海开会，这样很不好。他特别指出，高级干部的子女不管好，总有一天要犯罪的。

1957年11月2日，毛泽东在莫斯科访问。当晚，他请胡乔木、郭沫若到住处一道用餐，边吃边谈中，毛泽东首先提起《三国演义》的话头，他们夹叙夹议，谈得很热烈。毛泽东忽然转向翻译李越然，问："你说说，曹操和诸葛亮这两个人谁更厉害些？"李越然一时不知如何回答。毛泽东说："诸葛亮用兵固然足智多谋，可曹操这个人也不简单。唱戏总把他扮成个大白脸，其实冤枉。这个人很了不起。"

1958年8月中旬，中共中央在北戴河召开政治局扩大会议。毛泽东召集各大协作区主任开会，他在会上说：我们与劳动者在一起，是有好处的。我们感情会起变化，影响几千万干部子弟。曹操骂汉献帝"生于深宫之中，长于妇人之手"是有道理的。毛泽东以这则故事来告诫领导干部不要脱离群众，可谓恰到好处。

1958年11月，毛泽东在接见河南安阳县委书记时谈到曹操，他说："曹操这个人懂得用人之道，招贤纳士，搞'五湖四海'，不搞宗派。他还注意疏浚河道，引水灌溉，发展农业生产。"同月20日，毛泽东在武汉召开的座谈会上又谈到曹操，他说，《三国演义》和《三国志》对曹操的评价是不同的。《三国演义》把曹操当做奸臣来描写，《三国志》则把曹操当做历史上的正面人物来叙述。他还说：曹操是天下大乱时期出现的"非常之人"、"超世之杰"，可是因为《三国演义》又通俗又生动，所以看的人多，加上旧戏上演三国戏都是以《三国演义》为蓝本编造的，所以曹操在旧戏舞台上就是一个白脸奸臣。这一点可以说在我国是妇孺皆知的。"说曹操是奸臣，那是封建正统观念制造的冤案。""现在我们要给曹操翻案，我们党是讲真理的党，凡是错案、冤案，十年、二十年要翻，一千年、二千年也要翻。"

当时的史学界闻风而动。郭沫若、翦伯赞等历史学家纷纷发表文章，从而在1959年形成了一股为曹操翻案之风。1959年8月11日，毛泽东在庐山会议上又说：曹操被骂了一千多年，现在应恢复名誉。从此，曹操被恢复了历史名誉，京剧舞台上的曹操，在眉心添加了一红点，以示是好人。

1959年2月，毛泽东读了《光明日报》上发表的翦伯赞写的《应该替曹操恢复名誉》一文后说："曹操结束汉末豪族混战的局面，恢复了黄河两岸的广大平原，为后来的两晋统一铺平了道路。《三国演义》的作者罗贯中不是继承司马迁的传统，而是继承朱熹的传统。"

毛泽东甚至注意到了曹操的养生之道。1961年8月，他向因病休养的胡乔木推荐曹操的《龟虽寿》一诗，说：曹操诗云："盈缩之期，不独在天。养怡之福，可得永年。"此诗宜读。1963年12月，他又写信给因病休养的林彪推荐《龟虽寿》，说："此诗讲长生之道的，很好。希你找来一读，可以增强信心。"

1975年，毛泽东对北京大学女讲师芦荻说：汉末开始大分裂，黄巾起义摧毁了汉代的封建统治，后来形成了三国，这是向统一发展的。三国的几个政治家、军事家，对统一都有所贡献，而以曹操为最大。司马氏一度完成了统一，主要就是他那时打下的基础。

1976年，毛泽东为了说明在实践中才能增长才干的道理，还举了曹操没有上过大学的例子，把曹操和孔子、秦始皇、朱元璋并列。

毛泽东要为曹操翻案，也非是一意标新立异，而是尽量做到实事求是，有功说功，有过说过。

1966年3月，在杭州的一次小型会议上，毛泽东说：曹操打过张鲁之后，应该打四川。刘晔、司马懿建议他打。刘晔是个大军师，很能看出问题。说刘备刚到四川，立足未稳。曹操不肯去，隔了几个星期，后悔了。

建安八年，曹操曾下令说："《司马法》'将军死绥'，故括之母，乞不坐括。是古之将者，军破于外，而家受罪于内也。自命将征行，但赏功而不罚罪，非国典也。其令诸将出征，败军者抵罪，失利者免官爵。"毛泽东读到这里，批道：曹操亲率大军攻吴，"赤壁之败，将抵何人之罪"？这就明确指出赤壁之败，是曹操的一个重大失误；又未自罪，可见言不由衷。

8. 毛泽东读《三国志》评诸葛亮

受《三国演义》和一些三国戏的之影响，中国民间自古以来就对诸葛亮奉若神灵，认为诸葛亮是古今第一的军事天才，甚至誉他为"智圣"；文人骚客们大多感叹诸葛亮"得其主，不得其时"，纷纷为诸葛亮的失败寻找各种借口。

《三国演义》在民间影响非常之大，但它是演义，是小说，而非史书，记载三国时期历史的真正史书是《三国志》。鲁迅先生批《三国演义》"状诸葛之多智而似妖"的评语，可谓一针见血。

《三国志》中记载的真实的诸葛亮是个卓有建树的政治家，治理蜀国很有一套；但他在军事上闪光点其实并不多，远非《三国演义》所渲染的那样神机妙算。古今历史上真正的军事天才毛泽东对诸葛亮的屯田、兵器革新、民族和戎等历史功绩是肯定的，但对诸葛亮的军事才能基本持否定态度。

毛泽东在召开会议时喜欢说"三个臭皮匠，顶个诸葛亮"，一方面说明他对诸葛亮的军事才能不以为然，另一方面说明他非常重视集体的智慧。

1948年5月中旬的一天上午，李银桥正在西柏坡花山村毛泽东住的房间里收拾整理，从外边散步回来的毛泽东像个孩子似的蹑手蹑脚地走到李银桥的身后，猛然大喝一声："不许动，举起手来！"

突然间，李银桥一个转身动作，双手急出抱住了毛泽东的双臂。毛泽东挣开双臂，笑道，"你这个卫士组长，我没有选错哩！"

李银桥说："主席什么时候选错过人啊？"毛泽东摇摇头说："我毛泽东一不是释迦牟尼，二不是诸葛亮；就是诸葛亮，也有错用关羽和错用马谡的时候啊！"

李银桥不解地问："诸葛亮怎么错用关羽了？"

毛泽东回答："当初诸葛亮留守荆州，刘备调诸葛亮入川，诸葛亮不该留下关羽守荆州。让关羽守荆州是一着错棋呢！关羽骄傲呢！关羽从思想上看不起东吴，不能认真贯彻执行诸葛亮联吴抗曹的战略方针，这就从根本上否定了诸葛亮的战略意图，结果失掉了根据地、丢了荆州，自己也被东吴杀掉了。"

李银桥点点头："我只知道诸葛亮挥泪斩马谡，是因为马谡失了街亭，害得诸葛亮用了空城计。"

毛泽东回答道："这也是诸葛亮用人不当呢！"

荆州，《三国志》说"北据汉沔，利尽南海，东连吴会，西通巴蜀"，其战略位置之重要可见一斑。由于诸葛亮用了骄傲且拒不执行联吴抗曹的战略方针的关羽，才有了后来的关羽大意失荆州的悲剧。荆州失守，孙刘反目，蜀汉的局势便从此无可逆转。错用关羽守荆州，诸葛亮付出了惨重的代价，对蜀汉是毁灭性的打击。

用错马谡导致街亭之失的后果也是十分严重的，正如毛宗岗在评三国时所说的："街亭失而几使孔明无退足之处矣。……于是南安不得不弃，安定不得不捐，天水不得不委，箕谷之兵不得不撤，西城之饷不得不收。遂使向之擒夏侯、斩崔谅、杀杨陵、取上邽、袭冀县、骂王朗、破曹真者，其功都付之乌有。悲夫！"总之，它使诸葛亮首次北伐的成果毁于一旦，整个形势发生逆转，蜀军除了撤退之外，已别无他途。夸夸其谈的马谡失败的原因，毛宗岗对此也有比较恰当的评论："马谡之所以败者，因熟记兵法之成语于胸中，不过曰'置之死地而后生'耳，不过曰'凭高视下，势如破竹'耳。孰知坐论则是，起行则非；读书虽多，致用则误，岂不重可叹哉！故善用人者不以言，善用兵者不在书。"

《资治通鉴·卷七十一·魏纪三》记载："初，越太守马谡，才器过人，好论军计，诸葛亮深加器异。……及出军祁山，亮不用旧将魏延、吴懿等为先锋，而以谡督诸军在前，与张郃战于街亭。谡违亮节度，举措烦扰，舍水上山，不下据城。张郃绝其汲道，击，大破之，士卒离散。亮进无所据，乃拔西县千余家还汉中。收谡下狱，杀之。"毛泽东读此评点道："初战亮宜自临阵。"认为街亭之战诸葛亮应大军挺进，临阵调度，不应分散兵力，委责于人。毛泽东又在《魏纪四》就诸葛亮出师木门道杀张郃事，作了眉批："失街亭后，每出，亮必在军。"他认为，这是诸葛亮接受了教训，所以街亭之败，诸葛亮也是要负重要责任的。

据《三国志》裴松之注记载，诸葛亮也曾说："大军在祁山、箕谷，皆多于贼，而不能破贼为贼所破者，则此病不在兵少也，在一人耳。"两处战败，一人之责。一人者谁？亮自身也。诸葛亮初战失利的更深层的原因，还在于他在战略指导思想上的失误，过于强调战争手段，主动进攻，穷兵黩武，缺乏对社会、政治、经济、文化等因素在平定天下中作用的认识。这一深层的原因不仅决定了诸葛亮初次北伐的失败，也决定了他整个北伐战争的失败。陈寿在《三国志》中评价说，诸葛亮"连年动众，未能成功，盖应变将略，非其所长欤！"

明帝青龙二年（234年），诸葛亮率十万大军出斜谷（今陕西省眉县西南），筑防于渭水南原。明帝命司马懿抵御蜀军。诸葛亮大军远道而来，利在速战，司马懿坚守不出。诸葛亮多次挑战，诸将欲与亮战，司马懿皆不从，按兵不动，静待其衰。亮无奈派人送给司马懿"巾帼妇人之饰"，以激怒司马懿出兵应战。司马懿知亮计已穷，佯装大怒上表朝廷请求决战，朝廷不允，并派骨鲠之臣辛毗杖节监军，不许魏军出战。司马懿能忍常人所不能忍，假藉王命制御诸将是其智略的显现。司马懿更大的智略还在于不战，使亮自败。因此，毛泽东评点时说"司马懿敌孔明之智"。毛泽东还曾说，司马懿是个了不起的人物，我看有几手比曹操高明。

毛泽东在读苏洵《权书·项籍》中有关评说诸葛亮"弃荆州而就西蜀，吾知其无能为也"一条时，写下了精彩的批语：

"其始误于《隆中对》，千里之遥而二分兵力，其终则关羽、刘备、诸葛三分兵力，安得不败。"

历来史家大都对诸葛亮在《隆中对》中提出的战略思路赞誉有加，但毛泽东的评价却独树一帜，很有卓见。

毛泽东之所以说诸葛亮"其始误于隆中对"，是因为诸葛亮在"隆中对"中提到了"待天下有变，则命一上将将荆州之兵以向宛、洛，将军身率益州之众以出秦川，百姓有不箪食壶浆以迎将军者乎？"乍一看，荆州、益州两路出击是一个颇有诱惑性的方案。但毛泽东很清楚，荆州离益州千里之遥，两地分兵的做法必然让刘备军团更加失去兵力上的优势。"隆中对"实施的结果便是，关羽所镇守的荆州被孙权军团偷袭得手，而且关羽父子也命丧孙权手中。可以说，蜀汉衰亡的祸根在于"隆中对"。

毛泽东所说"关羽、刘备、诸葛亮三分兵力"，指的是关羽之镇守荆州、刘备之进攻东吴、诸葛亮之北伐中原。这"三分兵力"依次展开，前两次分兵都失败得很惨，导致蜀汉元气大伤，而诸葛亮的北伐本钱也便所剩无几。所以，毛泽东叹道：三分兵力，安得不败。

在《三国演义》中，作者借用"舌战群儒"、"草船借箭"、"巧借东风"、"华容道"等故事情节，使得诸葛亮几乎成了赤壁之战的头号功臣。而实际上，赤壁之战的头号功臣应该非周瑜莫属。

毛泽东在《中国革命战争的战略问题》中说：

> 中国战史中合此原则而取胜的实例是非常之多的。楚汉成皋大战、新汉昆阳之战、袁曹官渡之战、吴魏赤壁之战、吴蜀彝陵之战、秦晋淝水之战等等有名的大战，都是双方强弱不同，弱者先让一步，后发制人，因而战胜的。

在这段话中，毛泽东把赤壁之战定义为"吴魏赤壁之战"，说明他并不认为刘备、诸葛亮对赤壁之战有多大贡献。

1953年，毛泽东在《青年团的工作要照顾青年的特点》中说："曹操带领大军下江南，攻打东吴。那时，周瑜是个'青年团员'，当东吴的统帅，程普等老将不服，后来说服了，还是由他当，结果打了胜仗。"这段话表明了毛泽东的立场，他认为赤壁之战的头号功臣是周瑜，而并非诸葛亮。

毛泽东尽管对诸葛亮的军事才能不以为然，但对其别的方面的才华很欣赏和推崇。

1930年夏天，毛泽东在红四军干部会议上作报告，讲到宣传鼓动工作时，他介绍了三国时黄忠大败夏侯渊的故事：黄忠本来年迈体衰，很难战胜夏侯渊。但是，智谋高超的诸葛亮使用"激将法"，把黄忠的勇气鼓动起来了，于是黄忠立下军令状：如不斩夏侯渊于马下，则甘受军法。他说，我们的战士有着高度的阶级觉悟，用不着使用"激将法"。但是，我们要学习诸葛亮善于做宣传鼓动工作。

1950年4月，毛泽东在北京中南海对董其武将军说：有人害怕共产党，那有什么可怕呢？共产党心口如一，表里一致，没有私利可图，要团结一切可以团结的人，把我们国家搞好。你看过《三国演义》吧？共产党就是以诸葛孔明的办法办事。那就是"言忠信，行笃敬，开诚心，布公道，集众思，广众益"。

毛泽东经常向干部和群众讲述诸葛亮的故事，教育他们重视学习文化和历史。1958年秋，毛泽东在河南郑州接见南阳县委的一位书记，问他：你们南阳，旧称宛城，是个古老的市镇，藏龙卧虎的地方哩！南阳有个卧龙岗，据说诸葛亮曾在那儿隐居过。诸葛亮，能人呵！俗话说，三个臭皮匠，胜过一个诸葛亮。诸葛亮是哪里人呀？你知道吗？毛泽东等了片刻不见回答，便自己说：诸葛亮是山东琅琊阳都人。阳都，就是现在的沂水县。毛泽东接着又问了南阳农民生活。在分手时，对他说：我给你留下两句临别赠言：第一，学一点历史知识；第二，要关心人民生活。

毛泽东对诸葛亮采用屯田制巩固边防给予充分的肯定。1955年元旦，他在与王震讨论退伍军人的安置问题时，说：可以组织屯垦戍边嘛！中国古代就有屯垦制，管仲搞过，诸葛亮在汉中也搞过呢！开荒就业，治疗战争创伤，巩固边疆，应该是个好办法。

1962年2月，毛泽东在和南京炮兵工程技术学院院长孔从洲谈日益进步的科学技术时，又谈了诸葛亮的兵器改革，说：我们祖先使用的十八般兵器中，刀矛之类属于进攻性武器，弓箭是戈矛的延伸和发展。由于射箭误差大，于是又有了弩机，经诸葛亮改进，一次可连发十支箭，准确性提高了。他征孟获时使用了这种先进武器。可是孟获也有办法，他的三千藤甲军就使诸葛武侯的弩机失去了作用。诸葛亮经过调查研究，发现藤甲是用油浸过的，于是一把火把藤甲军给烧了。

在毛泽东看来，诸葛亮最可宝贵的是处理民族关系的艺术。他对诸葛亮的"七擒七纵"非常赞赏，并把它视为处理民族矛盾的一个好方法。

1935年5月初，毛泽东率领红军长征到安顺场，当得知总参谋长刘伯承已妥善处理了和彝族首领结盟的事情后，很高兴地询问：诸葛亮七擒七纵才使孟获心服，你怎么一下子说服了小叶丹呢？

1949年，当习仲勋妥善争取青海省昂拉部第二十代千户项谦归顺成功时，毛泽东对习说：仲勋，你真厉害。诸葛亮七擒孟获，你比诸葛亮还厉害。

1953年8月，当西南军区参谋长李达向毛泽东汇报贵州擒获布依族女匪首程莲珍时说：这个女匪首，下面要求杀。毛泽东说：不能杀。好不容易出了一个女匪首，又是少数民族，杀了岂不可惜？他又说：人家诸葛亮擒孟获，就敢七擒七纵，我们擒了个程莲珍，为什么就不敢来个八擒八纵？连两擒两纵也不行？总之，不能一擒就杀。

1956年4月，在与天宝（桑吉悦希）、瓦扎木基谈及有些民族地区出现有被俘的叛乱分子，放回后又叛乱的问题时，毛泽东又告诫说：诸葛亮就是七擒七纵，我们共产党为什么不可以八擒八纵呢？据当时的凉山彝族代表瓦扎木基回忆，当他向毛泽东汇报凉山人民要求废除奴隶制度，实行民主改革时，"毛泽东从三国时诸葛亮说起，引经据典，教育我们要有气魄，有胆略，搞好彝族地区的民主改革"。

毛泽东十分赞赏诸葛亮制定的和戎政策，认为这在封建时代是难能可贵的。他说：诸葛亮会处理民族关系，他的民族政策比较好，获得了少数民族的拥护。毛泽东在《三国志·蜀书·诸葛亮传》裴松之引《汉晋春秋》的一段注文空白处，画了很多圆圈，这条注文记载了诸葛亮七擒七纵彝族领袖孟获，以及在平定南中后大力安排、任用地方豪强为官吏的事迹。他说：这也是诸葛亮的高明处。

9. 毛泽东读《三国志》论刘备、关羽、张飞

毛泽东小时候读《三国演义》时，就对刘备、关羽、张飞三兄弟的故事产生浓厚的兴趣。在长沙求学时，毛泽东曾经效仿"桃园三结义"，与同学萧子升、蔡和森友善，称为"三个豪杰"。"豪杰"一词，是毛泽东采用《三国演义》里的常用语，表示不仅有力量和勇气，而且智慧过人，品德高尚。

1917年夏天，毛泽东徒步游学旅行，在前往安化县城途中，看到路边亭柱子上有一副赞颂关羽的楹联：

> 刘为兄张为弟，兄弟们分君分臣，异姓结成亲骨肉；
> 吴之仇魏之恨，仇恨中有忠有义，单刀匹马汉江山。

毛泽东把这副对联抄录在自己的日记里。在青年毛泽东的心目中，刘备、关羽、张飞三兄弟的形象无疑是高大的。

随着深入研读《三国志》以及革命经历的日益丰富，毛泽东对刘、关、张的认识和评价也逐渐全面、深刻。

毛泽东评刘备：善于用人，但感情用事

毛泽东曾多次谈论刘备，其褒贬十分中肯。

毛泽认为刘备能成就大事的原因有两个：善于用人，善于团结各方人士。

1957年3月20日，毛泽东乘专机自南京飞往上海，在飞临镇江上空时，即兴书写了辛弃疾的《南乡子·登京口北固亭有怀》，还对这首词加以解释。当谈到"天下英雄谁敌手？曹、刘"时，就聊起"煮酒论英雄"的故事来。曹操说：夫英雄者，胸怀大志，腹有良谋，有包藏宇宙之机，吞吐天地之志。刘备问：谁能当之？曹操以手指刘备后又自指说：今天下英雄，唯使君与操耳。尽管刘备比曹操所见略逊，但刘备这个人会用人，能团结人，终成大事。

同年7月，毛泽东在上海干部会议上说：刘备得了孔明，说是"如鱼得水"，确有其事，不仅小说上那么写，历史上也那么写，也像鱼跟水的关系一样。群众就是孔明，领导者就是刘备；一个领导，一个被领导。毛泽东多次强调刘备善于用人，有很强的组织能力。

1959年3月2日，毛泽东在郑州召开的中央政治局扩大会议上，谈起了翦伯赞在《光明日报》发表的有关评论赤壁之战的文章。他说：刘备这个英雄，跟曹操同等水平，是厉害的。但是事情出来了，不能一眼看出就抓到，慢一点。刘备的长处是善于用人，所以能得到像诸葛亮那样颇有才智、品学兼优的智士辅佐。

毛泽东认为，刘备的缺点表现在两个方面：分不清主次矛盾，好感情用事。

1941年年初，毛泽东曾说：三国时期，荆州失守，蜀军进攻东吴，被东吴将领陆逊火烧连营七百里，打得大败，其原因就在于刘备没有区分与处理好主要矛盾与次要矛盾的关系。诸葛亮在《隆中对》中所确定的战略

方针是"东联孙吴，北拒曹操"，曹、刘是主要矛盾，孙、刘是次要矛盾。孙、刘的矛盾是统一战线内部的矛盾。所以当孙权数次讨荆州时，诸葛亮总是一再推诿软磨，而不硬抗，直到最后才让出荆州的部分地方。刘备不了解这一点，派了根本不执行"以联吴为根本、争夺荆州要有理有节"方针的关羽去驻守荆州。

在讲述了关羽大意失荆州之后，毛泽东接着说：刘备见关羽被杀，荆州丢失，遂起兵攻打东吴，众臣苦谏都不听，实在是因小失大。正如赵云所说："国贼是曹操非孙权也，且先灭魏，则吴自服。"诸葛亮也上表谏止说："臣亮等切以吴贼逞奸诡之计，致荆州有覆亡之祸；陨将星于斗牛，折天柱于楚地。此情哀痛，诚不可忘。但念迁汉鼎者，罪由曹操；移刘祚者，过非孙权。窃谓魏贼若除，则吴自宾服。愿陛下纳秦宓金石之言，以养士卒之力，别作良图，则社稷幸甚！天下幸甚！"可是刘备看完后，把表掷于地上，说"朕意已决，无得再谏"，决意起大军东征，最终导致兵败身亡。

1949年3月24日，毛泽东由西柏坡至北平，路经刘备家乡河北涿州时，对身边的警卫员们说：《三国演义》中的刘备就是在涿州同关羽和张飞结拜成异姓兄弟的，这里就是书中说的"桃园三结义"的地方。刘备的野心大……但他志大才疏学识浅，好感情用事，在许多问题上用感情代替了政策。因为想报二弟关羽被东吴杀害之仇，置江山社稷于不顾，不听诸葛亮等谋臣的劝阻，贸然负气出兵，结果被东吴打得大败而归，自己无颜再回成都见诸葛亮和文武百官，死在临近湖北的四川省东部奉节县东的白帝城。

鉴于这两点，毛泽东在1958年3月的成都会议上曾明确指出：三国时刘备不好，还是老头子挂帅。

毛泽东评关羽：忠义勇武，但自负孤傲

毛泽东对刘备的二弟关羽关云长的看法也是一分为二的：既赞赏他的过人之处，又对他的致命弱点多次谈及。

1927年，毛泽东率领的秋收起义部队进军井冈山时，经过三湾改编的

工农革命军里只有两个营长，即第一营营长黄子吉，第三营营长张子清。

1927年10月23日黄昏之际，工农革命军在快要进入遂川大汾的镇外，遭到遂川县靖卫团肖家璧部500余人的袭击。肖匪早已派人探实了工农革命军的行踪，选择地形埋伏好对其突然袭击。战斗打响后，张子清指挥第三营攻夺被敌占据的制高点，被肖匪隔断，无法与团部联系。部队沿着山梁向左侧撤走，暮夜中不辨方向，离大汾越来越远，以至于偏向桂东方向。当夜，毛泽东只率第一营一个连与团部特务连共200多人，这样的险情是秋收起义以来最为严重的。

11月上旬，工农革命军200多人从茨坪回到茅坪。不久，扰袭茶陵的两个连也由宛希先带领回来了，而张子清的第三营一直杳无音讯。这时候，有人在毛泽东面前说：张子清带走第三营离开了这么长时间，有可能投到国民党那边去了。理由是张子清是湖南人，过去在湘军陆军第十二区司令部任过上尉副官，去找他的老部队了。毛泽东第一次听到有的人这样说，并不在意，只是说了一句"不会吧"。可是没过几天，他又听到了类似的言论，而且是第一营营长黄子吉等人说的。毛泽东脸色有些凝重地看了看黄营长，缓缓地说道：

"我看张子清绝对不会带部队投降敌人的。三国时候的关云长，也在兵败后与刘备失去联系。曹操为了收买利用这个智能双全的大将，又是封官赐爵，又是赠送金银、美女，三天一小宴，五天一大宴，费了多少心机！可是，关云长一旦得到了刘备的消息，立即骑上吕布的赤兔马，一路上过五关斩六将，千里迢迢，终于回到了兵少将寡的刘备身边，关云长的毅然之举成为千古美谈。张子清是入党多年的同志，就比不上一个关云长？我看他决然不会投降敌人的！"

毛泽东说到这里，稍作停顿，又语调激动地补充了一句："我是这样看的，信不信由你们。"

不到一个月，毛泽东在茅坪说过的那番话得到了验证。12月下旬，第二次攻打茶陵的工农革命军第一营，在与反攻之敌战斗最为激烈，渐渐地力不能支的时候，一支400多人的援军突然而至，投入战斗，击败了敌人。这支援军就是张子清率领的第三营，是从桂东那边赶来的。原来第三营在大汾误入桂东县境后，在农村游击了一段时间，进入鹅形山以后，与正在崇义上堡进行整训的南昌起义余部接上了联系，见到陈毅。陈毅告诉张子清：报纸上报道湘东茶陵有一支"毛匪"在活动。张子清估计是井冈山的红军，就带着第三营一路赶来了。

1939年12月，在延安各界纪念"一二·九"运动大会上，毛泽东发表讲话，在谈到知识青年投奔延安，沿途关防遍设、通途困难时，说：现在很多青年知识分子没有自由，没有走路之权。例如从西安到延安的这一条路上，遍设关防，进步的知识青年要通过是困难的。因为他们既没有青龙偃月刀、嘶风赤兔马，又没有过五关斩六将的本领，那只有被赶到集中营"训练团"里去。这些事情似乎有些难办。但是，如果知识分子跟八路军、新四军、游击队结合起来，就是说，笔杆子跟枪杆子结合起来，那么，事情就好办了。

1954年，毛泽东漫步在杭州九溪十八涧，给陪同的浙江省公安厅厅长王芳讲起了关羽不姓关的故事。他说：关公其实并不姓关，关公是指关为姓。关公自小很讲义气，可谓侠肝义胆。一次为朋友打抱不平，在家乡杀了人。他知道杀人是要吃官司的，便立即逃了出来，打算出潼关，以甩掉官府的追捕。他日夜兼程，来到潼关时，还不到五更天，关门紧闭。好不容易熬到开关的时候了，却又犯了愁。那时，官府有一项规定，凡过关的人都要进行登记。这可怎么办？千万不能报出自己的真实姓名，要露出马脚，那可不得了啊。眼看就轮到他了。他心急如焚地望着这高大森严的关门，忽然来了灵感，在关门前，我何不就说自己姓关呢。这就是指关为姓的由来。

这个故事，毛泽东也分别给周谷城、谈家桢、赵超构、杨尚昆等人讲过这个"关羽不姓关"的故事，甚至连一些专家学者也未注意到。可见，毛泽东对关羽的研究十分深入细致。

毛泽东在肯定关羽的忠义神勇的同时，评论关羽更多的是他的致命缺点和不足。

1932年初，毛泽东在与山西籍的程子华谈话时说：关羽出身下层社会，是刘备的心腹之臣，随其周旋，不避艰险，死后被尊为"武圣人"。

到处都修建有关帝庙。他的弱点是自负凌人，以致发展到上当受骗，大意失荆州。

1941年1月，皖南事变发生后，毛泽东在谈话中，以关羽为例，说：关羽这个人虽然斩华雄，诛颜良、文丑，过五关斩六将，擒庞德，威震华夏，但孤傲自大。刘备封关、张、赵、马、黄五虎大将时，关羽怒曰：翼德吾弟也；孟起世代名家；子龙久随吾兄，即吾弟也；位与吾相并，可也。黄忠何等人，敢与吾同列？大丈夫终不与老卒为伍！当孙权派诸葛瑾为儿子向关羽女儿求婚，以结秦晋之好，共伐曹操时，关羽勃然大怒，曰：吾虎女安肯嫁犬子乎！不看汝弟（诸葛亮）之面，立斩汝首！再休多言。诸葛瑾抱头鼠窜而去。孙权便攻占了荆州，孙刘联盟瓦解。

1947年，转战陕北途中，毛泽东在与警卫员谈到河北人会打胜仗时，放声大笑说：哈哈，河北人就一定打胜仗？三国时候，河北名将颜良、文丑，不是叫山西人关云长给杀了嘛！警卫员说：山西人也不一定行，关云长就不如彭老总。关云长走麦城，彭老总可是三战三捷。毛泽东听了连连称赞。不久，他在与周恩来、任弼时交谈时说：关云长就不如我们的彭老总！

1949年，在解决绥远问题期间，毛泽东曾对华北局负责人薄一波等人讲过：清朝所以能统治中国二百六十余年，就因为满族统治者一开始就制定了一条统一战线政策，用汉人和其他少数民族的人，以少数团结了多数。《三国演义》中的关云长，大体上是不懂统一战线的，这个人并不高明，对待盟军搞关门主义。

新中国成立后，毛泽东经常以关云长"走麦城"为例，提醒党员干部特别是高级干部要谦虚，不要骄傲。

1950年2月，在中国军事顾问团赴越南前夕，毛泽东对韦国清等人说：我们的胜利，人家是知道的，不用自己去表示。对待人家的缺点错误，少讲"过五关斩六将"。

"九·一三"事变前夕，1971年9月10日，毛泽东在杭州同南萍、熊应堂等人谈话，讲了九届二中全会的问题、党的历史上几次路线斗争问题等。他在谈话中还说：不要带了几个兵就翘尾巴，就不得了啦。打掉一艘军舰就翘尾巴，我不赞成，有什么了不起。三国关云长这个将军，既看不起孙权，也看不起诸葛亮，到后来走麦城失败。当然，那时没有反骄破满啦。

到了晚年，毛泽东对关羽有一个判断，认为关羽"武圣人"的形象是统治阶级吹出来的。1974年12月，毛泽东在长沙对周恩来说：世界上的事，说起来难，做出来并不难。现在四书五经也批了，孔夫子是文圣打倒了，关云长是武圣也打倒了。

毛泽东评张飞：粗中有细，有高度的原则性

与关羽相比较，毛泽东似乎更喜欢张飞。

1934年，毛泽东对来中央苏区开会的红军将领王震谈起《三国志》的作者陈寿评论关羽、张飞处理人际关系的优劣处：羽善待卒伍而骄于士大夫；飞爱敬君子而不惜小人。他以此勉励王震：取两人之长，去两人之短。

1949年12月，毛泽东又谈到了《古城会》，他说：当时在古城的三弟张飞，看见从敌人营垒回来的二哥关羽，对他提出种种疑问，是张飞有警惕性的表现，是完全正确的。但关羽一旦斩了蔡阳，用行动表示了与敌人划清界限，张飞于是开门迎接关羽，又兄弟团结共同对敌。

毛泽东喜欢把自己手下勇猛善战的将领比作张飞，以表示对他们的激励和赞许。1947年，毛泽东指示在陕北战场指挥作战的彭德怀务必歼灭国民党军刘戡部。他对彭德怀说：《三国演义》里说，张飞张翼德于百万军中取上将之首，如探囊取物。所以，后来彭德怀说，"我这个张飞是主席叫出来的"。1947年6月，毛泽东在陕北调陈赓部队回师，摆在黄河两岸，东扼阎锡山，西拒胡宗南，他对陈赓说：你做个当阳桥上的猛张飞吧！

毛泽东在中共八大二次会议上说：要看到自己的缺点。十个指头九个好，一个指头有问题。华者花也，不要只开花不结果矣；不要粗而不细，要学张飞"粗中有细"。

有趣的是，晚年毛泽东对张飞也"颇有微词"，这要从他对机要秘书张玉凤的一次批评说起。

从1970年到1976年，张玉凤在毛泽东身边工作了6年。毛泽东曾说张玉凤是"张飞的后代"。原来，有一次，毛泽东有客人来，而张玉凤那天脸上的神情不大高兴。事后，毛泽东批评了她，但张玉凤仍要辩解，毛泽东一怒之下瞪着眼睛对她说："你不高兴，就给我滚。"张玉凤二话没说，收拾包裹就回了家。在家待了20多天，心情难过极了，她无法接受被敬爱的毛主席辞退的现实。当时的中央办公厅副主任张耀祠让张玉凤写检查，但倔强的她没有写；她的婆婆叫她去向毛主席认错，她也没有去。后来，她想起还有一件衣服留在中南海，于是打电话给护士长吴旭君。吴旭君接到电话后很快对她说："你在家等着吧，马上有车去接你。"就这样，张玉凤又回到了中南海。于是，毛泽东给这位不肯认错的工作人员一句评语："办事认真，工作尽职，张飞的后代，一触即跳。"

可见，在毛泽东的眼里，张飞的缺点就是脾气急躁，一触即跳。

10. 毛泽东读《三国志》品孙权、周瑜

2008年，由吴宇森导演的华语古装战争史诗第一大片《赤壁》热映一时。据报道，《赤壁》上映首日票房收入就高达2700万元。在这部电影中，吴宇森用好莱坞模式包装了"赤壁之战"这个人们所熟知的历史故事。

《三国演义》中将赤壁之战的主要胜因归功于诸葛亮的神机妙算，多少年来民间也都说赤壁之战的胜利是由于诸葛亮"借东风"。

其实，正史《三国志》这样记述赤壁之战的精彩历史瞬间："权遂瑜及程普等与备并力逆曹公，遇于赤壁。时曹公军众已有疾病，初一交战，公军败退，引次江北。"

毛泽东这样评价赤壁之战："天下事有真必有假，虚夸者古亦有之。赤壁之战，曹操号称83万人马，其实只有二三十万，又不熟水性，败在孙权手下，不单是因为孔明'借东风'。"

毛泽东认为看问题一定要全面，决定战争成败的因素是多方面的。赤壁之战的胜利是天时、地利、人和等多种因素综合作用的结果。在毛泽东看来，赤壁之战战胜曹操应主要归功于孙权和周瑜。

从1953年到1958年，毛泽东多次在讲话中借用孙权重用周瑜的例子，来说明选拔干部不能论资排辈，要注重能力，注重水平，要敢于放手使用

新人。这实际上是对孙权善于使用人才的充分肯定。

周瑜是三国时期一位著名的青年将领，文武兼备，风流倜傥。年纪轻轻便担任吴军统帅，火攻曹营，取得赤壁大捷，一举奠定三国鼎立的基础。在他短暂的一生中，为东吴政权建立了丰功伟绩。

建国后，百废待举，特别是人才极其缺乏。毛泽东在20世纪五六十年代突出强调要提拔青年干部。因此，多次提到三国时具有超人才干的周瑜。

毛泽东在一次谈话中以三国故事为例说："现在必须提拔青年干部。赤壁之战，群英会，诸葛亮那时27岁，孙权也是27岁，孙策起事时只有十七八岁，周瑜20多岁左右，鲁肃40岁，曹操53岁。事实上，青年人打败了老年人，长江后浪推前浪，世上新人赶旧人。"在此，毛泽东是把周瑜作为青年干部的典型加以肯定的。

1953年6月30日，毛泽东接见中国新民主主义青年团第二次代表大会主席团成员，跟他们谈到要多选青年干部当团中央委员时，说："要选青年干部当团中央委员。三国时代，曹操带领大军下江南，攻打东吴。那时，周瑜是个'青年团员'，当东吴的统帅，程普等老将不服，后来说服了，还是由他当，结果打了胜仗……要充分相信青年人，绝大多数是会胜任的……青年人不比我们弱。"

1957年4月上旬，在上海召开的四省一市省市委书记思想工作座谈会上，毛泽东谈及提拔青年干部时，又以周瑜为例说："赤壁之战，程普40多岁，周瑜20多岁，程普虽是老将，不如周瑜能干，大敌当前，谁人挂帅？还是后起之秀周瑜挂了大都督的帅印。古时候可以破格用人，我们为什么不可以大胆提拔？"

1958年5月8日，毛泽东在中共八大二次会议上的第一次讲话中，就"破除迷信"问题说：青年人打倒老年人，学问少的人打倒学问多的人，这种例子多得很。周瑜、孔明都是青年人，孔明27岁当军师。程普是老将，他不行，孙权打曹操不用他，而用周瑜做都督，程普不服，但是，周瑜打了胜仗，周瑜死时才36岁。

毛泽东几次提到孙权自己年纪轻轻就当了家。1965年1月，他在一次谈话中说："看起来还是青年行。群英会上的英雄，大多是二三十岁的人，诸葛亮当时才27岁，孙策初干事时，不到20岁，孙权更小。孙权生于东汉光和五年，他接哥哥孙策班时才18岁。"

1970年4月，毛泽东在中央政治局会议上第三次提出不当国家主席，也不再设国家主席，并以三国故事为例说：孙权劝曹操当皇帝，曹操说，孙权是要把他放在炉火上烤。我劝你们不要把我当曹操，你们也不要做孙权。

1972年9月，日本首相田中角荣访华。毛泽东在会见中回顾中日两千年来的友好交往时说到了三国孙权：孙权想找你们，派遣了一个三万人的船队。

毛泽东对孙权年少而大有作为颇为赞赏。1975年5月，毛泽东在北京召集政治局工作会议。会议结束时，毛泽东对自己所作的《水调歌头·游泳》中的两句作了解释："我说'才饮长沙水'，就是白沙井的水。'武昌鱼'不是今天的武昌，是古代的武昌，在现在的武昌到大冶之间，叫什么我忘了，那个地方出鳊鱼。所以我说'才饮长沙水，又食武昌鱼'。孙权后来搬到南京，把武昌的木材运到南京，孙权是个能干的人。"

第六章

毛泽东品评《二十四史》（下）

一篇读罢头飞雪，
但记得斑斑点点，
几行陈迹。
五帝三皇神圣事，
骗了无涯过客……

——毛泽东《贺新郎·读史》

1. 毛泽东读《南史》评梁武帝萧衍

在《二十四史》中，毛泽东对《南史》评价比较高，一些篇目都作了精读细批。

《南史》共八十卷，为唐人李延寿所撰，是一部私人修撰的史著。李延寿一个人撰写了《南史》和《北史》两部史书，概括介绍了南北朝的历史状况。《南史》起于宋武帝永初元年（420年），终于陈后主祯明三年

（589年），记述了南朝宋、齐、梁、陈四个朝代共170年的历史。李延寿在唐初曾参加过官修的《隋书》和《晋书》的编撰工作。介绍梁朝历史的史书，除了《南史》以外，还有收在《二十四史》中的《梁书》，这本书也是在前人的基础上，由姚思廉在贞观十年（636年）完成的。李延寿在编撰《南史》时，参考了《梁书》的相关篇目。《南史》的长处，在于它能根据当时的"杂史"即所谓"小说短书"补充了一些比较生动的历史资料，因而口语化较强，故事生动，使人物的形象更加栩栩如生。这大概也是毛泽东喜读《南史》的一个原因吧！

在中国的历史上，自东晋南迁以后，南方建立的政权，前后有270多年。如果加上孙吴这个政权，在金陵建都的六朝，则有330多年。有两个人在位的时间较长，那就是吴主孙权和梁武帝萧衍。孙权，如果从建安五年（200年）算起，至其终年为53年，是六朝时期在位最长的一位帝王了，他能在东汉末年天下攘攘而乱纷纷的局面下，在南方建立一个相对稳定的政权，与比自己强大的魏和在自己上游的蜀国相抗衡，实属不易。故辛弃疾在《南乡子·登京口北固亭有怀》那首词中会讲："天下英雄谁敌手？曹刘。生子当如孙仲谋。"这句词也为毛泽东所喜欢。在孙权之后，当算梁武帝萧衍了。

在南北对峙的局面下，从军事力量上讲，大部分时间都是北方强大，南方处于弱势。而梁武帝萧衍在位的48年，南方在政治、军事、经济、文化各个方面都得到较高的发展。梁武帝去世以后，南朝便一蹶不振，南北军事上的均势消失，40年后北方便并吞了南方。

梁武帝是在天监元年（502年）夏四月即帝位建国的。萧衍从雍州（治所在今湖北襄阳）起兵后，据《资治通鉴》载，当时北魏的车骑大将军源怀上言："萧衍内侮，宝卷（齐废帝东昏侯）孤危，广陵、淮阴等戍皆观望得失。斯实天启之期，并吞之会；宜东西齐举，以成席卷之势。若使萧衍克济，上下同心，岂唯后图之难，亦恐扬州威逼。何则？寿春之去建康才七百里，山川水陆，皆彼所谙。彼若内外无虞，君臣分定，乘舟藉水，倏忽而至，未易当也。"可见当时北魏希望在萧衍尚未站稳脚跟时，便起兵南进。如果让萧衍站稳脚跟后，那么北魏在淮河地区的统治，随时都能遭到威胁。所以北魏便派任城王元澄为都督淮南诸军事、扬州刺史，准备经略南下之事。但事与愿违，萧衍很快便进入了建康，建立了梁朝。然而齐的一部分残余力量，逃向北方投靠北魏了，如齐国的鄱阳王萧宝寅便逃亡到北方，齐国的江州刺史陈伯之先是骑墙于南北之间，接着便降于北魏。

在天监二年年初，北魏决定利用萧宝寅与陈伯之南下攻梁，以萧宝寅为扬州刺史，配兵1万，屯东城，以陈伯之为都督淮南诸军事、江州刺史，屯阳石。并以任城王元澄发兵2万、马1500匹，加上在寿阳的3万军队，准备全面进攻梁朝。这就是梁武帝建国初年在北方所面临的严峻挑战。在天监年间，梁朝与北方对抗的将领主要是曹景宗与韦叡这两位名将。

曹景宗是梁开国名将，在《南史·曹景宗传》的天头上，毛泽东批注道："景宗亦豪杰哉！"曹景宗，字子震，新野（今河南新野）人。此人幼善骑射，好畋猎，少有大志，爱读史书。他在读《史记·乐毅传》时叹息曰："大丈夫当如此。"萧衍为雍州刺史时，曾荐其为竟陵太守；梁武帝起兵时，曹景宗率同族子弟300人从军。梁建国后为郢州刺史，然"景宗在州，鬻货聚敛，于城南起宅，长堤以东，夏口以北，开街列门，东西数里。而步曲残横，人颇厌之"。在这一段文字之上，毛泽东批道："使贪使诈，梁武有焉。"曹景宗为人是比较贪婪，后面还有一段文字说他"为人嗜酒好乐，腊月于宅中使人作邪呼逐除，徧往人家乞酒食。本以为戏，而部下多剽轻，因弄人妇女，夺人财货"。毛泽东在这一段文字批注道："曹孟德、徐世绩、郭雀儿、赵立郎，亦用此等人。"梁武帝对这种行为亦还有所约束。而曹景宗亦有所畏惧，故《南史》在下文云："帝颇知之，景宗惧乃止。"梁武帝用曹景宗不是用其贪，而是用其能战。正由于这一点毛泽东仍称曹景宗为"亦豪杰哉"。

梁武帝早期虽然奋发有为，但晚景颇为凄惨，不但国家没有治理好，还把自己的性命丢了。549年，叛将侯景以10万兵力攻破都城建康宫城后，将梁武帝囚禁于净居殿，不给饮食。这位年老的皇帝饥饿、忧愤成疾。"口苦，索蜜不得，再曰'荷荷！'遂殂。""荷荷"是拟声词，为怨恨之声。时年86岁的梁武帝,要吃一口蜂蜜而不可得,喊了两声"荷荷",含恨而死。

毛泽东读《南史·贺瑒传》(附《贺琛传》)时,对梁武帝萧衍有两段发人深省的评论,一针见血地指出了他晚年败亡的原因。

梁武帝在位时,有一位名叫贺琛的大臣曾上书梁武帝。当时武帝年事已高,百官"缘饰奸诌,深害时政",奸邪小人纷纷以正人君子的面目出现,官场风气败坏。贺琛上书谈了四件事情:一、人民不能安居,此乃有关官员之过;二、现今天下官员,罕有清廉,乃由风俗侈靡造成;三、小人"诡竞求进",用不正当手段向上爬;四、目前天下没有战事,而国库空虚。这些意见提得很尖锐,切中时弊。

梁武帝看了贺琛的上书勃然大怒,立即召来负责记录的官员,口授斥责贺琛的敕命,对贺琛所提意见逐条予以批驳。

针对贺琛的第二条意见,梁武帝说:你提出应当倡导节俭,这很好嘛。孔夫子说:"其身正,不令而行;其身不正,虽令不从。"朕不是这样做的吗?"朕绝房室三十余年,不与女人同屋而寝,亦三十余年。于居处不过一床之地,雕饰之物,不入于宫,此亦人所共知。受生不饮酒,受生不好音声,所以朝中曲宴,未尝奏乐。朕三更出理事,随事多少,事或少,中前得竟,事多,至日昃方得就食。既常一食,若昼若夜,无有定时,疾苦之日,或亦再食。昔腰过于十围,今之瘦削,裁二尺余。旧带犹存,非为妄说。为谁为之,救物故也。"

梁武帝把自己如何勤苦,如何操劳,如何节俭,说得非常具体,甚至提到了自己的私生活。他说,自己已经30年不过夫妻生活。居住的地方很狭小,陈设简朴。生来不饮酒,不喜音乐。三更就开始处理政事。如事情少,中午处理完;事情多,太阳偏西才能吃饭。一般一天只吃一顿,生病的时候,也有一天吃两顿的。他还说,他的腰围以前有"十围"(两手合拱的长度为一围),因为劳瘁,现今瘦得只有两尺多。他怕人不信,所以特别说明,以前用的腰带还在,可以证明他的话句句属实。梁武帝向人们表白:我为什么要这么干,就是为了救众生于苦难之中。

毛泽东针对梁武帝的这段话,挥笔写下了这样的批语:

萧衍善摄生，食不过量，中年以后不近女人。然予智自雄，
小人日进，良佐自远，以至灭亡，不亦宜乎。

"予智自（予）雄"即自以为聪明和英雄妄自尊大。毛泽东认为梁武帝是一个妄自尊大的君主，让小人钻了空子，贤能的辅佐大臣都离他而去，他的败亡一点也不奇怪，是势所必然。

针对贺琛的第三条意见，梁武帝说，你指出小人用不正当手段向上爬，那也不能不让他们奏事，不能因噎废食。古人说："专听生奸，独任成乱。"你倒说说看，要怎样办才好呢？将你的意见写出报来。

毛泽东就梁武帝的这段话批道："'专听生奸，独任成乱'，梁武有焉。"

"专听"即偏听，"独任"即偏信。毛泽东认为梁武帝治国，犯的大错之一即是"专听""独任"，以致"小人日进"，"良佐自远"，国家出现内乱。

侯景攻破建康宫城之日，梁武帝说过这样一句话："自我得之，自我失之，亦复何恨！"死到临头，还不知道自己败亡的原因，真是可悲！《南史》的作者李延寿对梁武帝有如下一段评论："自古拨乱之君，固已多矣。其或树置失所，而以后嗣失之。未有自己而得，自己而丧……可为深痛，可为至戒者乎！"即是说，自古开国之君不少，有的举措失当，以致后继者丢失政权；但从来没有天下由自己而得、由自己而失这样的事。梁武帝给后世留下了极其惨痛的教训。这段评语，有助于人们理解以上毛泽东针对梁武帝萧衍的两段批语。

2. 毛泽东批注达25处的《南史·韦叡传》

韦叡是毛泽东赞赏的南北朝时梁武帝天监年间的一位名将。毛泽东读《南史·韦叡传》时，被韦睿的事迹所深深吸引，在该卷浓圈密点，文字批注达25处之多。

《南史·韦叡传》载：韦叡字怀文，京兆杜陵（今陕西西安东南郊区汉宣帝陵墓）人，梁武帝任雍州刺史时，韦叡即遣其二子自结于梁武帝。后梁武帝"兵起檄至，叡率郡人伐竹为筏，倍道来赴，有众二千，马二百匹。帝见叡甚悦，抚几曰：他日见君之面，今日见君之心，吾事就矣。"可见韦叡与梁武帝关系之深。他"多建策，皆见用"，是梁武帝征伐四方、平定天下的得力助手。

梁武帝天监四年（505年）至六年，梁军在合肥地区最终打败了北魏的大规模进攻，巩固了梁在淮河流域的边防。

这一时期，正是南方齐、梁交替之际，北魏趁机蓄意挑起边境冲突，向南方施加他们的影响。北方的军事指挥官早期是任城王元澄，后期是中山王元英。天监三年的二三月间，任城王元澄率领萧宝寅等的军队在东线进攻，在钟离（今安徽蚌埠东面）打败梁军后，同时又派兵在西线进逼义阳（今河南信阳），与梁将曹景宗的军队在西线相持。这次进攻由于四月间大雨和淮水大涨，元澄不得不引兵后撤至寿阳（今安徽之寿县），失亡4000余人，元澄为此降三阶，北归。北魏转以中山王元英为统帅，继续增兵南进。同年八月，元英攻陷梁之义阳。十月间，梁武帝萧衍下决心派兵北上与北魏抗衡。这次梁军挂帅的是萧衍的兄弟，临川王萧宏；北魏则以中山王元英挂帅，为征南将军，率10万军队与梁军相峙。这次是南方进攻，北方处于防御，具体是韦叡督诸军在前方作战。

《南史·韦叡传》描述了他指挥作战的经过。《韦叡传》称："叡遣长史王超宗、梁郡太守冯道根攻魏小岘城，未能拔。叡巡行围栅。"毛泽东在此处加旁圈，并在天头上画三个大圈，批注曰："躬自调查研究。"强调将领要亲自调查地形和研究敌情。

正在此时，"魏城中忽出数百人阵于门外，叡欲击之。"毛泽东在此处加旁圈，并批注："以众击少。"因为对方只有几百人，正好集中优势兵力，以众击寡。

接下来，"诸将皆曰：'向本轻来，还接甲而战。'叡曰：'魏城中二千余人，闭门坚守，足以自保。今无故出人于外，必其骁勇，若能挫之，其城自拔。'"毛泽东在"今无故出人于外"加旁圈，在天头上画了三个大圈，并批注曰："机不可失。"打仗要抓住战机，挫其精锐，则城自陷。

《韦叡传》接着说："众犹迟疑，叡指其节曰：'朝廷授此，非以为饰，韦叡执法，不可犯也。'乃进兵，魏军败，因急攻之，中宿而城拔。"毛泽东对"朝廷授此，非以为饰，韦叡执法，不可犯也"逐字加旁圈，批注曰："决心。"韦叡若没有决心，那就很难取得这次初战的胜利，并攻下小岘城。

韦叡乘胜进攻魏军驻守之合肥城，梁军的先头部队在合肥，亦是久攻不下。于是"叡案行山川"。毛泽东在此处加了旁圈，天头上画了三个大圈，又一次批注："躬自调查研究。"他还在批注"躬自"旁加了套圈，"调查研究"四字旁加了单圈。可见，毛泽东强调前线直接指挥作战的司令员一定要亲自摸清敌情，弄清山川地形，才能提出正确的作战方案。

接下来，韦叡"曰：'吾闻汾水可以灌平阳，即此是也，'乃堰淝水，倾之，堰成水通，舟舰继至。"那时，魏在合肥东西两侧分筑小城，韦叡决定先攻外围二小城。突然遇到魏援军5万人奄至，众将害怕不敌，请表益兵，韦叡不同意，他说："贼已至城下，方复求军。且吾求济师，彼亦征众。'师克在和'，古人之义也。"韦叡的意思，临战请援，时间不允许，应该积极应战。毛泽东对这段话也加了旁圈，批注："以少击众。"即使敌众我寡，只要同心协力，同样也可以以少击多。

当淝水堰立，"使军主王怀静筑城于岸守之，魏攻陷城，乘胜至叡堤下。军监潘灵祐劝叡退还巢湖，诸将又请走保三义。叡怒曰：'将军死绥，有前无却。'因令取叡扇麾幢树之堤下，示无动志。"绥，退却的意思，意为带兵的人死在畏怯退却上，只有前进没有退却的道理，古人有云：狭路相逢勇者胜。只有勇者才能以少击众。在此处，毛泽东加了旁圈，批注云："以少击多。"在这四个字旁再加圈。这四个字无疑是对韦叡胆识过人、临危不惧的表彰，惟其如此，才最终拿下了合肥城，取得了这次战役的胜利。

韦叡所以能取得这次战役的胜利，还与其善于调和部属诸将领之间的关系有关。《韦叡传》中说："初，胡景略与前军赵祖悦同军交恶，志相陷害。景略一怒，自啮其齿，齿皆流血。叡以将帅不和，将致患祸，酌酒自劝景略曰：'且顾两武勿复私斗。'故终于此彼得无害焉。"

韦叡在攻打合肥这个战役的过程中，处处都能以身作则，身先士卒。在拿下合肥班师回朝时，由于两军相距很近，担心为魏军所追袭，韦叡遣辎重居前，自己乘小舆殿后。魏人惮于韦叡威名，望之不敢逼近，梁军全军而还。

韦叡攻克合肥时，"城溃，俘获万余，所获军实，无所私焉"，这与曹景宗贪财好色的作风不同。毛泽东在这里逐字加旁圈，天头上批了"不贪财"三个大字。

韦叡既好客又爱护部属，《韦叡传》称其："叡每昼接客旅，夜算军书，三更起张灯达曙，抚循其众，常如不及，故投募之士争归之。所至顿舍修立，馆宇藩篱，墉壁皆应准绳。"他能勤奋持事，主动关心别人。毛泽东在这段话旁逐字加圈，并批注曰："劳谦君子。"勤劳而又谦逊，才能团结人，保持队伍的战斗力，并吸引更多有谋之士围绕在自己身边。

韦叡能在进攻时居第一线，躬自调查研究；班师作殿后，临危不惧；不爱命，不贪财；对士兵仁义，对属下的将领加强团结，顾全大局。这是一位德才兼备的卓越将领，难怪让毛泽东流连瞩目呢！

天监五年（506年）十月，北魏为了洗刷合肥战役的失败，再次派中山王元英会同萧宝寅围梁之钟离。梁武帝萧衍这次又让韦叡将兵救钟离，并受曹景宗节度。

《南史·韦叡传》称："魏中山王元英攻北徐州，围刺史昌义之于钟离，众兵百万，连城四十余。"毛泽东在"众兵百万连，连城四十余"处逐字加旁圈，并加批注："虽众，何所用之。"人多，不一定管用，打仗还得靠智慧和勇敢。这次是曹景宗与韦叡两支梁朝最精锐的部队联合作战，而萧衍则在首都建康指挥。在《南史·曹景宗传》中讲到萧衍"诏景宗顿道人洲，待众军齐集俱进。景宗欲专其功，乃违敕而进，遇暴风卒起，颇有沉溺，复还守先顿。帝闻之曰：'此所以破贼也，景宗不进，盖天意乎。若孤军独往，城不时立，必见狼狈。今得待众军同进。'"从这条记载可以看到这次战役的最高指挥官是萧衍自己。在《南史·韦叡传》称："帝怒，诏叡会焉，赐以龙环御刀，曰：'诸将有不用命者斩之。'"于是韦叡带兵很快就赶到邵阳洲，与曹景宗的军队相会合。

《韦叡传》称"叡自合肥经阴陵大泽，过涧谷，辄飞桥以济师。人畏魏军盛，多劝叡缓行，叡曰：'钟离今凿穴而处，负户而汲，车驰卒奔，犹恐其后，而况缓乎。'旬日至邵阳洲"。毛泽东在这一段文字的开头，批注道："敢以数万敌百万，有刘秀、周瑜之风。"

与此同时，梁武帝敕曹景宗曰："韦叡卿乡望，宜善敬之。"景宗见叡甚谨。帝闻曰："二将和，师必济矣。"梁武帝萧衍在这里是调和前线两位主将韦叡与曹景宗之间的关系，二将和是打胜仗不可或缺的条件。王夫之在《读通鉴论》中，讲到这件事，他说："曹景宗骁将也，韦叡执白角如意，乘板舆以麾军，夫二将之不相若，固宜其相轻矣。武帝豫敕景宗，得将将之术矣，敕叡以容景宗易，敕景宗以下叡难。然而非然也，叡能知景宗之鸷，而景宗不知叡之宏。景宗之气敛，而何患叡之不善处邪？"王夫之这段分析有相当道理，梁武帝赐龙环御刀给韦叡是以防万一；给曹景宗的敕文，是要他敬重韦叡，韦叡当然会宽容他。二将和是这一场战争胜利的保障，结果是"叡以景宗之下己，而让使先己告捷"，"如其不然，叡愈下而景宗愈亢，叡抑岂能为人屈乎？"二将所以能和衷共济，是因为萧衍在二将之间，处理得当。

这一场南北双方的决战，北魏这次是其勇将杨大眼与元英亲自参战，对双方而言，都是一场硬仗和恶仗。在《南史》的《曹景宗传》和《韦叡传》中都记载了他们的战况。

《曹景宗传》中说："及韦叡至，与景宗进顿邵阳洲，立叡与魏城相去百余步。魏连战不能却，伤杀者十二三，自是魏军不敢逼。景宗等器甲精新，魏人望而夺气。"

《韦叡传》中说："魏将杨大眼将万余骑来战，大眼以勇冠三军，所向披靡。叡结车为阵，大眼聚骑围之，叡以强弩两千一时俱发，洞甲穿中，杀伤者众。矢贯大眼右臂，亡魂而走。明旦，元英自率众来战，叡乘素木舆，执白角如意以麾军，一日数合，英甚惮其强。"野战的重任都落在韦叡指挥的军队身上。

这一次战役最后是梁武帝定下火攻的计谋，《曹景宗传》称："梁武帝令景宗与叡各攻一桥。叡攻其南，景宗攻其北。"毛泽东在此处批示："此时梁武犹知军机。"

《韦叡传》载：是时，"会淮水暴涨，叡即遣之，斗舰竞发，皆临贼叡，以小船载草，灌之以膏，从而焚其桥。敢死之士拔栅斫桥，水又漂疾，倏忽之间，桥栅尽坏"。于是，"魏人大溃，元英脱身遁走。魏军趋水死者十余万，斩首亦如之，其余释甲稽颡乞为囚奴犹数十万"。这些描述，毛泽东在逐字加旁圈后，批注曰："百万之众皆尽。"

王夫之认为，即"钟离之胜，功侔淝水，岂徒二将之能哉！"把这一次胜利比作淝水之战，不仅是韦叡与曹景宗在前方作战的功劳，也有梁武帝运筹帷幄，调遣二将指挥得当的功劳。

毛泽东通过比较韦叡与曹景宗这两个将领，认为曹景宗只是一名好色贪财的勇将，这种人不是不能用，但得防着点，所以毛泽东批注说："曹景宗不如韦叡远矣。"

天监七年（508年），韦叡还碰到一件事，那时，"司州刺史马仙叡自北还军，为魏人所叡，三关扰动。诏叡督众军援焉，叡至安陆，增筑城二丈余，更开大堑，起高楼。众颇讥其示弱，叡曰：'不然，为将当有怯时。'"此时，元英复追仙叡，将复邵阳之耻，闻叡至乃退。

毛泽东在"为将当有怯时"句的天头上批注："此曹操语，夏侯渊不听曹公此语，故致军败身歼。"此事见《三国志》的《夏侯渊传》。夏侯渊是曹操的勇将，战数胜，曹操戒之曰："为将当有怯弱时，不可但恃勇也。将当以勇为本，行之以智计；但知任勇，匹夫敌耳。"曹操这个话有道理，夏侯渊领兵在汉中因这一弱点被刘备所袭杀。

《韦叡传》还称韦叡："居朝廷恂恂，未尝忤视。性爱慈，抚孤兄子过于己子，历官所得禄赐，皆散之亲故，家无余财。"毛泽东在这里逐字加圈，并批注曰："仁者必有勇。"对上恭敬，对亲人慈爱，能散财于亲故，这是仁者的表现；仁者无私心，故作战有勇气，这是其在战争中不断打败敌人的力量之源泉。

韦叡因疾寿终于普通元年（520年），终年78岁。遗令薄葬，敛以时服。

《南史·韦叡传》说韦叡："雅有旷世之度，莅人以爱惠为本，所居必有政绩。将兵仁爱。士卒营幕未立，终不肯舍；井灶未成，亦不先食。被服必于儒者，虽临阵交锋，常缓服乘舆，执竹如意以麾进止。与裴邃俱为梁世名将，余人莫及。"毛泽东读到这里，逐字加旁圈，挥笔写下："我党干部应学韦叡作风。"赞许之情，溢于言表。

纵观毛泽东对《南史·韦叡传》的圈读及批注，其重点不在战争如何进行，而在优秀的将领应该具备怎样的素养和品质。

一部《二十四史》，人物纷纭，论地位，韦叡说不上显赫，但毛泽东对他如此情有独钟，不惜笔墨地批注，原因何在？首先，韦叡善于处理军政的大局，处理好军队官兵的关系，处理好将领之间的关系，以保障战争的根本胜利；其次，在韦叡的身上，体现着作为领导干部的种种美德与素养，诸如谦逊朴实、率先垂范、节俭廉洁、团结同事、勤奋工作，还有毛泽东素来推崇的深入基层"调查研究"等。这些，在当今乃是涉及党风、政风、军队作风的原则问题，所以毛泽东十分看重，更值得我们今日借鉴。

3. 让毛泽东"为之神往"的《南史·陈庆之传》

《陈庆之传》载于《南史》第六十一卷。毛泽东在该书封面上，用粗重的黑铅笔画了读过两遍的圈记。在目录"陈庆之"三字旁，画了两条着重线。在传记开篇的天头上，连画四个大圈，又用他苍劲的笔迹，醒目地标写着"陈庆之传"四个大字。在第一段介绍陈庆之生平的地方，毛泽东富含深情地批注：

> 再读此传，为之神往。一九六九年六月三日在武昌

文内许多地方，毛泽东又圈又点，画满了着重线，足见他阅读之专注

和深情。

既有批注，又注明具体时间和地点，这在毛泽东批注《二十四史》中是极少见的例子。

陈庆之是怎么样一个人物，在南北朝时期南北对峙的形势发生了什么变化，陈庆之又做了什么惊天动地的大事，因而使得一代伟人毛泽东会为他"神往"呢？

陈庆之，字子云，义兴口山（今江苏宜兴）人，幼时是梁武帝身边的随从，相当于现在首长身边的通讯员。后来成长为梁武帝手下的一员大将。他虽出身寒门，但为人忠正耿直，有胆，有识，有才，建有赫赫武功。

梁武帝普通元年（520年），北魏徐州刺史元法僧降梁，梁武帝派陈庆之去接应，又让他率军队护送豫章王综入镇徐州。北魏10万大军抗拒，都被陈庆之挫败了。后豫章王投奔了北魏，陈庆之及时地"斩关夜退"，保全了军队的实力。

大通元年（527年），陈庆之攻打北魏的涡阳，北魏派兵增援。有人说：派来的前锋必定是精锐，打胜了算不上功劳，打败了挫伤自己部队的锐气，不如不打。陈庆之说：魏兵是远道而来，征途疲惫，只要我们敢打，没有打不败的道理。他亲自率领500余兵卒奔击，北魏前锋被破。陈庆之迅速占领了涡阳城，与攻城的魏兵，自春至冬，打了"数十百战"。有人想退兵，陈庆之坚决反对。魏兵在城周围修筑起13座堡垒，被陈庆之先破了四垒，他把这四座堡垒的俘虏，全都割去了耳朵，让其他九座堡垒的敌兵看，加强威慑力量。又鸣金击鼓，奋勇进击，魏兵大败，涡水为之塞流。陈庆之乘胜又占领了城父。

钟离之战以后20年，南北形势有了一个大的变化。从大通元年起，北魏内乱频仍：一方面是北方的柔然、高车等游牧族在北方侵扰北魏的边境，另一方面是破六韩拔陵（？—525）率领的六镇边民起义。北魏已无兵可用，秀容的尔朱荣在镇压六镇起义的过程中力量不断壮大，同时北魏上层统治集团日益奢侈腐朽，而且宫廷政变不断，灵太后毒死肃宗元诩，引起北魏统治集团内部的分裂和混斗。尔朱荣率部进入洛阳，在河阴纵兵屠戮朝廷百官，使整个北魏王朝处于分裂和崩溃的状态。在这个背景下，北海王元颢南奔降梁，这就为梁武帝派兵北上提供了一个非常良好的时机。

梁武帝在大通二年（528年），派东宫直阁将军陈庆之将兵7000人，送元颢北返为魏王。尽管北方有尔朱荣部步步抵抗，而陈庆之所率7000人的部队孤军深入，自铚县（今宿州的临涣县）起兵，一直打到北魏的首都洛阳。在140天时间，大小47战，陷32城，所向无敌。睢阳一战，陈庆之以7000人败魏将丘大千的7万人。在河南荥阳，陈庆之的7000之众与北魏40万大军相抗衡，《南史·陈庆之传》称：

"时荥阳未拔，士众皆恐。庆之乃解鞍秣马，宣喻众曰：'我等才有七千，贼众四十余万，今日之事，义不图存，须平其城垒。'一鼓悉使登城，遂克之。俄而魏阵外合，庆之率精兵三千大破之。天穆、（尔朱）兆单骑获免。"

陈庆之这样孤军深入靠的是锐气和勇气，居然能把北魏的孝庄帝赶出洛阳，迎元颢进洛阳。这次南朝大举进攻北方，占领洛阳，为南朝百余年弱势未有之事。

陈庆之破关斩将、所向无敌的英雄战绩，充分体现了他的果敢机智和卓越的军事才能。

1969年，毛泽东已是76岁的老人，远离战争年代也已二十多年，他自己运筹帷幄、决胜千里、威武雄壮的经历，为陈庆之的事迹所引发，从而心驰"神往"古战场，产生"想当年，金戈铁马，气吞万里如虎"的千古共鸣。难怪他对"此传"要一读再读呢！

4. 毛泽东读《旧唐书》评李世民的工作方法

大唐（618—907）是中国封建社会的一个重要时期。五代后晋时官修的《旧唐书》，是现存最早的系统记录唐代历史的一部史籍。《旧唐书》的主撰者是刘昫。刘昫（887—946），字耀远，涿州归义（今属河北雄县）人，五代史学家，后晋政治家。后唐庄宗时任太常博士、翰林学士。后晋时，官至司空、平章事。后晋出帝开运二年（945年）受命监修国史，负责编纂《旧唐书》。

《旧唐书》原名《唐书》，宋代欧阳修、宋祁等编写的《新唐书》问世后，才改称《旧唐书》。《旧唐书》共二百卷，包括本纪二十卷，志三十卷，列传一百五十卷。

《新唐书》二百二十五卷，包括本纪十卷，志五十卷，表十五卷，列传一百五十卷。前后参与其事的有欧阳修、宋祁、范镇、吕夏卿、王畴、宋敏求、刘羲叟等人。《新唐书》的作者对志下了一番工夫，增加了以前各史所没有的《仪卫志》《兵志》。

毛泽东对《旧唐书》《新唐书》多有圈点和批注。《旧唐书》卷七十二《李百药传》中，录有李百药写给唐太宗李世民的《封建论》，其中有这样一段文字：

"陛下每四夷款附，万里归仁，必退思进省，凝神动虑，恐妄劳中国，以事远方，不借万古之英声，以存一时之茂实。心切忧劳，迹绝游幸，每旦视朝，听受无倦，智周于万物，道济于天下。罢朝之后，引进名臣，讨论是非，备尽肝膈，唯及政事，更无异辞。才及日昃，命才学之士，赐以清闲，高谈典籍，杂以文咏，间以玄言，乙夜忘疲，中宵不寐。此之四道，独迈往初，斯实生民以来一人而已。"

毛泽东在这段话旁挥笔批注道："李世民的工作方法有四。"

李百药概括的李世民这四个特点，是说他的决策风格和他每天的几大主要工作安排。毛泽东以"工作方法"称之，自是政治家读史的旨趣所在。

李世民的后两种工作方法："罢朝之后，引进名臣，讨论是非，备尽肝膈，唯及政事，更无异辞"，"才及日昃，命才学之士，赐以清闲，高谈典籍，杂以文咏，间以玄言，乙夜忘疲，中宵不寐"。显然，此两举都不是直接处理具体的或紧要的政务，多半属于务虚性质的讨论和闲谈，时间均在上午罢朝之后和傍晚夕阳西斜之后。讨论事情的是非曲直而"备尽肝膈"，足见相互畅谈的坦诚气氛；和文人们高谈典籍诗文，中间还插说些抽象的"玄言"，就更是自由自在的务虚之举了。

为了能够经常进行这种务虚之举，唐太宗李世民还从体制上做了设计。早在任天策上将军时，李世民便在天策府开设文学馆，广招天下学士18人入馆，号称"十八学士"。这18人都是些博览古今、明达政事、善于文辞的大知识分子。李世民让这些学士，每天"值宿于阁下，每军国务静，参谒归休，即便引见，讨论坟籍，商略前载。预入馆者，时所倾慕"，足见依恃之重，为士子所向往。

李世民即位当年，曾搜集二十多万卷书置于弘文殿，并在弘文殿旁设置弘文馆，精选才学渊博之人充任弘文馆学士，仍然是让他们分班值夜，"引入内殿，讲论前言往行"。李百药说他们的讨论达到"乙夜忘疲，中宵不寐"的程度，可见李世民对务虚何其看重，兴味是何等浓厚！

李世民论史用史，在历代君主中最为有名。他经常和文学馆学士虞世南一起读历史典籍，和文臣们讨论"前言往行"，实际上都是在总结历史上的经验教训。他的许多政治思想，多从读史、论史中引出。他还在中书省内设置秘书内省，组织人力专门编写南朝梁、陈，北朝齐、周和隋五个朝代的史书，以及《晋书》和《南史》《北史》。并下诏让魏徵、长孙无忌、房玄龄、岑文本、令狐德棻、姚思廉、李百药、李延寿等一干重臣负责修撰。李世民自己还执笔为《晋书》撰写了晋宣帝司马懿、晋武帝司马炎的纪论，和文学家陆机、书法家王羲之的传论。

李世民和文臣们的务虚，最终目的是"知风化之本，见政理之源"，讨论以求其是，博学以成其道，务虚以为其用，遂使贞观年间的政风民风，良可足观。李世民是封建社会中少有的自觉探讨、总结执政规律和领导艺术，并能够运用其务虚所得的大政治家。这也是贞观年间特别是贞观前中期的政策失误相对较少的一个重要原因。

李世民经常和文臣们讨论学问时事，在其干部集团中形成一种善于思考天下大事，勇于进谏规讽的浓厚风气，并培养和造就了一大批人才，这是创造"贞观之治"的重要基础。同李世民一道务虚的学士们，大都成为深谙政治的政治家。他曾对房玄龄说："薛收若在，朕当以中书令处之。"而房玄龄则主修过《晋书》，还是晓畅军机，长期执掌兵权的宰辅。这些人才追随李世民，为国家统一、政治稳定和文化建设作出了很大贡献，乃至武则天和唐玄宗两朝，都曾仿效李世民重建过"十八学士"这样的干部团队。

对于唐初的人才辈出、济济多士，毛泽东也甚为称赏。他读《旧唐书》和《新唐书》，常常写下列传所记文臣武将的名字。例如，在《旧唐书》卷六十三至六十四的封面上写了封德彝、萧瑀等十人；在《新唐书》卷九十四至九十八的封面上又写了侯君集、马周等二十八人；在《新唐书》卷八十八至九十三的封面上写了李靖、李勣等二十八人。每次书写这些名臣的名字，大概是为了增加对这个盛极一时的干部集团的记忆。有时候，毛泽东还特意在这些人名后面注明其才学特征，诸如："姚思廉（历史家）"，"令狐德棻（历史家）"，"朱敬则，政治家，历史家"，"钟绍京，书法家"，"大政治家，唯物论者姚崇"，等等。

"务虚"作为领导思想和工作方法的一种，毛泽东始终是着力提倡并善于运用的。毛泽东经常要求领导干部读哲学，读历史，读文学。他读了好的篇章，就推荐给其他人，共同欣赏，甚至经常开列一些书目，供领导干部学习。同一些领导干部聊天，毛泽东也常常是"思接千载，视通万里"，即使在一些重要的中央会议上，他也往往作古今中外的漫谈。

1958年1月，毛泽东专门写了一篇《工作方法六十条（草案）》，其中说道："成天忙于事务，那会成为迷失方向的经济家和技术家，很危险。"这年3月26日，在成都召开的中央工作会议上，毛泽东还对务虚的问题作了专门阐述，说："过去也不是一点虚没有务，也谈了一些，可以有那么一点时间不谈具体问题，专谈一般的思想性质和理论性质的问题。""先实后虚或先虚后实都可以，可以专门开一次实的会，也可以专门开一次虚的会。也可以同时并举。不过现在就希望多一点虚更好，因为过去太实了。我看我们这些人，比较太实了一点。要逐步引导我们各级党委的同志关心思想、政治、理论这样一些问题。""中央一级、省一级包括地一级的第一书记恐怕解放一点，还要加一点，及其他同志。中央只解放我一个人，恐怕是不够，恐怕还要有几个同志，把他们从繁重的工作中解放一部分，这样有可能做些研究工作，注意比较大的问题。如何解放法，大家去研究，总而言之，是少管一点事情，少管一点就能够多管一点。"

"少管一点就能够多管一点"，这句话，深刻道出了务虚与务实的辩证关系。

曾经在中央工作多年的李德生，在回忆录里记述的毛泽东第一次同他谈话的情景以及他的体会，可作为务虚之用的一个生动范例。李德生说："我等着他对我到中央工作后提出具体要求。然而，毛主席思路纵横驰骋，完全不像我想象的常规的工作方法。他谈起了党的历史，又问我平常爱读什么书。我看到毛主席房间里那么多书，顿感惭愧……谈到学历史，他又提出，《天演论》和《通鉴纪事本末》也要看。""过去我听传达说，毛主席集中讲一个问题时，爱引用'不唱天，不唱地，只唱一本香山记'。毛主席对我是不谈工作任务，不谈工作要求，只谈一个学习问题。我感到对我这个从军长岗位上刚到中央工作的人来说，真是特别重要。""我领悟到，在中央工作不能只想到如何工作，如何克服困难，而应该努力学习，这样才能使自己视野广阔，思路清晰，不致为狭隘的经验主义、脱离实际的教条主义所束缚。后来我从实践中体会到这恰恰是在中央工作最重要的条件。""我体会，把学到的知识，融会贯通，去指导实践，运用之妙，是门艺术，是领导干部必须努力把握好的一门艺术。"

作为"马上打天下"的君主，李世民武略之高自不待言。毛泽东对李世民的军事指挥艺术和在军事理论上的建树，也推许有加。他在冯梦龙的《智囊》里读到李世民"每观敌阵，则知其强弱，常以吾弱当其强，强当其弱"诸语时，旁批道：

"所谓以弱当强，就是以少数兵力佯攻敌诸路大军。所谓以强当弱，就是集中绝对优势兵力，以五六倍于敌一路之兵力，四面包围，聚而歼之。自古能军无出李世民之右者。"

毛泽东认为，李世民的最大失误是在"接班人"的确立问题上。

毛泽东在读《新唐书》卷八十《李恪传》时，批注道：

李恪英物，李治朽物，知子莫若父。然卒听长孙无忌之言，可谓聪明一世，懵懂一时。

李治、李恪是李世民的儿子，李世民生前很喜欢文武兼备、"英果类我"的李恪，并有意识地加以培养、教导，封为远地藩王。还常常对左右说："吾于恪岂不欲常见之？但令早有定分，使外作藩屏，吾百岁后，庶兄弟无危亡忧。"足见倚重之深。但是太子李治则为人柔弱，思虑不精，少雄主才略。这一点，李世民是很清楚的，故打算废李治立李恪为太子。但因李治的舅舅长孙无忌为其外甥争位，只好放弃了这个打算。结果酿成李唐宗室的祸患。李治即位，即唐高宗，封武则天为皇后。他不理朝政，导致武则天专权，并称"二圣"。李治死后，武则天又连废两个皇帝，自称"圣神皇帝"，还改了国号，诛杀宗室大臣。其祸根，自在"朽物"李治。所以，毛泽东认为当初唐太宗李世民明明知道李恪强于李治，而没下决心改立太子，是"聪明一世，懵懂一时"，惋惜之情，跃然纸上。

5. 毛泽东读《新唐书》评徐有功

毛泽东在读《旧唐书·徐有功传》和《新唐书·徐有功传》时，使用了大小圆圈、曲线、三角号等许多标志，多处圈点，十分动情。在《新唐书》的封面上有毛泽东手书的目录，其中"徐有功传"四个字下，画着引起注意的曲线，这可能是他为了再次阅读或便于查找做出的标志。并在正文的空白处写下了这样一段批语：

"'命系庖厨'，何足惜哉，此言不当。岳飞、文天祥、曾静、戴名世、瞿秋白、方志敏、邓演达、杨虎城、闻一多诸辈，以身殉志，不亦伟乎！"

徐有功到底是怎样的一个人？他所说的"命系庖厨"又是什么意思？毛泽东为什么会由读其传联想到这么多人呢？

据《旧唐书》《新唐书》本传记载：徐有功，名弘敏，字有功，唐河南道洛州偃师（今偃师市）人，为隋唐大儒徐文远之孙，出身于书香门第，以明经进士及第步入仕途。起初任蒲州司法参军，因执法公正、宽厚仁慈而深得当地百姓的拥戴。天授元年（690年），武则天称帝前夕，徐有功出任司刑（武后光宅元年，改大理寺为司刑寺）丞，执掌司法之权。

徐有功为官，敢于严格执法、犯颜直谏，纠正、平反成百上千冤案，救活人命多达万人，从而名留青史。

《旧唐书》《新唐书》这两部史书称赞徐有功"为政宽仁，不行杖罚"，"为政宽仁，不忍杖罚"。毛泽东在这两处都逐字加了旁圈，还在"为政宽仁，不忍杖罚"句末画了一个大圈套着一个小圈，天头上连画三个大圈套小圈。这种标记，在传记的正文内还有多处，有加重和特别强调的意思，是在毛泽东其他圈画批注中较少见到的。传记中有关徐有功秉公执法，不徇私情的许多事迹，毛泽东多有圈点，足见十分重视。

武则天称帝后，惧怕大臣不服和谋反，信用酷吏佞臣周兴、来俊臣等人，重赏鼓励告密者。一时冤狱遍起，人人震恐，莫敢正言。徐有功无所畏惧，"数犯颜争枉直，后厉语折抑，有功争益牢"。毛泽东在《新唐书》的这些话旁，逐字加旁圈，每句句末都加了套圈。

长寿二年（693年），武则天以"厌咒"为由，处死了皇嗣妃刘氏和德妃窦氏，而监察御史薛季昶想借机处死德妃之母庞氏。徐有功立即制止这一做法，并上奏武则天，为庞氏辩护。而薛季昶趁机诬陷徐有功犯了"阿党恶逆"法，结果徐有功被判"弃市"。有人哭着把这个消息告诉他，"有功曰：'岂吾独死，而诸人长不死耶？'安步去"。

毛泽东在《旧唐书·徐有功传》和《新唐书·徐有功传》的这段记载中，都逐字加了旁圈，每句句末都加了套圈，还在其中一篇传记的天头上画着三个大圈。

《新唐书》接着这一段，是武则天质问徐有功，问他为什么最近断案多有差错。徐有功回答说："失出，臣小过；好生，陛下大德。"武则天听后默然，因而免去庞氏的死刑，同时也将徐有功免职为民。对徐有功的回答，毛泽东逐字加了旁圈，句末加了套圈。

博州刺史琅玡王李冲谋反，颜余庆被诬陷为同党，来俊臣等先判颜流放，后又判颜死刑，并经武则天批准。徐有功据理为颜余庆辩护，说他是支党，不是魁首，罪不该死。他批评武则天："今以支为首，是以生入死。赦而复罪，不如勿赦；生而复杀，不如勿生。窃谓朝廷不当尔。"武则天大怒，问："何谓魁首？"徐有功答："魁者，大帅；首者，元谋。"最后，武则天被他说服，"遂免死"。

当徐有功和盛怒的武则天争辩时，"左右及卫仗在廷陛者数百人，皆缩项不敢息。而有功气定言详，截然不桡"。毛泽东对这几句，每句后加了套圈，有的逐字加以旁圈，天头上画着三个套圈。

徐有功执法不徇私情。皇甫文备曾弹劾徐有功"纵逆党"，并将他逮捕入狱。后来，皇甫文备又被别人弹劾入了狱。徐有功为他往来奔走，澄清事实，营救其出狱。有人问徐有功，皇甫文备曾陷你于死地，为什么还要救他？徐有功回答说："尔所言者私忿；我所守者公法。不可以私害公。"毛泽东对这句逐字加旁圈，句末加套圈。

《新唐书》中赞扬徐有功说："尝谓所亲曰：'大理，人命所系，不可阿旨诡辩，以求苟免。'故有功为狱，常持平守正，以执据冤罔。凡三坐大辟，将死，泰然不忧；赦之，亦不喜。后以此重之。所全活者甚众，酷吏为少衰。"毛泽东对"凡三坐大辟，将死，泰然不忧；赦之，亦不喜。后以此重之"几句，逐字加了旁圈，天头上也画了三个大圈。

在《旧唐书》和《新唐书》的记载中，徐有功耿直公正、不计得失、不畏权贵、守法护法、为法献身的精神，令人肃然起敬，感人至深。毛泽东读这篇传记时，十分动情地圈画批注，经常使用的那些标记，似乎已不足以表达这种深刻的感受，意未能尽，因而多处加上不常使用的套圈、三角号、叉等标记。

徐有功不畏权势所压、敢于公正执法，难免得罪朝中酷吏、奸臣，因而频遭迫害。道州刺史李仁褒兄弟被人陷害，判处死罪。时任秋官郎中（刑部属官）的徐有功，多次为之辩护。秋官侍郎（刑部副长官）周兴便借机诬告徐有功为囚犯开脱，建议朝廷判处徐有功死罪。由于武则天器重徐有功，没有处死他，但还是罢免了他的官职。过了一段时间，武则天又重新起用徐有功，任他为左台侍御史（朝廷监察机构属官）。徐有功向武则天推辞说：

"臣闻鹿走山林而命系庖厨者，势固自然。陛下以法官用臣，臣守正行法，必坐此死矣。"

大意是说，生活在山林的鹿，很难逃脱被猎杀、成为人们厨房里俎头肉的不幸命运。徐有功以鹿自喻，预见到自己必然为守法护法而死于非命的悲剧命运。这是他多次蒙冤入狱的经验之谈，也是一个正直执法人员在封建社会里常有的下场。

毛泽东在这些话旁，每字都画了三角标记，在天头上写了一段批语：

"'命系庖厨'，何足惜哉，此言不当。岳飞、文天祥、曾静、戴名世、瞿秋白、方志敏、邓演达、杨虎城、闻一多诸辈，以身殉志，不亦伟乎！"

毛泽东不同意徐有功"命系庖厨"的说法，认为为执法护法而死，以身殉志，是很伟大的。毛泽东为徐有功动情，他从徐有功谈死，联想到古今许多人：

岳飞，南宋时抗金民族英雄，为主和派秦桧诬陷杀害；文天祥，南宋时的文学家、政治家，在抗元战争中，为叛徒引兵击败，被俘，坚贞不屈，惨遭杀害；曾静，清研究程朱理学的学者，因策动反清被杀害；戴名世，清史学家，因著有《南山集》《孑遗录》造成文字狱，被杀；瞿秋白，中国共产党早期领导人，被国民党杀害；方志敏，赣东北革命根据地和中国工农红军第十军创始人之一，被国民党杀害；邓演达，国民党左派，被蒋介石秘密处死；杨虎城，西北军领导人和"西安事变"主要发动人之一，解放前夕，被国民党秘密杀害；闻一多，著名诗人、教授，抗日战争胜利后，1946年因反对国民党发动内战，支持进步学生运动，被国民党特务杀害。

这些人，有的是封建社会里的民族英雄、杰出的政治家、著名学者；有的是民主革命时期的爱国将领、诗人、教授；还有的是新民主主义革命时期的无产阶级革命家等。他们为正义、为真理、为信仰而壮烈牺牲，永垂青史。毛泽东很推崇这些人"以身殉志"的崇高气节。

毛泽东在批语中之所以提及这些人，是因为他们都有一个共同点：那就是不愿屈服于敌对势力，因保持独立人格而殉志。毛泽东之所以崇尚这些人，显然与其敢于与天斗、与地斗、与人斗的性格有关。在毛泽东的人生观中，从来没有"屈服"二字。为了崇高的理想，义无反顾，勇往直前，哪怕为自己的志向而殉身，是毛泽东作为无产阶级革命家一生的情怀。

在一些场合，毛泽东还经常借一些"以身殉志"的古人，对干部队伍进行教育。1939年4月8日，在延安"抗大"工作总结大会上演讲时，毛泽东说：多少共产党员被捕杀头，这是威武不能屈。但尚有一部分叛徒起先信仰马克思主义而且做工作，但一旦威武来了，就屈服，带路捉人，什么都做。一种人被捉了，要杀就杀，这种英雄的人中国历史上很多，有文天祥、项羽、岳飞，绝不投降，他们就有这种骨气。那些叛徒就没有这种骨头，所以平素讲得天花乱坠，是没有用的。

所以，在毛泽东的眼中，徐有功并不算是一个完人，毛泽东欣赏他秉公执法、不徇私情的品质，但却对他逃避现实、屈服压力的做法予以批评。

徐有功三次被指控死罪，三次被赦；两次被罢官，又两次复出，始终矢志不渝，永葆本色，将升黜生死置之度外。长安二年（702年）徐有功病逝，终年62岁，朝廷赠他司刑卿。

6. 毛泽东读《宋史》品范仲淹

在《宋史》的人物列传中，毛泽东特别瞩目《范仲淹传》，他非常推崇范仲淹。据文字记载，毛泽东曾先后四次对范仲淹高度赞赏并作出精当评价。

毛泽东赞扬范仲淹是"办事而兼传教之人"

1913年11月23日，在长沙求学的毛泽东在《讲堂录》中第一次对宋代名臣范仲淹和影响近代中国历史进程的著名人物曾国藩给予了高度的评价。他说：

"圣贤，德业俱全者；豪杰，歉于品德，而有大功大名者。拿翁，豪杰也，而非圣贤。有办事之人，有传教之人。前如诸葛武侯、范希文，后如孔、孟、朱、陆、王阳明等是也。宋韩、范并称，清曾、左并称。然韩、左办事之人也，范、曾办事而兼传教之人也。"

青年毛泽东对处于社会上层的圣贤君子划分为"办事之人"和"传教之人"两大类。"传教之人"的最高典范是孔、孟、程、朱、陆、王，他们致力于探究真理，探讨大本大源，毕生弘扬教化，泽被千秋万代，故被尊为"圣人"。至于"办事之人"，尊奉圣贤之所垂教，也能建功立业于当世，但他们无心穷究"宇宙之真理"，难以达到立德、立功、立言"三不朽"的人生境界，故而不能跻身"圣贤"行列。毛泽东把范仲淹和曾国藩列为"办事而兼传教之人"，认为他俩既探究大本大源，又建立了不朽的功业，创造了"三不朽"的最高境界。这无疑是对范、曾二人的极高品评。

风华正茂的毛泽东认为：正如在宋代，范仲淹的历史地位要高过韩琦一样，在清朝，曾国藩的历史地位肯定高过左宗棠。因为范仲淹和曾国藩都是"办事而兼传教之人"。所谓"办事"，是指建功立业；所谓"传教"，是指建立和传播思想学说，以影响当代和后世。也就是说，范仲淹与曾国藩两人不仅建立了不朽功勋，而且其道德文章都可以为后世所效法，被后人所景仰。毛泽东把韩琦、范仲淹和左宗棠、曾国藩相比较，指出了范、曾二人比韩、左二人在道德思想领域里高明得多，也就是因为他俩领悟到了"大本大源"的关键所在。

在青年毛泽东看来，圣贤应当是"办事"而兼"传教"之人，就是高举理想道德的伟大旗帜，又能以此为大本大源来经世济民平天下，并取得大功大业的人。所以即使拿破仑称霸欧洲，也只能算是一代豪杰，不能进入圣贤的第一队列。毛泽东认为范仲淹是真正的"办事而兼传教之人"，即是评价他不但建立了辉煌的事功，而且其道德文章思想对后世产生了深远的影响。由此可见，弱冠之年的毛泽东对范仲淹已是十分钦佩了。

青年毛泽东效法范仲淹，以天下为己任

《宋史·范仲淹传》这样记述："范仲淹，字希文，唐宰相履冰之后。其先邠州人也，后徙家江南，遂为苏州吴县人。仲淹二岁而孤，母更适长山朱氏，从其姓，名说。少有志操，既长，知其世家，乃感泣辞母，去之应天府，依戚同文学。"

范仲淹是唐朝宰相范履冰的后代。他的祖先原是陕西邠州人，后迁徙江南，定居苏州。范仲淹两岁时父亲不幸逝世，范母谢氏年轻，贫无所依，只好带着儿子改嫁给山东淄州长山县朱文翰。范仲淹也就跟着这个曾当过县令的继父姓了朱，名叫朱说。范仲淹母子随朱文翰先后游历过不少地方，少年范仲淹没有中断过学业。但作为一个异姓之子，难以承受的是寄人篱下的委屈。

范仲淹在朱家虽然受到歧视，但并不了解自己的身世。朱家是长山的富户，其子弟习惯于挥霍享受，范仲淹对他们那种奢侈浪费的做派很是看不顺眼，于是多次劝止，却遭到异父母兄弟的抢白："我们花的朱家的钱，关你什么事？"范仲淹听了大吃一惊，觉得话中有话，于是追究盘问，方知自己的身世。此事对他产生极大的刺激和震动，于是下决心脱离朱家，独立生活，到南京发奋读书。

1913年11月29日，毛泽东在《讲堂录》中也亲笔记述道："范文正世家子，父丧，幼随母适朱，故名朱说。所不自知其为范氏子也，人告以故，乃感极而泣。励志苦学，三年衣不解带。尝见金不取，管宁之亚也。公盖苏州人。子尧夫，仁侠似之，尝遇故旧于途，见窘于资，指赠以麦云。"

毛泽东记述范仲淹的早年经历时，正值寒风袭击长沙，出身农家、"身无分文，心忧天下"的毛泽东，对出身孤贫的范仲淹感同身受，推崇之情洋溢于字里行间。

据《宋史》记载，范仲淹以天下为己任，忧国忧民，清廉为官，勤政为民，艰难坎坷地奋斗了一辈子。任开封知府时，几个月就把混乱不堪的开封府治理得井井有条。民间流传歌谣："朝中无忧有范君，京都无事有希文。"范仲淹与韩琦主持西北边事，号令严明，民间又流传："军中有一韩，西贼闻之心骨寒。军中有一范，西贼闻之惊破胆。"在《答手诏条陈十事》中，范仲淹主张"明黜陟，抑侥幸，精贡举，择官长，均公田，厚农桑，修武备"，随后在全国各地推行"庆历新政"。虽只推行一年，却开北宋改革风气之先。范仲淹虽四次遭贬，却矢志不渝，仍然疾呼"先天下之忧而忧，后天下之乐而乐"。

范仲淹"先天下之忧而忧，后天下之乐而乐"的千古名言，为中国儒家思想中的进取精神树立了一个崭新的标杆。所以，元好问十分钦佩范仲淹，赞颂他说："在布衣为名士，在州县为能吏，在边境为名将，其才其量其忠，一身而备数器。"

出身农家的少年毛泽东志向远大，他在走出韶山之前改写《赠父诗》明志："孩儿立志出乡关，学不成名誓不还。埋骨何须桑梓地，人生何处不青山。"正是受到范仲淹等历代圣贤的影响，毛泽东号召人们以天下国家为己任，敢作敢为。他大声疾呼："天下者，我们的天下；国家者，我们的国家；社会者，我们的社会；我们不说，谁说？我们不干，谁干？"

青年毛泽东立志成就"内圣外王"之业，做圣贤、豪杰的思想越来越坚定。他说："圣贤、豪杰之所以称，乃其精神及身体之能力发达最高之谓。"为了实现这一宏伟目标，毛泽东"文明其精神，野蛮其体魄"，艰苦卓绝，奋发有为，矢志不渝。

毛泽东曾想效"范公之画粥"

1917年8月23日，毛泽东给远在北京的亦师亦友的黎锦熙写了一封长信，其中说："然拟学颜子之箪瓢，与范公之画粥，冀可勉强支持也。阁下于此，不知赞否若何？"

24岁的毛泽东竟然想效法23岁的范仲淹之画粥而食，这真是一场跨越千年的神交啊！

大中祥符四年（1011年），23岁的范仲淹毅然辞别老母来到南京，进入思慕已久的应天府，投师声誉日隆的戚文同门下。戚文同不积私财，不营居室，终生教授，他告诫学生：人生以有义为贵。

戚文同的言传身教对范仲淹影响极大。据《范文正公集》附《年谱》记载，他"昼夜苦学，五年未尝解衣就枕。夜或昏怠，以水沃面。往往膳粥不充，日昃始食"。冬夜读书倦极思睡，就用冷水洗面。每日以稀粥为食，还常常吃不饱，且每天要到很晚才有的吃。这是何等的寒窗苦读啊！

这一情况从另一记述也可以得到证实。据《范文正公集》卷七《上张左丞书》，范仲淹自述少家贫，在僧寺里读书，经常煮粥一小锅，待凝结后用刀划成小块，早晚各取两块，外加一点咸菜，即为一天饮食。

《宋史·范仲淹传》也记述："昼夜不息，冬月惫甚，以水沃面；食不给，至以糜粥继之，人不能堪，仲淹不苦也。"

就是在这种以苦为乐的环境中，范仲淹"昼夜苦学"，孜孜不倦，坚定不移。据说有一次宋真宗路过南京，人们都争先恐后地去看热闹，唯独仲淹仍埋头读书。有个同学特地跑来叫他："快去看哪，这是千载难逢的机会，千万别错过哦。"仲淹回了一句："将来再见也不晚。"便又继续读他的书。

工夫不负有心人。宋真宗大中祥符八年，范仲淹赴京参加科举考试，金榜题名，进士及第，得到了真宗的召见。

孟子曰："天将降大任于是人也，必先苦其心志，劳其筋骨，饿其体肤，空乏其身，行拂乱其所为。所以动心忍性，曾益其所不能。"毛泽东在青年时代就立志"改造中国与世界"，他豪情万丈地说："与天奋斗，其乐无穷；与地奋斗，其乐无穷；与人奋斗，其乐无穷。"毛泽东效仿范仲淹"画粥"并非一时冲动，因为他在青少年时代就以"身无分文，心忧天下"自勉，认真实践着自己所倡导的"文明其精神，野蛮其体魄"的心身修炼宗旨。

毛泽东品范仲淹词："介于婉约与豪放两派之间"

范仲淹在文学上也很有成就。1957年8月1日，毛泽东兴致大发，索笔蘸墨，龙飞凤舞，把范仲淹的《苏幕遮·碧云天》《渔家傲·塞下秋来风景异》两首词书写出来。他又将自己的心得和见解发之于笔端，对范仲淹的这两首词作出如下评注：

"词有婉约、豪放两派，各有兴会，应当兼读。读婉约派久了，厌倦了，要改读豪放派。豪放派读久了，又厌倦了，应当改读婉约派。我的兴趣偏于豪放，不废婉约。婉约派中有许多意境苍凉而又优美的词。范仲淹的上两首，介于婉约与豪放两派之间，可算中间派吧；但基本上仍属婉约，既苍凉又优美，使人不厌读。婉约派中的一味儿女情长，豪放派中的一味铜琶铁板，读久了，都令人厌倦。人的心情是复杂的，有所偏袒仍是复杂的。所谓复杂，就是对立统一。人的心情，经常有对立的成分，不是单一的，是可以分析的。词的婉约、豪放两派，在一个人读起来，有时喜欢前者，有时喜欢后者，就是一例。睡不着，哼范词，写了这些。江青看后，给李讷看一看。"

毛泽东对范仲淹两首词的点评，流露出真挚的个人情感，有三条值得我们注意：一是古典词作可分婉约与豪放两种，即使是"中间派"的作品也具有倾向性；二是毛泽东的兴趣"偏于豪放，不废婉约"，两者兼顾；三是从阅读心理和阅读兴趣来看，不同风格的作品都应该读一读。

自己认真品评一番，还意犹未尽，一定要推荐给家里亲人共同欣赏，足见毛泽东对范仲淹词的喜爱和推崇。

7. 毛泽东读《宋史》评王安石

对于被革命导师列宁称为"中国十一世纪的改革家"的王安石，毛泽东从学生时代起就开始研究，并有独到的见解。

1915年9月6日，就读于湖南一师的毛泽东致信萧子升说：王安石"欲行其意而托于古，注《周礼》，作《字说》，其文章亦傲睨汉唐，如此可谓有专门之学者矣。而卒以败者，无通识，并不周知社会之故，而行不适之策也"。

早年毛泽东研究王安石变法的经验教训，对他日后改造中国、从事革命和建设不无影响。

著名的王安石变法，在历史上又称为"熙宁新政"，被详细记载在《二十四史》之一的《宋史》中。

《宋史》撰修于元朝末年，全书有本纪47卷，志162卷，表32卷，列传255卷，共计496卷，约500万字，是《二十四史》中篇幅最庞大的一部官修史书。

早在元初，元世祖忽必烈就曾诏修宋史，因体例未定而未能成书。元朝末年，丞相脱脱主张分别撰修宋、辽、金三史，各自独立，这一意见得到元顺帝的同意。于至正三年（1343年）三月开局，三史同时修撰。经过两年半时间，至正五年（1345年）十月，《宋史》匆匆成书。

《宋史》是在原宋朝《国史》的基础上删削而成的。《宋史》的特点是史料丰富，叙事详尽。两宋时期，经济繁荣，文化学术活跃，雕版印刷盛行，编写的史书，便于刊布流传。科举制的发展，形成庞大的文官群，他们的俸禄优厚，有很好的著述条件。加之统治者重视修撰本朝史，更促成宋代史学的发达。修撰本朝史的工作，在北宋前期由崇文院承担；王安石变法改革官制后，主要由秘书省负责。宋代官修的当代史有记载皇帝言行的起居注；记载宰相、执政议事及与皇帝问对的时政记；有根据起居注、时政记等按月日编的日历；有详细记载典章制度的会要；还有编年体的"实录"和纪传体的"国史"。元末修撰的这部《宋史》，是元人利用宋朝旧有的《国史》编撰而成，基本上保存了宋朝《国史》的原貌。

但是由于《宋史》修撰者匆匆急就，在史料的裁剪、史实的考订、文字的修饰、全书体例等方面存在不少缺点，如一人两传，无传而说有传，一事数见，有目无文，纪与传、传与传、表与传、传文与传论之间互相抵牾等，这使它在《二十四史》中有繁芜杂乱之称。

尽管《宋史》存在不少缺点，但是它卷帙浩繁，仅《列传》就有2000多人，比《旧唐书》列传多出一倍。叙事详尽，就史料的学术价值而言详胜于略。同时《宋史》的主要材料是宋代的国史、实录、日历等书，这些史籍现在几乎全部逸失了，而《宋史》是保存宋代官方和私家史料最有系统的一部书。

毛泽东对《宋史》的一些重要篇章，都做了圈阅和评点。

王安石是北宋政治家、思想家，也是著名文学家。宋神宗任用王安石为宰相，推行变法。王安石变法的目的是抑制豪强，调动农民的生产积极性，发展农业和商业，缓和农民阶级与地主阶级的矛盾。王安石变法自始至终都受到了大地主阶级和顽固守旧势力的坚决反对。反对派实力强大，其代表人物是大名鼎鼎的司马光。司马光任宰相后几乎废除了王安石变法的所有法案。

青年毛泽东目光如炬，高度评价王安石的过人才华和改革志向，指出其变法失败的原因在于"无通识，并不周知社会"，可谓精深独到。

据《宋史》记载：王安石的新政，包含了多项变革，他自己最为得意的创新、也是最为当时人所诟病的是"青苗法"。

宋朝立国百年后，积贫积弱的形势日趋严重。宋神宗赵顼即位后，面临内忧外患，立志富国强兵，有所作为。当时，广大农民十分贫困，导致他们纷纷破产的一个重要原因，是高利贷的猖獗和地主豪强的土地兼并。每年青黄不接之时，农民为了维持生活和生产，常向地主豪绅乞借高利贷。于是，"兼并之家乘其急以邀倍息"。为了改变这种情势，神宗于熙宁二年（1069年），采纳王安石的建议，出台了"青苗法"。

所谓"青苗法"，实际上就是由国家代替富户来发放的一种用地里的青苗作抵押的贷款，即在每年青黄不接时，由官府向农民贷款，秋后再连本带息一并归还。所定的利息为2分，自然较豪强富户的利息低。此举既可免除农民受高利贷盘剥，又能增加国家的财政收入，利国利民。

王安石推行"青苗法"的主要目的是为了济贫困、抑兼并、促生产，其宗旨不可谓不善。然而新法一经全面推行却完全走了样，不但无"惠民"之效，反而变成了害民之法。

其一，自愿贷款变成了官府强制摊派。

虽然朝廷屡次禁止州县官吏向百姓抑配青苗钱，但为了出政绩，各级官吏"务以多散为功"，"故不问民之贫富，各随户等抑配与之"。强制摊派引起人民不满，"民间喧然，以为不便"。但为掩盖事实真相，官员们竟然上奏假称"民皆欢呼盛德"。

其二，低息贷款演变成了官方的高利贷。

朝廷规定取息2分，"而施行之际则不然也"，"出纳之际，吏缘为奸，虽有法不能禁"。许多地方明令取息3分，甚至更多。司马光为陕西路青苗钱算过一笔账，农民得青苗钱"陈色白米1石，却将来纳新好小麦1石8斗7升5合，所取利近1倍"。

其三，新法的推行给地方官吏创造了盘剥渔利的机会。

过去，农民向地主贷款，双方讲好价钱即可成交。现在向官府贷款，要有手续，先要申请，后要审批，最后要还贷。道道手续，都成了官员们捞取"好处费"的关卡。"闾胥里长于收督之际有乞取之资"，因而借青苗钱者在出息3分之外，还有许多额外的破费。正如苏轼所说："又官吏无状，于给散之际，必令酒务设鼓乐倡优或关扑卖酒牌，农民至有徒手而归者。但每散青苗，即酒课暴涨，此臣所亲见。"如此一来，借青苗钱者不但要负担重息，经过官吏层层盘剥，甚至本钱也倒贴了进去。"虽兼并之家乘饥馑取民利息，亦不至如此重。"

其四，官府的逼债手段比民间放高利贷者更加严酷。

官府掌握专政的机器，农民还不了本和息，官吏们则"鞭笞必用"，农民难以忍受。"青苗法"实行"二十年，因欠青苗至卖田宅、雇妻卖女、投水自缢者不可胜数"。

最后，"青苗法"在朝野一片反对和攻击声中被迫废止，王安石也被罢相，郁郁而终。

王安石"青苗法"的失败原因成了历代学者研究的课题。人们从不同角度得出了不同的结论，但公认的一条原因，就是当时司马光所说"皆吏不得人，故为民害"，也就是说在推行新政改革的同时，忽视了吏治的改革和整顿。

王安石变法的最终失败，主要原因当然是守旧势力的阻挠和破坏。但王安石不能知人善任，致使一些趋炎附势、投机钻营之徒，借拥护新政之名，钻进了变法的领导班子，也实在是他失败的一个重要缘由。

诚然，在理论上，王安石在用人问题上曾有过一些精辟论述，写过《材论》，提出过"教之、养之、取之、任之"的育人用人办法，发出过"人才难得亦难知"的慨叹，其实在实际中他并不真正懂用人之道。在《读孟尝君传》中，他强调只需"一士"就能办大事，而鄙弃众人智力，斥之为"鸡鸣狗盗之力"。而且，推行新法过程中他所依靠的"士"，又没有认真识别，便轻率加以任用，全然忘了"难知"二字。

譬如吕惠卿，就因多方"迎合安石"，两人一起"论经义，多合"，王安石就十分赏识，说什么前代的儒者没有能比得上他的，同时竭力"援引"，使他"骤至执政"，成为第一号依靠力量。后来，王、吕之间一度产生矛盾，吕惠卿便施奸计，故意对人说："惠卿读儒书，只知仲尼之可尊；读外典，只知佛之可贵；今之世，只知介甫之可师。"把孔子、佛陀、王安石三者并列，极尽吹捧之能事。这种拍马的话传到王安石耳中，王安石居然轻信，嫌隙便立即解除了。还有像邓绾之类"笑骂由他笑骂，好官我自为之"的成事不足、败事有余的人物，也得到了王安石的重用。

由于王安石用人的弱点，致使一些挂羊头卖狗肉的人有空子可钻。正如顾炎武所说："干进（钻营求官）之流，乘机抵隙。"这当然使改革领导班子严重不纯。

当王安石一度失利离开相位时，满口"只知介甫之可师"的吕惠卿非但不救助，反而落井下石，"凡可以害安石者，无所不用其智"。此时那一帮风派人物立刻见风使舵，"倾安石以媚惠卿，遂更朋附之"。有的否定新法，有的借其他案件来株连诬害王安石。其后，王安石虽再度为相，但大势已去，成不了气候。剩下唯一可以参与机谋的心腹仅是自己的儿子王雱，不幸儿子又过早夭亡。他最后只好喟然长叹："义不足以胜奸，而人人与之为敌。"

这就是11世纪一个大政治家的悲剧！照理说，"义"是可以胜奸的，在王安石那里为何又不能了呢？关键在于，改革变法的事业虽然是正义的，却没有识别和任用一批主持正义的人，而让那些投机分子钻到心脏里来了。

王安石变法是中国历史上规模较大的一次改革，但由于王安石在改革经济的同时，不愿也不敢触动封建的上层建筑，所以遭到失败。它的失败说明，改革必须将政治、经济、文化、军事等方面配套进行，才能取得最后的成功。

毛泽东总结王安石变法失败的教训是"不周知社会"。"不周知社会"内涵很多，其中自然也包含了"吏不得人"的问题。因此，毛泽东赞成"治国就是治吏"。毛泽东正是基于这种历史的经验教训，反复指出："政治路线确定之后，干部就是决定的因素。""必须善于使用干部。领导者的责任，归结起来，主要的是出主意、用干部两件事。"王安石变法最终失败的一个很大的原因就是"干部问题"。

《宋史·王安石传》中说："安石性强忮，遇事无可否，自信所见，执意不回。至议变法，而在廷交执不可，安石傅经义，出己意，辩论辄数百言，众不能诎。甚者谓'天变不足畏，祖宗不足法，人言不足恤'。"

"天变不足畏，祖宗不足法，人言不足恤"，正是王安石针对反对派反对、攻击变法而提出的纲领性思想原则。

1965年6月20日，毛泽东在上海与复旦大学教授刘大杰畅谈文史，从天命论谈到王安石。刘大杰说，对于王安石，我们一向总认为他能反对天命、反对封建宗法，是他的进步之处。毛泽东却认为："在王安石之前已经有人提出过反对天命、反对封建宗法的思想，譬如屈原、王充。王安石最可贵之处在于他提出了'人言不足恤'的思想，在神宗皇帝时代，他搞变法，当时很多人攻击他，他不害怕。封建社会不比今天，舆论可以杀人，他能挺得住，这一点很不容易做到。"毛泽东强调说："要学习王安石这种'人言不足恤'的精神，不要害怕批评，要敢于发展、坚持自己的见解。"显然，毛泽东对王安石的看法和评价比早年更精当深刻了。

毛泽东不仅推崇王安石其人，也喜爱王安石的诗文。1958年，毛泽东从《人民日报》上看到江西余江消灭了血吸虫，欣喜异常，写下两首七律《送瘟神》，其中"春风杨柳万千条"，就是化用了王安石的《壬辰寒舍》中的诗句："空思似杨柳，春风万千条。"

8. 毛泽东："《明史》我看了最生气"

1964年5月，毛泽东在一次谈话中说："《明史》我看了最生气。明朝除了明太祖、明成祖不识字的两个皇帝搞得比较好，明武宗、明英宗还稍好些以外，其余的都不好，尽做坏事。"这段话可谓毛泽东对明代历史的整体印象和基本评价。

酷爱历史的毛泽东通读过《二十四史》，对历朝历代的兴衰治乱、文治武功皆有研究和品评。但毛泽东读史又并非平均用力，而是将通读与精读、博览与深研相结合。在《二十四史》中，《明史》是毛泽东圈点最多、体悟最深的史书。

《明史》是《二十四史》中的最后一部。顺治二年五月，清廷组织人员纂修《明史》。《明史》是一部纪传体明代史，记载了从明太祖洪武元年（1368年）到明思宗崇祯十七年（1644年）共277年的明朝历史。《明史》共332卷，包括本纪24卷，志75卷，列传220卷，表13卷。其卷数在《二十四史》中仅次于《宋史》，但其修纂时间之久，用力之勤却大大超过了以前诸史。修成之后，得到后代史家的好评，认为它超越了宋、辽、金、元诸史。清代史学家赵翼在《廿二史札记》卷三十一中说："近代诸史自欧阳公《五代史》外，《辽史》简略，《宋史》繁芜，《元史》草率，惟《金史》行文雅洁，叙事简括，稍为可观。然未有如《明史》之完善者。"

明朝有将近三百年的历史，兴衰治乱的轨迹在《明史》中历历可见。在明朝前期，朱元璋、朱棣父子励精图治，奠定了大明王朝数百年的基业。之后也有所谓的"仁宣之治"，但实则在守成中渐渐消磨了进取的斗志。到嘉靖当政，初期尚有振作之象，不久便朝政紊乱，乱象环生。万历初期的张居正改革犹如回光返照，过后就江河日下，病入膏肓。

明朝有许多昏庸的皇帝：有醉心修道的明世宗朱厚熜，有几十年不见朝臣的明神宗朱翊钧，有热衷于干木匠活的明熹宗朱由校……明朝亡国之君朱由检在内忧外患中走投无路，最后以发覆面，吊死煤山，以示"无面目见祖宗"！

毛泽东颇不以为然的明朝的不争气皇帝中，他评价较多的是明世宗嘉靖皇帝。

明朝由盛到衰，嘉靖当政是重大的转折点。《明史》在评价嘉靖皇帝时写道："若其时纷纭多故，将疲于边，贼讧于内，而崇尚道教，享祀弗经，营建繁兴，府藏告匮，百余年富庶治平之业，因以渐替。"可见明朝真正走下坡路，是从嘉靖开始的。

毛泽东批评嘉靖皇帝说："炼丹修道，昏庸老朽，坐了四十几年天下，就是不办事。"这个评价恰如其分。

在明朝皇帝中，嘉靖的身份比较特殊。他本是明武宗的堂弟，封地在湖北安陆（今钟祥市）。武宗死后没有子嗣继位，在此情况下，慈寿皇太后与重臣杨廷和等定策，决定由朱厚熜以藩王身份入继大统。于是朱厚熜在太监谷大用等的护送下日夜兼程赶往京师，深恐这天降之喜中生变故。嘉靖初登大位，感觉不错，他大刀阔斧地革弊图新，裁汰特务机关，广行宽恤之政，颇有明君气象。但不久便玩弄权术，耽于享乐。他倚重严嵩等奸臣残害忠良，经常廷杖大臣，又特别崇信道教，醉心于斋醮、方术、祥瑞等无聊之事。鉴此，秦金、杨爵、海瑞等大臣前赴后继，轮番进谏，希望嘉靖振作如初。

御史杨爵沉痛谏道："陛下即位之初，励精图治，尝以《敬一箴》颁示天下矣。乃数年以来，朝御希简，经筵旷废。大小臣庶，朝参辞谢，未得一睹圣容。"他期望嘉靖"念祖宗创业之艰难，思今日守成之不易，览臣所奏，赐之施行"。可是嘉靖皇帝览书大怒，将杨爵下狱论罪。

毛泽东在读《明史·杨爵传》时，旁批了四个字："靡不有初。"下笔似有无限感慨。"靡不有初，鲜克有终"这句话见诸《诗经》，意思是说人们大都有一个良好的开端，但很少有人能够善始善终。

"靡不有初，鲜克有终"，明朝的大势何尝不是如此呢！

可见，毛泽东说"《明史》我看了最生气"，并非因为《明史》纂修得不好，而是因为明代的大多数皇帝"尽做坏事"和不争气，让他生气。

毛泽东虽然对明史"很生气"，但读《明史》时却极下工夫。因为在封面上，密密麻麻，不仅全录出了《明史》的册数和每册中的卷数，而且还列出了众多传主的姓名，如"60册，列传107，张四维，马自强"、"67册，131—132，东林党传"之类，有的在传主的姓名之下加圈，有的在传主的姓名之后画括弧加注。读这样的一部巨著，持如此认真细致的态度，在一般的读书人中，也并不多见；对于毛泽东这样年在迟暮而又日理万机的党和国家的最高领导人来说，简直不可思议。

在对《明史》的研读过程中，毛泽东发表过许多评论，品评过很多人和事。这些评论带有相当突出的毛泽东式个人风格，不少是发前人之所未发，补前人之所未逮，展示了一位政治家和思想家不同寻常的历史洞察力。

除了《明史》，毛泽东还广泛涉猎过与明朝有关的大量史料，如《明史纪事本末》《明实录》，以及各种有趣的野史稗乘、笔记小说。丰富的历史知识储备，使他在评点《明史》时可以信手拈来，涉笔成趣。

毛泽东读《明史》、品《明史》，不仅为明代历史研究增加了新的内容和视角，而且也为我们读懂毛泽东提供了具有独特价值的线索。毛泽东品评《明史》的字字句句，见证了一代伟人以史为鉴的复杂心曲，以及博览史籍、刻苦探索的学习精神。

9. 毛泽东读《明史》品朱元璋、朱棣

毛泽东眼里"搞得比较好"的明朝开国皇帝朱元璋，是一个具有传奇色彩的英雄人物。原名重八，后取名朱国瑞，元文宗天历元年九月十八（1328年10月21日）丁未时，出生于濠州（今安徽省凤阳县东）钟离太平乡的一个贫苦农民家庭。排行第四，家族兄弟排行第八。

朱重八自幼贫寒，父母兄长均死于瘟疫，孤苦无依，入皇觉寺（位于凤阳城西门外）为小沙弥，兼任清洁工、仓库保管员、添油工。入寺不到两个月，因荒年寺租难收，寺主封仓遣散众僧，朱重八只得离乡为游方僧。后于至正八年又回到皇觉寺。因其友汤和的一封信，参加了反元起义军，改名"朱元璋"意为诛（朱）灭元朝的璋（璋，一种武器）。25岁时参加郭子兴领导的红巾军，反抗蒙元暴政。

朱元璋在郭子兴手下，率兵出征，有攻必克，因此郭子兴便把养女马氏嫁与了他，军中称之为"朱公子"。郭子兴死后，朱元璋统率郭部，任小明王韩林儿的左副元帅。接着以战功连续升迁，至正十六年（1356年）诸将奉朱元璋为吴国公。至正二十四年（1364年）即吴王位。

至正二十八年（1368年），朱元璋在基本击破各路农民起义军和扫平元的残余势力后，于南京称帝，国号大明，年号洪武。

朱元璋是继刘邦之后又一个出身微细、起自草莽的平民皇帝。朱元璋和刘邦、成吉思汗一样，都属于不识字或识字不多的"大老粗"，却创造

了许多"秀才"（知识分子）望尘莫及的伟大功业。《明史》赞誉朱元璋"当其肇造之初，能沉几观变，次第经略，绰有成算"，实非虚词。

毛泽东对朱元璋卓越的军事才能给予过很高的评价，曾说"自古能军无出李世民之右者，其次则朱元璋耳"。李世民创造了许多以弱胜强的经典战例，最符合毛泽东的军事思维；而朱元璋之所以能紧随李世民之后排名第二，是因为他的军事谋略也深得毛泽东的赞许。比如，朱元璋在北定中原之前，在江南主要面对两股势力：一是陈友谅，一是张士诚。本来张士诚尤为逼近朱元璋的地盘，所以有人建议他先打张士诚。但朱元璋经过分析对比，却先置张士诚于不顾，而首先解决陈友谅。其理由是陈友谅素性骄傲，而张士诚器量狭小，两相比较，"志骄则好生事，器小则无远图，故先攻友谅"。果然，朱元璋与陈友谅在鄱阳湖决战时，张士诚徘徊观望，"卒不能出姑苏一步以为之援"。陈友谅既灭，张士诚顿成累卵，不久便为朱元璋击灭。朱元璋后来回忆说，如果先打张士诚，"浙西负固坚守，友谅必空国而来，吾腹背受敌矣"。

在北伐中原的过程中，朱元璋以其雄才大略、远见卓识对北伐又做出了精心部署，提出先取山东，撤除元朝的屏障；进兵河南，切断它的羽翼；夺取潼关，占据它的门槛；然后进兵大都，这时元朝势孤援绝，不战而取之；再派兵西进，山西、陕北、关中、甘肃可以席卷而下。这就是他的"次第经略"的战略思想。

毛泽东吸纳并综合了李世民"以弱胜强"、朱元璋"次第经略"的思想，形成"集中优势兵力，各个歼灭敌人"的战略原则。朱元璋的成功经验，让毛泽东领略到在不同战略阶段分清主次、逐步拓展的极端重要性。毛泽东的"不要四面出击"、"不打无把握之仗"等战略思想，显然有着深厚的历史渊源。

朱元璋打天下时十分注重知识分子的作用，善于将知识分子的谋略、智慧为己所用。刘伯温、宋濂、朱升、章溢、叶琛等一批饱学之士，聚集在他的周围以备顾问，使之左右逢源，如虎添翼。文武雄才极一时之盛，共襄盛举，方才成就了朱元璋奄有宇内的宏图。毛泽东更是这样，他在延安时期撰写的《大量吸收知识分子》等重要文章，其着眼点也是文武并重。

1948年11月，明史专家吴晗辗转来到河北省平山县的西柏坡，将他在当年8月份写完准备再版的《朱元璋传》的修改稿，送请毛泽东阅正。正在指挥解放战争的毛泽东于百忙之中挤出时间仔细阅读了书稿，还约请吴晗深谈了两次。隔了几天，毛泽东在退还《朱元璋传》原稿时，还特地给吴晗写了信。信中说：

"两次晤谈，甚快。大著阅毕，兹奉还。此书用功甚勤，掘发甚广，给我启发不少，深为感谢。有些不成熟的意见，仅供参考，业已面告。此外尚有一点，即在方法问题上，先生似尚未完全接受历史唯物主义作为观察历史的方法论。倘若先生于这方面加力用一番工夫，将来成就不可限量。"

此信对吴晗苦心为朱元璋立传称道有加，但又指出吴晗"似尚未完全接受历史唯物主义作为观察历史的方法论"。显然，毛泽东和吴晗在对朱元璋的评价问题上，存在一定差异。在毛泽东眼中，唯物史观亦可称做"奴隶史观"，是底层人民在创造历史，历史上的农民起义都程度不同地推动了历史的进步。朱元璋作为农民起义的首领，更是如此。而吴晗的《朱元璋传》却以朱元璋影射蒋介石，显然没有贯彻历史唯物主义的观点。

新中国成立后，吴晗根据毛泽东的意见，从1954年开始用了整整一年的时间重新写了《朱元璋传》。1955年春，油印出100多份，再次呈送毛泽东请求指正。毛泽东又认真通读了一遍，在书中多处用铅笔画了直线、曲线等符号和着重号。如今在中南海毛泽东故居书房里，还保存着这本吴晗写有"送毛主席，请予指正"的上、下两册十六开油印书稿。

毛泽东对吴晗的修改表示满意，同时指出："朱元璋是农民起义领袖，是应该肯定的，应该写得好点，不要写得那么坏（指朱元璋的晚年）。"1964年，吴晗根据征集来的各方意见，利用病休时间再一次对书稿作了修改，并于1965年正式出版。

朱元璋晚年以猛治国，用严刑峻法惩治贪污，澄清吏治，结果倒使人人自危。但比起那些穷奢极欲、风流成性的皇帝来，朱元璋还算俭约自持。朱元璋晚年猜忌日甚，错杀了许多人，这一点特别为后来人所诟病。

毛泽东并不是认为朱元璋没有过错，只是认为对朱元璋这位农民起义的领袖应采取基本肯定的态度，"应该写得好点，不要写得那么坏"。

毛泽东对朱元璋的经历研究得相当仔细，甚至一些具体的历史环节也不放过。比如，元至正二十四年（1364年）春，朱元璋在即吴王位后亲自率兵征伐武昌，一举荡平汉、沔、荆、岳等地区。毛泽东读到《明史》涉及此事的记载时，批注道："不令诸子孙统兵作战，失策。"在他看来，朱元璋应该让诸子孙在血雨腥风中经受磨炼，不能让他们坐享其成。

1953年2月，毛泽东与陈毅同游南京紫金山，共发思古之幽情。陈毅兴致勃勃地讲了当地关于朱元璋的一些传说故事。毛泽东接着说："朱洪武是个放牛娃出身，人倒也不蠢。他有个谋士叫朱升，很有见识。朱洪武听了朱升的话'广积粮、高筑墙、缓称王'，最后取得了民心，得了天下。"

20世纪70年代，毛泽东提出过"深挖洞、广积粮、不称霸"以及"备战、备荒、为人民"两个基本口号，显然是从朱元璋的策略中得到启发，并予以发展和超越。

明成祖朱棣是朱元璋的第四子，初封燕王。因太子朱标早逝，朱元璋死后即由长孙朱允炆继位，这就是建文帝。朱允炆采纳大臣齐泰、黄子澄等的建议而削藩，以免重蹈西汉"七国之乱"、西晋"八王之乱"的覆辙。在此背景下，燕王朱棣身处危殆，于是以"靖难"、"清君侧"为名起兵造反，在建文四年（1402年）攻破南京，随后即皇帝位，杀齐泰、黄子澄、方孝孺等所谓"奸臣"，并灭其族。

毛泽东在读清人谷应泰所撰《明史纪事本末》时，仔细揣摩了朱棣造反夺取皇位的过程，并多有评论。

朱棣在与南京对峙的过程中出生入死，打过许多漂亮的胜仗。特别是建文二年（1400年）的白沟河战役，朱棣将李景隆等率领的勤王之师打得"委弃器械辎重山积，斩首及溺死者十余万"。但在随后的东昌战役中，朱棣骄傲轻敌，结果被盛庸等击败，被擒斩万余人，"燕兵大败，遂北奔"。当时朱棣身处重围，左冲右突，奋力死战，才得以逃脱。

毛泽东在对比了两次战役之后评论道："白沟河大胜之后，宜有此败。"这就是说，朱棣被胜利冲昏了头脑，注定会有闪失。这与毛泽东曾多次告诫军事将领不要"犯大胜之后骄傲的错误"的思想是一致的。

朱棣后来重整旗鼓，千里奔袭，竟然兵临南京城下。建文帝多次派人前往朱棣大营，许以割地求和。但朱棣不为所动，口口声声要捉拿"奸臣"，显出咄咄逼人的架势。毛泽东读至此写道："始终以索战犯为词，使南京无法答允。"言下之意，朱棣是有意将矛盾尖锐化，以遂其夺取天下之志。

朱棣兵临南京城下，实际上是孤军深入，带有相当的冒险性。这时如果朱允炆弃城而走，作战略转移，不见得没有东山再起的机会。可是方孝孺等人竟无半策以匡时艰，"唯剩一死报君王"。方孝孺以名节自励，一心想以死留名千载，实际上形同愚人。朱棣令其草即位诏不果，威胁道："你不怕灭了你的九族吗？"哪知方孝孺说："灭十族又何妨！"结果陪方孝孺去死的亲戚、学生竟达八百多人！

毛泽东对这位智谋不足、迂腐呆滞的书生没有什么好印象。据陈伯达回忆，他有次向毛泽东推荐方孝孺写的《深虑论》，毛泽东不屑地说："他自己的命运怎么样？他自己的命运都虑不到，还谈什么深虑？"

朱棣登上皇位后不久迁都北京，奠定了明朝近300年的基业。明成祖屡次北征，在其统治下，幅员之广超越汉唐，受朝命而入贡者几达30国，可谓武功赫赫，威震殊俗。其雄武之略不减其父朱元璋，所以毛泽东称赞朱元璋、朱棣父子"搞得比较好"。

10. 毛泽东瞩目的《二十四史》中的几封"上书"

毛泽东读《二十四史》，最喜欢读人物传记，而在人物传记中又特别留意包括"上书"在内的可靠文献，并给予独到的评说。

在中国封建时代，政治文化的一个重要特点，便是文武百官向皇帝"上书言事"。早在秦汉时代，"上书"中便出现了许多奇文，此后历朝历代皆有佳作。

毛泽东对历代"上书"的作用及特点很感兴趣。他认为研读古代好的"上书",从中可汲取政治智慧和历史经验,达到资政育人、古为今用的目的。在读《二十四史》的过程中,毛泽东对其中若干篇有代表性的"上书",如李斯上秦王的《谏逐客书》、贾谊上汉文帝的《治安策》、马周上唐太宗书、朱敬则上武则天书、姚崇上唐玄宗书等反复阅读,在浓圈密画或与人交谈中,发表了不少新颖独到的品评文字。

"有很大的说服力"——毛泽东读李斯《谏逐客书》

毛泽东于1959年年底至1960年年初,在读苏联《政治经济学》(教科书)时,曾谈到《谏逐客书》这篇文章。他说:

"李斯的《谏逐客书》,有很大的说服力。那时候各国内部的关系,看起来是领主和农奴的关系,每个家庭都有自己的战车、武士。"

李斯(?—前208)是楚国上蔡(今河南上蔡)人,入秦之前,是荀子的学生。学成后,他征求了老师的意见,选择了入秦实现自己政治抱负的道路。他抵达秦国的时间,是公元前247年庄襄王刚去世、太子政(后来的秦始皇)刚即位的时候。秦王嬴政时年仅13岁,他尊吕不韦为相。吕不韦招致宾客,就将新来的李斯纳为舍人。这为李斯得以接近秦王创造了机会。李斯向秦王所献之计为:"灭诸侯,成帝业,为天下一统。"这正是秦王要实现的目标。秦王先后拜李斯为长史、客卿,听从并采纳他的建议,对他很信任。

据《史记》记载:秦王嬴政十年(公元前237年),与秦接壤的东邻韩国派了一名说客,是位水利专家,名叫郑国,来到秦国,竭力建议在关中修一条长达300里的灌溉渠(这条渠后来修成后,称为"郑国渠",也叫"郑渠")。

这似乎是为秦国着想的,但其本意是想让秦国把人力、物力投入这一大型水利工程上,拖住秦国,无力出兵东伐,所以根本上是替韩国着想的。

不久,这件事的内幕被捅了出来,秦国的宗室大臣们借此大做文章,纷纷向秦王反映说,其他诸侯国的人来秦做事,统统有各为其主的不可告人的目的，都是坏东西，应该把他们一个不留地驱逐出去。一时"排外"的言行形成一股势头，秦王于是也下了"逐客令"。

李斯是楚国人，当然也在被逐之列。他的《谏逐客书》就是在这一背景下写的。

李斯的上书，开头回顾了春秋战国以来秦国历史上四个辉煌的时期：穆公用了百里奚等人，称霸西戎；秦孝公用了商鞅，变法殷富；秦惠文王用了张仪，扩大版图；秦昭王用了范雎，奠定帝业。这些智谋之士都不是秦人，而是客卿，他们于秦是有功的。

接着，李斯又以帝王所好的珍宝美女来自四方所献，不过只在于"快意当前"而已，秦的目标应该是"跨海内，制诸侯"，没有"术"怎么能成？没有人怎么能成？如果"不问可否，不论曲直，非秦者去，为客者逐"，那就等于是损害自己、资助敌国的愚蠢举动，"求国无危，不可得也"！

李斯的出发点是为秦国考虑的，就事论理，颇有气势，竟说服了秦王，撤除了已经颁发的"逐客令"。所以毛泽东赞赏这篇文章"有很大的说服力"。

毛泽东在评价此文之后，为什么又接着谈到"各国内部的关系"这一层意思上呢？因为当时毛泽东正在读苏联《政治经济学》（教科书），容易联想到这方面的问题；更重要的是，《史记》本传在引了《谏逐客书》之后，介绍了秦王重用李斯，废分封，设郡县，完成了政治体制的改革，终于实现了"并天下"的目标，统一了全国。

李斯是毛泽东比较欣赏的历史人物，他不仅协助秦王嬴政统一了天下，还建议焚书，统一文字，企图从思想领域保证秦帝国的长治久安。秦始皇统一全国后实行的一系列政策，大多出自李斯的主意。李斯不但是策划者，而且也是执行者。他从老师荀子那里学到的本事，全都运用到辅助秦始皇的实践当中去了。秦始皇没有李斯，能否最终统一全国，尚不能论定。李斯之功莫大焉！

正因如此，毛泽东于1964年8月30日谈话中说：

"李斯是拥护秦始皇的，思想上属于荀子一派，主张法后王。"

不久，毛泽东还谈到过这样的意思：秦始皇用李斯，李斯是法家，是荀子的学生，荀子是儒家的"左派"。显然，毛泽东认为儒家中的右派是孔子、孟子。这种划分的依据在于，是"取法先王"还是"取法后王"，也就是说，是遵守祖宗成法还是创新变法。因为荀子的学说中汲取了法家的成分，李斯在实践上又体现了法家的精神，是"主张法后王"的，是"拥护秦始皇"统一事业的，干了一番前人没有干过的大事业，所以毛泽东要赞赏李斯和他的老师荀子。在毛泽东看来，"敢"字当头，干前人没有干过的事业，就是进步的；历史人物凡是这样做的，就应当大加肯定。

"西汉一代最好的政论"——毛泽东评贾谊《治安策》

1958年4月27日，毛泽东写信给他的秘书田家英，建议他：

如有时间，可一读班固的《贾谊传》。可略去《吊屈》《鹏鸟》二赋不阅。

贾谊文章大半亡失，只存见于《史记》的二赋二文，班书略去其《过秦论》，存二赋一文。《治安策》一文是西汉一代最好的政论，贾谊于南放归来著此，除论太子一节近于迂腐以外，全文切中当时事理，有一种颇好的气氛，值得一看。

据《史记》和《汉书》记载，贾谊是西汉人，18岁时"以能诵诗属书"闻名于世。汉文帝时，被召为博士，每次皇帝诏下让议论的问题，许多年长博士说不清楚的地方，年仅二十余岁的贾谊对答如流，才华出众。不到一年，汉文帝越级擢升他为太中大夫。

贾谊在政治上主张改革，提出改订历法、修正律令、制定制度等一系列重要建议和措施，遭到朝廷保守派权贵们的忌妒和毁谤，被贬为长沙王太傅。三四年后，文帝召他回来，任文帝小儿子梁怀王太傅。贾谊虽经历了被贬黜的磨难，但他忧国忧民之心仍然很殷切，向文帝上了《治安策》，即毛泽东所说"南放归来著此"。

毛泽东在多次讲话中，提到年轻有为的历史人物时，常常会以贾谊为例，说他在历史学和政治学方面都有很深的造诣，是古时的秦汉史专家，"英俊天才"。对贾谊33岁由于梁王坠马，自责"为傅无状"郁郁死去，毛泽东深表惋惜，曾赋诗感叹道："梁王坠马寻常事，何必哀伤付一生。"

《治安策》又名《陈政事疏》，顾名思义，它是贾谊为了汉帝国的长治久安提出的政治策略。

从汉高祖到汉文帝，西汉王朝经过将近40年的统治，经济有了很大的恢复和发展，政治比较稳定，表面看是一片清平盛世。但是，目光如炬的贾谊居安思危，清醒地看到实际上潜伏的种种危机。他在《治安策》中开宗明义地说：

臣窃惟事势，可为痛哭者一，可为流涕者二，可为长叹息者六。若其他背理而伤道者，难偏以疏举。

字里行间，流露出他对国家前途命运的深切忧虑。

贾谊对当朝权贵一味强调"天下已安已治矣"等歌功颂德、粉饰太平的说法和做法，轻蔑地批评为"非愚则谀"；说自己"陈治安之策"的动机，是因为他认为"方今之势"，无异于"抱火厝（音cuǒ）之积薪之下而寝其上，火未及燃，因谓之安"！

在《治安策》中，贾谊为之痛哭的是：诸侯王各据一方，相继发生淮南（淮南王刘长，是汉文帝的弟弟）、济北（济北王刘兴居，是汉文帝的侄子）之乱，企图夺取中央政权。贾谊从前朝历史和设置诸侯的沿革，分析了诸侯叛变的根源，建议："欲天下之治安，莫若众建诸侯而少其力。"即削小诸侯领地，削弱诸侯权力。因为诸侯"力少则易使以义，国小则亡邪心"，便于统治。

在《治安策》中，贾谊为之流涕的两件事是：其一，匈奴侵扰，虽封爵、和亲、馈赠金帛财物都不能缓和矛盾，边界长期处于战备状态，而皇帝未予重视和解决；其二，皇帝软弱，对边界问题不敢碰硬，本来"德可远施，威可远加"，却搞得数百里外，匈奴肆虐，"威令不信"。因此，他建议加强对少数民族的控制，严惩里通少数民族的官员。

在《治安策》中，贾谊为之长叹息的事是：其一，世风日趋侈靡，"夫百人作之，不能衣一人"，"一人耕之，十人聚而食之"，人民贫困，潜伏着不安定因素。其二，秦朝"遗礼义，弃仁恩"，风气败坏，导致其加速灭亡。汉朝取得政权后，秦的"遗风余俗，犹尚未改"，而"若夫经制不定，是犹度江河亡维楫，中流而遇风波，船必覆矣"。其三，对教育太子和为君之道未予重视。贾谊建议制定礼仪、纲纪、法度，使上下有所遵循。

贾谊在《治安策》中为之长叹息者本为六项，班固的《汉书》仅择其要保存了三项，其余内容已渺不可查。

《治安策》是贾谊深刻观察和分析了当时社会的政治经济状况，有的放矢地提出来的。它从历史到现实举出种种事例进行了分析，说理层层深入，有理有据，有很强的说服力。全篇文笔犀利，感情真挚。因此，毛泽东称赞说："《治安策》一文是西汉一代最好的政论"，"全文切中当时事理，有一种颇好的气氛，值得一看"。

毛泽东评论《治安策》中"论太子一节近于迂腐"，是指贾谊主张对太子的教育，应选拔天下道德品行都很端正的人与太子做伴，使太子"生而见正事，闻正言，行正道，前后左右皆正人也"，"不使太子见恶行"。这样，太子整天和正人君子在一起便不会变坏。这种把太子放进"玻璃罩"里的教育方法，必然造成太子丧失"免疫力"，很难达到贾谊所理想的教育效果。

而毛泽东一贯主张，年青一代要成长为革命的接班人，就必须投身革命斗争的实践中去，在大风大浪中经受锻炼和考验。毛泽东认为："有比较才能鉴别。有鉴别，有斗争，才能发展。真理是在同谬误作斗争中间发展起来的。""我们要提倡正确的东西，反对错误的东西，但是不要害怕人们接触错误的东西。单靠行政命令的办法，禁止人接触不正常的现象，禁止人接触丑恶的现象，禁止人接触错误思想，禁止人看牛鬼蛇神，这是不能解决问题的。"

毛泽东是以自己的这种思想观点，来衡量贾谊"论太子一节"的，所以说它"近于迂腐"。

贾谊在《治安策》中所阐述的政治主张，未引起西汉统治阶级的重视，致使他壮志未酬身先死，成为千古遗恨。

"贾生《治安策》以后第一奇文"——毛泽东品马周上唐太宗书

毛泽东在读《二十四史》的过程中，重点地仔细阅读了《旧唐书》和

《新唐书》中的《马周传》，对马周的多份"上书"都很留意，尤其对《新唐书》所载马周在贞观十一年（637年）的一封"上书"密加圈点，并给予高度评价，称其为"贾生《治安策》以后第一奇文"。

毛泽东对马周这位出身寒微，但却才识超群、深得唐太宗赏识的人物情有独钟。

马周（601—648），博州茌平（今山东茌平）人，从小孤贫好学，尤其精通《诗经》《春秋》。他早年落泊，西游长安，做了中郎将常何的门客。贞观三年（629年），唐太宗李世民令百官"上书言得失"。常何是一介武夫，不通经史，但又任务在身，无奈之下，只好请马周代笔。马周条陈二十余事，件件皆合唐太宗的心意。唐太宗感到很奇怪，因为凭常何的才具是写不出这样的"上书"的。

唐太宗咨问起这件事时，诚实的常何坦陈非其所能，全由门客马周起草。唐太宗喜出望外，立即召见马周，"及谒见，与语甚悦"，大有相见恨晚之感，当即决定其在门下省当值。马周从此平步青云，很快跻身唐太宗的股肱之臣之列。常何因为发现人才，唐太宗赐帛三百匹以示奖励。

马周历任监察御史、侍御史、朝散大夫、中书令、谏议大夫、吏部尚书等职，另兼任太子老师，可谓荣宠备至。

被毛泽东誉为"贾生《治安策》以后第一奇文"的马周的那封上书，直陈己见，不事虚饰，其主要观点有：

其一，劝谏唐太宗"节俭于身，恩加于人"，为子孙立久远之基。马周以史为鉴，认为夏、商及两汉分别延续数百年，皆因为"积德累业，恩结于人心"；而从魏晋到隋代，都不过几十年，"良由创业之君，不务广恩化，当时仅能自守，后无遗德可思"。马周举例说，如果没有"文景之治"的俭朴之风，假若穷奢极欲的汉武帝在刘邦之后便即位，则"天下必不能全"。所以，"自古明王圣主，虽因人设教，而大要节俭于身，恩加于人，故其下爱之如父母，仰之如日月，畏之如雷霆，卜祚遐长，而祸乱不作也"。毛泽东在"节俭于身，恩加于人"处逐字加了套圈，天头上还连画了三个大圈，以示此八字为其中要旨。在强调历史经验之后，马周直陈时弊，指出当时"徭役相望，兄去弟还"，"百姓颇嗟怨，以为陛下不存养之"。与之形成反差的是，"今京师及益州诸处，营造供奉器物，并诸王妃主服饰，皆过靡丽"。有感于民间之怨苦与京师之奢侈，马周语重心长地说："陛下少处人间，知百姓辛苦，前代成败，目所亲见，尚犹如此。而皇太子生长深宫，不更外事，即万岁后，圣虑之所当忧也。"毛泽东在"陛下少处人间，知百姓辛苦，前代成败，目所亲见"处，字字加了旁圈。马周的文字情理交融，毛泽东密加圈点，可谓神交古人，感慨系之。

其二，劝告唐太宗在百姓有余力的情况下再行贮积，不可横征暴敛。马周说："自古以来，国之兴亡，不由积蓄多少，唯在百姓苦乐。"这种百姓苦乐决定国家兴亡的观点，一生主张"为人民服务"的毛泽东是很赞同的，所以他在此处天头上画了三个圈，又逐字加了旁圈。马周认为，一个国家，当然要有贮积，但这种贮积要与民力相称。在民困未苏的时候，横征暴敛，只可能资寇。他以隋朝为例，隋朝建洛口仓，又在东都洛阳积布帛，结果大乱一来，前者为李密所有，后者为王世充所据。马周还强调，民众劳苦而征之不息，如果遇上天灾边患，则最容易出现狡狯强梁。如果出现这种情况，那就不是皇上晚食晏寝所能应付得了的。毛泽东在"贮积者固是有国之常事，要当人有余力而后收之，岂人劳而强敛之"处逐字加了圈画，深表赞同。

其三，提醒唐太宗吸取西汉"七国之乱"、西晋"八王之乱"的教训，不可对诸王"溺于私爱"，树置失所，而要预为节制。马周说，皇帝之子不愁富贵，"身食大国，封户不少，好衣美食之外，更何所须"。如果对之宠遇太厚，一方面会导致他们恃恩骄奢，甚至危害社稷；另一方面也会引起皇位继承者的忌恨。马周以曹操宠爱曹植，结果曹丕继位后迫害曹植为例，得出"先帝加恩太多，故嗣王疑而畏之也"的论断。毛泽东对这句话加了旁圈。马周希望唐太宗避免"前车既覆而后车不改辙"，毛泽东在天头上连画三个圈，以示切要。

其四，建议唐太宗重视刺史、县令等临民之官的选拔，加强基层政权建设。马周说："臣闻天下者，以人为本。必也使百姓安乐，在刺史、县令耳。县令既众，不可皆贤，但州得良刺史可矣。"毛泽东在"必也使百姓安乐"一句下，逐字加了圈画。马周笔锋直指时弊，认为朝廷独重内官，而对刺史、县令等直接临民之官的选拔颇为草率，刺史多用武人，或者是因为任京官不称职而外放做刺史、县令。至于边远地区，刺史、县令的任用更是随意而为，真正"以德行见称擢者，十不能一。所以百姓未安，殆由于此"。这种重视基层政权建设的观点，非常符合毛泽东的政治思想。

马周的"上书"切中要害，言之有物，于平实中见至理，于质朴中显真情。唐太宗阅后"称善久之"，毛泽东读后赞赏其为"贾生《治安策》以后第一奇文"，并进一步发挥说："宋人万言书，如苏轼之流所为者，纸上空谈耳。"

对于马周的这封"上书"，毛泽东在极其赞赏的同时也指出了其中的某些不足。如"上书"中说："今百姓承丧乱之后，比于隋时才十分之一。"毛泽东认为此种说法"不确，比于隋时，大约五分之一"。隋唐鼎革，人口锐减，但不至于减少到马周所说的十分之一，可见毛泽东读史时极善独立思考。

唐太宗评价马周说"见事敏速，性甚贞正"，自己对马周"暂不见辄思之"。马周晚年患病，唐太宗"躬为调药"，传为千古佳话。《新唐书》的主修者欧阳修在《马周传》后附一赞语，感叹"周之遇太宗，顾不异哉"，唐太宗"锐于立事"，而马周建言"皆切一时，以明佐圣"，君臣之间"不胶漆而固，恨相得晚，宜矣"。但又说马周之才毕竟不及辅佐商代武丁王的傅说以及帮助周武王灭纣的吕望（姜子牙），所以后世对马周的事迹叙述不多。毛泽东不同意此种说法，批道："傅说、吕望，何足道哉。马周才德，迥乎远矣。"此评可谓"一家之言"，从中也可看出毛泽东对马周这类人物的偏爱。毛泽东历来认为"贫人、贱人、被人看不起的人、地位低的人，大部分发明创造，占百分之七十以上，都是他们干的"，原因在于这些人"生力旺盛，迷信较少，顾虑较少，天不怕，地不怕，敢想敢说敢干"。马周以一介草民而平步卿相，为毛泽东的这一看法又提供了强有力的佐证，所以他格外欣赏。

马周早年嗜酒伤身，只活了48岁。毛泽东在《新唐书·马周传》中就此批注了八个字："饮酒过量，使不永年。"表达了一种深深的惋惜之情。

"朱敬则政治家、历史家"——毛泽东读朱敬则上武则天书

在读《旧唐书·朱敬则传》时，毛泽东于开篇的天头上批注："朱敬则政治家、历史家，年七十五。"

朱敬则（635—709），亳州永城（今河南永城）人，出身名门望族，"倜傥重节义，早以辞学知名"。他曾受到过唐高宗李治的召见和赏识，但因被人谗毁而未得到擢用。武则天临朝称制后，朱敬则先后担任正谏大夫、冬官侍郎等职务，并监修国史。

一代女皇武则天执政之初，颇受朝野怨恨，加之帷幕不修，内心惧惶，为巩固政权，命人于朝堂安置铜匦，广开告密之门。同时任用来俊臣、索元礼、周兴等酷吏罗织罪名，残酷迫害宗室大臣，在朝野上下造成严重的恐怖气氛。有鉴于此，朱敬则上书武则天，提出"绝告密罗织之徒"，在政治上改弦易辙，"易之以宽泰，润之以淳和"，开创礼乐教化的新气象。

毛泽东在读《旧唐书·朱敬则传》时，对于朱敬则上武则天的奏疏，浓圈密画，处处流露出赞赏之情。

朱敬则援引秦、汉之得失，说明在政策上"因时权变"的极端重要性。他指出，秦国在李斯当政时期推行法家理论，致力于富国强兵，以至屠灭诸侯，统一宇内，在当时是必要的，亦是有效的。然而，这毕竟属于"救弊之术"，不可行之于久远。秦国却不改故辙，"淫虐滋甚，往而不返，卒至土崩，此不知变之祸也"。与之比较，汉高祖刘邦平定天下后，便听从叔孙通、陆贾等儒生的建议，"开王道，谋帝图"，从而奠定了西汉200多年的基业，此为"知变之善也"。据此，朱敬则建议武则天"览秦汉之得失，考时事之合宜"，"改法制，立章程，下恬愉之辞，流旷荡之泽……窒罗织之源，扫朋党之迹，使天下苍生坦然大悦，岂不乐哉"。对于这些话，毛泽东均加了圈画，并由此联想到西汉贾谊所写的《过秦论》，批注道："贾谊云：'仁义不施，而攻守之势异也。'"在毛泽东看来，朱敬则的主张与贾谊的思想是一脉相承的。

朱敬则的上书还非常讲究方式、方法与策略，充分考虑到了武则天的接受心理，体现了"顾全大局"、巧妙进谏的艺术。朱敬则未必完全赞同

武则天掌权初期的那些做法，但他在上书中却说当时置铜匦、开告端使"曲直之影必呈，包藏之心尽露"，武则天"以兹妙算，穷造化之幽深；用此神算，入天人之秘术"，在这番铺垫后，朱敬则方才话锋一转："向时之妙策，乃当今之刍狗也。""刍狗"乃无用之物，现今应该弃旧更新，转而实行宽恤之政。朱敬则以古论今，巧妙进谏，无怪乎武则天阅后"甚善之"。

武则天个性极强，她所尊重的大臣只有狄仁杰等很少一些人，因此向她进谏并非易事。毛泽东说朱敬则是政治家，应当包括他懂得进谏策略这一层意思在内。因为毛泽东在读《明史》时曾说过："明朝反魏忠贤的那些人，不讲策略，自己被消灭，当时落得皇帝不喜欢。"言下之意，进谏者选取适当的方式和策略才不至于事与愿违。

朱敬则为官清正，珍惜贤才。当时的御史大夫魏元忠、凤阁舍人张说遭人诬陷，行将处死，"诸宰相无敢言者"，唯有朱敬则上书武则天，为这两人申冤鸣屈，说他们"素称忠正，而所坐无名，若令得罪，岂不失天下之望也"。魏元忠、张说终至免于一死，有赖于朱敬则的鼎力相助。武则天宠幸的张易之等奸臣媚权事贵，为武三思、苏味道等十八人绘《高士图》，想引诱朱敬则参与其事。但朱敬则"固辞不就，其高洁守正若此"。公元706年，朱敬则受贬归乡，行李中"无淮南一物，唯有所乘马一匹，诸子徒步从而归。敬则重然诺，善与人交，每拯人急难，不求其报"。毛泽东对这些传文都逐一加了旁圈，其敬重之情是不言而喻的。

"如此简单明了的十条政治纲领，古今少见"——毛泽东评姚崇上唐玄宗书

毛泽东在读《二十四史》时，对《旧唐书》《新唐书》中的《姚崇传》都读得十分仔细，在《新唐书·姚崇传》开篇的天头上批注曰："大政治家、唯物论者姚崇。"

姚崇（650—721），陕州硖石（今河南陕县）人。其父姚善意在贞观年间曾担任过都督一类的职务。姚崇早年应"下笔成章"举，文名远播，并五迁至夏官郎中。姚崇历事则天、中宗、睿宗、玄宗等皇帝，堪称"四

朝元老"。到唐玄宗李隆基当政时，其功业达到鼎盛，成为开创"开元盛世"的一代名相。

开元初年，唐玄宗务修德政，励精图治，准备任命姚崇为宰相。姚崇抓住皇帝锐于成事的心理，上书提出十条意见，以皇帝能否接受作为他是否出任宰相一职的条件。这十条意见是：

一、武后当政以来以峻法绳下，陛下能否做到"政先仁恕"？

二、朝廷与吐蕃作战，兵败青海，至今仍未有悔意，陛下能否做到"不幸边功"？

三、近来佞人触犯法网，皆以受宠得解，陛下能否做到"法行自近"，无论亲疏远近，一视同仁？

四、武后、韦后时期宦官干政，"臣愿宦竖不与政可乎"？

五、宗室贵戚、公卿方镇等纷纷纳贡上，陛下能否做到除"租赋外一绝之"？

六、外戚曾长期把持朝政，班序芜杂，以后能"戚属不任台省"否？

七、先皇帝侮辱大臣，有失君臣之礼，陛下能对臣下"接之以礼"乎？

八、燕钦融、韦月将等大臣以忠被罪，从此以后诤臣沮丧，陛下能让群臣皆得"批逆鳞，犯忌讳"乎？

九、武后、中宗先后造福先寺、玉真观等，费资巨万，陛下能做到杜绝"营造"否？

十、西汉因为吕禄、王莽、阎显、梁冀等外戚权臣乱天下，"臣愿推此鉴戒为万代法可乎"？

李隆基读了这份上书后说："朕能行之。"于是，姚崇欣然赴命，出任宰相。

姚崇所提上述十条意见，总结了自唐初以来几代存在的主要弊端，有些意见相当尖锐。所以毛泽东称姚崇为"大政治家"，并在旁批中赞扬道："如此简单明了的十条政治纲领，古今少见。"

11. 毛泽东推荐给下属们的《二十四史》篇章

据逄先知回忆：4000万字左右的《二十四史》毛泽东是通读了的，有些部分不止读过一遍。他认为有意义的人物传记，还经常送刘少奇、周恩来、邓小平、彭真、彭德怀等中央领导人阅读。毛泽东将史书篇章推荐给党的高级干部，显然是为了引起他们以史为鉴，汲取经验教训，增长智慧和才干。这也是毛泽东常用的一种独特的教育下属的方法。

毛泽东向高级干部推荐《汉书·霍光传》

1971年"九一三事件"之后，毛泽东曾向党的高级干部推荐过几本书，古今中外都有，其中便有《汉书·霍光传》。

霍光（？—前68），字子孟，河东平阳（今山西临汾西南）人，骠骑将军霍去病之同父异母弟。十余岁随霍去病入京为郎，迁为侍中。霍去病死后，霍光为车都尉、光禄大夫，出入禁闼二十余年，小心谨慎，深为汉武帝所亲信。征和二年（公元前91年）汉武帝意欲以赵婕妤所生之子弗陵为嗣，认为霍光可辅佐，遂命人绘《周公负成王朝诸侯图》以赐霍光。

后元二年（公元前87年），汉武帝病危，诏霍光为大司马，与金日磾、上官桀、桑弘羊辅佐弗陵，是为昭帝。汉昭帝时年8岁，霍光以大司马、大将军领尚书事主持朝政，于始元二年（公元前85年）封博陆侯。上官桀与霍光争权，桑弘羊与霍光在盐铁官营等政策上有严重分歧。公元前80年，上官桀、桑弘羊、燕王刘旦、盖长公主密谋，欲杀霍光，废昭帝，立燕王为天子，最后事败，上官桀、桑弘羊被族诛，燕王和盖长公主自杀。霍光自是威震海内。

元平元年（公元前74年）汉昭帝薨，无嗣，霍光以皇太后诏迎立汉武帝之孙昌邑王刘贺。刘贺荒淫无道，旋废之。又迎立武帝曾孙刘询，是为汉宣帝。

霍光执政期间，执行"与民休息"政策，削减国家财政支出，减免百姓租赋，重新恢复与匈奴和亲，史称"百姓充实，四夷宾服"。

其实，向"高级干部"推荐《霍光传》的，1000余年前就曾有过一人。《宋史》记载：寇准当了宰相，前去请教张泳，张泳只说了一句"《霍光传》不可不读"。寇准不解其意，回去读《霍光传》，读到"不学无术"时，会心一笑，说："此张公谓我也。"

"不学无术"这顶帽子是寇准读《霍光传》时，对号入座加到自己头上的，张泳私下对他的评价是："寇公奇才，惜学术不足耳。"

《霍光传》记载：霍光要废一即位就行淫乱的刘贺，又怕日后担"忤逆"的骂名，他想援引古例，却不知"伊尹废太甲以安宗庙，后世称其忠"的典故，于是问了一句"于古尝有此否"。没想到即此一问，让人看出"光不涉学"了。"不学无术"一说就是溯源于此。

然而，《霍光传》价值的还不仅止于此。读《霍光传》，使人能更清醒地认识"君子之泽，五世而斩"的历史悲剧。

霍光是西汉武帝、昭帝、宣帝的重臣，有拥立新君、辅佐朝政的大功，是四朝元老，为汉室的安定和中兴建立了功勋，是西汉历史发展中的重要政治人物，位列麒麟阁十一功臣之首。这棵根深叶茂的大树，确实也庇荫过他的后人。大树底下乘凉，又极易有恃无恐，于是霍光的子孙们骄横傲慢，即使什么本事都没有，也会什么人都不放在眼里。身居高位，"朝请"时却"数称病私出"。"朝谒"也叫"苍头奴"代劳。连家奴都狗仗人势，竟因与人争道而入御史府踢大门，还动不动就扬言"县官（指汉宣帝）非我家将军（指霍光）不得至此"。

汉宣帝即位之后，霍光夫妇又做了两件不光彩的事。《汉书》均有记载。一是将女儿霍成君嫁给皇上，二是将汉宣帝在民间所娶的皇后许平君毒死了，使他自己的女儿成了皇后。

地节二年（公元前68年），霍光去世，汉宣帝即宣布亲政。他做的第一件事，就是逐步开始剥夺霍家人的政治权力。此时的霍光一脉，在朝廷已盘根错节，势力强大。《汉书》云，"党亲连体，根据于朝廷"，甚为形象。汉宣帝首先削弱霍光家族的军权。他任命霍光的儿子霍禹为大司马，霍光侄孙霍山为尚书，削其实权。最关键的环节，就是将"羽林及两宫卫将屯兵"，"悉易亲信"，换成了自己的人。

这一切，自然令霍家人坐立不安。霍禹、霍山等人，甚为恐惧。于是，霍氏决定冒险。这是说，他们想让霍皇后下毒酒，毒死汉宣帝，然后由霍禹做皇帝。然而，此时的汉宣帝早已羽翼丰满、成竹在胸了。公元前65年，汉宣帝一举将霍家及其余党一网打尽。可怜霍氏一族，几乎没有留下什么活口。霍光的老婆儿子被腰斩后，甚至还被弃尸街头。唯一活下的人，是霍皇后，在冷宫终其一生。霍氏一家，真正算是死无葬身之地了！这一可悲结局，正由"君子之泽"的"庇荫"所致。

要认真看书学习，为官执政的不可不学无术；要管好自己的家人子女——这两条都是毛泽东反复强调的。毛泽东向高级干部推荐《汉书·霍光传》，其良苦用心，或许也就在于此。这对于当今建立学习型政党和反腐倡廉，极具借鉴意义。

毛泽东曾要求王洪文读《后汉书·刘盆子传》

1972年，按照毛泽东的部署，王洪文从上海被调到中央工作。开始时没有让他担任中央的重要职务，而是委托周恩来培养他，考察他。有一次，王洪文回到上海搞调查研究，同时为召开党的十大作准备。一到上海市委康平路办公室，王洪文就急着要找市委写作组的负责人朱永嘉。朱永嘉是复旦大学教师，对古代史，尤其是明史非常熟，批判《海瑞罢官》前调到市委写作组。王洪文对朱永嘉说，在北京的时候，毛主席要他读《后汉书》中的《刘盆子传》。因为是古文，很深奥，他读不懂，所以要朱永嘉给他讲讲。

朱永嘉把这件事告诉了当时的上海市委负责人徐景贤。为了探索其中的含义，徐景贤要朱永嘉赶紧把《后汉书》找来一读。

《刘盆子传》中写道："刘盆子者，泰山式人，城阳景王章之后也。"式县，位于泰山脚下的泰安附近。景王刘章，是汉高祖刘邦的孙子，而盆子是刘章的后代，身上有点皇属血统。不过，当时他只是个放牛娃。新莽末年，赤眉农民起义，"琅琊人樊崇起兵于莒，西攻长安"。有人给起义军的领袖樊崇出主意，要他找一个刘氏宗室来做皇帝，以便师出有名，号令天下。

当时，在赤眉起义军中有景王刘章的后代共70多人，其中数刘盆子、刘茂、刘孝三人的皇族血统最近。究竟该挑选谁来当皇帝呢？结果采取"摸彩"的方式选中了15岁的刘盆子。刘盆子侥幸当上了皇帝，将领都向他膜拜称臣，但他依旧故我，经常和一班放牛娃嬉戏……

王洪文的经历，在某些方面和刘盆子有相似之处，他从小也放过牛、养过猪，在东北吉林的田野里干过农活。毛泽东也曾经多次向别人介绍过王洪文，说他务过农，当过兵，做过工，以后又当过干部，经历比较全面。

毛泽东特意从《后汉书》中挑出了放牛娃刘盆子的传记，让王洪文阅读，无非是提醒他：按照刘盆子的资历、能力和社会地位，是不行的，只是依仗着刘氏宗室这一条，"摸彩"摸得了一个皇帝的宝座；你王洪文资历很浅，只是依靠"文革"中造反起家。你要有自知之明。如果不学习，少长进，结果也会像刘盆子那样，即使身居高位，仍然不务正业，最后将以失败而告终。

当时，毛泽东对王洪文确是抱有希望的，但同时，心中也有隐忧：在我们党的历史上，选拔一个工人担任党内的高级领导职务，是有过先例的，王洪文能不能胜任呢？毛泽东对此当然很担忧。

徐景贤给朱永嘉出了一个主意：只做古文翻译，不发表任何议论，除了把《刘盆子传》用白话文详细讲解一遍以外，其他什么话都不说。

第二天，在王洪文办公室里，朱永嘉逐字逐句地讲解着《刘盆子传》，王洪文听得很仔细，还自己捧着《后汉书》看了许久。听完了，看完了，王洪文若有所思，一声不吭。

王洪文的政治嗅觉当然很灵敏，他只听了一遍，就明白了毛泽东叫他读这篇史传的用心所在了。但是他也是胸有城府的人，在朱永嘉面前，他不动声色。读完了，他也不发表读后感，故意谈了一些别的事情，这项读书活动就算结束了。

但是，王洪文后来不听毛泽东"不要搞'四人帮'"的忠告，不学无求，一意孤行地和江、张、姚一起搞阴谋诡计，妄图篡夺党和国家的最高权力，落得个身败名裂的下场，终于变成了现代的"刘盆子"。

毛泽东多次向高级干部推荐《三国志·郭嘉传》

《三国志·魏书·郭嘉传》是毛泽东爱读的一篇人物传记。1959年，他曾多次推荐《郭嘉传》给高级干部阅读。

据《郭嘉传》记载：郭嘉是三国时期曹操赏识和重用的一位英才，可以说他们是一见如故。经荀彧推荐，曹操初次见郭嘉，论议天下事，便感叹道："使孤成大业者，必此人也。"郭嘉在袁绍麾下碰壁以后，见了曹操，也高兴地认为曹操"真吾主也"。曹操随即让郭嘉担任自己的首席军事参谋。

郭嘉没有辜负曹操的厚望。他每临大事，神机妙算，稳操胜券，令曹操喜不自胜。《三国志》作者陈寿评价他是"深通有算略，达于事情"。可惜，郭嘉在38岁那年不幸病逝。曹操大哭，并表曰："自从征伐，十有一年。每有大议，临敌制变。臣策未决，嘉辄成之。平定天下，谋功为高。不幸短命，事业未终。追思嘉勋，实不可忘。"及至赤壁战败，曹操再次大哭，对手下说："郭奉孝（郭嘉，字奉孝）在，不使孤至此。"悲伤痛惜之情，溢于言表。

1959年，伴随着"大跃进"狂澜，国家政治、经济生活中出现了一些问题。这年春天，毛泽东一度潜心研读《三国志》，试图从中获取经验。他结合实际工作中出现的一些问题评点三国人物，谈得比较多的是郭嘉。

1959年3月2日，毛泽东在郑州召开的政治局扩大会议上，向大家详细介绍了郭嘉，几乎把《郭嘉传》里描写郭嘉为曹操谋划的史实都复述了一遍。毛泽东说：

"三国时，曹操一个有名的谋士叫郭嘉，27岁到曹操那里当参谋，38岁就死了。赤壁之战时，曹操说这个人如果在，就不会使我处于这种困难境地。许多好主意就是他出的。比如，打不打吕布，当时议论纷纷。那时袁绍占领整个河北和豫北，曹操在许昌，吕布在徐州。郭嘉建议先打吕布，说袁绍这个人多端寡要，见事迟，得计迟，不要怕，袁绍一定不会打许昌。于是曹操就去打吕布，把吕布搞倒了。如果不先打吕布，如果吕布跟袁绍联合起来同时攻击，曹操就危险了。郭嘉这个计策很成功。然后又去打袁绍。袁绍渡了黄河，在郑州与洛阳之间曹操打胜了。接着引出是不是去打袁绍的两个儿子袁谭、袁尚的问题。郭嘉说不要打，我们回师，装作打刘表，把军队摆到许昌、信阳之间，他们一定要乱的。果然，曹操的军队一挪动，几个月，两兄弟就打起来了。袁尚把哥哥包围在山东平原（德州），哥哥眼看要亡党、亡国，就派了一个代表叫辛毗的，跑到曹操这里来求救。曹操去救，乘势夺取了安阳，消灭了袁尚的部队，袁尚本人跑到辽东去了，然后再去消灭了袁谭。这个计策也是郭嘉出的。就在这个时候，郭嘉得病，38岁就死了。这个人很有名。《三国志·郭嘉传》可以看。"

毛泽东为什么在这种时候大谈郭嘉呢？他明确指出：现在，我是借郭嘉的事来说人民公社的党委书记以及县委书记、地委书记，要告诉他们，不要多端寡要、多谋寡断。谋要多，但是不要寡断，要能够当机立断。端可以多，但是要拿住要点。

同年4月，在上海召开的中共八届七中全会上，毛泽东向中共高级干部推荐《三国志·魏书·郭嘉传》。据薄一波回忆：毛泽东介绍《郭嘉传》让大家看，意思是希望党的各级领导干部做事要多谋善断。毛泽东说，多谋善断这句话，重点在"谋"字上。要多谋，少谋是不行的。要与各方面去商量，反对少谋武断。商量又少，又武断，那事情就办不好。谋是基础，只有多谋，才能善断。谋的目的就是为了断。要当机立断，不要优柔寡断。应当根据形势的变化来改变我们的工作计划。反对党内一些不良倾向，也要当机立断。毛泽东还谈到1958年定的高指标，陈云是不同意的。他由此讲到做工作一定要"多谋善断，留有余地"，要善于"观察形势，当机立断"，找到"一个较好的工作方法"。

7月11日晚，毛泽东在庐山与周小舟、周惠、李锐谈话时，说到1958年经济计划被搞乱了，紧接着说：国乱思良将，家贫念贤妻，这是《三国志·郭嘉传》上的话。曹操在赤壁之战吃了大败仗，于是想念郭嘉。

其实，《郭嘉传》中并没有这句话，是毛泽东记错了。不过由此可以推想毛泽东当时的心态。郭嘉是曹操身边的重要谋士，被曹操称为"奇佐"。有郭嘉在，曹操就不会犯错误。经济计划之所以乱了，是因为没让陈云这样的"奇佐"管经济，所以毛泽东又想起陈云来了。

几天后，毛泽东找李锐等谈话，话题再次集中到郭嘉身上。他说：世上没有先知先觉，无非是多谋善断，留有余地。《三国志》里《郭嘉传》值得一读。郭嘉这个人足智多谋，初在袁绍麾下不得施展，他说袁绍"多端寡要，好谋无决，欲与共济天下大难"，就跑到曹操那里。曹操说他"每有大议，临敌制变。臣策未决，嘉辄成之。平定天下，谋功为高"。可惜中年夭折，曹操大哭。"大跃进"出点乱子，不要埋怨。否则就是"曹营之事不好办"，或者叫做"欲与共济天下大难"！

毛泽东推荐读《郭嘉传》，其实不只是称道郭嘉的"多谋"，也有赞赏曹操的"善断"之意。如上所述，毛泽东批评袁绍优柔寡断，见事迟，得计迟，常常处于被动，吃了败仗。而曹操就不同了，如果没有他的当机立断，郭嘉再好的主意，也不会得到实施。郭嘉之所以弃袁投曹，就是因为在袁绍那里，其谋、其智派不上用场。知人善任，纳谏用谋，是领导者的大事。有了"郭嘉"们的"多谋"，再加上"曹操"们的"善断"，二者结合起来，领导工作就会如虎添翼，就能不断解决难题，打开新的局面，创造新的业绩。

毛泽东向罗瑞卿推荐《三国志·吕蒙传》

1958年，毛泽东到安徽视察，同行的有张治中和罗瑞卿。在火车上，毛泽东认真地阅读了《三国志·吴书·吕蒙传》。闲谈时，他介绍说：三国的"吕蒙是行伍出身，没有文化，很感不便。后来孙权劝他读书，他接受了劝告，勤学苦读，以后当了东吴的统帅"。他接着提出要求："现在我们的高级军官中，百分之八九十都是行伍出身，参加革命后才学文化的，他们不可不读《三国志》和《吕蒙传》。"

毛泽东还当面向罗瑞卿荐读《吕蒙传》，告诫说："公安干警应成为有文有武的人，才能适应社会主义建设新时期的要求。"

《吕蒙传》载于《三国志》。吕蒙是东吴大将，但他少时不曾读书，十五六岁就跟随他的姐夫孙策征战，孙策很赏识他的勇敢。孙权继位后，吕蒙多次立功。后来，吕蒙接受了孙权的劝告，在戎马倥偬之中攻读不辍，读书颇多。

吕蒙自从奋发读书以来，文化水平不断提高，见识日广，更加多谋。周瑜死后，鲁肃接任统帅。起初，他对吕蒙并不重视。及至在怎样对待蜀国大将关云长的问题上，吕蒙向鲁肃献了"三策"，使鲁肃吃惊不小。他说：我以为你只会打仗，想不到你如今已不再是"吴下阿蒙"了。孙权更是赞颂不已：没有人能像我们的吕蒙那样，年长后还能下定决心刻苦自学，"富贵荣显，更能折节好学，耽悦书传，轻财尚义"。

吕蒙通览经典之后，为孙权出谋划策；指挥作战，胆识俱增，成为东吴杰出的统帅。

吕蒙是孙权鼎足江东过程中一个很重要的人物。他的主要贡献就是策划和主持了袭取荆州的战役，使孙权的势力从局促的江南向长江上游拓展，获得了一片宝贵的战略缓冲地带。同时也解除了来自荆州上游的威胁，为孙吴政权的稳定奠定了基础。后来吕蒙早逝，使孙权十分惋惜并深感沉痛。

《三国志》作者评价吕蒙说："勇而有谋，断识军机，谲郝普，擒关羽，最其妙者。……有国士之量，岂徒武将而已乎！"

毛泽东非常赞赏吕蒙这种虽年长仍奋发读书的精神。在毛泽东的推荐下，罗瑞卿回北京后，挤出时间熟读了《吕蒙传》，又派人将它译成白话文，印发公安干部学习，推动了公安系统干部学习文化的热情。这对改善公安干警的文化素养，无疑大有好处。

毛泽东向彭德怀推荐《明史·海瑞传》心情矛盾

毛泽东熟读《明史·海瑞传》，被海瑞等忠直之士在国难当头之时表现出的气概所打动。

1959年4月，上海会议期间，毛泽东大力提倡"海瑞精神"，号召大家就"大跃进"、人民公社化以来的种种失误大胆陈言，将"五不怕"精神与海瑞的直言进谏结合起来。他说："明朝皇帝对臣下严酷，廷杖至死，还是堵塞不了言路。无非是五不怕：不怕撤职，不怕开除党籍，不怕离婚，不怕坐牢，不怕杀头。因此，要学习海瑞精神，敢于批评嘉靖。"还说："海瑞这个人对皇帝骂得很厉害，骂嘉靖是'家家皆净'，还把这话写在给皇帝的上疏里，很不客气。皇帝看了，几次丢在地上，又几次拾起来看一看，想一想，觉得海瑞这个人还是好人。但终究把他关起来，准备杀掉。有一天，看监人忽然拿酒菜给他吃，他很奇怪，便问看监的老头，才知道嘉靖皇帝死了。他大哭，把吃的东西都吐了出来。尽管海瑞攻击皇帝很厉害，对皇帝还是忠心耿耿的。"

在这次会议上，毛泽东提到他曾建议彭德怀读《明史·海瑞传》，又问周恩来看过没有，周恩来说看过了。

上海会议后，彭德怀到东欧访问前，专门读了海瑞的事迹，有半月时间，那本载有《海瑞传》的《明史》常置在他的案头。

毛泽东这样不厌其烦地向大家推荐海瑞，从一个侧面反映了他期望党内同志讲真话，以便及时纠正政策失误的急迫心情。他还表示："我的缺点，你们也要批评，现在搞成一种形势，不大批评我的缺点，你们用旁敲侧击的办法来批评也可以嘛。"

但在另一方面，毛泽东对党内出"海瑞"尚缺乏足够的心理准备。早在1958年3月的成都会议上，毛泽东在提倡讲真话的同时，就提醒大家讲话要善于选择说话的时机，不讲策略也不行。他举例说："明朝反魏忠贤的那些人，不讲策略，自己被消灭，当时落得皇帝不喜欢。"

就是在上海会议大力提倡"海瑞精神"期间，毛泽东还私下对人说："讲海瑞，我很后悔。可能真正出了海瑞，我又受不了。少奇等是在我身边多年的战友，在我面前都不敢讲真话。我把问题交给少奇、恩来他们办，自己退到二线。但过一段后又'不安分'，实际上还是一线。我想把整个中国要紧的事情办定。建设社会主义从欧洲到中国还不是很清楚的，我们不能吃人家吃过的馍馍，活着，多搞一点，比少搞一点好。我有信心，但是，大家想的是否一致，我有顾虑。"

在毛泽东眼中，"三面红旗"在大方向上是没有错的，错则错在具体政策上，所以在原则问题上没有讨论的余地。正因为如此，当时胡乔木分析说，毛泽东号召大家学海瑞，实际上还是要求不要出"海瑞"式尖锐的人物。

　　毛泽东在对"海瑞精神"上的矛盾心理，说明从历史中吸取教益也并非一件易事，它受到当政者主客观各种条件的制约。1959年庐山会议上，彭德怀上陈"万言书"，结果被批判为"右倾机会主义"。毛泽东对此事件的解释是："海瑞搬了家了，海瑞是明朝的左派，代表市民阶级和经营商业中的大官僚。现在搬到右倾司令部去了，向着马克思主义作斗争。这样的海瑞，是右派海瑞。""海瑞历来是左派，左派海瑞我喜欢。现在站在马克思主义立场批评缺点，是对的，我支持左派海瑞。"1960年，明史专家吴晗应京剧表演艺术家马连良之约，创作了以"左派海瑞"与"右派官僚集团"作斗争为主线的新编历史剧《海瑞罢官》。然而，这出戏在"文革"前夕却被视作为彭德怀翻案的"大毒草"遭到批判，成为"文革"的导火线。

第七章

毛泽东品鉴古典文学

惜秦皇汉武，略输文采。

唐宗宋祖，稍逊风骚。

一代天骄，成吉思汗，只识弯弓射大雕。

俱往矣，数风流人物，还看今朝。

——毛泽东《沁园春·雪》

1. 毛泽东品赏《诗经》

《诗经》是毛泽东一生非常喜爱的古典作品。经考证，毛泽东是西汉传授《毛诗》的毛苌的后裔。毛泽东从少年到晚年，熟读《诗经》，随处灵活引用，多次对《诗经》进行过新颖独到的品评；在自己的诗词创作中，他对《诗经》的艺术传统，也进行了继承和革新。

毛苌后裔，传经世家

湖南省湘潭县韶山毛姓是当地较大的宗族，宗族祠堂悬挂着题为"传经世家"的匾额。据中国诗经学会会员、今居浙江衢州的毛苌第七十三世后裔毛井根先生多年考证，湖南湘潭韶山毛氏宗族，与他们浙江衢州的毛氏宗族，同奉西汉传授《毛诗》的毛苌为始祖，都自称"传经世家"，毛泽东是毛苌的后裔。

周初封建，文王姬昌第八子叔郑封于毛国，封地在今陕西岐山，以国为氏，这是毛姓的起源。西周亡，贵族东迁，毛国先后封于今河南宜阳、原阳，春秋时毛伯被狄人俘虏而国亡。第二十二世毛遂依附于齐国孟尝君，故毛氏一支落籍于齐鲁。叔郑传第三十九世毛亨，就学于兰陵荀子习《诗》，因秦焚书坑儒，亨无子，携侄毛苌至河间，传《诗故训传》。今河间仍有毛公书院、诗经村、君子馆等遗迹。

汉兴，河间献王刘德好学修古，征书求贤，聘毛苌为博士，开馆传授《诗经》。汉初传《诗》有鲁、齐、韩、毛多家。唯有毛苌所传留于后世，今日的《诗经》就是毛苌所传的《毛诗》。

毛公的后人在河间诗经村居住到魏晋时代，由于北方游牧民族的入侵，不愿忍受异族的统治，毛氏离乡南迁，其中主支辗转迁至浙江衢州。宋朝时衢州毛氏分出一支迁至江西。元明之际江西毛氏中有人参军平定云南，由明朝封赏在湖南湘潭做官，在明清数百年间繁衍成韶山冲一带的毛姓宗族。衢州、江西、湘潭三地的毛氏祠堂都悬挂"传经世家"匾额，他们同出于毛公一系，有宗牒族谱记载始末。

毛泽东虽出身在农民家庭，但与当时中国大多农家不同的是，由于家庭的文化传统，他与兄弟们达到学龄都被送去读书。他们的名字（泽东、泽民、泽覃）也是按照族谱制定的辈序起的。毛氏宗祠门联"注经世业，捧檄家声"，毛震公祠联"声驰捧檄，编衍传经"，乃至"风雅诗宗，廉洁世望"等题辞的含义和由来，毛泽东当然是知道的。

家族奉传《诗经》的毛苌为始祖，而塾学又以《诗经》为必读读本，兼之喜爱诗文，所以，毛泽东从幼年起便熟读《诗经》，以后在工作和社会交往中也时常引用或评论，直到晚年还能默写和背诵。

毛泽东对《诗经》的引用和品评

毛泽东从少年时期到考入长沙的湖南省立师范学校，《诗经》一直是他喜欢阅读的古典文学作品。

1913年，毛泽东在省立第四师范学校就读时，在他的《讲堂录》里，就记载了这样的句子：

"农事不理则不知稼穑之艰难，休其蚕织则不知衣服之所自。《豳风》陈述王业之本，《七月》八章只曲评衣食二字。"

这是毛泽东对《豳风·七月》诗旨的理解。"陈王业"之说，是《诗经》的传统说解，两千年《诗经》学的不同学派，《毛诗序》《毛诗正义》、朱熹《诗集传》、方玉润《诗经原始》对这篇诗的解说基本一致。

毛泽东吸取了"王业之本"的传统说解，又简明概括地总结为"《七月》八章只曲评衣食二字"，即治理天下（王业）要以解决人民衣食问题为根本。

1915年秋天，毛泽东在湖南省立第一师范学校读书，他向长沙各学校的学生发出一份《征友启事》，这份启事有200多字，文中有"效嘤鸣之求，步将伯之呼"的句子，结尾处又引用《诗经·小雅·伐木》中的诗句："嘤其鸣矣，求其友声。"

《伐木》原诗三章，引文在第一章："伐木丁丁，鸟鸣嘤嘤。出自幽谷，迁于乔木。嘤其鸣矣，求其友声。相彼鸟矣，犹求友声。……"

同年9月23日，毛泽东在致肖子升（萧三）信也说：

"近以友不博，则见不广；少年学问寡成，壮岁事功难立。乃发内宣，所以效嘤鸣求友声……"

1915年11月9日，毛泽东不满长沙压制思想自由的环境和就读的师范学校的守旧课程，写信给去北京师大任教的原师范学校教员黎锦熙先生说：

"弟在学校，依兄所教言，孳孳不敢叛。然性不好束缚，终见此非读书之地。意志不自由，程度太低，俦侣太恶。有用之身，宝贵之时日，逐渐摧落，以衰以逝，心中实太悲伤。昔日朱子谓'不能使船者嫌溪曲'，弟诚不能为古人所为，宜为其所诚；然亦有'幽谷乔木'之训。如此等学校者，直下下之幽谷也。必欲弃去，就良图，立远志，渴望兄归,一商筹之。"

此信中的"幽谷乔木",化用自《诗经·小雅·伐木》中的"伐木丁丁,鸟鸣嘤嘤,出自幽谷,迁于乔木"。幽谷是深谷,乔木是高大的树木。诗以嘤鸣起兴。毛泽东用于比喻要从束缚自由的深谷飞向高耸的乔木,到广阔的天地去寻求志同道合的战友,赋予了诗句全新的含义。

1920年3月14日,毛泽东在致周世钊信中说:

"像吾等长日在外未能略尽奉养之力的人,尤其发生'欲报之德,昊天罔极'之痛。"

这里引的是《诗经·小雅·蓼莪》里的句子,贴切地表达了毛泽东为寻求真理而不能在父母身边尽孝的歉疚之情。

1964年8月18日,毛泽东在北戴河同哲学工作者的谈话中,对《诗经》有一番评述:

"司马迁对《诗经》品评很高,说诗三百篇皆古圣贤发愤之所为作也。大部分是风诗,是老百姓的民歌。老百姓也是圣贤。'发愤之所为作',心里没有气,他写诗?'不稼不穑,胡取禾三百廛兮!''不狩不猎,胡瞻尔庭有悬貆兮?''彼君子兮,不素餐兮','尸位素餐'就是从这里来的。这是怨天,反对统治者的诗。孔夫子也相当民主,男女恋爱的诗他也收。朱熹注为淫奔之诗。其实有的是,有的不是,是借男女写君臣。五代十国时蜀国的韦庄。有一首少年之作,叫《秦妇吟》,是怀念君王的。"

从毛泽东对《诗经》的这段评论中,可以看出其中包含以下几层含义。

其一,毛泽东肯定司马迁的发愤著书说。司马迁在《史记·太史公自序》中从古人的著述总结出"发愤著书"这一创作理论。毛泽东赞同这个创作理论。他说:"心里没有气,他写诗?"这与西方诗论"愤怒出诗人"是一致的。毛泽东引《魏风·伐檀》诗为例,结论说:"这是怨天,反对统治者的诗。"这与孔夫子"兴观群怨"说的"怨"字是一致的。

其二,毛泽东提出风诗"是老百姓的民歌"。司马迁说"诗三百篇皆圣贤之发愤所为作",这句话历来很难解,因为《国风》160篇之中有许多怨刺诗、民俗诗、爱情婚姻诗,包括被道学家朱熹之类斥责的"淫诗"，怎么能说是"圣贤所为作"呢？毛泽东四两拨千斤地说："老百姓也是圣贤"，这样就讲通了。"老百姓的民歌"，不专指劳动人民，包括当时社会各阶层的群众，从不在朝做官的小贵族、自由民到贩夫走卒。这个说法是比较符合实际的。

其三，毛泽东对孔子选编《诗经》的思想作了一些肯定。他说："孔夫子也相当民主，男女恋爱的诗他也收。"再结合上文，孔夫子也收了"怨天，反对统治者的诗"。不也是民主吗？毛泽东在这里说的"民主"，当然不是现代的政治概念，只是说孔子很少封建礼教的死脑筋，不反对男女恋爱，也同情和支持老百姓反对"尸位素餐"的统治者。其实在孔子时代，还没有男女严防的礼教。《国风》的诗是那个时代的反映，编选这样的诗而且配乐，是为了"观风俗，知民情"，是孔子"兴观群怨"的"观"字的体现。反对害民、虐民的统治者，是孔子仁政思想的核心，编选这样的诗篇也能够对统治者起到讽劝和警戒的作用。

其四，毛泽东不同意朱熹的"淫诗"之说。朱熹的《诗集传》把《国风》中男女欢爱之诗称为"淫奔之诗"，他的再传弟子王柏更进一步统称其为"淫诗"，抡起板斧从《诗经》中删除。这是在宋代兴起的封建礼教作怪，明显是基于存天理、灭人欲的理学家的立场。毛泽东是不同意这种评价的。毛泽东指出《诗经》中收集的有关男女恋爱的诗，有的是"借男女写君臣"的。虽然从文学批评史上看，在这一点上有争议，但从《诗经》以后的诗歌创作来看，也确实存在着一个借男女写君臣的比喻模式。况且毛泽东对此也没有说全部都是，而是说"有的是，有的不是"，可见他的评论是非常谨慎和客观的。

毛泽东对《诗经》的爱好和活用一直伴随到晚年。在权延赤所著的《红墙内外》中记载了这样一则饶有趣味的故事：

1965年夏，毛泽东去北戴河开会，姚淑贤当时是毛泽东专列上的服务员。列车启动以后，毛泽东在客厅里忽然立住脚，对所有的工作人员说："今天是礼拜六噢，你们还没有约会？"

大家都微笑摇头。但姚淑贤听到这话后，身子一热，产生出一种温暖的感觉，那是女儿在父亲身边才会有的感觉，所以就忘乎所以地冒出一句：“有。我有。”

毛泽东含着微笑逗趣地问：“跟什么人约会？”

姚淑贤腼腆地说：“跟男朋友。”

毛泽东着急地说：“哎呀，糟糕。搅了你们的好事。你通知他了吗？”

“没有。”姚淑贤答道，“没事的。他知道我常有任务，会理解的。”

毛泽东摇摇头嘀咕着说：“久了会出误会的，不要因为我而影响你们。”

姚淑贤很后悔说实话，让主席替她担心。

晚上，当姚淑贤给主席送去削好的铅笔时，主席若有所思地望着她，目光一闪，忽然说：

“小姚，你等等。有个东西你拿回去给你的朋友看看，你的朋友就不会生气了。”

毛泽东拿出一支铅笔，铺开一张白纸，开始伏案书写，原来是一首古诗。诗曰：

> 静女其姝，俟我于城隅。
>
> 爱而不见，搔首踟蹰。

姚淑贤接过诗反复读了两遍，大致明白了意思，不由得脸红，并小声对毛泽东说：“主席，我们有纪律。凡是带字的东西都必须上交。”

“你为什么那么老实？现在又没有谁看到，我是不会打小报告的。”毛泽东幽默地挤一挤眼，笑笑，做个手势，说：“藏起来，带给他。”

毛泽东书写的这首古诗，《诗经·邶风·静女》中的一章。《静女》这篇诗，就被朱熹指责“淫奔”，也是被王柏要砍掉的“淫诗”。毛泽东抄下来送给恋爱中的青年，可见他是喜爱这首诗作的。

后来姚淑贤从北戴河回到北京，便把毛泽东手书的这首诗交给男朋友看，并讲了失约的原因。她的男朋友很激动，嘱咐她一定要好好为毛主席服务。

1973年7月17日，毛泽东会见美籍华裔科学家杨振宁博士，在谈话中说到《诗经》的历代注疏和“诗无达诂”的问题。他说：

"《诗经》是两千多年以前的诗歌，后来做注释。时代已经变了，意义已不一样。这或许是'诗无达诂'的意思吧！"

毛泽东这段评论，提出了《诗经》阐释学的一个大问题：由于时代不同，人们对许多作品的意义会有不同的理解，从而作出不同的阐释。"诗无达诂"，本来是西汉董仲舒《春秋繁露》中的一句话。毛泽东学《诗经》是读过各家注释的，他注意到由于时代变化而产生不同解释，这是历史唯物论的观点。

毛泽东对《诗经》艺术经验的借鉴与革新

作为现代伟大诗人，毛泽东的诗词创作对《诗经》艺术经验也有所借鉴和革新。

1957年，毛泽东为《诗刊》的题词是"诗言志"三个字。这三个字初见于《尚书·尧典》："诗言志，歌永言，律和声。"何谓"志"？东汉学者郑玄注："诗所以言人之志，意也。"《史记·五帝本纪》引作"诗言意"。"意"，指怀抱、情感等心灵的活动。诗就是把内心的思想感情通过生动的语言形式表现出来。先秦诸子著述中普遍认同"诗言志"，如《庄子·天下篇》："诗以道志。"《荀子·儒效篇》："诗言是其志也。"《左传·襄公十七年》："诗以言志。"所以朱自清称"诗言志"是中国古代诗论的"开山的纲领"。

毛泽东的诗词创作为"诗言志"赋予了新的内涵，即他用诗词抒无产阶级革命之情，言无产阶级革命之志。毛泽东把这个纲领用作《诗刊》的题词，是对我国社会主义诗歌创作的普遍要求。

"《诗经》学"有"六义"之说：风、雅、颂是《诗经》的三种诗体，赋、比、兴是《诗经》的三种艺术表现方法。古人从《诗经》305篇的艺术经验中总结出赋、比、兴三种表现方法，为中国两千多年的诗歌创作所继承和发展。

1965年7月，毛泽东在与陈毅元帅谈诗的一封信中说：

"诗要用形象思维，不能如散文那样直说，所以兴是不能不用的。赋也可以用。如杜甫之《北征》，可谓'敷陈其事而直言之也'，然其中也有比、兴。'比者，以彼物比此物也'，'兴者，先言他物以引起所咏之词也'。"

毛泽东谈论赋、比、兴，虽是分别引自朱熹在《诗集传》中所作的《葛覃》《螽斯》《关雎》三诗的解说，却有他独创的见解：

其一，从形象思维的角度，认为赋、比、兴三者是不能不用的表现方法。要用形象思维，就必须用比、兴，不然，大白话没有形象、意蕴，便不成为诗。

其二，赋之用，是在铺陈直叙中运用包括比、兴在内各种修辞技巧，如《北征》就是赋体，但并不直白。

其三，毛泽东主张赋、比、兴酌而用之，因三者各有特长，各有各的用途。

这个观点与南朝的钟嵘《诗品序》所言是一致的："宏斯三义，酌而用之。干之以风力，润之以丹彩，使味之者无极，闻之者动心，是诗之至也。若专用比、兴，患在意深，意深则词踬。若但用赋体，患在意浮，意浮则文散，嬉成流移，文无止泊，有芜蔓之累矣。"钟嵘指出，若只用比、兴，含义隐晦难明，文字不能流畅易晓。又如刘勰所说："明而未融，故发注而后见。"一首诗如要多处加注才能让人明白，那太难读了，也就不易传播。但是若专用赋，则容易产生平直散漫，或者文繁意少，淡然寡味。

从钟嵘到毛泽东，都主张赋、比、兴三者酌而用之。毛泽东的诗词就是赋、比、兴酌而用之的。毛泽东在中国人民民主革命和社会主义革命的时代，与时俱进，抒革命之情志，创造了充满新的时代精神的光辉诗篇。他赋、比、兴并用，以当代自然畅晓的语言，创作了意象飞动、韵味深长、含蕴无穷又气势磅礴的诗词，达到了高超的艺术境界。

2. 毛泽东品读《楚辞》

毛泽东一生特别欣赏和反复品读中国古典文学中思想性强而又艺术性

高的作品，对于屈原的骚体诗，他更是达到了酷爱的地步。

韶山文化积淀深厚、诗风颇浓，毛氏宗祠墙壁上画有舜的二妃娥皇、女英事迹的图像，这些人物都在屈原的作品中出现过。毛泽东从小耳濡目染，当碰到与《楚辞》有关的描写时，不会感到神秘莫测，而是亲切有趣。这也促使他从很早就接触了屈原的作品。

《楚辞》作为我国第一部浪漫主义诗歌总集，由于诗歌的形式是在楚国民歌的基础上加工形成，篇中又大量引用楚地的风土物产和方言词汇，所以叫"楚辞"。《楚辞》主要是屈原的作品，其代表作是《离骚》，后人因此又称"楚辞"为"骚体"。

西汉末年，刘向搜集屈原、宋玉等人的作品，辑录成集。《楚辞》对后世文学影响深远，不仅开启了后来的赋体，而且影响历代散文创作，是我国积极浪漫主义诗歌创作的源头。

《楚辞》的主要作者是屈原。他创作了《离骚》《九歌》《九章》《天问》等不朽作品。在屈原的影响下，楚国又产生了宋玉、唐勒、景差等《楚辞》作者。现存的《楚辞》总集中，主要是屈原及宋玉的作品；唐勒、景差的作品大都未能流传下来。

宋代黄伯思在《校定楚辞序》中概括说："盖屈宋诸骚，皆书楚语，作楚声，记楚地，名楚物，顾可谓之'楚辞'。"这一说法是正确的。除此而外，《楚辞》中屈、宋作品所涉及的历史传说、神话故事、风俗习尚以及所使用的艺术手段、浓郁的抒情风格，无不带有鲜明的楚文化色彩。

早在湖南第一师范读书时，毛泽东就在自己的笔记《讲堂录》中，用工整的小楷抄录了《离骚》《九歌》全文，在《离骚》正文的开头上，写有各节的提要。

1915年5月，毛泽东通过《征友启事》结识了罗章龙。他们第一次会见，谈了二三小时，内容涉及很广。其中就有对于《离骚》的讨论，毛泽东主张对《离骚》赋予新评价。归后，罗章龙还特意赋诗以记交谈之事，题为《定王台晤二十八画生》。诗曰：

白日东城路，娜媛丽且清。

风尘交北海，空谷见庄生。

策喜长沙傅，骚怀楚屈平。

风流共欣赏，同证此时情。

　　"策喜"一句，指贾谊的《治安策》；"骚怀"一句，便是说的屈原的《离骚》。

　　1918年春，罗章龙赴日本留学，毛泽东赋古风《送纵宇一郎东行》送别，诗有"年少峥嵘屈贾才"句，屈原、贾谊并称，可以看出屈原已成为那批同学学习的榜样。

　　著名汉学家费德林在《我所接触的中苏领导人》一书中说，1949年毛泽东率代表团赴苏联访问期间，他任苏方翻译。一次，毛泽东与他大谈中国古典文学，在谈到屈原时毛泽东曾发了一段较长的议论，其中说："屈原的名字对我们更为神圣。他不仅是古代的天才歌手，而且是一名伟大的爱国者，无私无畏，勇敢高尚。他的形象保留在每个中国人的脑海里。无论在国内国外，屈原都是一个不朽的形象。我们就是他生命长存的见证人。"这当是毛泽东对屈原最高、最全面的评价。把自己看做屈原"生命长存的见证人"，推崇程度真是有点至高无上了。令人深思的是，毛泽东为什么此时大谈屈原，这披露出毛泽东怎样的情怀呢？这要从当时新中国面临的国际国内形势来分析。

　　处于摇篮时期的中华人民共和国面临着重重困难，在当时的国际形势下，只能与苏联站在一边，争取苏联的支持和援助。而苏联领导人此时对以毛泽东为首的中国共产党领导的中国革命还心怀疑虑，还存有某种程度的大国沙文主义作风。因此，心情复杂的毛泽东在谈到屈原时格外动情，民族自信与自尊的情绪也油然而起，进而以屈原传人自励与自许。这里所展示的是毛泽东作为一个伟大爱国者的深沉情怀。

　　1951年7月，毛泽东邀请老朋友周世钊、蒋竹如到中南海，在交谈中多次称赞《离骚》"有一读的价值"。

　　1957年12月，毛泽东要他身边的工作人员把各种版本的《楚辞》，以及有关《楚辞》和屈原的著作尽量收集给他，大约有50种。

1958年，张治中陪毛泽东在安徽视察工作时，毛泽东劝张治中读《楚辞》时说："那是本好书，我介绍给你看看。"

　　1958年，毛泽东读屈原的著作最勤、感受最多。这一年1月12日，他在一封信中说："我今晚又读了一遍《离骚》，有所领会，心中喜悦。"1月16日在南宁会议上，他又向与会干部介绍自己的读书方法："学《楚辞》，先学离骚，再学老子。"1月18日凌晨一点多钟，突然发现国民党飞机向南宁方向飞来，全城立即进入防空状态。警卫人员要求毛泽东进防空洞，以保安全。他却神情若定，安然处之，挥手说："我不去，要去你们去。"又说："蒋介石请我去重庆，我去了，怎么样？我又回来了，他还能怎么样？现在还不如那时安全吗？"他让人点燃蜡烛，聚精会神地读起了《楚辞》。毛泽东期望尽快改变我国经济文化的落后面貌，是年7月1日写了《七律·送瘟神》二首，比较强烈地反映了他的这个愿望，尤以第一首最为显著，这首诗的后半部分"坐地日行八万里，巡天遥看一千河。牛郎欲问瘟神事，一样悲欢逐逝波"，毛泽东是以地球为飞行器作巡天之游，比起屈原的远游规模更为壮观。《离骚》中屈原上天寻求天帝陈述政见以求支持，毛泽东是向出身劳动人民、后来成为神仙的牛郎倾诉悲欢之情，其情怀更为高远和深广。毛泽东的这两首七律以及1961年所写的《七律·答友人》，可谓"骚体苗裔"。

　　1958年，毛泽东在审阅陆定一《教育必须与生产劳动相结合》一文时加了一段话，提到"屈原的批判君恶"是其人民性的一面。第二年，在《关于枚乘〈七发〉》一文中，毛泽东又说："骚体是有民主色彩的，属于浪漫主义流派，对腐败的统治者投以批判的匕首。"这种提法与毛泽东反对党内工作中存在的官僚主义现象有关。早在1957年他就提倡写杂文，以杂文反对官僚主义。在一次会议上谈到王蒙的《组织部新来的年轻人》这篇小说时，毛泽东说："为什么中央附近就不会产生官僚主义呢！中央内部也产生坏人嘛！"这一时期的毛泽东发自内心地希望能及时揭露党政机关内正在滋长的官僚主义。

　　在赫鲁晓夫全盘否定斯大林，中苏两党关系开始破裂以后，毛泽东于1961年秋写了《七绝·屈原》，全诗为：

屈子当年赋楚骚，手中握有杀人刀。

　　艾萧太盛椒兰少，一跃冲向万里涛。

　　这里"杀人刀"的比喻显然是前面"批判的匕首"的发展运用。不过毛泽东从《离骚》中看出屈原失败的关键在于"昔日之芳草"，"今直为此萧艾"。部分干部腐败变质的事实，不能不引起他的警觉。

　　1972年是毛泽东调整对外关系、打开中国外交新局面的一年。这年9月27日，毛泽东会见日本首相田中角荣时，以朱熹的《楚辞集注》相赠。这应看做是毛泽东最后一次展示他对屈原的关注。

　　毛泽东认为自古以来的好诗，都是如司马迁所说的那样，处于逆境的人"发愤之所为作也"。对于屈原的创作，司马迁曾评论说："屈原放逐，乃赋离骚"，"其文约，其辞微，其志洁，其行廉。其称文小而其旨极大，举类迩而见义远"。把屈原的作品价值同他的人生遭际和人格光辉联在一起来评价。毛泽东很同意司马迁的观点，并加以发挥。1959年12月至1960年2月，毛泽东在读苏联《政治经济学（教科书）》的谈话中说："屈原如果继续做官，他的文章就没有了。正因为开除了'官籍'，'下放劳动'，才有可能接近社会生活，才可能产生像《离骚》这样好的文学作品。"毛泽东坚定地认为，一个人的经历、社会地位如何，其处境和命运如何，是否经受磨难，是创作成功与否的重要条件。他认为真学问一入太庙，便为牺牲；诗人作家一旦以精神贵族自居，便丧失艺术嗅觉，也没了诗的灵魂和本色。真正有创造力和才智的人，总是处于逆境的人。只有那些身处不平、心里有火气的人，才能创作出具有艺术渗透力量的优秀之作。

　　毛泽东在日常工作中也随时能联想到和贴切运用《楚辞》中的诗句。1950年3月10日，毛泽东在勤政殿接受罗马尼亚首任驻华大使递交国书。按照周恩来的布置，新中国第一代驻外大使来勤政殿，在八扇红木屏风后静观呈递国书仪式。此前，毛泽东和周恩来曾接见过这些新中国的第一任大使，并与他们亲切交谈。当毛泽东走到黄镇面前，好像想起了什么，问道："黄镇，你原来那个名字黄士元不是很好吗，改它做什么？"黄镇答道："我的脾气不好，需要提醒自己'镇静'。"毛泽东说："黄镇这个名字也不错，《楚辞》中说，白玉兮为镇。玉宁碎而不致其白，竹宁黄而不可毁其节。派你出去，是要完璧归赵喽。你也做个蔺相如吧。""白玉兮为镇"是屈原的《九歌·湘夫人》中的一句。

1954年10月26日，来访的印度总理尼赫鲁离京到外地访问，他到中南海勤政殿向毛泽东等中国领导人辞行。毛泽东当场吟诵了屈原《九歌·少司命）中的"悲莫悲兮生别离，乐莫乐兮新相知"两句诗后说："离别固然令人伤感，但有了新的知己，不又是一件高兴的事吗？"

毛泽东对屈原的《天问》，也是爱之颇深。他特别肯定屈原《天问》在唯物主义思想方面的贡献。在一次讲话中他说："柳子厚出入佛老，唯物主义。他的《天对》，从屈原的《天问》以来，几千年只有这么一人做了这一篇。"这同时也肯定了《天问》。

屈原是我国浪漫主义文学风格的创始人，他的大部分诗篇，想象奇特，文笔纵恣，感情激烈，与李白等人的诗歌一起形成了中国浪漫主义风格的优良传统。而毛泽东对屈原、李白的诗歌十分欣赏，并在创作风格上受其影响。

毛泽东的名篇之一《七津·答友人》前四句："九嶷山上白云飞，帝子乘风下翠微。斑竹一枝千滴泪，红霞万朵百重衣。"即化用了屈原《九歌》的故事。"帝子乘风下翠微"，显然是由《九歌·湘夫人》首句"帝子降兮北渚"变化而来。"斑竹一枝千滴泪"也是化用湘夫人闻帝舜死于苍梧，十分悲痛，眼泪沾在青竹上，留下点点斑痕，而成斑竹的故事。

通读毛泽东诗词，人们深深地被其气势磅礴、神奇浪漫、富于想象的艺术魅力所感染，从中可以窥见《离骚》《九歌》给毛泽东的创作带来的影响。而毛泽东的创作在某些方面（如气势、胸怀）更胜一筹。

总之，由于毛泽东的个性特征和创作风格与屈原相类似，所以这就是毛泽东酷爱屈原和《楚辞》的根本原因。

3. 毛泽东品评《昭明文选》

毛泽东从青年到老年都很喜爱阅读《昭明文选》，又似乎特别喜爱其中的"赋"。他从一个政治家的角度出发，对《昭明文选》中宋玉、贾谊、枚乘等辞赋家的作品，作了生动而深刻的品评，妙语连珠，引人深思。

毛泽东对昭明文选的褒扬："好文宜读"

《昭明文选》是我国现存最早的一部古诗文选总集。萧统编。原30卷，后李善作注时析为60卷。编者萧统（501—531）是南朝梁文学家。字德施，南兰陵（今江苏武进西北）人。梁武帝萧衍长子。天监元年（502年）立为太子，未及即位而卒，谥昭明，世称"昭明太子"。萧统信佛能文。《昭明文选》一书，是萧统招聚文学之士而编。书中选录先秦至梁的诗文辞赋，不选经子，史书中也只略选"综辑辞采"、"错比文华"的论赞，已初步注意到文学与其他类型著作的区分，认为只有"事出于沉思，义归乎翰藻"者方可入为文学作品，在艺术形式上，尤注重骈俪、华藻。

《昭明文选》全书共60卷，分为赋，诗，骚，七，诏，册，令，教，文，表，上书，启，弹事，笺，奏记，书，檄，移，对问，设论，辞，序，颂，赞，符命，史论，史述赞，论，连珠，箴，铭，诔，哀，碑文，墓志，行状，吊文，祭文38类，凡752篇。所选多大家之作，时代愈近入选愈多。其中以楚辞、汉赋和六朝骈文占有相当比重，诗歌则多选对偶严谨的颜延之、谢灵运等人作品。所选各家不少文集久逸，赖此得以流传。所分之类，则能反映汉魏以来文学发展、文体增多之历史现象。

唐代以诗赋取士，士子必须精通《昭明文选》。学习和研究《昭明文选》从唐朝起即成为专门学问，号称"文选学"。时至北宋年间，民间尚传民谣曰："文选烂，秀才半。"宋代有"文章祖宗"之说。延至元、明、清，有关《昭明文选》的研究亦未尝中辍，影响巨大。但是到"五·四"新文化运动时期，出现了"桐城谬种，选学妖孽"的口号，

"文选学"属于被打倒之列，故而研究《昭明文选》者寥若晨星。解放以后，《昭明文选》被视为封建文学、贵族文学，问津者甚少。

青年毛泽东在湖南一师求学时，很爱读《昭明文选》这部书，多半能背诵。1916年寒假，毛泽东特地去游览了南岳衡山，登祝融峰。归途中，他写了一封很长的信给罗章龙，备述揽七十二峰孤游历险的情形，信中还附有一篇游南岳的诗。可惜这信与诗未能保存下来。据罗章龙回忆，信是用与《昭明文选》中《海赋》格调相似的语体风格写成的，他只记得开头的第一句是："诚大山也。"后来，毛泽东写文章、演讲、谈话，常即兴征引《昭明文选》中那些赋的篇章、片段、名句，或鉴赏评析，或说明事理，或借以抒怀。

毛泽东对萧统选录这部书所持的标准，是很赞赏的。1957年3月8日，毛泽东在同文艺界的人士谈话时谈到了《昭明文选》，他说："昭明太子那篇序言里就讲，'事出于沉思'，这是思想性；'义归乎翰藻'，这是艺术性。单是理论他不要。要有思想性，也要有艺术性。"

1959年10月23日，毛泽东带读书小组成员赴杭州前，在指定要带去的书籍中，就有《昭明文选》。

毛泽东批注过的《昭明文选》有三种版本。他对这部传世经典的正面肯定体现在李善注本封面的批语上："好文宜读。"值得强调的是：这四个字不是题在某一具体篇章上，而是书的封面，因此可以视为对《昭明文选》的整体评价。毛泽东书此四个遒劲大字的确切时间已不可考，在解放以后则是确定无疑的。在把《昭明文选》视为"妖孽"的背景下，毛泽东大书其为"好文"，也是为这部书最有力的正名。深厚的古文功底、丰富的人生阅历、革命领袖的特殊地位，此三者完美结合如毛泽东者，恐怕绝无仅有，能被其称之为"好文宜读"者，当是浩瀚国学典籍中之凤毛麟角。因此，这种看似一般的评价实乃对《昭明文选》这部当之无愧的国学经典的最高褒赏。

毛泽东对《昭明文选》情有独钟，终生不渝，而且后来连"上厕所都要读几页"，老而弥笃。到晚年，毛泽东因视力不济，便选了一些他所喜爱的诗文印成大字本，以便阅览，其中就印有选自《昭明文选》中江淹的

《恨赋》《别赋》，谢庄的《月赋》，谢惠连的《雪赋》，封面上都有他用红铅笔画的大圈。即使在病中，他还常读，有时还背诵。

毛泽东独钟《昭明文选》赋

《昭明文选》分60卷，其中赋有19卷，几占三分之一，可见萧统对赋的重视。那些赋内容上的民主性色彩，艺术上的浪漫主义，更适合毛泽东的审美心理。有些赋，毛泽东读得烂熟，很多年后他都能成段成篇地背诵。所以，相比较而言，毛泽东对《昭明文选》中的赋更是情有独钟。

《昭明文选》收宋玉的作品较多，有《高唐赋》《神女赋》《登徒子好色赋》《风赋》《对楚王问》以及《九辩》等，这些作品毛泽东都读得很熟，还多次将《风赋》《登徒子好色赋》推荐给党的高级干部们阅读。

1942年5月23日，毛泽东在延安文艺座谈会上讲到普及与提高的问题时说："任何一种东西，必须能使人民群众得到真实的利益，才是好东西。就算你的是'阳春白雪'吧，这暂时既然是少数人享用的东西，群众还是在那里唱'下里巴人'，那么，你不去提高他，只顾骂人，那就怎么骂也是空的。现在是'阳春白雪'和'下里巴人'统一的问题，是提高和普及统一的问题。"这里的"阳春白雪"和"下里巴人"就出自宋玉的《对楚王问》。

1956年6月上旬，毛泽东创作了《水调歌头·游泳》这首极负盛名的词。词的下阕云："更立西江石壁，截断巫山云雨，高峡出平湖。神女应无恙，当惊世界殊。"这里"巫山云雨"、"神女"的典故就出自宋玉的《高唐赋》和《神女赋》。

1958年1月，在南宁会议上，毛泽东批评"反冒进"时，风趣地谈起了宋玉的《登徒子好色赋》来。

据参加了会议的吴冷西回忆：毛主席说，《人民日报》的社论反冒进，使用的是旧中国时代楚国一位文学家宋玉攻击登徒子的一些手法，攻其一点，不及其余。起因是登徒子大夫在楚襄王面前说宋玉此人"体貌闲丽，口多微辞，又性好色"，希望楚襄王不要让宋玉出入后宫。有一天，楚襄王对宋玉说，登徒子大夫说你怎么样怎么样。宋玉回答说，"体貌闲丽，所受于天也。口多微辞，所学于师也。至于好色，臣无有也"。楚襄王问，你说自己不好色，有什么理由呢？宋玉回答说，"天下之佳人莫若楚国，楚国之丽者莫若臣里，臣里之美者莫若臣东家之子。东家之子，增之一分则太长，减之一分则太短；着粉则太白，施朱则太赤；眉如翠羽，肌如白雪；腰如束素，齿如含贝；嫣然一笑，惑阳城，迷下蔡。然此女登墙窥臣三年，至今未许也"。宋玉说这样一个绝代佳丽勾引他三年，他都没有上当，可见他并非好色之徒。接着，宋玉攻击登徒子说，"登徒子则不然，其妻蓬头挛耳，龋齿厉唇，旁行踽偻，又疥且痔"，意思是说登徒子的老婆头发蓬松，额头前突，耳朵也有毛病，不用张嘴就牙齿外露，走路不成样子，而且驼背，身上长疥疮还有痔疮。宋玉问楚襄王："登徒子的老婆丑陋得无以复加，登徒子却那么喜欢她，同她生了五个孩子。请大王想一想，究竟是谁好色呢？"毛主席说，宋玉终于打赢了这场官司。他采用的方法，就是攻其一点，尽量扩大，不及其余的方法。整个故事见宋玉写的《登徒子好色赋》。

昭明太子把这篇东西收入《昭明文选》，从此登徒子成了"好色之徒"的代名词，至今不得翻身。第二天，毛泽东把宋玉这篇赋印发给大家看。

其实早在几天前，即1月6日，在杭州西子湖边一所水木明瑟的庭园里，毛泽东与谈家桢、周谷城、赵超构三位著名学者谈话，也说到了这篇赋，他朗朗背诵了其中宋玉对楚襄王说的那一段"天下之佳人莫若楚国……"，接着说，"宋玉攻击登徒子的这段话，完全属于颠倒是非的诡辩，是采用'攻其一点，不及其余，尽量夸大'的手法"。他还十分风趣地说："从本质看，应当承认登徒子是好人。娶了这样丑的女人，还能和她相亲相爱、和睦相处。照我们的看法，登徒子是个专一的、遵守'婚姻法'的模范丈夫。怎能说他是个'好色之徒'呢？"

1958年3月29日，毛泽东乘"江峡轮"从重庆出发。30日毛泽东披着睡衣来到驾驶室欣赏巫峡风光，还从船长手中接过望远镜，从几个侧面观看了神女峰。他兴致勃勃，用他那特具韵味的韶山方言抑扬顿挫地背诵起了宋玉的《神女赋》中的一段：

夫何神女之姣丽兮，含阴阳之渥饰。被华藻之可好兮，若翡翠之奋翼。其象无双，其美无极。毛嫱鄣袂，不足程式；西子掩面，比之无色。

接着，他对站在身边的吴冷西、田家英说：其实谁也没有见过神女，但宋玉的浪漫主义描绘，竟给后世骚人墨客以无限的题材。

1958年5月23日，毛泽东在中共八大二次会议的最后一次大会上讲话，讲到要辨别风向的问题时，说到宋玉的《风赋》。他说：今天，我主要讲辨别什么风向。大风容易知道的，十二级台风人人容易辨别，人吹得不舒服，房子吹倒了，树木吹倒了。小风不容易辨别，领导干部要更加注意。宋玉写了篇《风赋》，值得一看。他说风有两种，一种是贵族之风，一种是平民之风，即所谓"大王之风"、"庶人之风"。风有小风、中风、大风。宋玉是楚国的文学家。他说："夫风生于地，起于青蘋之末，侵淫溪谷，盛怒于土囊之口。"有书为证，在《文选》第十三卷，昨天晚上我还翻看了一下。他说，风起于青蘋的根尖上，"侵淫溪谷"，大概就是成都；"土囊之口"，就是三峡。宋玉是湖北人，大概是指那个地方。风"起于青蘋之末"的时候，最难辨别。

对相传为宋玉所写的《大言赋》，毛泽东也甚是喜爱，对其中很有名的"方地为车，圆天为盖；长剑耿介，倚乎天外"句，他几次凭记忆手书，见于《毛泽东手书古诗词选》中的墨迹就有两幅。毛泽东1915年5月写的五言古风《挽易昌陶》中的"愿言试长剑"之"长剑"，1935年10月写的《念奴娇·昆仑》中的"安得倚天抽宝剑"之"倚天"，均源于此。可见，宋玉赋对毛泽东诗词创作也有影响。

毛泽东在湖南一师求学时，就熟读《昭明文选》中贾谊的《鵩鸟赋》《吊屈原赋》《过秦论》等。1975年10月1日，垂暮之年的毛泽东对身边的护士孟锦云说："汉朝有个贾谊，写过一篇《鵩鸟赋》，我读过十几遍，还想读，文章不长，可意境不俗。"他还说："不少人就是想不开这个道理，人无百年寿，常有千年忧，一天到晚想那些办不到的事，连办得到的事情也耽误了。秦皇、汉武都想长生不老，到头来，落得个'长城万里今犹在，不见当年秦始皇'。其实，任何事物都不过是一个过程，人的一生也不过如此，有始必有终。"他称赞《鵩鸟赋》"意境不俗"，是因其中表达了唯物辩证的生死观。此时，毛泽东已重病在身，风趣地说过"上帝请我去喝烧酒"，也对身边的工作人员讲过庄子妻死、鼓盆而歌的事，老人死了是辩证法的胜利云云。他赞赏贾谊的《鵩鸟赋》，说"还想读"，正清晰地表露了他这一生死达观的心境。

毛泽东对载入《昭明文选》的西汉辞赋家枚乘的《七发》也很欣赏。1959年庐山会议期间，8月2日，毛泽东在给张闻天的信中说："《昭明文选》第三十四卷，枚乘《七发》，末云：'此亦天下之要言妙道也，太子岂欲闻之乎？于是太子据几而起，曰：涣乎若一听圣人辩士之言，涩然汗出，霍然病已。'你如有兴趣，可以一读枚乘的《七发》，真是一篇妙文。"毛泽东还指示将《七发》印发给与会者。8月16日，毛泽东又专门针对这篇"妙文"撰写了《关于枚乘〈七发〉》的长篇批语，他对屈原及"骚体"的评论，对宋玉、景差、贾谊、枚乘之后的"七体"的批评，具文学史家的眼光，独到，深刻；对《七发》的分析，撇开联系现实的一些语句不论，还是甚为精当的。

1960年5月，毛泽东在山东视察工作时，与时任山东省委书记舒同讨论曹植封陈王的问题时，随口背起谢庄的《月赋》："陈王初丧应、刘，端忧多暇。绿苔生阁，芳尘凝榭。情焉疚怀，不怡中夜……"此"陈王"即指曹植。毛泽东接着评论说："自古以来赋月亮的，就是谢庄的这一篇最著名。"《月赋》收在《昭明文选》卷十三。

对于《昭明文选》中江淹的《恨赋》《别赋》毛泽东也很爱读，且作过深入的研究。

1939年7月9日，毛泽东在陕北公学《三个法宝》的讲演中说：南朝梁代的文学家江淹有一篇《别赋》，最为人们熟记的有"春草碧色，春水渌波，送君南浦，伤如之何"，多么伤心流泪，文笔很好。我们今天不需要这样写，改一下，作"春草碧色，春水渌波，送君延安，快如之何"。毛泽东一改古人低沉之绪，转为欢快之调，可谓古为今用的楷模。

1975年夏，一天，芦荻给毛泽东读《别赋》，读到"秋露如珠，秋月如珪"时，毛泽东对芦荻说，你那个对"珪"的解释我看了。你注为"圆形的玉"，而李善注《昭明文选》将"琏"注为"碧色，圆如日月"，"秋月如琏"，侧重在形容月色、月光。毛泽东委婉地指出芦荻的注不全对，也表明他对《别赋》读的次数多，且非泛泛。

芦荻还为毛泽东读了收入《昭明文选》三国时的王粲的《登楼赋》。《登楼赋》是一篇著名的抒情短赋。王粲避难荆州，欲登楼以解愁，不想愁上加愁。芦荻读后，毛泽东说："这篇赋好。作者抒发了他拥护统一和愿为统一事业作贡献的思想，但也含有故土之思。"准确地概括了此赋的内容，而且发前人之所未发，即把"拥护统一和愿为统一事业作贡献的思想"放在首位，这与他的政治家的地位是分不开的。接着，毛泽东又说："人对自己的童年，自己的故乡，过去的朋侣，感情总是很深的，很难忘的，到老年就更容易回忆怀念这些。"紧接着，毛泽东若有所思地说："我写《七律·到韶山》的时候，就深切地想起了32年前许多往事，对故乡是十分怀念的。斑竹一枝千滴泪，红霞万朵百重衣。就是怀念杨开慧的，杨开慧就是霞姑嘛！可是现在有的解释却不是这样，不符合我的意思。"

此外，《昭明文选》中所收入的李斯《谏逐客书》、诸葛亮《出师表》、李密《陈情表》、嵇叔夜《与山巨源绝交书》、丘迟《与陈伯之书》、李萧远《运命论》等文章，也都是毛泽东爱读的，并有所评论或引用。

总之，一代伟人毛泽东对《昭明文选》的热爱和精辟分析是新"文选学"的宝贵财富，也是我们学习古典文学的独特教材。

4. 毛泽东品鉴唐诗

毛泽东非常熟悉、喜爱和重视唐诗，他经常在现实政治、外交等活动中，援引、发挥唐诗，为现实服务。毛泽东还对唐诗进行过一些与众不同的考证。毛泽东的诗词创作，对李白、杜甫、白居易、李贺、李商隐及杜牧等唐代诗人的诗歌艺术成就，都有很多的借鉴和发展，大量化用、隐括唐代诗人的清词丽句，融入自己诗词艺术境界之中，做到了锻冶唐诗之辞、自铸我之文字，可谓出蓝生冰。

唐代是我国古典诗歌发展的全盛时期。唐诗是我国优秀的文学遗产之一，也是全世界文学宝库中的一颗璀璨明珠。时至今日，许多诗篇仍广为流传。

唐代的诗人特别多。李白、杜甫、白居易固然是举世闻名的伟大诗人，除他们之外，还有其他无数诗人，像满天的星斗一样。这些诗人，今天知名的就有2300多人。他们的作品，保存在《全唐诗》中的也还有48900多首。

唐诗的题材非常广泛。有的揭露了封建社会的黑暗，有的歌颂正义战争和抒发爱国情怀，有的描绘祖国河山的秀丽多娇，有的抒写个人抱负和遭遇，有的表达儿女爱慕之情，有的诉说朋友交情、人生悲欢……

唐诗在创作方法上，既有现实主义的流派，也有浪漫主义的流派。而许多伟大的作品，则又是这两种创作方法相结合的典范，形成了我国古典诗歌的优秀传统。

唐诗继承了汉魏民歌、乐府的传统，并且大大发展了歌行体的样式；不仅继承了前代的五言、七言古诗，并且发展为叙事言情的长篇巨制；不仅扩展了五言、七言形式的运用，还创造了风格特别优美整齐的近体诗。

唐代的古体诗，基本上有五言和七言两种。近体诗也有两种，一种叫做绝句，一种叫做律诗。绝句和律诗又各有五言和七言之不同。古体诗对音韵格律的要求比较宽：一首之中，句数可多可少，篇章可长可短，韵脚可以转换。近体诗对音韵格律的要求比较严：一首诗的句数有限定，即绝句四句，律诗八句，每句诗中用字的平仄，有一定的规律，韵脚不能转换；律诗还要求中间四句成为对仗。古体诗的风格是前代流传下来的，所以又叫"古风"。近体诗有严整的格律，所以又称为"格律诗"。

近体诗是唐代的新体诗，它的创造和成熟，是古典诗歌发展史上的一件大事。它把我国古曲诗歌的音节和谐、文字精炼的艺术特色，推到前所未有的高度，为古代抒情诗找到一个最典型的形式，至今还特别为人民所喜闻乐见。

据贺子珍回忆，在井冈山时，毛泽东能把《唐诗三百首》全部背诵下来。曾有人对毛泽东的藏书进行过统计，他圈阅过的古代诗歌共有1180首，而唐诗就有约600首，占50%之多。他批阅过的《唐诗别裁集》有6

部，《唐诗三百首》有5部。可见他对唐诗喜爱和研读到了何等程度！

1957年，毛泽东曾对诗人臧克家说："我冒叫一声，旧体诗词要发展，要改革，一万年也打不倒。因为这东西，最能反映中国人民的特性和风尚，可以兴观群怨。"又说："律诗，从梁代沈约搞出四声，后又从四声化为平仄，经过初唐诗人们的试验，到盛唐才定型。形式的定型不意味着内容受到束缚、诗人丧失个性。同样的形式，千百年来真是名诗代出，佳作如林。固定的形式并没有妨碍诗歌艺术的发展。"毛泽东对唐诗艺术给予了充分的肯定，高度评价了唐诗的地位。

毛泽东对唐诗的广泛今用

毛泽东于1915年曾致信同学湘生，其中写道："盖文学为百学之原，吾前言诗赋无用，实失言也。"综观毛泽东的革命生涯，唐诗的确成为他一生特殊的战斗武器、鼓舞精神和滋润心灵的源泉，他常常对一些诗句加以引申，寄寓政治、外交、哲学等丰富内涵。

在20世纪70年代初，长沙的一些单位邀请毛泽东青年时的同窗周世钊作学习毛泽东诗词的辅导报告。毛泽东曾对周世钊说："你可以己意为之。我认为对诗词的理解和解释，不必要求统一，事实上也不可能求得统一。在对某一首诗或词的理解和解释的问题上，往往会出现理解和解释人的水平超出原作者水平的情况，这是不足为奇的。……你愿意怎么讲，就怎么讲；你爱怎么讲，就怎么说好了！"毛泽东对自己诗歌的理解持如此态度，对唐诗的理解品鉴亦持如此态度。

马克思曾说："被曲解了的形式正好是普遍的形式，并且在社会的一定发展阶段上是适于普遍应用的形式。"唐诗在毛泽东手里也正是如此。

其一，毛泽东在复杂的政治斗争中，善于借用唐诗以寄寓现实政治含意。

1956年4月5日，中央政治局讨论《人民日报》编辑部的文章《关于无产阶级专政的历史经验》，毛泽东当场念诵杜甫的《戏为六绝句》："尔曹身与名俱灭，不废江河万古流。"表达自己在政治上的坚定信心。

1958年，毛泽东在成都游览杜甫草堂，看到不同版本的杜集，指出杜诗"是政治诗"。同年在中共中央南宁会议上，他又讲道："不愿看杜甫、白居易那种哭哭啼啼的作品，光是现实主义一面不好。李白、李贺、李商隐，要搞点理想。太现实就不能写诗了。"在现实政治政策的层面上，毛泽东发掘了唐诗可用以鼓舞当时革命斗志的含义。

1970年8月，林彪以及陈伯达在中央政治局搞个人政治阴谋。毛泽东在《我的一点意见》中引用李白《梁甫吟》中"杞国无事忧天倾"诗句，说"天下是否会乱，庐山能否炸平，地球是否停转，我看大概不会吧。……我们不要学那位杞国人"，显示了胸有成竹、不怕政敌捣乱的气魄。

1971年10月，在与周恩来等人谈及林彪事件时，毛泽东说："我的'亲密战友'啊，……'折戟沉沙铁未销，自将磨洗认前朝。东风不与周郎便，铜雀春深锁二乔。'三叉戟飞机摔在外蒙古，真是'折戟沉沙'呀！"贴切引用晚唐人杜牧《赤壁》一诗以嘲讽林彪叛逃。

毛泽东又想起杜甫的名诗《咏怀古迹·其三》：

群山万壑赴荆门，生长明妃尚有村。
一去紫台连朔漠，独留青冢向黄昏。

仅把"明妃"改为"林彪"，讽刺林彪的下场：

群山万壑赴荆门，生长"林彪"尚有村。
一去紫台连朔漠，独留青冢向黄昏。

毛泽东还引用白居易《放言五首·其三》：

赠君一法决狐疑，不用钻龟与祝蓍。
试玉要烧三日满，辨材须待七年期。
周公恐惧流言日，王莽谦恭未篡时。
向使当初身便死，一生真伪复谁知。

毛泽东引用此诗意在说明：一个人错误的发展是有一个过程的，认识一个人是真革命还是假革命，也是有一个过程的。

其二，毛泽东常常将唐诗用于外交工作中。

1958年11月10日，新华社编印的《参考消息》刊载了美国合众社的一则有关攻击人民公社运动的报道，毛泽东读后，在这则电讯的旁边写下刘禹锡《赠李司空妓》一诗：

> 高髻云鬟宫样装，春风一曲《杜韦娘》。
> 司空见惯浑闲事，断尽苏州刺史肠。

"司空"是指当时扬州大司马杜鸿渐（又说李绅），"苏州刺史"是刘禹锡自指。此诗是刘禹锡赴大司马杜鸿渐之宴请，观赏一位美丽歌妓的表演之后所作，表达对这位歌妓的喜欢之情。诗句优美风趣，"司空见惯"后世传为成语。而毛泽东则用此诗讽刺美国多管闲事、干涉别国内政，指出其愚蠢可笑。

1966年，毛泽东在致阿尔巴尼亚劳动党贺电时引用王勃《杜少府之任蜀川》中的诗句"海内存知己，天涯若比邻"，形容两国虽远隔千山万水，而心神相通，友谊长存，让唐诗在外交工作中也发挥了有力作用。

1971年，毛泽东引用杜甫《前出塞》的诗句：

> 挽弓当挽强，用箭当用长。
> 射人先射马，擒贼先擒王。

他告诉身边工作人员："这两句表达了一种辩证法的战术思想。我们要打开中美间的僵局，不去找那些大头头，不找能解决问题的人去谈，行吗？选择决策人中谁是对手这点很重要。……非找尼克松不可。"从杜甫诗中引申出当代外交政治斗争的"战术思想"，老杜恐怕想不到他的诗竟推动了一千年后毛泽东作出邀请美国总统尼克松访华的重大决策。

其三，毛泽东常对唐诗给予哲学思想上的阐释。

《唐诗别裁集》载刘禹锡《酬乐天扬州初逢席上见赠》一诗，诗中写道："沉舟侧畔千帆过，病树前头万木春。"沈德潜评语说："沉舟二语，见人事不齐，造化亦无如之何。悟得此旨，终身无不平之心矣。"沈氏之说可谓不误，符合刘禹锡当时作诗时自嘲潦倒的心境。而在20世纪60年代末，毛泽东阅读《唐诗别裁集》时却批注道："此种解释是错误的。"认为刘禹锡此诗阐明事物新陈代谢、世界向前发展的规律，具有辩证唯物主义的观点，是积极的。早在1958年12月，毛泽东在党的八届六中全会的发言提纲中，谈到党的分裂虽然有可能，但却是暂时的，而资产阶级的灭亡则是必然的，随即又引用这两句诗阐述自己的政治思想。

　　1964年1月，毛泽东在向自己诗词的英译者解释一些问题时，谈到自己借用李贺诗句"天若有情天亦老"的想法："与人间比，天是不老的。其实天也有发生、发展、衰亡。天是自然界，包括有机界，如细菌、动物。自然界、人类社会，一样有发生和灭亡的过程。社会上的阶级，有兴起，有灭亡"。把李贺的诗句提高到哲学的高度来阐释。

　　晚唐诗人章碣有一首《焚书坑》诗：

　　　竹帛烟销帝业虚，关河空锁祖龙居。
　　　坑灰未冷山东乱，刘项原来不读书。

　　章碣诗本为讽刺秦始皇（所谓"祖龙"）焚书坑儒并不能使自己帝业万世，最后让并不读书的刘邦和项羽推翻了自己。1966年，毛泽东却引用此诗来说明"学问少的打倒学问多的，年轻小的打倒年纪大的"这"古今的一条规律"。

　　其四，毛泽东善于用唐诗进行人生哲理的启迪。

　　1929年，毛泽东教贺子珍读唐诗，特地挑选杜牧《九日齐山登高》一诗，其中有两句："尘世难逢开口笑，菊花须插满头归。"原是表达诗人乐天不忧、及时行乐之情。而毛泽东却解释道："'尘世难逢开口笑'，意思是，人生的哲学，是斗争的哲学。阶级斗争，革命斗争。"毛泽东认为"尘世难逢开口笑"一句揭示人生并不是到处欢乐喜悦，而是充满了严肃的斗争。

1959年7月在庐山开会时，毛泽东曾背诵韦应物《寄李儋元锡》一诗：

> 去年花里逢君别，今日花开又一年。
> 世事茫茫难自料，春愁黯黯独成眠。
> 身多疾病思田里，邑有流亡愧俸钱。
> 闻道欲来相问讯，西楼望月几回圆。

毛泽东对身旁的一些领导人说，"邑有流亡愧俸钱"，"这寥寥七字，写出古代清官的胸怀，也写出古代知识分子的高尚情操。写诗就要写出自己的胸怀和情操，这样才能引起读者的共鸣，才能使人振奋"。

1958年2月，李讷曾动手术，发高烧。毛泽东致信爱女，特意抄录王昌龄《从军行七首》之一：

> 青海长云暗雪山，孤城遥望玉门关。
> 黄沙百战穿金甲，不斩楼兰终不还。

并告诉李讷说："这里有意志，知道吗？"希望李讷从中体会"黄沙百战穿金甲"的坚强意志的力量，进而战胜疾病。

1959年，毛岸英的遗孀刘思齐身患重病，8月，毛泽东在庐山会议百忙之中致信给她，抄录了李白《庐山谣寄卢侍御虚舟》诗中的几句：

> 登高壮观天地间，大江茫茫去不还。
> 黄云万里动风色，白波九道流雪山。

劝告刘思齐多阅读李白这样的诗作，"可以起到消愁解闷的作用"。

毛泽东对唐代诗人的独特考证

毛泽东非常重视唐代诗人的生平事迹，在军政事务百忙之余，还进行过自成一家的文学史上的考证。

毛泽东很喜欢初唐四杰的诗作，对初唐四杰之首王勃的诗文，就倾注了许多精力和时间。在20世纪50年代末，毛泽东读《王子安集》时，在《秋日楚州郝司户宅遇饯崔使君序》一文标题前作了大段批注，考证此文为王勃"去交趾（安南）路上作的，地在淮南，或是寿州，或是江都。时在上元二年，勃应有二十三四了"。又考证王勃作《秋日登洪州滕王阁饯别序》时，"应是二十四、五、六"，而不是有人所说的"十三岁，或十四岁"。毛泽东总结道："《王子安集》百分之九十的诗文，都是在北方——绛州、长安、四川之梓州一带，河南之虢州作的。在南方作的只有少数几首，淮南、南昌、广州三地而已。广州较多，亦只数首，交趾一首也无，可见他未到达交趾就翻船死在海里了。"

毛泽东在读《王子安集》时的批语又写道：王勃"高才博学，为文光昌流丽，反映当时封建盛时的社会动态，很可以读。这个人一生倒霉，到处受惩，在虢州几乎死掉一条命。所以他的为文，光昌流丽之外，还有牢愁满腹的一方。杜甫说'王杨卢骆当时体，不废江河万古流'，是说得对的。为文尚骈，但是唐初王勃等人独创的新骈、活骈，同六朝的旧骈、死骈，相差十万八千里。他是七世纪的人物，千余年来，多数文人都是拥护初唐四杰的，反对的只有少数。以一个二十八岁的人，写了十六卷诗文作品，与王弼的哲学、贾谊的历史学和政治学，可以媲美，都是少年英发，贾谊死时三十几，王弼死时二十四，还有李贺死时二十七，夏完淳死时十七，都是英俊天才，惜乎死得太早了"。

毛泽东的这些批语有理有据，运用比较方法，分析评价王勃诗歌创作的成就，体现了他对王勃诗歌成就的深刻的认识，对其生平命运深深的同情。

毛泽东很喜爱贺知章的《回乡偶书》其一：

少小离家老大回，乡音未改鬓毛衰。
儿童相见不相识，笑问客从何处来。

他对贺知章的生平考证也非常关心。

1958年2月10日，毛泽东致信刘少奇，认真探讨了贺知章的事迹：

"前读笔记小说或别的诗话，有说贺知章事者。今日偶翻《全唐诗话》，说贺事较详，可供一阅。他从长安归会稽（绍兴），年已八十六岁，可能妻已早死。其子被命为会稽司马，也可能六七十了。'儿童相见不相识'，此儿童我认为不是他自己的儿女，而是他的孙儿女或曾孙儿女，或第四代儿女，也当有别户人家的小孩子。贺知章在长安做了数十年太子宾客等官，同明皇有君臣而兼友好之遇。他曾推荐李白于明皇，可见彼此惬恰。在长安几十年，不会没有眷属，这是我的看法。他的夫人中年逝世，他就变成独处，也未可知。他是信道教的，也有可能摒弃眷属。但一个九十多岁像齐白石这样高年的人，没有亲属共处，是不可想象的。他是诗人，又是书家，他的草书《孝经》，至今犹存。他是一个胸襟洒脱的人，不是一个清教徒式的人物。唐朝未闻官吏禁带眷属事，整个历史也未闻此事。所以不可以'少小离家'一诗便作为断定古代官吏禁带眷属的充分证明。自从听了那次你谈到此事以后，总觉得不甚妥当。请你考一考，可能你是对的，我的想法不对。……近年文学选本注家，有说'儿童'是贺之儿女者，纯是臆测，毫无根据。"

毛泽东对古代历史、文化、宗教、官职以及人情世态有着深刻的洞察，在如此广博的背景之下，考据唐代诗人的生平事迹，合情合理，可谓真知灼见。

毛泽东诗词创作中对唐诗的化用

毛泽东一生酷爱古典诗词，这方面造诣很深。他精通韵律，长于歌赋，创作了很多首广为传诵的古典诗词杰作。毛泽东在自己的诗词创造中，善于从唐诗中信手拈来名句，加以画龙点睛地化用，有时稍加改动一字，"色泽鲜妍"，"如早晚脱笔砚者"。

毛泽东化用唐人诗句，不是简单地仿效和点化，而是极具创造性，增加新的文化内涵。毛泽东善于在驰骋想象中借用唐人诗歌描绘的景物来丰富自己的诗歌意境，与时俱进，向读者传递全新的信息，赋予更新、更高、更强的时代精神。下面举例加以简析。

　　毛泽东在《菩萨蛮·黄鹤楼》中的名句"黄鹤知何去？剩有游人处，把酒酹滔滔，心潮逐浪高"，化用了唐人崔颢《黄鹤楼》中的"昔人已乘黄鹤去，此地空余黄鹤楼。黄鹤一去不复返，白云千载空悠悠"的诗句。崔颢的《黄鹤楼》诗，从楼的命名之由来起兴，借传说落笔，然后生发开去。仙人跨鹤本属虚构，可谓子虚乌有，仙去楼空，悠悠千载，正表现世事茫茫之情境。寥寥几笔写出了那个时代人们登黄鹤楼的寻常的感受，气概苍莽，悲凉伤感。时隔千载之后，毛泽东以《黄鹤楼》为题，另翻新意。他站在时代的高度，洞察一切，登楼俯瞰，感慨万千，欣然命笔，"黄鹤知何去？剩有游人处"。黄鹤不知何往，此地将供后人凭吊。这古人、古迹、古事，在人类长河中已奔腾了千载，毛泽东从时空角度发思古之幽情，往往是为了当下社会。旨在告诫人们：美好的时光已经逝去，美丽的事物已不复存在，我们可以有怀念之感，但不能流出一种悲伤之泪。面对长江水的日夜东逝，面对龟、蛇两山傲然挺立，面对武汉三镇的壮丽美景，诗人毛泽东审视的是成与败、是与非、美与丑的界线，寻觅的是中华民族的光明前途和美好命运。沈德潜在《唐诗别裁集》评崔颢《黄鹤楼》诗云："意得争先，神行语外，以笔写春，遂描千古之奇。"此语用来评价毛泽东的《菩萨蛮·黄鹤楼》也非常恰当。毛泽东不仅具有同样的"千古之奇"，更创造了万古之妙境。

　　毛泽东的《七律·人民解放军占领南京》是家喻户晓的力作，其中"天若有情天亦老，人间正道是沧桑"，是化用了唐人李贺的《金铜仙人辞汉歌》中"衰兰送客咸阳道，天若有情天亦老"的诗句。据朱自清《李贺年谱》推测，《金铜仙人辞汉歌》是李贺因病辞去奉礼郎职务，由京赴洛途中所作，表达了诗人"恨别伤离"的忧愁情绪。毛泽东将原句借用，只是调了顺序，表达了自己"宜将剩勇追穷寇，不可沽名学霸王"，将革命进行到底的雄心壮志。毛泽东以革命家的胆略和气魄，在有生之年完成了统一中国、振兴中华民族的大业。《七律·人民解放军占领南京》的诗境不仅唐人李贺不能比拟，就是当今中外豪杰也是难与比肩的。

　　毛泽东诗词化用唐诗表现的审美情致主要有两个重要层面：壮美和

优美。

壮美，中国的诗歌美学称之为"阳刚之美"。被誉为"冠绝古今"的毛泽东的壮词《念奴娇·昆仑》中"安得倚天抽宝剑，把汝裁为三截"化用了李太白的"安得倚天剑，跨海斩长鲸"的诗句，传递壮美之情怀。李白有"把酒问月"、"手摘星辰"、"斗酒百篇"、"剑斩长鲸"的壮美情怀和浪漫气质，但毛泽东以伟大的革命家、思想家的雄伟气魄，"阅尽人间春色"，面对苍天大地，面对巍巍昆仑，奋力高呼"不要这高，不要这多雪"，拔剑截断昆仑，达到"环球同此凉热"，旨在改造自然、砸碎旧世界、创造美好幸福的新天地。《念奴娇·昆仑》通过对李白诗的点化，高大的昆仑山在诗人脚下，构成了雄奇险峻壮美的历史画卷，艺术特色鲜明，既有对现实的真实描绘，也有浪漫的极度夸张，更有象征意蕴的表达，浑然一体，力能扛鼎。

优美，是同壮美相对应的一种审美风格，有人称之为"阴柔之美"。毛泽东的《七律·送瘟神》中的"春风杨柳万千条，六亿神州尽舜尧。红雨随心翻作浪，青山着意化为桥"四句，不仅是对历史典故的成功运用，更是对唐人李贺《将进酒》中"桃花乱落如红雨"的化用。毛泽东反其义而用之，笔锋突转，别开新境，仿佛一阵春风吹过大地，六亿人民精神饱满，意气风发。诗人描绘了改造山河的宏伟场面，歌颂了改天换地的英雄气概，堪称一幅意境优美的劳动风景画。在这幅优美秀丽的画面里，不仅有山有水，有农田有村庄，而且有天上的牛郎，人间的瘟神，有历史上的神医华佗，有传说中的贤君舜尧，他们同如火如荼的现实生活画面相辉映，亦真亦幻，美妙多姿，富有浓厚的诗情画意。

毛泽东化用唐诗所表现的情感，既有对爱情的眷恋，又有对友情的思念，更有对革命情意的追求。最能代表毛泽东化用唐人诗句表达情感美的诗是《贺新郎·赠友人》。"挥手从兹去"，一开篇就化用了李白的《送友人》中两句诗："挥手自兹去，萧萧班马鸣。"毛泽东只改了一个字，把"自"字换成了"从"字。表面看似乎没什么差别，但细品此意，却有所不同。自兹即自此，主要强调地点，表示从此地分别；而"从兹"则重点强调时间。当时的旧中国正是被白色恐怖笼罩着，毛泽东为了探索救国救民的真理，为了中国人民的解放事业，毅然同杨开慧分手辞别。

毛泽东诗词也大量化熔晚唐诗人李商隐、杜牧、孟郊、贾岛等人的诗句。

如《七律·送瘟神》："坐地日行八万里。"出自李商隐《瑶池》："八骏日行三万里。"

《七律·冬云》："独有英雄驱虎豹，更无豪杰怕熊罴。"句法来自李商隐《重有感》："岂有蛟龙愁失水，更无鹰隼与高秋。"

《七绝·贾谊》："贾生才调世无伦。"出自李商隐《贾生》："贾生才调更无伦。"

《七律·答友人》："长岛人歌动地诗。"语出李商隐《瑶池》："黄竹歌声动地哀。"

《贺新郎·读史》："人世难逢开口笑。"隐括杜牧《九日齐山登高》："尘世难逢开口笑，菊花须插满头归。"

《贺新郎·别友》（手迹稿）："我自欲为江海客，再不为昵昵儿女语。"出自韩愈《听颖师弹琴》："昵昵儿女语，恩怨相尔汝。"

《七律·到韶山》："别梦依稀咒逝川。"出自温庭筠《苏武庙》："茂陵不见封侯印，空向秋波哭逝川。"毛泽东后来改"哭"为"咒"。

《七律·送瘟神》："千村薜荔人遗矢。"《七律·答友人》："芙蓉国里尽朝晖。"化用谭用之《秋宿湘江遇雨》："秋风万里芙蓉国，暮雨千家薜荔村。"

《满江红·和郭沫若同志》："正西风落叶下长安。"语出贾岛《忆江上吴处士》："秋风生渭水，落叶满长安。"

《七律·吊罗荣桓》："记得当年草上飞，红军队里每相违。"化自黄巢诗："记得当年草上飞，铁衣着尽着僧衣。"

总之，毛泽东的诗词创作，虽然是大量引用、融化唐人诗句，但却并不是简单的效仿、因袭，而是运用销熔工夫，做到了锻冶唐诗之辞，自铸自我之句，将唐诗的清词丽句融化到自己诗词的境界中去，力脱古人之窠臼，做到了浑然天成，不留痕迹。毫无疑问，毛泽东为当今发挥唐诗艺术在中国社会文化发展中的作用，树立了光辉典范。

5. 古典小说与毛泽东的领袖风格

美国著名学者施拉姆多年从事毛泽东和毛泽东思想研究，著作甚丰，在西方世界享有盛誉。以创作传记《毛泽东》为发端，他相继发表了一系有影响的毛泽东研究力作，提升了西方的毛泽东研究的整体水平。施拉姆说：毛泽东懂得群众支持的重要以及动员群众的方法，他"带有强烈通俗文学特点的领导风格使他和农民有比较密切的关系"，"增加了他对大部分人民的吸引力"。

毛泽东那丰富的古代文史知识背景、形象的思维方式、鲜明生动的语言表达习惯，使他同古典小说有一种天然的联系，赋予他特殊的领袖风格。作为政治和思想领袖，毛泽东在古典小说方面的深厚素养，使他乐于活用古典小说中一些典型的人物和故事，把自己的思想、意志、策略，通俗地传播给他的战友、下属、战士和人民，其说服力和感染力是异乎寻常的。在毛泽东漫长的革命生涯中，这样的例子俯拾皆是。

1939年7月7日，是卢沟桥事变爆发两周年纪念日，华北联大在延安举行开学典礼，校长成仿吾请毛泽东作报告。毛泽东在演讲中说："当年姜子牙下昆仑山，元始天尊赠了他杏黄旗、四不像和打神鞭三样法宝。现在你们出发上前线，我也赠给你们三样法宝，这就是：统一战线，武装斗争，党的建设。"在这里，毛泽东引用《封神演义》第三十八回"姜子牙二下昆仑"的故事，借古喻今，十分精练地将中国革命取得成功的根本经验概括成"三件法宝"，风趣幽默，引譬生动，给即将奔赴抗日前线的师生们留下了深刻的印象，为他们到抗日前线如何开展工作指明了方向。

1963年9月28日，在中央工作会议上谈到国际形势时，毛泽东说：我总相信《红楼梦》的作者借小说人物的口说的一句话，"大有大的难处"。这句话把刘姥姥吓得冷了半截。现在美苏两国确实很困难，他们到处碰钉子。不要忘记这一点。也是《红楼梦》写的，冷子兴讲贾府衰败下来了，贾雨村不信，说我到荣国府街上看过，还不错。冷子兴便说，亏你还是进士出身，原来不通。古人有言，"百足之虫，死而未僵"，死了，但是没有倒……

像这样，对古典小说名著，从场面到对话，从情节到结构，从人物到主题，毛泽东都烂熟于胸，沉淀在他的意识深处，外化为信手拈来、浑然天成的语言素材。毛泽东深深懂得这些老少咸宜、雅俗共赏的小说故事情节在思想宣传上的潜移默化的作用。

"小说"这一称谓，被正史大家说成是源自先秦的"杂家"者流。一个"杂"字，便轻飘飘地把它排除在经史子集的文化殿堂门外，被世人目为消愁解闷的"闲书"。正统的文人士大夫自然不屑一为，只有那些落魄不得志的才子才去营构。小说的"翻身"，是"五·四"新文学运动才开始的。

中国古代小说的成长，大致经历了五个阶段：

一、先秦两汉期间是中国古代小说的萌芽时期。这一时期虽然没有出现成型的小说，但在神话、寓言故事、先秦散文、史传文学中孕育小说因子。我国上古神话散见于《山海经》《淮南子》等书中，如《女娲补天》《精卫填海》《后羿射日》《大禹治水》等，此中都孕育后世小说的胚胎。春秋战国期间产生和成长的寓言故事，是短小精干而又富于嘲讽性的文学范式，它的形象性、故事性和意义性成为中国古代小说形成的重要因素。

二、魏晋南北朝期间是中国古代小说初步形成时期。这一时期的小说被称为笔记小说。其时小说产量很大，作家浩繁，分多种门类，影响最大的是"志怪小说"和"志人小说"。

志怪小说，指记述神鬼等各类怪异故事的小说，其代表作是东晋干宝的《搜神记》，此中影响较大的作品有《李寄斩蛇》《干将莫邪》《牛郎织女》《董永》（天仙配故事由此嬗变而来）、《东海孝妇》（窦娥冤以此为底本）。志人小说，记述人物的琐屑的异事逸闻，又称逸事小说。较完备的风行至今的只有南朝刘义庆的《世说新语》，它记述是秦末至东晋士族阶层的异闻逸事，意蕴丰富，语言朴素、精练、蕴藉、逼真。魏晋南朝小说虽"粗陈大概"，但它为唐传奇的产生准备了条件，开辟了笔记小说的先路，为后世的小说创作提供了大量原始素材。

三、唐五代期间是中国古代小说的成熟时期。这一时期的小说被称为

"唐传奇"。唐传奇是指唐代风行的文言短篇小说。它远继神话传说和史传文学，近承魏晋南北朝志怪和志人小说，成长成为一种以史传笔法写奇闻异事的小说体式，多取材于现实生活，反映社会矛盾，注重人物性格刻画，情节奇特，描写生动，尤其擅长虚构艺术，富有浪漫色彩。唐传奇是"有意为小说"，因此在创作手法上较六朝志人的偏重写实增强了虚构性，较六朝志怪的偏重记述传闻，增加了再创作性。作家真正开始了自觉地进行艺术想象和艺术创造，而且在艺术构思、情节结构上，都取得了新的成就。唐传奇是中国文人有意识地创作小说的开始，是中国文言小说发展史上的一次飞跃，标志严格意义上的小说文体的正式形成。代表作品有：沈既济的《任氏传》、李公佐的《南柯太守传》、李朝威的《柳毅传》、蒋防的《霍小玉传》、白行简的《李娃传》、元稹的《莺莺传》等。

四、宋元时期是我国古代小说的又一重大发展期。宋元话本小说的出现，是中国小说史上的一大变迁，这是中国最早的白话小说，标志中国古代小说发展进入一个全新阶段。话本始于唐代，盛于宋元。它是当时"说话"艺人演讲、说唱故事所用的底本。宋元话本小说是市民的小说，它从市民的立场、观点来反映社会中的矛盾，突破了六朝小说和唐代传奇描写社会上层或非现实情节的局限，把作品的接受对象扩大到社会各阶层，反映了现实社会的各层次矛盾冲突。代表作有：《碾玉观音》《错斩崔宁》等。

五、明清时期是中国古代小说的繁盛时期。这一时期，长篇和短篇、白话和文言，都得到长足的发展，历来被后人称为名著的小说，多产生于此时期。其主要形态有拟话本和章回小说。拟话本是明代文人模拟宋元话本形式而创作的短篇白话小说。拟话本涉及社会生活的各个方面，着重描绘了市民阶层中的商人、手工业者和妓女等的生活及心态。代表作如冯梦龙的"三言"——《喻世明言》《警世通言》《醒世恒言》。章回小说是我国古典长篇小说的唯一形式，是由宋元话本发展而来的。其特点是将全书分为若干章节，称为"回"，少则十几回、几十回，多则百余回。每回前用两句对偶的文字标目，称为"回目"，概括本回的故事内容。明代成就最高的章回小说是明代"四大奇书"——《三国演义》《水浒传》《西游记》《金瓶梅》。这也是毛泽东一生最喜欢的几部小说。到清代，古典小说的思想性和艺术性都达到了新的高度。就文言短篇小说而言，清初产生了我国文言小说的顶峰之作《聊斋志异》；就长篇章回小说而言，清中叶出现了我国讽刺文学的集大成之作《儒林外史》和我国古典小说艺术的最高峰——《红楼梦》。

中国古典小说在长期的发展过程中，积累了丰富的创作经验，在人物形象塑造、情节结构、语音艺术等方面，都形成了自己独特的为我国人民所喜闻乐见的民族形式和民族风格。

古典小说既为"杂家"之言，自然较少去"宗经"、"载道"、"征圣"，较少去言修治齐平者们的"雅洁"情志，而是用"摆龙门阵"的方式去讲述些野史趣闻和怪异之事。于是在流传之间，渐渐成为普通大众的文化娱乐形式，更多地反映了底层民众的生存状态、情感愿望和价值取向。

毛泽东终生喜欢古典小说，重视其地位和作用；毛泽东在讲述、解析、类比、活用古典小说的故事和人物的过程中，也有意无意间塑造了自己平易、幽默、风趣的领袖气质和深得人心、极富感召力的领袖魅力。

跟毛泽东干革命、加入革命队伍的绝大多数人是农民和工人，他们所受的教育极其有限，并不懂得高深抽象的学问，不可能深研马克思主义的理论，对斗争形势的感知也是直观朴素的，他们的素养大多由具体的生活经验、下层的民俗传统积淀而成。把这样一支队伍升华铸造成为高度自觉的无产阶级革命队伍，使他们一方面确确实实地感到中国共产党及其领导人的政策、理论是代表他们利益的，一方面又要从理性的高度认识到这些政策、理论的马克思主义真理性，是一件很不容易的事情。而毛泽东作为农民出身的革命领袖，作为把马克思主义中国化的理论家，作为把马克思主义通俗化、大众化的宣传家，这方面确实有着天才的、罕见的才能。他通过通俗小说文学的故事情节、人物形象及其特色语言，能很快和来自底层的工农兵群众之间产生共鸣，从而能把一个个"敏感"乃至"剑拔弩张"的问题坦坦然然、轻轻松松地表述出来；能把一个个不易使人们接受的思想、主张、观点，变得让人们容易接受；能把一个个目前不宜说透彻的问题，启发人们心领神会地去感知、理解；能把一个个因为讲得太多反而容易忽视的一般道理，凝固成人们永远忘不掉的形象和故事；能把一个个头绪繁多的复杂问题的精髓，提纲挈领地抽剥出来……

当毛泽东把古典小说作为对群众进行宣传教育的工具、素材的时候，他不会像"掉书袋"的文学理论家那样，把小说作为既定的文学客体来考证和解读，他的目的是用以说明他在实践中提出和需要解决的方方面面的问题，诸如武松打虎之于斗争精神，周瑜挂帅之于干部政策，西天取经之于目标一致，贾府衰败之于美苏困境，刘备取西川之于团结地方干部，等等。当他如数家珍地谈起这些人物和情节时，他同古典小说的联系是自由活泼的。他不想评小说，也不是从政治角度谈小说，而是借小说喻政治，取其一点，古为今用，以他特有的灵气、敏锐和语言，把古典小说读活，用活，读出新意境，用出新效果；在活读活用古典小说的过程中，毛泽东独特的领袖风格早已让他的听众如醉如痴，深受感染。

抗战胜利之后，资产阶级自由主义学者傅斯年被国民参议会推举为"访问延安代表团"的五名代表之一。傅斯年和毛泽东"五·四"前后曾在北大相识。在延安的窑洞里，他们单独在一起畅谈了一夜，天上地下都谈开了。谈到中国的小说，傅斯年发现毛泽东对于坊间各种小说，非常之熟悉。傅斯年得出结论："毛泽东从这些材料里去研究农民心理，去利用国民心理的弱点。"

毛泽东研读古典小说，固然是为了研究农民的心理特点，但立场反动的傅斯年说错了一句话，毛泽东不是为了"利用国民心理"，而是为了引导国民心理。试想，如果不深入研究农民心理，不因势利导，引导国民心理，去争取革命的胜利，毛泽东能成为中华民族的伟大领袖吗？这不能不说是毛泽东的过人之处！

6. 毛泽东与中国古典小说四大名著

毛泽东一生嗜好古典小说，他曾说："我熟读经书，可是不喜欢它们。我爱看的是中国旧小说，特别是关于造反的故事。我很小的时候，尽管老师严加防范，还是读了《精忠传》《水浒传》《隋唐》《三国》和《西游记》。"

《三国演义》《红楼梦》《水浒传》《西游记》是中国古典小说的杰出代表，是家喻户晓的"四大名著"。这四大古典名著伴随着毛泽东度过革命生涯，对毛泽东早期的革命、军事思想的形成有着潜移默化的影响。毛泽东还特别善于灵活、巧妙地运用四大名著于政治、军事、文化及日常生活的各个方面，以其独具的文化魅力和思维方式，赋予四大名著中的故事和人物以全新的内涵。

四大名著对毛泽东的革命、军事思想的影响

作为一位杰出的军事家，毛泽东可谓是自学成才。他没有受到正规的军事训练，完全是在战争中学会战争的。《三国演义》是我国第一部描绘战争的巨制，其中写了许多战略战术，都有可借鉴之处。

毛泽东熟悉《三国演义》，从中学习了很多战争知识。他在《中国革命的战略问题》一书中，讲到"双方强弱不同，弱者先让一步，后发制人，因而战胜"时曾列举了中国古代以少胜多、以弱胜强六个著名的战例，其中就有《三国演义》用浓墨重彩着力渲染描写的袁曹官渡之战、吴魏赤壁之战和吴蜀彝陵之战三次战役。

《水浒传》是第一部描写农民起义的小说。《水浒传》中"替天行道"的思想，曾激起了少年毛泽东反抗现存秩序的精神。当年毛泽东在湖南第一师范读书的时候，有一年的中秋节，一群学生聚集在学校后面山上讨论救国之道。有些学生提出进入政界，对此，毛泽东回答说需要金钱和关系，才能当选。又有同学提出利用今后当教员的职位来影响后几代，毛泽东摇头表示反对，说这个办法需时太久。别人要他提出办法，他爽口答道："学梁山泊好汉。"后来他上井冈山，走工农武装割据，进而夺取全国政权，证明他当时"学梁山泊好汉"的想法还是正确的。

《水浒传》这部小说还写了这样一个根本的历史事实："官逼民反"，它具体地再现出促使众多梁山泊英雄铤而走险的深刻社会动因和历

史必然性。毛泽东非常看重这部小说的这一特质。1964年1月他同美国记者路易斯·斯特朗谈话时说道："革命者并不是一开始就是革命的，他们是被反动派逼迫革命的，他们是被逼上梁山的。"他又说："我原先是湖南省一个小学教员，我是被逼迫这样的。反动派杀死了很多人民。""官逼民反"，事实上这一直是毛泽东解释20世纪中国农民革命的历史必然性的最通俗的说法，也是他关于中国革命的发生、发展和成功的一个牢牢的信念。毛泽东在自己革命道路上不一次提到这一点，在大革命高潮时，在新中国成立后，谈起自己的革命生涯，谈起中国共产党的历史经验，毛泽东往往都要谈到一个"逼"字。

《西游记》也是毛泽东从小就喜爱的一部小说。《西游记》对毛泽东的最大影响要算孙悟空这一理想化的英雄人物，他爱憎分明，敢于造反，具有挑战性、反权威的战斗风采和洒脱不拘、蔑视陈规的自由个性，用他的话说即是"皇帝轮流坐，明年到我家"，"强者为尊该让我，英雄只此敢争先"。这个英雄形象毛泽东很欣赏，1966年7月毛泽东在给江青的信中就谈到自己的性格中"有些猴气"。如果把猴气理解为不拘成规，追求变动，不满现状，崇尚创造，不搬教条，灵活机动，不求刻板庄重，习惯洒脱机趣，我们就会发现，这些性格特征的确与毛泽东有些某联系。因为早在毛泽东成为马克思主义者之前，他就坦言，"具体"、"鲜明"和"热烈"是人类社会具有革命性和创造性的必要条件。

毛泽东对中国古典名著的解读和评价

中国古典小说的创作和批评有一个根深蒂固的传统，就是"史贵于文"。"小说，正史之余"，成为品评古典小说的一个基本观念。这一传统，对毛泽东的小说观无疑有一定的影响。可以说，史家兴趣，是毛泽东选读小说的一个重要出发点；史家眼光，是他品评古典小说的一个基本角度；史家见识，使他对古典小说的内涵和意义常常有独特的发掘和见解。尽管如此，毛泽东评判和领悟古典小说的动机、术语和标准，却是现代的，是马克思主义理论的反映论和历史唯物主义的批判性、战斗性和实践性在文学领域的印证、贯彻和发挥。毛泽东对《红楼梦》的品评，清晰地反映了这一点。

1964年8月18日在北戴河，毛泽东找几个哲学工作者谈话，他说："《红楼梦》我至少读了五遍，开始当故事读，后来当历史读。"毛泽东并不讳言自己起先读《红楼梦》时是当故事读的，但当他接受马克思主义之后，就从考察、解剖历史生活的角度，从社会经济演变的客观规律出发，来理解和欣赏这部不朽著作的。

首先，毛泽东分析了《红楼梦》产生的背景和所反映的历史进步要求。1962年1月在扩大的中央工作会议上，毛泽东在谈到西方资本主义的发展从17世纪开始经过了好几百年的时候说："十七世纪是什么时代呢？那是中国的明朝末年和清朝初年，再过一世纪，到十八世纪上半叶，就是清朝乾隆时代，《红楼梦》的作者曹雪芹就生活在那个时代，就是产生贾宝玉这种不满意传统制度的小说人物的时代。乾隆时代，中国已经有了一些资本主义生产关系的萌芽，但是还是传统社会，这就是出现大观园里那一群小说人物的社会背景。"

其次，毛泽东透过《红楼梦》所描写的四大家族的衰败，来了解传统的统治阶层整体的衰败。在毛泽东看来，《红楼梦》全书，也就是四大家族的衰败史。在四大家族中，《红楼梦》其实只写了一个家族——贾府，从一家看四家，从四家看代表整个传统统治的成百上千个大族名宦之家。据此，他把《红楼梦》的第四回"冷子兴演说荣国府"作为全书的总纲，发前人之所未发。

再次，毛泽东通过《红楼梦》来形象地了解中国传统社会的生活。毛泽东要人们注意对书中令人瞩目的几十桩人命案作阶级分析，这些人命案也有不同的性质和情况，但都暴露了传统统治的残忍和罪恶。他还注意到《红楼梦》里反映出来的中国传统社会土地买卖的问题，他说过："我国很早以前就有土地买卖，《红楼梦》有这样的话：'陋室空堂，当年笏满床。衰草枯杨，曾为歌舞场。蛛丝儿结满雕梁，绿纱今又在蓬窗上。'这段话说明了在传统社会里，社会关系的兴衰变化，家族的瓦解和崩溃，这种变化造成了土地所有权的不断转移，也助长了农民留恋土地的心理。"毛泽东也意识到了《红楼梦》里反映出来的中国传统家长制的动摇。他说过："我国家长制度的不断巩固是早已开始了。从《红楼梦》中就可以看出家长制度是在不断分裂中，贾琏是贾赦的儿子，不听贾赦的话。王夫人把凤姐笼络过去，可是凤姐想各种办法来积攒自己的私房钱。荣国府的最高家长是贾母，可是贾政、贾赦各人有各人的打算。"

总之，毛泽东主张把《红楼梦》当历史读，是读小说的一个重要的视角，一个高明的视角。马克思主义者读《红楼梦》这样的小说，尤其不能忽视这个视角。恩格斯就是这样读小说的，他说："巴尔扎克在《人间喜剧》里给我们提供了一部法国社会，特别是巴黎上流社会的卓越的现实主义历史……"列宁也是这样读小说的，他说："托尔斯泰是俄国革命的镜子。"他们都是把小说当做历史来读。

同样，对《三国演义》《水浒传》《西游记》，毛泽东也是如此品评和解读的。

毛泽东认为："《三国演义》的作者罗贯中不是继承司马迁的传统，而是继承朱熹的传统。南宋时，异族为患，所以朱熹以蜀为正统。明朝时，北部民族经常为患，所以罗贯中也以蜀为正统。"1958年11月，毛泽东在武昌，他蛮有兴趣地对李井泉等人说："今天找你们来谈谈陈寿的《三国志》。"他说："《三国演义》和《三国志》，虽然是两部不同类别和不同文体的著作，但从内容上来说，这两部著作具有密切的关系。"

著名作家张天翼指出："《西游记》这样的古代神魔故事中，不论作者有没有意识到，总会或多或少，或隐或显，或深或浅，或正确或歪曲地反映出某一时代社会生活的某些方面……是封建社会的主要阶级关系和矛盾。"毛泽东对张天翼用历史唯物主义观点来解释神话世界同现实社会的"同构"关系非常欣赏。

毛泽东还说："《水浒传》要当做一部政治书看，它描写的是北宋末年的社会状况。"1973年12月21日，毛泽东在接见部队领导的谈话中，劝人们读古典小说，他说："《水浒传》不反皇帝，专门反对贪官。后来接受了招安。"1975年8月14日，毛泽东还发表了众所周知的那篇关于《水浒》的著名谈话，其实质性内涵，可以看做他一贯的历史观为适应其新的历史追求的体现。

毛泽东是伟大的革命家，也是伟大的诗人和文艺理论家，毛泽东一生博览群书，对中国古典文学名著有过许多评论。尤其是建国初批判俞平伯的《红楼梦研究》，"文化大革命"后期的评《红楼梦》和评《水浒传》，不仅在古典文学研究领域产生了广泛影响，而且同国家政治生活密切相关。从整体上说，毛泽东的评论，主导方面是好的，在实践中发挥了积极作用。由于毛泽东有崇高声望，他竭力提倡古典小说的阅读，使得古典小说得到了极大的推广。尤其是《红楼梦》，以前很多人没看过，就是由于毛泽东的推崇才普及开来，还影响到国外。毛泽东强调从政治历史的角度去读小说，更有利于发挥古典小说的教育作用。这符合他一贯的"古为今用"的主张。

毛泽东对四大名著的广泛古为今用

毛泽东特别善于在政治、军事、文化及日常生活的各个方面，灵活、巧妙地运用古典四大名著中的人物和情节，来阐明道理，开展思想教育。

毛泽东善于妙用四大名著评述时事，精辟深刻。

毛泽东向高级将领和普通战士都提出读《三国演义》，指导他们："不要去注意那些演义式的描写，而要研究故事里的辩证法。"

抗日战争时期在处理国共关系时，毛泽东曾多次引用《三国演义》第一回的首句话："话说天下大势，分久必合，合久必分。"1938年5月4日，毛泽东在延安抗日军政大学讲话时，把国共合作分作三段：第一段两党合作，共同打击北洋军阀；第二段两党分裂；第三段两党又合作，同心协力打击日本侵略者。他说道："按照中国古书《三国演义》——你们看过吗？——那里开头就说：话说天下大势，分久必合，合久必分，过去十年了，现在又合起来，当然把这话拿到现在来说是不正确的，现在合起来不一定会再分。我们可以把它改成两句话：国共两党，合则两利，分则两伤。"

1942年9月7日，为了更好地阐明精兵简政是一个极其重要的政策，毛泽东为延安《解放日报》写了一个社论《一个极其重要的政策》，他引用《西游记》中孙悟空对付铁扇公主为例，进行形象说明，指出："何以对付敌人的庞大机构呢？那就用孙行者对付铁扇公主的办法，铁扇公主虽然是一个厉害的妖精，孙行者却化为一个小虫钻进铁扇公主的心脏里去把她战败了……目前我们须得变一变，把我们的身体变得小些，但是变得更加扎实些，我们就会变成无敌的。"

《红楼梦》里有一段林黛玉谈论家庭内部斗争的话："不是东风压倒西风，就是西风压倒东风。"毛泽东化平淡为神奇，利用东风、西风的形象，深入浅出地说明国际形势："我认为现在国际形势到了一个新的转折点。世界上现在有两股风，东风、西风。中国有句成语：不是东风压倒西风，就是西风压倒东风。我认为目前形势的特点是东风压倒西风。也就是说，社会主义的力量对于帝国主义的力量占了压倒的优势。"

毛泽东善于妙用四大名著讲述哲理，发人深省。

哲人毛泽东还能够把自己对于古典小说的阅读和吸收，结合自身的丰富的革命实践，进行哲学层面上的品评和升华，从而显示出他高屋建瓴的本领和深邃的哲学底蕴。

1937年，毛泽东在他的哲学名著《矛盾论》中，在说明要解决矛盾，首先要"从调查情形入手"，认识矛盾的特殊性时，他引用《水浒传》中"三打祝家庄"的故事情节进行说明。前两次打祝家庄失败，就是因为情况不明，方法不对。这说明，调查研究在解决现实矛盾问题时是多么重要。中华人民共和国成立以后，毛泽东对"三打祝家庄"的故事记忆犹新，随着形势的转变对其认识也在不断深化。1959年2月，为纠正1958年"大跃进"的弊端，毛泽东在省市委书记会议上的讲话中又提到"三打祝家庄"的故事，提醒全党善于发现矛盾，认识矛盾，解决矛盾，处理好现实中存在的问题。

毛泽东善于妙用四大名著指导军事，对症下药。

毛泽东在谈到军事退却原则、处理好退却与进攻的关系时，曾引用了《水浒传》中林冲打败洪教头的故事。他说："谁人不知，两个拳师放对，聪明的拳师往往退让一步，而蠢人则气势汹汹，劈头就使出全副本领，结果却往往被退让者打倒。《水浒传》上的洪教头，在柴进家中要打林冲，连唤几个'来'、'来'、'来'，结果使退让的林冲看出洪教头的破绽，一脚踢翻了洪教头。"

毛泽东善于妙用四大名著说服教育，趣味横生。

对四大古典小说名著，从场面到对话，从情节到结构，从人物到主题，都沉淀在毛泽东的意识深处，外化为信手拈来便浑然天成的语言素材。毛泽东深深懂得这些老少皆宜、雅俗共赏的小说事例，在思想宣传上的"润物细无声"的渗透效果。

1935年7月，在长征途中的毛儿盖，毛泽东、张闻天等一直在考虑着怎样才能使一、四方面军团结一致、统一行动的问题，并多次耐心地做张国焘等人的工作。有一次，毛泽东带着时任中央队秘书长的女同志刘英去找张国焘谈话，一见面，毛泽东就说："我给你带水来了！"张国焘一下子没反应过来，问道："什么水啊？"毛泽东笑着说："《红楼梦》里的宝二哥不是说男人是泥巴捏的，女人是水做的吗？"张国焘闻言恍然大悟，也不由得笑起来。毛泽东同张国焘由于此前意见有分歧，所以一开始就说笑话，想创造一种比较亲切融洽的谈话氛围。

1938年4月，毛泽东给即将毕业的"抗大"第三期学员讲话，他要求学员应具有"坚定正确的政治方向，艰苦朴素的工作作风，灵活机动的战略战术"，接着他从分析《西游记》人物的性格特点入手，来阐述这三句话的重要性。他说："唐僧这个人，一心一意去西天取经，遭受九九八十一难，百折不回，他的方向是坚定不移的。但他也有缺点：麻痹，警惕性不高，敌人换个花样就不认识了。猪八戒有很多缺点，但有一个优点，就是艰苦。臭柿胡同就是他拱开的。孙猴子很灵活、机动，但他最大的缺点是方向不坚定，三心二意……"他还特意提到了唐僧骑坐的那匹白马："你们别小看了那匹小白龙马，它不图名，不为利，埋头苦干，把唐僧一直驮到西天，把经取了回来，这是一种朴素、踏实的作风，是值得我们取法的。"毛泽东的这些话不仅给当时的学员们留下了深刻的印象，而且对今天的人们也富有启迪教育意义。

薄一波曾回忆毛泽东对他谈到《三国演义》，说："看这本书，不但要看战争，看外交，而且要看组织。你们北方人——刘备、关羽、张飞、赵云、诸葛亮，组织了一个班子南下，到了四川，同'地方干部'一起建立了一个很好的根据地……外来的干部一定要同地方的干部很好地团结在一起，才能做出一番事业。"

"量体裁衣，看菜吃饭"，"到什么山上唱什么歌"，是毛泽东反复强调的工作方法，是马克思主义中国化的必要的基本途径。毛泽东大量引用古典小说四大名著中的故事情节、人物形象，使他和群众之间体现出文化占有上的平等和文化理解上的共识，使讲的人和听的人都融为一个"我们"，融为一个整体。在这方面，毛泽东具有卓越的驾驭这门政治艺术的独特才能。

7. 毛泽东欣赏的一部清代滑稽小说

"天要下雨，娘要嫁人，由他去吧"一语，由于毛泽东的引用而广为人知。

1971年9月13日夜，当时的中共中央副主席、军委副主席、写进党章的接班人林彪，乘一架军用三叉戟飞机向中蒙边境飞去，这是他在谋刺毛泽东失败后准备向苏联叛逃。飞机已经快要进入蒙古国，周恩来将情况急报毛泽东，并请示是否要拦截林彪的飞机。毛泽东沉思良久，从容镇定地说："天要下雨，娘要嫁人，无法可设，由他去吧！"

毛泽东博览群籍，可以说无所不读，除了读古代典籍中文史哲方面有代表性的著述外，还有兴趣读一些在特定环境中流传不广的书。中央文献研究室在编辑和整理毛泽东的著作和谈话时，对一些引文做注释，需要查很多书，有的就很难查到出处。比如这句"天要下雨，娘要嫁人，由他去吧"，当时大家知道这句话肯定是一个俗语，但这个俗语出自哪里，一直找不到。直到多年后，有人查出这句话俗语出自清朝嘉庆年间一个叫张南庄的人写的一本讲鬼故事的滑稽章回小说——《何典》。

"九·一三"事件后，1972年的一次中央政治局扩大会议上，毛泽东在谈到林彪时，还直接引用过《何典》中的许多言辞，说是"药医不死病，死病无药医"，意思是说药只能够医治不会死的病，如果病入膏肓，非死不可，那就无药可医了。毛泽东认为林彪得的正是这种病。

在中共九大上，毛泽东的"亲密战友"林彪被指定为接班人，并被写入了党章。但九大后，林彪与毛泽东的矛盾却日益加深。

1970年8月，中共九届二中全会在庐山召开，林彪与陈伯达等联手鼓吹"天才论"，并坚决要求设立国家主席，自己想当主席。毛泽东愤然写下《我的一点意见》后，林彪表示悔改，要求把他的名字从中去掉，不要向下传达。毛泽东为挽救他，"批陈保林"，把林彪的名字从文中去掉了，陈伯达则成为被批判的主要对象。但结果林彪变本加厉，加紧了篡权的步伐，甚至阴谋刺杀南巡途中的毛泽东。真是不可救药！

在毛泽东看来，林彪如同《何典》中的活鬼一样，得了"死病"，就是把"九转还魂丹像炒盐豆一般吃在肚里，只怕也是不中用的"。

毛泽东还引用了《何典》中的两句："说嘴郎中无好药"，"一双空手见阎王"。江湖郎中信口雌黄，嘴上说得好听，口袋里却没有好药。在毛泽东看来，林彪是"万岁不离口，语录不离手，当面讲好话，背后下毒手"，是一个不折不扣的政治骗子！林彪阴谋败露后，仓皇出逃，摔死在蒙古的温都尔汗，正是"一双空手见阎王"！

这几句话用以描绘林彪，真是既形象又贴切，在座的人听了感到很新奇，就问毛泽东这几句话是从哪里来的。毛泽东说：是从一部小说里面看来的，鲁迅写过一篇序文，推荐了它，这部小说叫做《何典》，作者是清嘉庆年间上海人张南庄。

于是，当时政治局就要求把《何典》找来，用大字体重印了一次，16开本，政治局委员人手一本，连中央委员都没有资格分到。郭沫若还是后来想方设法才弄到了一本。

《何典》系清朝嘉庆年间上海才子张南庄所著的讽刺性滑稽体章回小说，共十回，12万字左右。张南庄书宗欧阳询，诗法范仲淹、陆游，著作等身，而身后不名一钱，无力付梓。咸丰初年太平军攻入上海时，张南庄的其他著作尽付一炬，独《何典》幸存。虽是吉光片羽，但亦足显其绝世才情。

《何典》的奇特之处在于采用了别具一格的"幽默"文体，一反旧小说的所谓"文人气"，无章无典，无规无矩；满目脏字却不下流，油嘴滑舌却很严谨。作者主要通过对"下界阴山""鬼谷"中的"三家村"土财主活鬼一家两代的不同遭遇和福祸的描写，嘲笑了阴曹地府的形形色色、光怪陆离的丑恶现象。在鬼蜮世界，到处都是"有钱使得鬼推磨"的金钱至上观念，也充斥着"杀人弗怕血腥气"的冷漠和残酷。作者借此讥讽了我国封建社会"人吃人"的黑暗现实。举凡敲诈、贪污、淫乱、造反等人间上演的事情，在鬼的世界里照样应有尽有。作者的想象力极为丰富，书中塑造了活鬼、雌鬼、活死人、形容鬼、六事鬼、饿杀鬼、催命鬼、刘打鬼、黑漆大头鬼、青胖大头鬼等形象，还有什么赶茶娘、臭花娘、醋八姐等人物，无不栩栩如生，让人读来欢天喜地、笑断肚肠根。

张南庄以"过路人"的化名在自序中述说了自己的语言风格和构思方法，称《何典》是逢场作戏，随口喷蛆；见景生情，凭空捣鬼；"新翻腾使出花斧头，老话头箍成旧马桶"；"天壳地盖，讲来七缠八丫叉；神出鬼没，闹得六缸水净浑"。其风趣幽默于此可见一斑。现在人们听到不着边际的话，爱问"语出何典"，殊不知这就与张南庄张大才子有关！

1926年年初，北京大学教授刘半农在厂甸旧书摊上购得光绪四年（1878年）上海申报馆印行的滑稽小说《何典》，十分高兴，迅即加以校勘标点，又略加注释，交北新书局出版（1926年6月），一时颇为畅销，到1930年4月已印到第四版。

《何典》是一本很"另类"的书，流传不广，鲁迅因为写小说史要买这本书，想了不少办法，始终没有找到。刘半农运气好，竟于无意中得之，他放下教授架子来出版这本书，据说也有一点不得已的情况——那时国立大学拖欠工资日趋严重，教授愈教愈"瘦"，非另外想点办法不可了。

《何典》出版问世后，风靡一时，跟鲁迅的大力推荐有关。

刘半农深知鲁迅对古代小说研究有素，于是请他为新版《何典》写一篇序。鲁迅很快就把题记写来，其中讲起《何典》一书的价值：

"我看了样本，以为校勘有时稍迁，空格令人气闷，半农的士大夫气似乎还太多。至于书呢？那是，谈鬼物正像人间，用新典一如古典。三家村的达人穿了赤膊大衫向大成至圣先师拱手，甚而至于翻筋斗，吓得'子曰店'的老板昏厥过去……这一个筋斗，在那时，敢于翻的人的魄力，可总要算是极大的了。

"成语和死古典又不同，多是现世相的神髓，随手拈掇，自然使文字分外精神，又即从成语中，另外抽出思绪；既然从世相的种子出，开的也一定是世相的花。于是作者便在死的鬼画符和鬼打墙中，展示了活的人间相，或者也可以说是将活的人间相，都看做了死的鬼画符和鬼打墙。便是信口开河的地方，也常能令人仿佛有会于心，禁不住不很为难的苦笑。"

震惊中外的"三·一八"惨案发生，文化人在书斋里坐不住了，《何典》开场白中的"放屁放屁，真正岂有此理"，成了对时政最好的注解。国民党元老吴稚晖称《何典》是他做嬉笑怒骂文章的范本。同时，文坛的一些重要人物，如胡适、周作人、林语堂等，也不断提到和向读者推荐这本书。

然而，也有一些当时的"文人雅士"，他们责难《何典》"不入流"。刘半农说："凭你是天皇老子乌龟虱，作者只一例地看做了什么都不值的鬼东西。"因而引发一场文坛大战，被陈源攻击为"大学教授而竟堕落于斯"。鲁迅怒而撰文："即便我是怎样的十足上等人，也不能反对他印卖书。"

20世纪20年代的文坛上围绕《何典》的论战，肯定引起了毛泽东的关注，也可以肯定，他正是此时期读了《何典》，并且反复读了一生。

延安时期，毛泽东曾两次寄书给远在苏联求学的儿子毛岸英和毛岸青。1939年，他托林伯渠买了一批书寄去，但中途丢失了。1941年1月，他写信说："关于寄书，前年我托西安林伯渠老同志寄了一大堆给你们少年集团，听说没有收到，真是可惜。现再酌检一点寄上，大批的待后。"

毛泽东随信附上一张书单，并注明了册数，具体内容如下：

精忠岳传2，官场现形记4，子不语正续3，三国志4，高中外国史3，高中本国史2，中国经济地理1，大众哲学1，中国历史教程1，兰花梦奇传1，峨眉剑侠传4，小五义6，续小五义6，聊斋志异4，水浒传4，薛刚反唐1，儒林外史2，何典1，清史演义2，洪秀全2，侠义江湖6。

这张书单共列20多种书，其中许多属于人们所熟悉的明清时代的小说。但也有一些书显得比较冷僻，一般人别说没有读过，恐怕闻所未闻，比如《何典》。

张南庄擅长运用生动的方言俚语展开叙事，处处闪烁着民间的智慧。他的语言风格与毛泽东的审美趣味有着共同之处，这也毛泽东引用和推荐《何典》的原因之一。

《何典》中的方言俚语，是二百年前的上海话，是迄今我们所能见到的最早的上海话文字资料。张南庄不愧为当时上海十位"高才不遇者"之冠，他对上海话中的俗谚成语驾轻就熟，顺手拈来。书中大量熟语至今还活跃在上海人的口中，比如吃辛吃苦、拍手拍脚、拍台拍凳、疑心疑惑、号粥号饭、挨肩擦背、强头倔脑、牵风引头、性命交关、一无事事、立时三刻、三日两头、七支八搭、无千无万、斯文一脉、刁钻促掐、寻孔讨气、捋舌八哥、地头脚根、眉花眼笑、贼忒嬉嬉、闲话白嚼蛆、日头晒肚皮、碰鼻头转弯、捏鼻头做梦、有天无日头、关门勿落闩、盐瓶倒醋瓶翻、张亲眷望朋友、风扫地月点灯、钉头碰着铁头、扳只葫芦抠子、螺蛳壳里做道场、乡下狮子乡下调、外甥弗出舅家门、急惊风撞着了慢郎中、千拣万拣拣着了头珠瞎眼、闲时弗烧香急来抱佛脚，等等。作者把很有特色的上海俚言土语运用得非常自如，足见其才学过人。

毛泽东发动延安整风的一项重要任务就是反对"党八股"。毛泽东所列举"党八股"的罪状，其中一条便是"语言无味，像个瘪三"，即写文章或演说颠来倒去总是那么几个名词，一套"学生腔"，或者只有死板板条条框框，缺乏生动活泼的语言，像瘪三一样只有几条筋，没有血肉，瘦得难看。鉴于此，毛泽东强调宣传和文艺工作者"要向人民群众学习语言"，因为"人民的语汇是很丰富的，生动活泼的，表现实际生活的"。在毛泽东看来，《何典》正是"向人民群众学习语言"的典范。他对《何典》语言的化用和引用，实际上表达了对这种审美取向的认同与欣赏。

毛泽东1965年的词作《念奴娇·鸟儿问答》的最后两句是："不须放屁，试看天翻地覆！""放屁"一词使全词幽默横生，很可能是借鉴自《何典》。因为何典的开篇第一章的"词曰"中的两句就是："放屁放屁，真正岂有此理！"

8. 毛泽东喜读《历代通俗演义》

1936年，毛泽东和党中央由陕北保安进驻延安，有了一个相对稳定的环境。1937年1月31日，毛泽东专门致电在国统区开展工作的李克农：

"请购整个中国历史演义两部（包括各朝史的演义）。"

毛泽东所说的"演义"，就是蔡东藩的《历代通俗演义》。

蔡东藩（1877—1945），字椿寿，号东藩，浙江萧山临浦镇人。幼时嗜读《通鉴》，作诗填词一挥而就，有"神童"之称。于清光绪十七年考中秀才，清末以段贡生考入选，调遣江西省以知县候补。1911年到省不久，他因看不惯官场的陋规恶习，月余后称病返归故里。

蔡东藩与邵伯棠是好友，邵伯棠清末为上海会文堂编书。辛亥革命那年蔡东藩在上海与邵伯棠见面，应约，也为会文堂编写《中等新论说文苑》，当年冬天便出版。自此蔡东藩与上海会文堂书局有了联系。邵伯棠于辛亥革命前曾为会文堂编写一部《高等小学论说文苑》。武昌起义后，邵伯棠去世，会文堂为符合时势的需要，请蔡东藩修改此书。蔡东藩为其修订重版。此后蔡东藩就以每月数十元的稿酬长期为会文堂编书了。

1914年夏，袁世凯废除了《临时约法》，妄想恢复帝制，蔡东藩义愤填膺。他深知欲改造祖国，应先唤起民众，遂萌发了"演义救国"的思想，从通俗的历史演义着手，以一己之所学诉之史笔，借中国历史上救亡图存的事迹，用通俗演义之方法宣传教育，以期激励国民的爱国情操。这也正是书生报国的意思。

为了符合时势的需要，蔡东藩写历代演义并不按时间顺序，而是先写了《清史通俗演义》，1915年开始至1916年完稿出版。其后，写了《西太后演义》和《历朝通俗演义》（《中华全史演义》）。

1921年至1923年间，蔡东藩完成了《宋史》《唐史》《五代史》，其中1922年完成了两部。1924年至1926年完成了《南北史》《两晋》《前汉》《后汉》，其中1924年完成了两部。

蔡东藩的全部通俗演义共11部，1040回，651万字，如加上《西太后演义》（后改名为《慈禧太后演义》）和《中华全史演义》共13部，724万字。10年间平均每天写作2000字。

《历代通俗演义》以演义小说形式再现了上起秦始皇、下讫民国的2166年间的中国历史，是前所未有的巨著，是一部具有二十四史规模的庞大卷帙之作。蔡东藩也因此成为中国有史以来最大的历史演义作家。蔡东藩为了写这部《历代通俗演义》，光看正史就达4052卷，还不包括其他众多的稗官野史。卷帙浩繁，以他个人独力完成这部巨构，这是著述界的一件了不起的奇迹，被人誉为"一代史家，千秋神笔"。

"演义"一词，最早见于《后汉书·周党传》："党等文不能演义，武不能死君。"据《辞海》解释："谓敷陈义理而加以引申。"演义小说在我国有很悠久的历史。早在唐代便有说三国故事，北宋时期"说三分"已盛行，后来发展为"平话"，如《三国志平话》《五代史平话》等，这便是演义小说的前身。如果再上溯，那么在敦煌发现的《伍子胥变文》《昭君变文》等说唱历史故事的写本，该是演义小说的鼻祖了。如果按章太炎之说，"演义之萌芽，盖远起于战国"。（《洪秀全演义·序》）那么"演义"的起源就更早了。

演义小说由于采用了章回体形式，深得民众喜爱，故而得到迅速发展。到了明清时期，历史演义小说在民间广泛地流行起来。

一生酷爱读史的毛泽东为何爱读蔡东藩《历代通俗演义》呢？原因可能有很多，但蔡东藩成功实现了历史著作中历史真实和趣味性相统一，是不可忽视的重要因素。

蔡东藩的作品用章回体，取其为中国老百姓所喜闻乐见；用白话，取其浅显易懂。这些，他和明清以来的"演义"作家并无区别。蔡东藩作品的最大特色在于他对历史真实的严格追求。可以说，他是在用研究历史的精神和方法写"演义"。他自称所编历史演义，"以正史为经，务求确凿；以逸闻为纬，不尚虚诬"。他的前后汉、两晋、南北史绝大部分史料根据正史。唐五代以下，除正史以外，杂史笔记，博采旁搜，但记述乖牾的一概不录。其中有些事情，经戏剧、小说传播，几乎是家喻户晓、众口一词的了，原是演义中绝好的趣味资料，但他绝口不谈。他引用历史资料非常认真。凡是历史上可靠的记载，没有犹豫地写入演义。至于事情有出入的，他用三种方法处理：

第一种，有些事情有不同看法的，蔡东藩只介绍情况，不作肯定。如宋初的"烛影斧声"是件疑案，他在《宋史通俗演义》第十二回中写道：

小子通考野乘，也没一定的确证。或说是太祖生一背疽，痛苦得了不得。光义入视，突见一女鬼用手捶背，他便执着柱斧，向鬼劈去。不意鬼竟闪躲，那斧反落在疽上；疽破肉裂，太祖忍痛不住，遂至晕厥，一命呜呼。或说由光义谋害太祖，特地屏去左右，以便下手。至于如何致死，旁人无从窥见，因此不得证实。独《宋史·太祖本纪》只云："帝崩于万岁殿，年五十"，把太祖所有遗命，及烛影斧声诸传闻，概屏不录。小子也不便臆断，只好将正史野乘，酌录数则，任凭后人评论罢了。

第二种，遇到史书上某些问题，蔡东藩对于某些说法认为不可靠的，在演义中予以批驳。《元史通俗演义》第五十七回，脱脱赐死滇边，蔡东藩注云：

余少时阅坊小说，至《英烈传》中记载脱脱自尽事，由丞相撒登及太尉哈麻主使，其实当时只有哈麻，并无撒登，正史俱在，不能臆造一人。

第三种，在有些事情并无史实可据，蔡东藩也有想当然的描写，但运用批注说明是自己的意见，态度是审慎的。如《宋史通俗演义》第十七回中说杨业被擒，撞死在李陵碑上，临死大呼曰："宁为杨业死，毋为李陵生。"这当然是从"宁为袁粲死，不作褚渊生"脱胎来的。但在蔡东藩批注中则说明："两语不见史传，系作者从杨业口中，警醒后世。"

由此可见，蔡东藩的著作有正文，有注，有批，除表示他自己的历史观点以外，对史料的取舍也作了一些说明。

《历代通俗演义》融历史与文学为一体，以很强的可读性为读者所接受，从而为普及中国两千多年历史起到了积极的推动作用。蔡东藩在演义情节的设置上，巧妙地运用了"笙箫夹鼓法"、"剥笋脱壳法"、"层峦叠翠法"、"画龙点睛法"、"避实就虚法"、"烘云托月法"、"摹声绘形法"等许多演义小说中的传统笔法，把原本是枯燥的史事，演义成令人不忍释卷的文学作品。同时，在行文上多用短句，在遣词造句中也以朗朗上口为目的，使读者不觉厌烦，形成了一种独具风格的文字美。

《历代通俗演义》为世人提供了一部浩瀚而通俗的中华通史，可以当做《二十四史》的辅助读物；为后起的"纪实文学"开了先河，作了先导，是文学和史学熔为一炉的可贵尝试。

1941年1月，毛泽东写信给儿子毛岸英和毛岸青列的书单中，就有《清史演义》，即蔡东藩的《清史通俗演义》。

中南海毛泽东故居卧室床边陈列着许多书，其中就有蔡东藩的《历代通俗演义》，足见毛泽东生前对蔡东藩著作的喜爱和反复品读。

第八章

毛泽东品赏传统戏剧曲艺

历史是人民创造的，但在旧戏舞台上（在一切离开人民的旧文学旧艺术上），人民却成了渣滓，由老爷太太少爷小姐们统治着舞台，这种历史的颠倒，现在由你们再颠倒过来，恢复了历史的面目，从此旧剧开了新生面，所以值得庆贺。

——《毛泽东书信选集》，人民出版社1983年版，第222页

1. 毛泽东品京剧

中国是个戏曲大国，早在东周、秦、汉时期，就有歌、舞、百戏，经数千年流布、繁衍，现有剧种300多个，剧目数以万计。

毛泽东热爱传统戏曲文化，早在延安时期他就喜欢看戏。在当时的艰苦条件下，文化娱乐活动很少，延安最重要的文化活动便是周末舞会和偶然的戏曲演出。而只要演戏，时间又允许，毛泽东总是争取去观看。建国后，文化事业蓬勃发展，虽然娱乐活动及其形式日益丰富，但毛泽东仍是

对戏曲情有独钟。

在传统戏曲的百花园中，素有"国剧"美誉的京剧，独领风骚，是国学文化中的又一瑰宝。

京剧，旧称"平剧"，是中国的"国粹"，已有200年历史。京剧之名始见于清光绪二年（1876年）的《申报》，历史上曾有皮黄、二黄、黄腔、京调、京戏、平剧、国剧等称谓。清朝乾隆五十五年（1790年）安徽四大徽班进京后与北京剧坛的昆曲、汉剧、弋阳、乱弹等剧种经过五六十年的融会，衍变成京剧，是中国最大的戏曲剧种。其剧目之丰富、表演艺术家之多、剧团之多、观众之多、影响之深均为全国之冠。京剧是综合性表演艺术。即融唱（歌唱）、念（念白）、做（表演）、打（武打）、舞（舞蹈）为一体，通过程式的表演手段叙演故事，刻画人物，表达"喜、怒、哀、乐、惊、恐、悲"的思想感情。角色可分为：生（男人）、旦（女人）、净（男人）、丑（男、女人皆有）四大行当。人物有忠奸之分、美丑之分、善恶之分，个形象鲜明、栩栩如生。

毛泽东一生热衷于欣赏京剧，对京剧流派了如指掌，对京剧有着非常独到的评说，关心京剧演员和京剧改革，他还善于运用京剧情节故事启迪下属，生动活泼地进行思想教育。毛泽东为继承和发展京剧这一中华民族特有的剧种，作出了不朽的贡献。

毛泽东关心平剧改革创新

1942年10月，延安成立了平剧研究院。平剧研究院经常演出平剧。毛泽东常观看平剧团演员表演，有时也陪同来延安的朋友们观看。

据曾访问过延安的赵超构回忆：1944年6月12日，毛泽东当天晚上陪同来延安的中外记者西北参观团在延安大礼堂观摩平剧研究院演出的《古城会》《打渔杀家》《鸿鸾禧》和《草船借箭》四出戏。他自始至终非常有兴致地听和看，对于《古城会》的张飞，《打渔杀家》的教师爷，《鸿鸾禧》的金老头，《草船借箭》的鲁肃，不断地尽情捧腹大笑。当演出张飞自夸"我老张是何等聪明之人"那一副得意的神情时，当教师爷演出种种没用的丑态时，当金老头在台上打诨时，毛泽东的笑声尤其响亮。

赵超构说："在这时，我理解到毛先生是有和我们一般人所共通的幽默与趣味的。他并不是那些一读政治报告，便将趣味性加以贬斥的人物。他虽自谦'对于平剧没有研究'，但也承认'很喜欢看看'。"

毛泽东很关心京剧的改革和进步，在延安平剧研究院成立时，就以题词方式给了指示："推陈出新"，即京剧要不断前进，不断创新。

遵循毛泽东的指示，延安平剧院创作了两出新京剧，那就是《逼上梁山》和《三打祝家庄》。

1943年，由中共中央党校研究员杨绍萱执笔，后又由刘芝明、齐燕铭等加工修改，根据《水浒传》和明传奇《宝剑记》等书中有关林冲上梁山故事而创作的《逼上梁山》，通过林冲由一个富有正义感的军官走上反抗道路的曲折过程，成功地演绎了"官逼民反"这条封建社会斗争规律。

当《逼上梁山》在延安演出时，毛泽东非常有兴致地在半月里看了两次，在观看后还写信给杨绍萱、齐燕铭，表彰他们"做了很好的工作"，还说，"历史是人民创造的，但在旧戏舞台上（在一切离开人民的旧文学旧艺术上）人民却成了渣滓，由老爷太太少爷小姐们统治着舞台，这种历史的颠倒，现在由你们再颠倒过来，恢复了历史的面目，从此旧剧开了新生面，所以值得庆贺"。"你们这个开端将是旧剧革命的划时期的开端，我想到这一点就十分高兴，希望你们多编多演，蔚成风气，推向全国去！"

在观看《逼上梁山》时毛泽东还说：《水浒》中有很多段落都是很好的戏剧题材，如《三打祝家庄》就是一个。你们把《逼上梁山》搞完了，可以接着编个《三打祝家庄》。

1944年7月，延安平剧院成立了《三打祝家庄》创作小组，并从毛泽东那里借来了一百二十回本的《水浒传》。毛泽东在听取创作汇报时，对他们说，该剧要写好三条：

"第一，要写好梁山主力军；第二，要写好梁山地下军；第三，要写好祝家庄的群众力量。"

《三打祝家庄》创作小组首先收集、整理了许多有关古代战争打寨子的材料，又对《水浒传》有关章节做反复研究，多方征求意见，以半年时间创作完成，于1945年2月首次公演。

毛泽东观看了这出戏，很高兴地说：《三打祝家庄》的演出，证明了平剧可以很好地为新民主主义政治服务，即为人民服务，特别是第三幕，对我们抗日战争中收复敌占区的斗争，是有作用的。不久，他又写信祝贺公演成功，内称："我看了你们的戏，觉得很好，很有教育意义。继《逼上梁山》后，此剧创造成功，巩固了平剧改革的道路。"

《逼上梁山》和《三打祝家庄》为京剧改革作出了榜样。毛泽东予以了充分的肯定。他在对晋绥平剧院演出队讲话时，再次提及了这两出戏，说："有些旧戏我看写得还很精练。希望你们大胆地进行艺术创造，将来夺取大城市后还要改造更多的旧戏。"

毛泽东欣赏京剧各流派

毛泽东对京剧的各流派都很喜欢，有时在观看京剧后，还会向周围的干部群众如数家珍地讲述京剧的众多流派和它们的创始人。毛泽东说："戏剧界的流派，都有它们自己的独到之处，不一定打乱仗闹对立，越是自成一派的，越是注意总结经验，提高艺术水平。各种流派，它们都培养自己的艺术家。"

建国初期，毛泽东给以梅兰芳为院长的中国戏曲研究院题写了"百花齐放，推陈出新"的题词。建国前后，毛泽东几次观看了梅兰芳、程砚秋的演出。

1949年4月，毛泽东观看了梅兰芳和刘连荣所演的《霸王别姬》。他称赞说："这真是一次高水平的艺术表演！"还向警卫员介绍："梅兰芳是中国第一代名旦，四大名旦中，他排在第一。"毛泽东颇有感慨地说："不要学西楚霸王。我不要学，你也不要学，大家都不要学。"当时，他还号召所有的领导干部都要看看《霸王别姬》。

毛泽东对梅兰芳演戏善于推陈出新倍加赞赏。1951年2月，毛泽东在北京观看了梅兰芳演出的《金山寺》《断桥》。他看得很仔细，说："梅先生很会扮演，你看通身是白，唯上额头一个红缨，银装素裹一点红，美极了！"第二天，就将此话对梅兰芳说了。梅兰芳很感动，回家对妻子说："毛主席看戏可真仔细！这么多年，从未有人谈过白娘子的扮相。的确，我是费了很多时间来研究，才改成现在这个样子的。"

毛泽东赞赏梅兰芳，还多次向警卫员介绍他的为人。当时很多来自农村的警卫员知道梅兰芳的大名，也听过梅的唱腔戏段，但大多认为他是女的，只有个别人说是男的，却又说不出所以然，就开始争执不休。毛泽东兴致颇浓地向他们介绍："梅兰芳是男的，唱的是旦角戏，男的演女的，比女的唱得还好，才出名的呀！这样有名望的艺人，在日本人侵略中国的时候，他为了反对帝国主义的侵略，竟然留须隐居，再也不出面演戏了。这在中国人民当中，当时的影响是很大的。"

毛泽东还观看了程砚秋演的《荒山泪》。这是程砚秋的代表作。毛泽东目不转睛，全神贯注，观后说："程砚秋演出很成功，内容和唱腔都很好。"第二天，他仍在萦念，当警卫员不以为然地说和延安平戏差不多时，毛泽东解释说："你是不懂人家的艺术，还是程先生演得好、唱得好多了。"毛泽东赞扬程砚秋，当然还在于他和梅兰芳一样具有崇高的民族气节。他给警卫员们介绍程砚秋："他也是在抗日战争中隐居农村，不给敌人演出，不管敌人用什么手段威逼利诱，他始终没有登台演出。像这样有名望的艺人，我们不仅是看他的艺术表演，更重要的是尊敬他的民族气节和正义感，号召人民向他学习。"

七届二中全会期间，华北京剧团来慰问演出，其中有高庆奎的得意弟子李和曾。毛泽东问周恩来："有什么名角？"周恩来回答说："主角叫李和曾，是冀南军区京剧团的，在冀鲁豫解放区很有名。"毛泽东说："噢，那他可能是以后才出名的。以前高派的老名角，我还知道一些，现在能看到以前那些老演员唱戏是非常不容易了。"

第一出戏是《坐楼杀惜》，李和曾扮演宋江。看了不一会儿，毛泽东便夸赞起李和曾来："唱得不错。我很多年都没有看到这种高腔须生演唱的京剧了呢！"最后一出是《失空斩》，由李和曾扮演诸葛亮，毛泽东爱看这出戏，听李和曾唱的时候，他不断以掌击膝，嘴里也哼着唱词。间或对坐在身旁的周恩来说："唱得真好啊！一个才20多岁的年轻人，就有这样高超的京剧艺术才能，真是前途远大……他这可是真的高派唱腔，看了这出戏，给人一种刚劲奋力的感觉。李和曾唱得好，他的基本功扎实，表演潇洒，看得出是科班出身。"毛泽东还对警卫员介绍："这就叫高派。戏剧界有流派。他这种唱腔是属于高庆奎这一派。我是很喜欢听高派戏的，越听越爱听。"

几年后，毛泽东在观看了中国戏剧学校学员演唱的《逍遥津》后，当得知不是李和曾所教时，说："《逍遥津》是高派的戏，要让李和曾教这出戏。"还说："解放以后的演员应当高歌黄钟大吕，不要阴沉沉的。高派的唱法是好的。所有的流派，包括高派，都是好的。都要继承，又要发展。"

李和曾曾多次给毛泽东唱戏，两人的私交很深。20世纪50年代，有一次毛泽东听了李和曾演唱《李陵碑》中那段反二黄唱腔后，很风趣地对李和曾说："杨老令公八个儿子死了四个，发发牢骚是可以的。但总的说来，他还是忠心报国的、坚贞不屈的将领，所以不宜唱得太悲。你现在唱的有悲有愤，是对的，应该这样唱。"

毛泽东曾40多次到浙江视察和生活，每次到杭州，都要请高派老生名家宋玉罗唱高派戏。

毛泽东自己也爱唱高派须生。1961年，毛泽东在上海过国际劳动节。他请上海市委机关工作人员同桌吃饭，欢度节日。饭后，毛泽东很高兴地说："看来你们的饭量都不小，为了帮助消化，我来唱一段京剧助助兴。"随即他唱了一段高派的《逍遥津》。

1964年京剧界掀起演现代戏风潮时，江青说："我们要革命派，不要流派。"一次，毛泽东在中南海问李世济："你唱程（砚秋）派好多年了吧？"李赶忙答："主席，我要做革命派，不要流派啦！"毛泽东当即严肃地说："革命派要做！流派也要有。程派要有，梅（兰芳）派也要有，杨（宝森）派、谭（富英）派、余（叔岩）派、言（菊朋）派……都要有！"稍停，他又加重了语气说："都是要有的！"

毛泽东亲自修改京剧唱词

毛泽东看京剧很认真，凡不合情理的或违背历史的都逃不过他的耳朵和眼睛。

一次，李和曾为毛泽东清唱《李陵碑》。听完后，毛泽东用商量的口气对李和曾说："你的唱词中有一句'方良臣与潘洪又生机巧'，我查了查资料，没有查到方良臣这个人，是否改成'魍魉臣贼潘洪又生机巧'？"李和曾觉得很有道理，以后演唱就按照毛泽东改的唱词去唱了。其他老生演员演唱这段也都这样唱了。

毛泽东看谭富英与裘盛戎合演的《捉放宿店》。陈宫有一段流水板的唱腔："休流泪来免悲伤，忠孝二字挂心旁，同心协力把业创，凌烟阁上美名扬。"戏后，毛泽东问谭、裘两位知不知道"凌烟阁"的典故，两人都答不上来。

毛泽东告诉他们："凌烟阁建于唐太宗时期，是纪念开国功臣的地方。问题是汉朝的陈宫怎么唱得出几百年后才有的凌烟阁呢？"

两人一时语塞。毛泽东建议他们只要修改唱词的末一句，问题就解决了。此后，谭、裘两人按毛泽东的意见进行了修改，把最后一句改为"匡扶汉室美名扬"。

《苏三起解》中有两句台词："苏三离了洪洞县，将身来在大街前。"毛泽东说，意思不通。苏三既然离开了洪洞县，怎么还在大街前？应当是"苏三离了洪洞监，将身来在大街前"，或者是"苏三要离洪洞县，将身来在大街前"才通。

《空城计》中，诸葛亮在城头上唱："我是又无有埋伏又无有兵"，毛泽东说，"兵"和"埋伏"是一个意思，埋伏就是兵，兵就是埋伏。应该是"内无埋伏外无救兵"或者是"既无埋伏又无救兵"，不能说"又有埋伏又无有兵"，这句话不通。

毛泽东说《辕门斩子》中的杨延昭穿白袍，不穿紫袍，不符合当时历史情况。像杨延昭这样的官在家时也穿紫罗兰衣服，而且他穿白袍同戏里唱的内容也对不起来。八千岁向杨延昭讲情时唱："那时节不是我将你来保，焉有你今日里玉带紫袍。"杨延昭唱："那一阵我杨家得到关照，论功劳才挣下这玉带紫袍。"

毛泽东还亲自为现代京剧《智取威虎山》修改唱词，他把"迎来春天换人间"一句改成"迎来春色换人间"，把"小分队整行装飞速前进"中的"行装"改为"戎装"。

毛泽东巧用京剧讲道理

传统京剧都是演历史故事，多有陈旧的内容。毛泽东看京剧却能以独特的视角和不同常人的文化思维，深入浅出，推陈出新，说出有关京剧情节的含义，联系现实，古为今用，使干部群众如沐春风，受益匪浅，从中获得智慧启迪和思想教育。

毛泽东认为《三打祝家庄》是好戏，还在于它有教育意义，有辩证法。

1948年4月，毛泽东与《晋绥日报》编辑们谈话，当谈到群众齐心，事情就好办了时说："你们看过《三打祝家庄》的戏吧？头两次打败了。后来研究了为什么失败，大家心一齐，采用里应外合的方法，结果第三次打胜了。"

1959年2月，毛泽东在省委书记会议上，在谈及认识、解决现实中的问题时，又谈了《三打祝家庄》。他说：

"问题就是矛盾，要发现、认识、解决。从前讲过《水浒传》里的'三打祝家庄'，还编了个戏。这个戏现在又不唱了，我倒很喜欢。原来就有《探庄》这出戏，把它发展一下，就变成了一打、二打、三打祝家庄。解决第一个矛盾，即道路的问题，于是石秀探庄；解决第二个矛盾，分化三庄联盟，孤立祝家庄；解决第三个矛盾，即祝家庄的内部问题，这才有孙立的'投降'，里应外合。头两次失败了，第三次胜利了。这是很好的戏，应该演唱。"

1949年3月，西柏坡演唱京剧《红娘》，毛泽东要王震去看，说：

"这出戏你应该去看，那红娘总是全心全意给人家做好事，很可爱。这出戏里红娘是主角。你到新疆就是去演'红娘'，唱主角，为那里的各族人民去做好事。"又说："演红娘要有很高的艺术技巧，她在台中间大家都跟她转，不像演老夫人，只在台上摆那么两下子就行了。"

1956年9月30日，毛泽东在与印尼总统苏加诺就关于恢复中国在联合国的合法席位问题谈话时，又说了京剧《雁荡山》。毛泽东说：

"在这个戏里，两派作战。保守派守城，革命派把城围住，后来飞进城去。英国报纸画了一幅漫画，说中国进入联合国，就像《雁荡山》一样，要飞进去，也就是说，我们要打进去。"

毛泽东很称赞《打渔杀家》的剧情。他曾多次批评旧京剧的内容，是颠倒是非，混淆黑白。但旧戏中也有些剧本是好的，如《打渔杀家》之类。《打渔杀家》（亦名《庆顶珠》）写梁山好汉萧恩（阮小七）父女捕鱼为生，因土霸勾结官府，一再勒索渔税，被逼起而抗争，最后远走他乡的故事。毛泽东非常欣赏该剧的剧情和唱腔，还常以《打渔杀家》为例说地主与农民之间的矛盾。

1947年，毛泽东转战陕北来到米脂县杨家沟的一座三面临崖的地主庄园时，说："压迫人的总是什么都怕。怕遭土匪抢劫，更怕穷人造反。《打渔杀家》里的萧恩父女就是被逼得走投无路，才跟地主拼命的。这在封建社会是常见的事。"

1948年，毛泽东在观看了晋绥平剧团演出的《打渔杀家》后，又兴致勃勃地说萧恩其人。他说："这人是一条英雄好汉，敢于同压迫、剥削穷苦平民百姓的官府作斗争，敢于反抗，这是值得赞扬的。但是，只有他们父女二人，单枪匹马，力量就太单薄了。他要是能团结起广大受苦受压迫的人民，来反抗官府的压迫剥削，那力量就大了。"

毛泽东还以《打渔杀家》的萧桂英为例，恰如其分地做政治工作。1957年10月，在北京怀仁堂观看《打渔杀家》时，毛泽东对海外归来的原国民党高级将领卫立煌说："萧恩的女儿萧桂英也动摇过哩，后来醒悟了，终于同梁山好汉一起去'革命'了，这就好了。卫将军此次回来，我把你比作萧桂英，萧桂英终于是革命了。"一席话使卫立煌深受感动。

1949年夏天，毛泽东在北平长安大戏院观看萧长华等演的《法门寺》。当舞台上演到刘瑾接过状子后，见贾桂还一旁站着，叫他坐下，贾桂说"我站惯了"时，毛泽东指着贾桂说："你看，他真是一副奴才相，人家叫他坐下，他说站惯了。"在看完戏的归途中，毛泽东又向警卫员评说了剧情。他说："《法门寺》里有两个人物很典型，一个是刘瑾，一个是贾桂。刘瑾从来没有办过一件好事，唯独在法门寺进香时，纠正了一件错案，这也算他为人民办了一件好事。贾桂在他上司的面前，一举一动，一言一行，都是十足的奴才相。我们反对这种奴才思想，要提倡独立思考，实事求是，要有自尊心。"

20世纪50年代，毛泽东在讲话中几次以"贾桂"为例，批判奴才思想。如1956年4月，他在中共中央政治局扩大会议上作的《论十大关系》的报告中就说：

"有些人做奴隶做久了，感觉事事不如人，在外国人面前伸不直腰。像《法门寺》里的贾桂一样，人家让他坐，他说站惯了，不想坐。在这方面要鼓点劲，要把民族自信心提高起来，把抗美援朝中提倡的'藐视美帝国主义'的精神发展起来。"

两年后，毛泽东在一个关于同苏联专家关系报告的批语中，又说："一定要破除迷信，打倒贾桂！贾桂（奴才）是谁也看不起的。"

这正是毛泽东的过人之处：看京剧，别人看戏看热闹看场面，毛泽东却常能从戏里看出政治斗争、领导艺术、工作方法和人性美丑，并且恰当贴切地运用到现实的工作和生活中去。

毛泽东对京剧的艺术性有很高的评价，他说："京剧的写意性、虚拟性、综合性、艺术技巧，是自己的特长，外国戏是比不了的。我们要借鉴和吸收外国的好东西，但首先要爱护自己的好东西。中国戏曲总会有一天闯入世界艺术之林，成为毫无愧色的世界性戏剧文化。"

毛泽东还提出京剧要走向世界。他说："以后出国演出，不要只带武戏，低估外国人的鉴赏水平是不对的。要全面介绍京剧，《白蛇传》《将相和》之类的文戏也可以带出去嘛！"

在毛泽东的遗物中，除了京剧唱片外，还有种类繁多的地方戏唱腔资料，包括湘剧、黄梅戏、越剧、昆曲、豫剧、秦腔等，甚至还有广东潮剧、江西采茶戏、闽南高甲戏等很小的剧种。这反映了毛泽东虽然偏爱京剧，但不废其他地方剧种的广泛而浓厚的戏剧审美观。

2. 毛泽东赏湘剧

毛泽东对家乡的湘剧更是情有独钟。这可能是乡情关系，但湘剧前辈艺术家在表演艺术方面，确有与众不同的造诣，因此受到毛泽东的喜欢。

湘剧是毛泽东的故乡湖南省地方戏曲剧种之一，主要以长沙、湘潭为活动中心，逐步向善化、益阳、浏阳、醴陵、宁乡、湘乡、攸县、安化、茶陵、湘阴诸县发展起来的地方剧种。一度被称做"长沙湘剧"。明代成化年间，长沙是吉王府所在地。外来的戏曲在长期的演出活动中，与本地区民间艺术、地方语言紧密结合，逐渐形成了这一包括"高"（高腔）、"低"（低牌子）、"昆"（昆曲）、"乱"（乱弹）四大声腔，唱白用中州韵、富有本地特色的剧种。

湘剧的剧目丰富。大小剧目达1000多个。其中高、乱声腔的剧目占百分之九十八以上。湘剧的传统剧目，不少出自宋末南戏、元代杂剧和明清传奇，也有少数系艺人创作和改编的剧目。高腔的"四大连台"和"六大记"，是演出时间最早、保留时间最长的代表性剧目。"四大连台"为《封神传》《目连传》《西游记》《精忠传》，每本可连台演出五至七日。"六大记"为《金印记》《投笔记》《白兔记》《拜月记》《荆钗记》《琵琶记》。乱弹的"八大连台"、"江湖十八本"和"三十六按院"，则是经常演出并为观众所熟悉的剧目。

湘剧传统剧目中有清代王船山创作的《龙舟会》和杨恩寿创作的《坦园六种曲》，其中《桂枝香》《再来人》两出为清代剧评家吴梅所推崇；《桃花源》《麻滩驿》《理灵坡》三出取材于湖南地方的历史和民间传说，都有一定的社会影响。建国后，依靠老艺人和新文艺工作者的合作，对湘剧的丰富遗产进行挖掘、整理，上演剧目由200多个增至400多个，并及时抢救了行将失传的剧目320多个。重点加工整理了《拜月记》《追鱼记》《拨火棍》《水牢记》《金丸记》《玉簪记》《黄飞虎反五关》《金沙滩》《辕门斩子》《百花公主》等60多个剧本，《拜月记》《生死牌》

被拍摄成舞台艺术片。

湘剧的角色行当分大靠把（正末）、二靠把（副末）、唱工（正生）、小生、大花脸（大净）、二花脸（二净）、紫脸（重唱的净）、三花脸（丑）、正旦（青衣）、做工旦（花旦）、蹻旦（贴，包括小旦、武旦）、婆旦（老旦）等。小生不仅有文巾、罗帽、雉尾、蟒靠之分，而且有穷、文、富、武四种戏路做派（富贵衣小生、褶子小生、袍带小生、武打小生）。

近百年来，先后出现的湘剧著名演员有柳介吾、李桂云、李芝云、言贵云、陈绍益、胡普临、彭凤姣、吴绍芝、罗元德、罗裕廷、贺华元、徐绍清、彭俐侬等。

毛泽东三看《回窑》而不厌

《回窑》即湘剧传统弹腔剧目《打雁回窑》，毛泽东曾三次观看过此剧的演出。

当时湖南省湘剧团第一次参加全国戏曲巡回演出，经武汉、郑州、石家庄、保定等地巡演，于1956年6月5日到达向往已久的首都北京。到北京最大的愿望是想到中南海为党中央和毛主席演出，展现古老的湘剧艺术形式。7月9日，湖南省湘剧团接到通知，当日晚到中南海向中央首长汇报演出。这一消息传开，全团顿时就像开了锅的热水，沸腾起来。当天下午5点45分，湖南省湘剧团演员到达中南海怀仁堂，各部门认真地准备，当时钟快到7点半的时候，怀仁堂内爆发出雷鸣般的掌声，大家知道是毛主席来了。当晚演出的节目，第一折是《小将军打猎》，由训练班的小演员项汉演刘承佑、李自然演李三娘；第二折是《打雁回窑》，由彭俐侬演柳迎春、杨福鹏演薛仁贵；第三折是《辕门斩子》，由刘春泉演杨延昭、熊云钦演佘太君、吴淑岩演赵德芳、黄福明演杨宗保、庄丽君演穆桂英、贺华元演焦赞、蒋华金演孟良。演出过程中，毛泽东不时鼓掌为演员们助兴。这是建国后毛泽东第一次在北京怀仁堂看湘剧。

毛泽东第二次看湘剧《打雁回窑》，是1958年11月。当时党中央在湖北武昌召开党的八届六中全会。湖南省委组织了以湘剧团为首的湖南艺术团赴武汉为大会服务演出。11月29日晚,湖南省湘剧团在武昌的洪山宾馆礼堂为毛泽东演出。演出节目有《辕门斩子》和《打雁回窑》等。

毛泽东第三次看《打雁回窑》是1960年3月8日在湖南省委小礼堂。当晚演出了《断桥》、《拦马》和《打雁回窑》等。过了两天,当时的湖南省委书记张平化同志约了彭俐侬等几位演员去见毛泽东。毛泽东和演员们亲切地谈起了湘剧《打雁回窑》。毛泽东把唐朝确有薛仁贵其人,但不在正史而在野史的历史情况向演员作了介绍,建议把薛仁贵射死儿子薛丁山这一节不近人情的戏改一下。

这就是后来社会上流传"毛主席三看《回窑》而不厌"的佳话。

为什么毛泽东对《打雁回窑》如此青睐?大概有如下几点:

一是毛泽东为了革命事业,离家数十年,南征北战,但乡音未改,仍是一口地地道道的湘潭话,因而怀着浓郁乡情来看家乡戏,备觉格外亲切。二是《打雁回窑》的故事情节动人,是一折反映一对患难夫妻的坚贞爱情的故事。薛仁贵与柳迎春是一对冲破封建势力的爱情伴侣,婚后不久仁贵别妻投军。丈夫走后,柳迎春带着儿子薛丁山在寒窑苦度光阴一十八载,一直到薛仁贵官居平辽王才回到寒窑与妻团圆,父子相会,此乃人间之美事也。三是《回窑》是一折表演难度较大的戏,演员之间靠内心活动和面部表情互相交流,尤以其中一段非常细腻的哑剧式的表演最精彩。薛仁贵回到寒窑后,柳迎春打水为丈夫洗涤路途之尘土。精彩的表演从此展开:当薛仁贵拿起洗脸巾往脸上擦洗之时,总觉得不对,有股浓烈的刺鼻气味,发现是洗脸面巾的气味,为此薛仁贵使劲揉擦面巾,柳迎春在一旁着急,生怕丈夫把面巾搓烂;仁贵示意迎春换盆水再洗,结果还是气味难闻。薛仁贵在着急时突然想到自己带有洗脸用的面巾,当即取了投入脸盆,迎春一见急忙用手接住。待仁贵洗脸时不见刚才自己所投之面巾,问迎春是否看见,迎春把精美的面巾给仁贵看,示意这是做什么用的。仁贵示意这是我洗脸的面巾,迎春示意我穿的衣裳破旧不堪,这样好的丝绸,我要留它做衣穿。仁贵笑着在迎春肩上轻轻地拍了一下,示意我如今做了大官,今后会有好衣裳穿。迎春仍然不舍,在仁贵的求讨后才勉强将面巾投入盆中,让仁贵洗脸。这是一段趣味横生的情节,观众看了笑声不止。

毛泽东更爱反复观赏。

毛泽东三看《辕门斩子》有所思

毛泽东也曾三看湘剧传统剧目《辕门斩子》。

《辕门斩子》剧情讲的是：北国肖银宗南下入侵，大摆天门阵。为破阵，八贤王、佘太君随大军驻守边关抵抗。元帅杨六郎（延景）派其子杨宗保出营巡哨，宗保在穆柯寨与穆桂英交战，被绑赴穆柯寨。宗保、桂英一见钟情，遂结为夫妻。宗保返营后，六郎大怒，要将宗保在辕门斩首示众。佘太君、八贤王两次求情未果。穆桂英得知消息后，救夫心切，向六郎献上破阵急需的"降龙木"。六郎得知穆桂英智勇双全、才貌出众，加之佘太君、八贤王作保，遂免宗保死罪，并允宗保戴罪立功。宗保、桂英披挂上阵，夫妻二人大破天门阵。

毛泽东于1956年7月9日在北京中南海，和1958年11月29日在湖北武昌的洪山宾馆，看了两次湘剧《辕门斩子》的演出。时隔16年后，在长沙又看了《辕门斩子》的录像演出。

1974年10月，毛泽东回到湖南，住在省委接待处的"九所"六号楼。当时由于年龄关系，毛泽东的身体状况也日渐虚弱，不方便到现场看戏了，都是看演出录像。湘剧团的有关人员都集中在接待处等待任务。那时虽然没有现场为毛泽东直接演出，但演出和录像仍然在继续进行。录好后的节目都送到六号楼播放。

在此期间，马耳他政府总理明托夫应中国政府邀请来华访问，经中央安排到长沙与毛泽东见面。毛泽东在六号楼接见外宾，并以家乡的湘剧招待客人。工作人员忙把早已录制好的湘剧《打猎回书》和《辕门斩子》送到六号楼。据在场工作人员回忆，那天毛泽东精神特别好，一边和外宾交谈，一边聚精会神地看录像剧目；当屏幕上出现精彩画面时，毛泽东一边抽烟点头，一边用手在自己的腿上轻轻打拍。

1975年，毛泽东在某次高干会议上还专门向干部们叙述了《辕门斩子》的故事情节。1975年正是"文革"晚期，其中有不少高干子女参与其中，所以毛泽东以《辕门斩子》的故事，语重心长地提醒和告诫高干们加强对自己子女的教育。毛泽东的这次讲话后来在各单位都做了传达，当年的内参里也有报道。

毛泽东听高腔《沁园春·雪》的演唱

《沁园春·雪》是毛泽东于1936年2月所创作的一首气壮山河的词章。这篇光辉词作，建国以后很少有人谱曲演唱，戏曲方面就更加少有。20世纪50年代末和60年代初的春节期间，湘剧表演艺术大师，人称"高腔大王"的徐绍清先生，怀着对毛主席的忠诚和敬仰之心，想以自己的艺术才华和智慧，用湘剧高腔中最美的旋律来编唱《沁园春·雪》。这在当时不仅是湘剧史上的首创，而且在全国剧坛上也较为罕见。徐绍清凭着满腔热情，冥思苦想地进行创作。首先在选曲方面，立意精巧，思考缜密。几经修改，终成一曲绝唱，流传至今，仍然受到听众的喜爱。

1962年3月中旬，毛泽东回到湖南，在省委接待处的九所小礼堂，曾亲耳倾听徐绍清先生演唱的湘剧高腔《沁园春·雪》。毛泽东听后非常高兴地对徐绍清说："谢谢你为我的小作而高唱。"毛泽东说此话时的语气谦和而亲切，不是以党和国家领导人的身份，而是以一个普通的词作者的身份，来向这位为自己诗词而歌唱的艺术工作者致谢。

毛泽东不仅喜欢看湘剧表演，对部分湘剧演员也非常熟悉。有的演员年龄较小，毛泽东连他们的乳名都叫得出。如湘剧表演艺术家彭俐侬，毛泽东知道她的乳名叫"三伢子"；刘春泉除艺名"六岁红"外，毛泽东还知道她的乳名叫"春伢子"。更有趣的是，当时湖南省湘剧院有两个姓左的演员，大一些的叫左白翼，小点的叫左大玢，毛泽东为了称呼方便，便将二人分别称为"大左"和"小左"，就像一个慈祥的长辈呼唤自己的后辈一样，既亲切又随和。

毛泽东与湘剧有缘，对家乡的人民有深厚的感情，使一代代的湘剧人，永远敬仰毛泽东，怀念毛主席。

3. 毛泽东观秦腔

毛泽东在陕北生活过整整13个春秋，对于发源于三秦大地的传统戏曲——秦腔，非常熟悉，非常喜爱，并对秦腔的创新和现代化，做过重要指示，起到过有力的推助作用。

毛泽东说：秦腔是对革命有功的

秦腔是流行于我国西北地区陕西、甘肃、青海、宁夏、新疆等地的最大剧种。秦腔起源于古代陕西、甘肃一带的民间歌舞，是在中国古代政治、经济、文化中心陕西长安发展壮大起来的，经历代人民的创造而逐渐形成的。因周代以来，关中地区就被称为"秦"，秦腔由此而得名。秦腔"形成于秦，精进于汉，昌明于唐，完整于元，成熟于明，广播于清，几经衍变，蔚为大观"，是相当古老的剧种，堪称中国戏曲的鼻祖。秦腔因以枣木梆子为击节乐器，又叫"梆子腔"，因以梆击节时发出"咣咣"声，俗称"桄桄子"。清人李调元《雨村剧话》云："俗传钱氏缀百裘外集，有秦腔。始于陕西，以梆为板，月琴应之，亦有紧慢，俗呼梆子腔，蜀谓之乱弹。"

秦腔因其流行地区的不同，衍变成不同的流派：流行于关中东部渭南地区大荔、蒲城一带的称东路秦腔（同州绑子，也叫老秦腔、东路梆子）；流行于关中西部宝鸡地区的凤翔、岐山、陇县和甘肃省天水一带的称西路秦腔（又叫西府秦腔、西路梆子）；流行于汉中地区的洋县、城固、汉中、沔县一带有汉调桄桄（实为南路秦腔，又叫汉调秦腔、桄桄戏）；流行于西安一带的称中路秦腔（西安乱弹）。

秦腔所演的剧目，据现在统计约3000个，多是取材于"列国"、"三国"、"杨家将"、"说岳"等说部中的英雄传奇或悲剧故事，也有神话、民间故事和各种公案戏。秦腔音乐属板腔体结构。其板类共有六种：慢板、二六板、带板、垫板、二倒板、滚板。秦腔角色分老生、须生、小生、幼生、老旦、正旦、小旦、花旦、武旦、媒旦、大净、毛净、丑13门。秦腔的表演朴实、粗犷、细腻、深刻，以情动人，富有夸张性。

1938年4月，毛泽东在陕甘宁边区工人代表大会组织的戏曲晚会上，观看了传统秦腔剧目《升官图》《二进宫》《五典坡》等，在场观众情绪很高，掌声不断。

毛泽东对坐在身边的工会负责人毛其华说："你看，群众非常欢迎这种形式。群众欢迎的形式我们应该搞，但是内容太旧了，应该有新的革命内容。"

毛其华指着坐在毛泽东身后的柯仲平说："这是文协的老柯，他是专门搞文化工作的……"

毛泽东转身亲切地问柯仲平："是不是应该搞啊？"时任陕甘宁边区文化协会副主席的柯仲平肯定地回答说："应该，应该。"并坚定地接受了毛泽东的指示。

从第二天起，柯仲平就四处奔走，招人筹资，决心创造一个以古老秦腔为艺术形式，反映红军将士和劳苦大众生活的艺术团体。

20世纪30年代，陕甘宁边区的处境十分艰难，要完成这样一个任务，困难是很大的。但是，在陕甘宁边区很有名的云南籍诗人柯仲平大有不达目的誓不罢休的决心，并展开了细致而深入的工作。在寻觅人才的过程中，柯仲平获知延安师范学校有一位老师叫马健翎。此人能编会唱，酷爱秦腔和眉户艺术，同时还领导着一个以学生为主的"乡土剧团"，经常编写一些秧歌剧或秦腔折子戏，在不同场合演出。

柯仲平如获至宝，很快约见了马健翎。当柯仲平谈起想组建一个新型秦腔剧团时，马健翎十分激动，他说早有此愿，特别是当得知这是毛泽东的指示时，更加坚定了实现此愿望的决心。

在组建剧团最困难的时候，毛泽东派人送来了300块银元，解决了建团的燃眉之急。经柯仲平、马健翎和另外几位同志反复研究后决定，剧团的名字定为"陕甘宁边区民众剧团"，以显示永远为民众服务的决心。剧团建立了必要的机构和章程，柯仲平任团长，马健翎任副团长兼剧务主任。

1938年是全面抗日战争的第二年，全国人民同仇敌忾，决心把强盗赶出中国去。"抗战！抗战！挽救濒临灭亡的中华民族！"——这是时代的呼声。民众剧团结合这一形势，在很短的时间里，赶排出了一批秦腔现代短戏《好男儿》《一条路》《回关东》等。这也许算最早用秦腔艺术，讴歌人民战斗、生活的剧目了，也是自毛泽东指示后秦腔现代戏的处女作。

《好男儿》描写的是东北抗日联军战士郑二虎被日军俘虏后，遭严刑拷打，宁死不屈。后来抗日联军打进县城救出了郑二虎，全歼了县城的日伪军。此剧主题鲜明，短小精悍，具有很大的鼓动性和唤起人们奋战的感染力。《一条路》和《回关东》同样讲的是号召人们团结起来，抗击日寇侵略的故事。

1938年7月4日，这些剧目在延安天主教堂公演时，极大地轰动了延安县城，秦腔艺术经创新内容后，得到了观众的真心喜爱。

1938年秋，马健翎编了一个话剧叫《国魂》，此剧是反映党的统战政策的，号召知识分子团结一致，抗击日本侵略者。1938年冬天，此剧首次在抗日军政大学演出，毛泽东也亲临现场观看。戏演完后观众普遍反映说，故事曲折，情节动人。毛泽东当晚接见了马健翎，说："这个戏写得很成功。很好，如果你能把它改为秦腔，作用就更大了。"

马健翎很快把话剧《国魂》改成了秦腔。当此剧再次以秦腔形式演出时，毛泽东又一次观看了演出，非常高兴，并拍手叫好。过了几天，毛泽东写信给柯仲平，信里说："请你转告马健翎同志，让他把秦腔《国魂》改名为《中国魂》。"从此，《中国魂》以秦腔形式在延安演出，很受群众欢迎。

1939年2月，民众剧团离开延安，深入陕北边远山镇作巡回演出，除了秦腔外，还有少量眉户和秧歌剧。陕北当时虽为老解放区，但人们以秦腔艺术接受抗日救国理论，这还是首次。这次巡回演出，行程约1200公里，所到城乡30余处，在军民中引起了强烈反响。毛泽东曾对朱德说："民众剧团经常深入群众，宣传革命理论，这很好。"

1943年秋，毛泽东接见了民众剧团的负责人柯仲平和马健翎，同时被接见的还有抗战剧团的负责人杨醉乡。这就是人们经常说的"毛泽东会见三贤"。毛泽东高兴地说："一个抗战剧团，一个民众剧团，好像两个很受群众欢迎的播种队，走到哪里，就将抗日的种子撒播到哪里。民众剧团是在物质和创作极困难的条件下诞生的。你们编演的秦腔《好男儿》《一条路》等剧，既是大众性的，也是艺术性的，体现了中国的作风和气魄，体现了中国的新文化，我希望你们再接再厉，继续努力。"

　　毛泽东在延安文艺座谈会上的讲话和对戏曲界柯仲平、马健翎、杨醉乡的接见，极大地鼓舞了从事文艺工作的同志，一批优秀的音乐、诗歌、戏曲及文学作品相继诞生。1943年及此后的几年里，马健翎和他的战友们先后编导了大型秦腔现代戏《血泪仇》《穷人恨》《一家人》（又名《保卫和平》）和秦腔古装戏《鱼腹山》等，受到广大人民群众的热烈欢迎。

　　1946年10月，中共中央为欢迎王震和三五九旅指战员从中原解放区回到延安，周恩来特指定民众剧团在欢迎晚会上演出《一家人》。毛泽东、朱德、周恩来等中央领导同志陪同王震一起观看了演出。第二天毛泽东写了一封表扬信，让宣传部转交柯仲平，向民众剧团全体人员宣读。

　　解放战争时期，彭德怀和王震曾多次观看秦腔现代戏《血泪仇》《穷人恨》《一家人》等，并亲笔写信给民众剧团全体人员，表示赞扬和提出希望。解放军不少指挥员在战前动员会上，经常组织官兵观看《血泪仇》《穷人恨》等戏，为启发革命斗志，英勇杀敌起了巨大的鼓舞作用。

　　因此，毛泽东赞誉说："秦腔是对革命有功的。"

毛泽东关怀易俗社

　　1950年毛泽东主席接见易俗社副社长高培支时，赞扬易俗社是一个拥有长久历史的优秀团体。高先生事后常激动地对人讲："毛主席知道我们易俗社，这是易俗社最大的光荣，是对辛勤创建、发展易俗社的已故的和在世的同仁们最大的安慰。"

　　易俗社原名"陕西伶学社"，是著名的秦腔科班，与莫斯科大剧院、英国皇家剧院并称为"世界艺坛三大古老剧社"。

1912年7月1日，陕西同盟会会员李桐轩、孙仁玉以及王伯明、范紫东、高培支等160多名热心戏曲改良的社会各界知名人士，在西安创建了我国第一个集戏曲教育和演出为一体的新型艺术团体——陕西易俗社。该社以"辅助社会教育，启迪民智，移风易俗"为宗旨，制定章程，建立领导机构。主要领导成员由社员民主选举，并规定任期。设立评议部、编辑部、学校部、训练部，招收少年学员，先学初小、高小课程，后上"文史进修班"，达标者发给毕业证。在此基础上学习六年戏曲专业，合格者发给戏曲专科学校毕业证书，从事戏曲演出。易俗社将文化教育、戏曲训练、演出实践结合起来，培养了大批秦腔戏曲人才，创作和演出了许多优秀剧目，对戏曲发展产生了巨大影响，对戏曲改良起到了示范作用。

　　易俗社创作、改编大小剧本500余本（另有资料显示为800多本），不少已成为优秀保留剧目，如《吕四娘》《三滴血》《火焰驹》《柜中缘》等。

　　易俗社的戏曲改良引起了社会各界的重视。1920年，国民政府教育部颁布训令，赞扬易俗社编演的剧本"命题取材，均有可取，不失改良戏剧之本旨"，并颁发"金色褒奖"。1924年，鲁迅到西安讲学期间多次观摩易俗社的演出，题"古调独弹"匾额相赠，并捐献50元讲学金。1929年，国民党陕西省政府主席邵力子捐资大洋百元奖励易俗社所取得的成绩。新中国成立以后，易俗社由政府接办，并多次晋京演出，《三滴血》《游西湖》《游龟山》《柜中缘》《三回头》《看女》《西安事变》等优秀剧目享誉全国。

　　中国戏剧家协会名誉主席郭汉城曾评价易俗社忧国伤时，主张改革戏曲，是我国近代史上一个进步的、重要的戏曲改革团体。著名京剧艺术大师梅兰芳在解放后，特地率领他们的剧团赴西安易俗社学习经验，交流心得。

　　1958年2月14日，正在长春拍摄秦腔艺术片《火焰驹》的易俗社演员得知了一个让人惊喜的消息："毛泽东主席要来片场探望演出人员。"包括秦腔著名表演艺术家陈妙华在内，易俗社每一个人的心中此刻都充满了紧张和期待。果然，毛泽东如约而至。易俗社为毛主席呈现了自己的经典剧目。毛泽东在片场亲切地接见了易俗社的演员，并给予了高度的赞扬和鼓励。

从1938年毛泽东提议改进秦腔艺术至今，60多年过去了，深受西北人民热爱的秦腔艺术，经多年的不断改进完善，已经开辟出了无限广阔的前景。毛泽东生前对秦腔艺术的关怀与支持，将永远为后人所铭记。

4. 毛泽东看黄梅戏

毛泽东特别喜欢观赏地方戏。他不论到什么地方开会或视察，都要了解和观赏这个地方的地方戏。

1953年2月，毛泽东主席视察南京后，乘"洛阳"舰溯长江而上去武汉视察，途中路过安庆，中共安庆地、市委负责同志向他汇报工作时，专门介绍了1952年在上海举行的第一届全国戏曲观摩表演大会上，著名黄梅戏演员严凤英、王少舫主演的生活小戏《打猪草》《补背褡》等深受好评，轰动了上海，一炮打响了黄梅戏。

毛泽东听说，连连点头赞许，并希望安庆地、市委同志关心黄梅戏这一为人民群众所喜闻乐见的地方剧种，要"百花齐放"、"推陈出新"，把黄梅戏搞好，向全国发展，争取进京演出。

毛泽东对黄梅戏的关心，极大地促进了黄梅戏的发展，安庆市成立了黄梅戏一团、二团。不久，安徽省委正式决定成立安徽黄梅戏剧团。

孕育生发于长江中游安庆的黄梅戏，乃中华戏曲"大家族"中佼佼者，是中华大地戏曲百花丛中一株亭亭玉立的初放鲜花。黄梅戏源于黄梅采茶调。清乾隆五十年（1785年）左右，在安徽、湖北、江西毗邻农村流行采茶歌（亦称采茶调），因民间社会交往，流传于安庆地区，与多种民间艺术结合，形成民间小戏。清咸丰时期，黄梅戏开始演出"本戏"（大型剧目）。辛亥革命后，黄梅戏在京剧鼻祖程长庚故里、素享"戏曲之乡"美名的安庆府怀宁县一带植根，吸收了京剧、徽调的营养，受到当地风土、人情、语言的影响，使她得到了丰富和升华。

中华人民共和国成立以后，在毛泽东的关怀下，在安徽省境内，由政府组建了省、专区、市、县专业黄梅戏剧团，保护、启用和培养了一批文艺人才，黄梅戏即成为安徽的主要地方戏剧种。

黄梅戏是地道的来自民间的艺术。它的表演质朴细腻，真实活泼；它的语言朴实无华，通俗易懂；它的曲调优美流畅，明快抒情。加以道白多用安庆方言，地方生活气息浓郁，更显黄梅戏特色。

1953年，为慰问中国人民志愿军，中央组织赴朝慰问团时，也把黄梅戏列入赴朝慰问的演出节目。7月，赴朝慰问演出前夕，毛泽东及其他中央领导在中南海亲切地接见了全体演员并观看了演出。黄梅戏演员王少舫、潘璟琍等和艺术大家梅兰芳、周信芳、马连良、李玉茹、常香玉等同台演出。当毛泽东看到王少舫、潘璟琍合演的黄梅小戏《夫妻观灯》时，被他们那机智、幽默的语言和生动活泼、乡土气息浓郁的唱腔，逗得乐呵呵的，连连鼓掌赞好。

1958年4月，正在农村演出的严凤英及安徽省黄梅戏剧团突然接到通知，日夜兼程赶到湖北，为毛泽东主持召开的中央"武昌会议"演出。4月6日、7日，毛泽东又十分高兴地接连观看了安徽省黄梅戏剧团及由严凤英为大会主演的《打金枝》和《春香闹学》。他兴趣盎然，意犹未尽地称赞《打金枝》中皇帝那句："孤为江山买动他父子的心啊！"台词含义深刻，发人深思嘛！毛泽东看了《春香闹学》，意味深长地说："小丫鬟嘲弄秀才，正说明'卑贱者最聪明'！"

看戏的过程中，毛泽东饶有风趣地问坐在他的身边的湖北省委副秘书长梅白："黄梅县黄梅戏，怎么跑到安徽去了？"

梅白回答说："这是长江水冲去的。黄梅戏原名叫黄梅调，其中又以采茶歌最为有名，发源于黄梅县。黄梅县地处长江、尤感湖之间，水灾频繁，又与安徽省安庆毗邻。尤其1785年（乾隆五十），黄梅县又遭受了一次特大水灾，这样黄梅戏人就流落安庆一带卖唱，并与当地民间艺术形式结合，这才在安庆落了户。"

毛泽东长叹一声："是这样！严凤英演的《天仙配》的娘家是黄梅县。可是，我总想看看你们老家的黄梅戏……'原始戏'黄梅戏，知其源嘛！这样就可以比较一下，有比较才有鉴别……"

于是就把黄梅县黄梅戏剧团请到武汉来了，梅白同剧团的人商量：该拿出什么节目？有人说了新剧目，有人说有《过界岭》这类传统剧目，就怕说是黄色的，是低级趣味。梅白如实向毛泽东说了。毛泽东哈哈大笑："到底是什么色，看了才知道。我们这些人是红色的嘛！不能把人民喜闻乐见的、土里土气的东西，斥之为低级趣味！"当夜，毛泽东在洪山礼堂欣赏了"原始"的黄梅采茶戏。开始，他要梅白当"翻译"，后来便聚精会神地看和听，不断点头微笑，称赞，"有意思"、"有风格"……而一些机关干部看了，说不该用这种东西"亵渎"主席。

隔天，毛泽东向梅白谈了他的看法："文化要交流，国际之间要交流。黄梅采茶戏发展到现代黄梅戏，是一个进步、交流的结果。你们黄梅人还是演自己的土戏好。昨天夜晚的那几个节目的共同特点，是乡土风味，很感人。起先，我要你翻译，以后，我也成了'黄梅佬'了。你们的采茶戏跟湖南的花鼓戏一样，使本地人有亲切感，喜闻乐见，是自然的。我这个湖南人，对你们黄梅的这个戏，也有亲切感。艺术也是从群众中来，到群众中去的。艺术要有民族特色、乡土气味……不能随便说什么'色'，我说只要是劳动人民的本色……"

毛泽东还说："各人都喜欢自己的家乡戏，我要是不当主席，我就去写剧本，排成花鼓戏，给韶山人民看。"

时隔5个月之后，即1958年9月17日，毛泽东到合肥视察时，在合肥稻香楼宾馆，又一次观看了严凤英、王少舫演出的富有时代气息和喜剧色彩的黄梅戏《喜荣归》。演出结束后，毛泽东接见严凤英时亲切地说："今年4月间，我们在武汉见过面。"

毛泽东湖南方言音重，"4月间"三个字，严凤英听不清，毛泽东又说了一遍，她还是没听清，急得面红耳赤。毛泽东见状，连忙伸出四个手指，一字一字地说："今年4月间……"

严凤英这才听清、听懂，于是，忙对毛泽东说："对，今年4月间，我们在武汉为您老人家演出过。"毛泽东慈祥地笑了。

接着，毛泽东又询问严凤英，剧团一年能演出多少场戏。严凤英告诉他，剧团分成两个演出分队，一年总共可以演出700场。毛泽东了连连赞扬道："好呀，六七百场！"他又亲切地关照道："演出时，可要注意劳逸结合啊！"

严凤英激动得热泪盈眶，使劲地点头。毛泽东对黄梅戏的关心，极大地鼓舞了严凤英和剧团的同志。接见后，毛泽东在优美的旋律中，又和严凤英欢快地跳起了交谊舞。

毛泽东对黄梅戏的关心，有力地推动了黄梅戏的发展。1959年5月，安徽省黄梅戏剧团就新编排出黄梅戏神话剧《牛郎织女笑开颜》，并真的演到了首都北京，引起首都戏剧界和观众的惊奇，后来还被改编为《牛郎织女》并拍成电影。

1959年7月10日，梅白等陪毛泽东从庐山到九江下水，游过了黄梅县的小池，快到黄家湾时，毛泽东上了登陆艇，问梅白："这里离你的老家多远？"梅白说，还有15里。毛泽东又兴致勃勃地谈起黄梅戏，饶有风趣地说："于老四、张二女现在该行时了吧？"接着指出："这一对情人，以字行，留姓不留名，可见这是一对劳动者。要不张二女怎么推车呢？"看来，"原始的"黄梅戏给毛泽东留下了非常深刻的印象！

5. 毛泽东与越剧

1949年9月，著名越剧表演艺术家袁雪芬赴京参加新政协会议，邓颖超把袁雪芬带到毛泽东面前作了介绍。毛泽东说："开文代会你没有来，这次我们欢迎你！"毛泽东后来关切地问："越剧是1942年开始改革的吗？"袁雪芬答道："是的，主席。"毛泽东又问道："你演过《西厢记》中的张生。你除了演旦角外，还能演小生？"袁雪芬异常惊讶地问："您怎么知道的？"毛泽东和蔼地笑了笑说："我看过《雪声纪念刊》。"

1950年7月，毛泽东在中南海第一次观看越剧《梁山伯与祝英台》。据参加演出的范瑞娟回忆："我演《梁祝》上场时，后台有人告诉我，说她看见毛主席坐在第五排。我仍然沉着出场。那时演梁山伯与祝英台，计算约定日期是用'一七'、'二八'、'三九'一天一天推算的。我拿起一把算盘，先唱'思念贤弟'一段唱词，接着拉琴，然后计算日期。毛主席在台下看了哈哈大笑，说：'看你傻乎乎的。等你把日子算出来，祝英台已经嫁出去了！'这是事后坐在毛主席后一排看戏的一位老同志告诉我的。"

1951年的国庆节，毛泽东再次看了越剧《梁山伯与祝英台》和《宝莲灯》。1952年又观看了越剧《白蛇传》。毛泽东在百废待兴、国事繁忙的建国之初，连续四次观看像越剧这样的地方戏剧的情况是少有的。

越剧是中国五大戏曲种类之一，是目前中国第二大剧种。清末起源于浙江嵊县（古越国所在地而得名），其前身是嵊县一带流行的说唱形式"落地唱书"。越剧在发展中汲取了昆曲、话剧、绍剧等特色剧种之大成，经历了由男子越剧到女子越剧为主的演变。越剧长于抒情，以唱为主，声腔清悠婉丽优美动听，表演真切动人，极具江南灵秀之气。多以"才子佳人"题材的戏为主，艺术流派纷呈。主要流行于浙江、上海、江苏、福建等江南地区。

越剧在建国之前，通过几代艺人的努力探索与革新，已经形成了一定的艺术规模，也有了相当数量的经典剧目。建国后，在毛泽东的"百花齐放、推陈出新"政策的指导下，艺术上取得了更为丰硕的成果，一批优秀剧目在这一时期涌现而出，并通过不断加工，日趋成熟，如《梁山伯与祝英台》《西厢记》《祥林嫂》《红楼梦》《白蛇传》《春香传》《盘夫索夫》《碧玉簪》《情探》《追鱼》《打金枝》《十一郎》等，都是那个时期的越剧精品。在这一大批越剧的优秀剧目中，最具影响力是《梁山伯与祝英台》。

梁山伯与祝英台的故事，最早见于初唐梁载言《十道四蕃志》："义妇祝英台与梁山伯同冢。"到晚唐张读《宣室志》则已有具体故事：

"英台，上虞祝氏女，伪为男装游学，与会稽梁山伯者同肄业。山伯字处仁。祝先归，二年，山伯访之，方知其为女子，怅然如有所失，告其父母求聘，而祝已字氏马矣。山伯后为令，病死，葬城西。祝氏马氏，舟过墓所，风涛不能进，问之有山伯墓，祝登号恸，地忽裂陷，祝氏遂并埋也。晋丞相谢安奏表其墓曰'义妇冢'。"

尽管这一故事在宋元时已被搬上舞台，明、清两代传演甚盛，而且在明代已有传奇《同窗记》（现仅存"访友"等出）。但越剧的《梁山伯与祝英台》应视为出于民间流传的传说故事，它最初的作者是艺人，而不是文人，这从越剧《梁山伯与祝英台》最初的演出本来看，就很清楚。

据越剧老艺人马潮水等人回忆，早在"落地唱书"时期，艺人们就根据流传在民间的传说编成了《十八相送》《楼台相会》等小曲目，到处演唱，受到欢迎。尤其是《十八相送》成为人们喜闻乐见的曲目。当时的《十八相送》说的是梁山伯送祝英台回家，从杭城送至城外，送了"十八里路"。一路上祝英台触景生情，以身相托，作了"十八个比喻"，又送到"十八里长亭"，故称"十八相送"。

《十八相送》和《楼台相送》在浙江城乡上演达十年之久。1917年小歌班进入上海，艺人们为适应大城市观众的需要，扩大上海剧目，向传书、卷本要戏。当时男班著名小生王永春和著名小旦白玉梅找到了卷本《梁山伯与祝英台》、唱本《梁山伯》，在《十八相送》《楼台相送》基础上，各自考虑自饰角色的戏路，安排场次，然后商定剧情，形成了上、中、下三本的《梁山伯与祝英台》，于1919年上演于上海新镜花园。演出获得了意想不到的成功。这一剧目为越剧在上海站稳脚跟、打开局面起到了很大作用。

当时在上海演出的《梁山伯与祝英台》，全剧共40场。各个戏班演出时有增有删，有演上、中、下三本的，也有演上、下两本的。这个演出本，受卷本、唱本影响较大，带着明显的宿命论色彩。

艺人们在演出实践中体会到，多数观众最欢迎的还是梁、祝反对封建礼教，主张婚姻自主的故事。于是他们在演出中不断加以修改，到1939年，袁雪芬、马樟花在大来剧场合演《梁祝哀史》时，已基本剔除了老本中庸俗、色情的表演。1945年1月雪声剧团在上海九星大戏院上演《梁祝哀史》，集中演出"十八相送"、"回十八"（"访祝"）、"楼台会"、"临终"、"吊孝"五场。同年夏天，袁雪芬、范瑞娟在明星大戏院再度演出该剧时，增加了"三载同窗"等场次，分上、下两集演出，基本形成了现在通行的《梁山伯与祝英台》演出本的基础。

越剧《梁山伯与祝英台》促进了越剧本身的发展，是小歌班进上海站住脚的第一批"打炮戏"之一。艺人们边演边改，在净化剧本内容的同时，也提高了演出质量，受到观众欢迎。不少名演员的成名都与《梁祝》分不开。

1951年秋，华东越剧实验剧团排演《梁山伯与祝英台》，增添了尾声"化蝶"。1951年10月，该剧作为国庆两周年观礼剧目进京参加国庆观礼演出，党和国家领导人毛泽东、周恩来等出席观看。周扬等文化部领导人和首都文艺界人士在审看后，一致赞扬，"认为是一个可以代表国家的剧目，够得上国际水平"，被誉为"中国的罗密欧与朱丽叶"。1952年冬，该剧参加第一届全国戏曲观摩演出大会，获剧本奖、演出一等奖、音乐作曲奖、舞美设计奖，主演范瑞娟和傅全香获演员一等奖。1953年，经毛泽东批准，周恩来指示，该剧由上海电影制片厂摄制成第一部国产彩色戏曲艺术片。该片在国内放映，创建国以来上座纪录。该片还发行到加拿大、香港地区等14个国家和地区，仅在香港一地，共放映187天，观众达65万人次以上，打破了有史以来香港影片放映的最高纪录。1954年7月，该片参加在捷克斯洛伐克卡罗维发利举行的第八届国际电影节，获音乐片奖；后又获第九届爱丁堡国际电影节映出奖；1957年，获文化部颁发的"1949—1955优秀影片奖"。1954年，《梁山伯与祝英台》又作为国庆五周年观礼剧目进京演出。1955年秋，上海越剧院携该剧赴民主德国和苏联访问演出，民主德国总理格罗提渥、苏联最高苏维埃主席团主席伏罗希洛夫，曾出席观看。演出受到两国观众的欢迎，谢幕频频，在柏林的一次演出，剧终谢幕达28次。《梁山伯与祝英台》使越剧走出国门，走入了世界艺术殿堂。

1969年仲夏的一天，毛泽东在西子湖畔的汪庄庭院散步，提出要听他曾多次欣赏的越剧《梁山伯与祝英台》。听完录音后，有人对他说："主席，越剧音调软绵绵的不好听。"毛泽东纠正说："越剧具有典型的南腔特色。曲调比较柔婉、细腻，擅长抒情。"然后又说："任何事物，都要一分为二。我看越剧还可以，不要全盘否定。"当年秋天，毛泽东在杭州观看文艺演出时询问了浙江文艺界的情况。演员们反映，现在的越剧，改得京不京，越不越，歌剧又不像歌剧。毛泽东当即听了老越剧《红楼梦》片段，表示曲调好听。随后又听了越剧《梁山伯与祝英台》后说："这个戏的音乐基调是好的，只是个别太低沉的地方才需要改一改。"在听了"改革越剧"《红灯照》唱段后，毛泽东又指出："各个地方剧种就要有自己的特色，不然，要那么多的地方戏干什么？一个剧种就够了嘛，我不赞成把越剧改成不像越剧。"一个器乐演奏员问毛泽东："听说越剧要砸烂，这到底对不对呀？"毛泽东听了皱皱眉头，严肃地指出："越剧不能砸烂，好的还是要用。"

1971年9月8日，毛泽东在杭州住地最后一次通过电视转播观看了男女合演越剧《半篮花生》。他说："这个戏有戏，一家人都很可爱。说明农民能够学哲学，也学得好。"又说："越剧味道出来了，越剧风格出来了。"可见，毛泽东对地方戏剧的改革在内容上肯定，在形式上则明显保留。他希望地方戏在内容上出新的同时，在形式上又能保持地方戏剧艺术的本来的特色。

6. 毛泽东听昆剧

1950年春节，刚刚成立的北京人民艺术剧院接到一个通知：毛主席亲自邀请著名昆曲表演艺术家韩世昌、白云生等演出《牡丹亭·游园惊梦》，并且点名要看"堆花"舞。几位艺术家大喜过望，既兴奋又感到紧张。由于任务紧急，著名表演艺术家马祥麟率领16名青年演员马上投入了"堆花"舞的排练之中。

《牡丹亭》说的是太守之女杜丽娘向往美好的爱情生活，因情而死，由情复生的动人故事，颇具反封建色彩。"游园惊梦"一折即是杜丽娘私游后花园后在梦中与情人欢会，其中"堆花"，写的就是欢爱的胜景场面，整出戏富于人性意韵。除夕的中南海怀仁堂里，毛泽东入神地看着戏，不时轻轻摇晃着头，沉浸在遐想的境界中。

当时的16名花神之一、现为国家一级导演、前北方昆曲剧院副院长丛兆桓回忆起这段历史感慨万千，说："那时候，昆曲已经由于战争、社会等很多因素濒临灭绝，不少艺术家改行糊口，主席这样早就关心昆曲艺术，而且非常内行，我们都隐约感到，昆曲的春天来了。"

自1950年春节以后，很长的一段时间，每逢春节，毛泽东总要点名看一看昆曲。

昆曲又称昆（山）腔，相传是元末明初昆山人顾坚始创，距今已有700多年的历史，是我国传统戏曲中最古老的剧种之一。明嘉靖年间经魏良辅改革，形成委婉、细腻的曲调，人称"水磨腔"。当时的剧作家梁辰鱼的创作，为昆曲奠定了坚实的文学基础。在伴奏方面，除了弦索之外，又加上了笙、箫、管、笛等乐器，形成管弦并举，这比当时流行的其他声腔有很大的进步，令人耳目一新，于是很快流传开来。至明万历年初，昆曲扩展到江、浙各地，成为压倒其他南戏声腔的剧种。随之由士大夫带入北京，与弋阳腔并为宫中大戏，当时称为"官腔"，从此成为剧坛盟主。明万历至清嘉庆年间，是昆曲声名最辉煌、成就最显著的阶段，汤显祖的《临川四梦》——《牡丹亭》《南柯记》《邯郸记》《紫钗记》以及洪升的《长生殿》、孔尚任的《桃花扇》等一时风靡天下，昆剧达到了鼎盛时期。

昆曲被称之为"百戏之祖，百戏之师"，具有很高的艺术价值和学术价值。昆曲剧本采用宋、元时代的杂剧传奇的结构方式，每出戏通常有24折，每折戏自成单元，都有一个贯穿在总情节上又相对完整的小段情节，因而许多单折戏可以独立演出。昆曲在文学语言上，继承了古代诗词及元曲的优点和长处，采用长短句的文体，文辞华丽典雅。昆曲的音乐属曲牌体，共有1000多个曲牌，唱腔婉转细腻，吐字讲究。昆曲的表演载歌载舞，舞蹈化、程式化程度非常高。由于昆曲文词过于典雅，所以在唱段中经常伴以舞蹈动作来表现人物的内心感情，这就大大增加了表演的难度。

昆曲融诗、乐、歌、舞、戏于一炉，在中国文学史、戏曲史、音乐史、舞蹈史上都占有重要的地位，对众多戏曲品种都产生过深远而直接的影响。

1918年，毛泽东由湖南来到北京大学当图书管理员的时候，正值昆曲在北京盛行的时期。那时候，许多昆弋班社（如"同和社"、"福寿社"、"英庆社"等）都在北京上演昆曲。昆曲的高仰品味，在北大蔡元培、吴梅等学者代表的知识界、教育界口碑甚佳，备受推崇，他们写文章，赋诗词，一致认为昆曲艺术是集文学、历史、音乐、舞蹈、美学等之大成者。在湖南，昆曲的传播形成了特有的剧种，人称"湘昆"。这一切，都不能不对青年毛泽东产生影响，使毛泽东对昆曲留下了良好的印象。

　　1955年4月1日，在毛泽东的关怀下，由周恩来亲自安排，著名京昆艺术大师俞振飞先生离开香港，回到祖国。这年，毛泽东在武昌看完俞振飞的《贩马记》后风趣地说："看了你们好几遍《贩马记》。赵宠问李桂枝家住哪里，是不是改一改？已经做了夫妻，夫人家住哪里还不知道吗？"惹得大家笑了起来。笑过之余，大家对主席观剧的细致很是折服。此后，再演就将这个毛病改掉了。

　　1956年4月，浙江省昆苏剧团晋京演出新本《十五贯》，轰动全国。

　　《十五贯》是昆曲代表性作品。此剧原为清代朱素臣所著，目前所说的《十五贯》一般是指陈静据此以及小说《醒世恒言》中的《十五贯戏言成巧祸》进一步改编（执笔）、浙江昆苏剧团在1956年首演的版本。

　　《十五贯》的故事发生于明代。屠户尤葫芦，从皋桥亲戚家借得15贯铜钱回家，哄其继女苏戌娟说是卖她的身价。苏因不愿为婢，深夜私逃投亲。地痞赌棍娄阿鼠闯入尤家，见尤葫芦酒醉酣睡，欲偷盗15贯铜钱。尤葫芦醒来发现，与娄阿鼠争抢15贯钱，娄遂起杀心，用肉斧杀尤灭口。第二天清晨，邻人发现尤葫芦被害，钱被盗，其女又无下落，议论纷纷，就一面报官，一面追赶凶手。客商陶复朱的伙计熊友兰，带15五贯钱往常州办货，途遇苏戌娟问路，二人因此顺路同行。邻人、差役追至，见苏、熊男女同行，又见熊所带之钱正为15贯，疑其为凶手。娄阿鼠乘机诬陷。于是二人被押送无锡县衙门。无锡知县过于执，主观臆断，错将苏、熊二人以通奸谋杀罪判成死刑。常州知府和江南巡抚皆轻信过于执原判，草率定案。临刑，委派苏州知府况钟监斩。况钟发现苏、熊二犯罪证不实，连夜赶往都府求见巡抚周忱，请予缓刑复查。周忱陈腐迁阔，循规蹈矩，以三审定案，部文已下，监斩官无权过问为由，不允所请。况钟据理力争，并以金印作押相迫。周无奈，限期半月查清回报，否则上奏题参。况钟冒着丢官的风险，亲至无锡现场查勘。当获得凶手作案的线索后，又改扮私访，将真凶娄阿鼠捉住，案情终于大白。

1956年4月17日，浙江昆苏剧团在中南海怀仁堂演出昆剧《十五贯》，毛泽东兴致盎然地观看了演出。当他看到台上那个官僚主义者周忱夸奖草菅人命的过于执是"国家良臣"，诬蔑况钟搞调查研究是"节外生枝"，自诩"一生唯谨慎，从来不逾常规"时，毛泽东笑指周忱说："他不逾常规常矩！"他在当天的一次会议插话中说："《十五贯》应该到处演，戏里边那些形象我们这里也是很多的，那些人现在还活着。比如过于执，在中国可以找出几百个来。"

4月25日，毛泽东在中直礼堂再度观看了《十五贯》，并指出：《十五贯》是个好戏，全国各剧种有条件的都要演《十五贯》；这个戏全国都要看，特别是公安部门要看。

在毛泽东看来，这个戏所确立的"反对主观和官僚主义思想作风，提倡调查研究，实事求是的思想作风"的主题，对于巩固建立不久的人民政权、警告业已滋生的腐化现象是大有裨益的。

5月17日，周恩来在文化部、中国戏剧家协会召开的昆剧《十五贯》座谈会上作了约1小时的长篇讲话，对昆剧艺术和浙江昆苏剧团的演出给予很高的评价。

5月18日，《人民日报》发表题为《从"一出戏救活了一个剧种"谈起》的社论，称赞昆曲《十五贯》是贯彻"百花齐放、推陈出新"戏曲改革方针的良好榜样。同年，昆曲《十五贯》摄制成彩色戏曲艺术影片。

《十五贯》获得党和国家领导人的高度评价，以致北京出现"满城争说《十五贯》"的热潮。随后，浙江、上海、江苏和北京以及湖南等地的昆剧团相继成立。

1956年至1964年，《十五贯》在国内演出1000多场，观众100多万人次。同时还被锡剧、豫剧、川剧以及京剧等10多个剧种争相移植。梅兰芳、欧阳予倩等艺术大师先后撰文称赞。《十五贯》和浙江昆苏剧团由此红遍大江南北。《十五贯》创造了一个传奇，翻开了新中国昆曲振兴发展的新篇章。

1958、1959两年，毛泽东用昆曲招待了两位重要外宾——苏联的伏罗希洛夫元帅和柬埔寨的西哈努克亲王。著名昆曲演员侯少奎回忆说："那年伏罗希洛夫来京时，中苏关系已比较紧张。在确定用《林冲夜奔》做招待剧目时，有人提出，昆曲这种形式难懂，主席很不以为然：昆曲听不懂，难道京剧听得懂吗？昆曲是载歌载舞的，这戏有积极的政治意义。"毛泽东看中的政治意义很符合他内心深处的坚毅性格，他推崇打碎旧世界，建立新世界。而今，苏联的大国沙文主义盛气凌人，他是必定要造反的！演出时，毛泽东和其他中央主要领导出席观看。当林冲（侯永奎饰）唱到"折桂令""管叫你海沸山摇"时，偌大的怀仁堂里，响起了毛泽东有力的掌声，他带头起立鼓掌，瞬间掌声连成一片。不了解中国历史文化的伏罗希洛夫很快就读懂了毛泽东掌声的含义。演出结束后接见演员时，毛泽东握着侯永奎的手说："永奎呀，你吃得饱吗？托总理带给你的话带到了吗？"侯永奎眼泪刷地就流下来了，双手颤抖，感动得不能自持。在此之前，周总理有一次见到他说，主席非常关心你，特意让我问问你是否吃得饱，有什么困难提出来。

1975年深秋，毛泽东年事已高，体弱多病。"活林冲"侯永奎也已重病在身，再不能粉墨登台了。于是，决定由侯永奎的儿子侯少奎为毛泽东做录像演出。半年后，有人传来话来：主席看完录像说了四个字——"后继有人"。

1975年8月，毛泽东的医疗小组决定为他做白内障摘除手术。在上手术台之前，毛泽东要秘书张玉凤去放一首曲子——岳飞的《满江红》，是由上海昆曲剧院岳美缇唱的，唱腔高亢、有力，充分表达了一个爱国志士的宽广胸怀和伟大抱负。毛泽东伴着激昂的昆曲旋律接受了手术。

7. 毛泽东评绍剧

1961年，浙江绍剧团将《孙悟空三打白骨精》搬上舞台。1961年9月，浙江绍剧团进京参加国庆演出。10月10日晚，毛泽东、董必武等党和国家领导人到中南海怀仁堂观看演出。

随着剧情的发展，毛泽东时而点头，时而微笑，香烟烧到手指才知道。特别是演到"天王庙"一场戏时，孙悟空被贬，唐僧被白骨精擒住，猪八戒敌不过群妖，慌忙逃走。猪八戒逃走时的磋步、跑步等动作，逗得毛泽东仰身开怀大笑。毛泽东对幻灯字幕也看得非常仔细，并若有所思。

演出结束后，毛泽东举手致意，祝贺演出成功。当他走到边门离开剧场时，再次转身向演员们表示祝贺。

毛泽东离开后，一位负责警卫的同志前来对剧团演出成功表示祝贺。他说："主席对这个戏很感兴趣，先后六次鼓掌。当看到猪八戒逃跑时显出的狼狈相，主席哈哈大笑。后来见悟空化装成老妖，做出各种滑稽动作时，主席又笑了起来。"

绍剧，又名"绍兴乱弹"、"绍兴大班"，是流行于浙江省绍兴、宁波、杭州地区及上海一带的古老的地方戏曲。明嘉靖年间，余姚腔、弋阳腔盛行，绍兴一带出现了"调腔"。初为堂名班等坐唱形式，一人兼唱多个角色，并以大锣、大鼓、铙钹伴奏。搬上舞台后，称绍兴高调班。明末清初，昆腔盛行，继而乱弹传入，高调班纷纷兼唱昆腔和乱弹，形成三全班。至乾隆年间，盛极一时，多以"群玉"二字作班名。到了咸丰、同治年间，高腔和昆腔逐渐失去观众，特别在农村，乱弹备受欢迎，于是艺人改唱乱弹为主，称绍兴乱弹班。

绍剧唱腔的主要曲调为"二凡"、"三五七"和"阳路"，以"二凡"为主。"二凡"与秦腔有明显的渊源关系。"三五七"因其唱句以前句三字和五字，后句七字组成而得名。"阳路"即吹腔，有"高阳"、"平阳"之分。

绍剧伴奏乐器以板胡为主，"斗子"为辅。绍剧的板胡亦称高胡，音色比一般板胡更为高亢，"斗子"亦称"金刚腿"、"牛腿琴"。此外，还有唢呐、梆笛、笙、管等。绍剧的打击乐用大锣、大鼓、大钹，气势宏伟。锣鼓点自成一套，粗犷、朴实，具有浙东地方的风格特点，称为"绍班锣鼓"。

绍剧的武功有的来自目连戏，有的吸收民间武术加以美化，如"打短手"、"九窜滩"、"手顶"、"窜刀"、"甩桌"、"推车跟斗"、"七十二吊"、"叠罗汉"等，均颇有特色。

绍剧的唱法也有自己的特点，花脸用宏亮的"堂喉"（真声），小生和旦用"子喉"（假声），老生则用"乖喉"（真假声结合）。

绍剧传统剧目有300余本，题材多为忠奸争斗、征战杀伐之事。清代戏剧理论家焦循《花部农谭》评价绍剧说："其事多忠、孝、节、义，足以动人；其词直质，虽妇孺亦能解；其音慷慨，血气为之动荡。"

绍剧神怪戏《孙悟空三打白骨精》取材于《西游记》，剧情大意为：

唐僧师徒四人去西天取经，来到宛子山前。山中波月洞内的妖魔白骨精一心想吃唐僧肉，但畏惧神通广大的孙悟空，故不敢贸然下手。她利用悟空巡山的机会，先后化身成上山送斋的村姑与朝山进香的老妪，以骗取唐僧和八戒的信任，但两次均为悟空识破，将她的化身打死。唐僧责怪悟空有悖佛门戒律，不该伤害人命。

白骨精连续两次未能得逞，继而化为老丈，对唐僧三施攻心计。悟空一再提醒师父勿为妖怪所惑，但唐僧恪守"慈悲"为本的佛家信条，坚决不准悟空对老丈行凶，并念起紧箍咒以保护老丈。悟空忍住剧痛，仍将老丈打下深涧。

这时白骨精又假冒佛祖名义，从天上飘下素绢，责备唐僧不该姑息悟空。唐僧怒下贬书，悟空含冤返回花果山。白骨精遂将波月洞化成天王庙，唐僧与沙僧中计被执，八戒乘隙逃走，前往花果山求援。

悟空心向师父，即与八戒下山，在途中打死前去赴宴吃唐僧肉的白骨精之母金蟾大仙，自己变成老妖模样来到洞内。在筵前，悟空计诱白骨精重复变化成村姑、老妪和老丈的模样。唐僧目睹一切，痛悔不该是非颠倒，人妖不分。

悟空与妖怪经过一番鏖战，终于消灭了白骨精，师徒一行重又踏上取经征途。

绍剧《孙悟空三打白骨精》曾在20世纪60年代红极一时。毛泽东、郭沫若等党和国家领导人当时观看演出后，曾为该剧题写诗词，因而声名大振。后该剧又拍摄成电影（天马电影制片厂1960年摄制），该影片曾于1963年5月获第2届《大众电影》"百花奖"最佳戏曲片奖，在72个国家和地区放映。绍剧悟空戏因此饮誉海内外，成了浙江绍剧团的标志性美称。

1961年10月，在毛泽东观看了绍剧《孙悟空三打白骨精》后，郭沫若也先后三次观看，并写了《七律·看〈孙悟空三打白骨精〉》，提出了"千刀当剐唐僧肉"，表达了对唐僧的憎恨。毛泽东看到后，写了一首《七律·和郭沫若同志》。郭沫若看到毛泽东的和诗，当即依韵和诗一首《再赞〈孙悟空三打白骨精〉》。毛泽东看后写道："和诗好，不要千刀当剐唐僧肉了，对中间派采取了统一战线政策，这就好了。"

浙江绍剧团在外地演出数月后返杭得知：1962年元旦前夕，毛泽东在杭州本想接见剧团主要演员，可惜剧团到外地演出，一时不能回来。毛泽东听说后，将尚未公开发表的《七律·和郭沫若同志》诗作交给了浙江省委。这使绍剧团的演员们深受鼓舞。

1971年9月3日，毛泽东南巡到杭州。第二天就通过电视屏幕观看浙江绍剧团在杭州人民大会堂演出的《智取威虎山》。幕间，著名绍剧演员陈鹤皋演唱了毛泽东的诗《七律·和郭沫若同志》。毛泽东观看后说：绍剧移植样板戏不错嘛，武功也很好。还说：陈鹤皋的清唱很有劲，嗓音洪亮，很有气魄。他还指出：绍剧要改革，要创新。但改革以后还要像绍剧，不能"四不像"。

1975年春，毛泽东在杭州通过闭路电视最后一次观看了六龄童演出的绍剧《孙悟空三打白骨精》。

8. 毛泽东听相声

1973年12月12日，毛泽东在中央政治局会议上，提出八大军区司令员互相对调，周恩来随即部署有关事宜，召开中央政治局会议和中央军委会议。12月21日，毛泽东在中南海游泳池，接见了参加中央军委会议的46位高级将领。此时，毛泽东已年届八十高龄。

毛泽东即席讲话的开场白出人意料，他说："送君送到阳光路，你也苦，我也苦，手中锣儿敲的苦。"

毛泽东并不理会那些面面相觑的将军，继续沿着自己的思路说下去："这一般五虎将俱都丧了，只剩下赵子龙老迈年高。我年老了，也要去'卖年糕'，要到福州去卖年糕。南京不去，南京太热了。"

毛泽东晚年时，有几次和身边工作人员感慨地说：我老了，看来得去"卖年糕"了。

毛泽东的"卖年糕"这一幽默自嘲之说，来自传统相声《歪批三国》。

在这个经典相声中，著名相声表演艺术家苏文茂以其"独家"的"苏批三国"版本考证出张飞他姥姥家姓吴，论据是：无事生非（吴氏生飞），三国里有三个做小买卖的（如赵子龙：赵子龙他老卖年糕），还有三个数学家（如曹操：对酒当歌，人生几何）等。

赵子龙他"老卖年糕"，是由"苏批三国"其中有这么一段得来的：

甲：姜维唱的几句流水板，把赵子龙这点儿家底儿，全给抖搂出来了。后人才知道他是卖年糕的。

乙：哦，姜维是怎么唱的？

甲：这样唱的。

乙：您学一学。

甲（唱）："这一般，五虎将俱都丧了；只剩下那赵子龙他老迈年高！"说赵子龙是"老卖年糕"。也就是说一辈子没卖过别的。……

原来毛泽东借"卖年糕"之说，是说自己已经老迈年高了。毛泽东知识渊博竟会引用这段相声中的一句话自嘲，可想这段相声对他的印象多么深。其实，毛泽东一直对中华传统的相声有很浓厚的兴趣。

相声，中华传统曲艺形式之一，起源于北京，流行于全国各地。一般认为于清咸丰、同治年间形成。是以说笑话或滑稽问答引起观众发笑的曲艺形式。它是由宋代的"像生"演变而来的。到了晚清年代，相声就形成了现代的特色和风格。主要用北京话讲，各地也有以当地方言说的"方言相声"。在相声形成过程中广泛吸取口技、说书等艺术之长，寓庄于谐，以讽刺笑料表现真善美，以引人发笑为艺术特点，以"说、学、逗、唱"为主要艺术手段。

毛泽东从西柏坡迁入北平后，曾多次观看梅兰芳、马连良等京剧大师表演京剧折子戏，还建议由侯宝林等相声演员表演几段轻松幽默的相声。1949年4月初，当时的北京市领导叶剑英、彭真为毛泽东等中央领导准备了一台文艺晚会。当毛泽东得知安排了侯宝林新创作的相声段子时，高兴地说："侯宝林是个人才，我很想听听他的相声。"

相声大师侯宝林回忆说："1949年北京刚解放，我给毛主席第一次说相声，就发现他很爱听相声。后来，又一次我给他说相声时，我从后台看见他老人家坐在藤椅上，手臂上挽着件雨衣。前边的节目演完，毛主席站起来想走了，但当他看到我和郭启儒出场时（当时没有报幕员），就挽着雨衣又坐下了，这对我是莫大的鼓舞。有时，我在小范围里也给毛主席说相声。"

侯宝林与郭启儒第一次为毛泽东说的相声是《婚姻与迷信》。毛泽东被逗笑了，说："侯宝林是个语言学家。"以后毛泽东移至中南海，工作之余常请侯宝林到住处说相声。他劳累了请侯宝林说相声，烦躁了请侯宝林说相声，高兴了也请侯宝林说相声。侯宝林说过一个段子之后，毛泽东常常带头鼓掌，说："侯先生，再来一个。"

中央办公厅的同志认真规定了侯宝林与毛泽东之间的距离，不能太近，让毛主席仰头看他，造成颈椎疲劳；也不可太远，影响观看效果。每次演出之后，毛泽东要与演员握手，办公厅的同志交代侯宝林，一定要掌握时机，不要让毛主席站起来，要看准时机，在毛主席欲起未起之际抢先一步，与毛主席握手道别。侯宝林对领袖充满感情，每次做得都很圆满。

侯宝林回忆说："我给毛主席一共说过一百五十多段相声，我在说唱团只说过一百段左右。有些段子在外边已经不说了，像《字像》这个段子，需要白沙撒字，在舞台上由于不具备条件，说起来很困难。但是我给毛主席就可以说了。我们坐在地板上，地板很干净，我们就边写边说。有些段子在外边该不该演，能不能说在拿不准的情况下，我们也给毛泽东说。所以毛泽东听我说相声听得最多。我觉得毛泽东最喜欢的段子是《关公战秦琼》，因为这个段子他点过，当场要求重演。别的段子像《戏剧杂谈》《戏剧与方言》《改行》等，我们都给毛泽东重演过。唯独《关公战秦琼》这段子，我们刚说完，毛泽东说：'再说一次。'他喜欢听《关公战秦琼》。"

侯宝林在相声领域是个奇才。旧段子很快说完了，为了使毛泽东听的相声不重复，侯宝林开始搞创作，自编自演。让毛泽东喜欢的相声，必须有一定的知识含量，这很不容易。这就逼着侯宝林阅读了大量古书。有一次他编了个调侃诗人的相声，讽刺腹中空空、又要附庸风雅的俗人。作诗曰："胆大包天不可欺，张飞喝断当阳桥，虽然不是好买卖，一日夫妻百日恩。"听着这前言不搭后语的"歪诗"，毛泽东笑得弓下腰，半天直不起来。

毛泽东也喜爱听相声演员马季的演出。1959年至1963年，马季所在的广播说唱团经常去中南海演出。1963年，马季下乡到山东文登县进行创作，写出了三个相声段子：《画像》《黑斑病》《跳大神》。毛泽东知道后很高兴，说："那好，演一演，我听一听。"看完演出后，他还握着马季的手说，"还是下去好！"

毛泽东说的"还是下去好"，就是要有生活，体验生活，积累生活素材，相声创作来源于生活。

毛泽东最喜欢听马季表演的两个段子：一个是张寿臣创作的《装小嘴儿》，一个是揭露江湖医生骗人伎俩的《拔牙》。

《装小嘴儿》这是个传统相声节目，说的是有人怕自己嘴大了，说话的时候老说自己"小字"，"你多大了？""二十五。""你爱吃什么？""吃白薯。"就是装小嘴。在马季的印象中，《拔牙》他当年给毛泽东演过五六次之多，其他演员有时候也演《拔牙》，毛泽东百听不厌。毛泽东的机要秘书告诉马季说："你们不去的时候，他让我们放这个段子听。"可见他喜欢的程度。

有时候说到挺逗的小段子时，毛泽东还非常风趣地和马季开玩笑说："这不是给人扣帽子嘛！"大概是20世纪60年代初，有关部门找马季所在的广播说唱团，让他们提供一些有关相声的资料和相声的本子，说主席要去就不还你们了。由此可见毛泽东非常喜欢传统相声。

第九章

毛泽东与中华民俗

欲从天下国家万事万物而学之。

——青年毛泽东语

1. 毛泽东与中华春节习俗

"风雨送春归，飞雪迎春到。"这是毛泽东的词作《卜算子·咏梅》中的前两句。每年瑞雪飘飞的时候，中国人民迎来一年中最盛大的、也最具有中华特色的传统节日——春节。

春节，又叫阴历年，俗称"过年"。传说"年"是一种为人们带来坏运气的传说中的动物。年一来，树木凋蔽，百草不生；年一过，万物生长，鲜花遍地。年如何才能过去呢？需用鞭炮轰，于是有了春节期间燃放鞭炮的习俗。

中华民族春节的历史很悠久，起源于殷商时期年头岁尾的祭神祭祖活动。在民间，春节一般从腊月初八的腊祭或腊月二十三的祭灶开始，一直到正月十五结束。其中以除夕、正月初一和元宵节为高潮。

千百年来，人们使年俗庆祝活动变得异常丰富多彩，每年从农历腊月二十三日起到年三十，民间把这段时间叫做"迎春日"，也叫"扫尘日"。

春节前十天左右，人们就开始忙于采购物品，准备年货。年货包括鸡鸭鱼肉、茶酒油酱、南北炒货、糖饵果品，等等，都要采买充足，还要准备一些过年时走亲访友时赠送的礼品。

除夕前要在住宅的大门上粘贴红纸黄字的新年寄语，也就是用红纸写成的春联。屋里张贴色彩鲜艳寓意吉祥的年画，门前挂大红灯笼或贴"福"字及财神、门神像等，"福"字还可以倒贴，路人一念"福倒了"，也就是"福气到了"。

旧年的腊月三十夜，也叫"除夕"，又叫团圆夜，在这新旧交替的时刻，守岁是最重要的活动。除夕晚上，全家老小都一起熬年守岁，欢聚酣饮，共享天伦之乐。北方地区在除夕有吃饺子的习俗。饺子的做法是先和面，和字就是"合"；饺子的饺和"交"谐音。"合"和"交"都有相聚之意，又取"更岁交子"之意。在南方有过年吃年糕的习惯，甜甜的、黏黏的年糕，象征新的一年里生活甜蜜蜜，步步高。

大年初一，男女老少都穿着节日盛装，先给家族中的长者拜年祝寿。初二、三就开始走亲戚看朋友，相互拜年，道贺祝福，说些"恭贺新禧"、"恭喜发财"、"恭喜"、"过年好"等吉利的话。一些地方还有舞狮子、耍龙灯、演社火、游花市、逛庙会等习俗。一直要闹到正月十五元宵节过后，春节才算真正结束。

中国人有一个根深蒂固的观念：有钱没钱，回家过年。春节是个欢乐祥和的节日，也是亲人团聚的日子，离家在外的人此时都要回家和亲人团聚。但对于投身中国革命事业的毛泽东而言，从青年时代起，几乎没有回故乡韶山过过年。人们不禁要问：身居异乡的毛泽东，是如何过春节的呢？

1918年底，毛泽东和萧瑜等几个新民学会会员抵达北京后，暂时借住在杨昌济教授家里，这是毛泽东第一次没回韶山家中过春节。

1927年大革命失败后，毛泽东根据中共中央的指示回到湖南，组织领导了湘赣边界的秋收起义。10月率部到达井冈山地区，创建了第一个农村革命根据地。这年春节的前几天，刚刚翻了身的茨坪群众，家家忙着做米果。可是，喂的家禽全被国民党的兵抢光了。毛泽东早就料到了这一点。为了让士兵和群众过好第一个翻身年，特发给每位战士三块银元，补贴过年；派人到宁冈杀猪，挑运到茨坪，每人分三斤猪肉。对缺米少盐的困难户，另外分给他们米和盐。这样一来，茨坪的红军战士和百姓，人人都有米果吃，家家都蒸了米馅肉。

　　从1929年1月率领红四军进入赣南，至1934年10月随中央红军主力长征，毛泽东在中央苏区度过了6个春节。

　　1929年2月9日，正是春节。毛泽东率领红四军来到瑞金北陲十几里人烟稀少的大柏地。毛泽东心情很沉重，因为红四军离开井冈山进入赣南后，赣敌刘士毅部正以三团之众在后紧追不舍。但无论如何，也得让战士们吃上一顿年饭啊。毛泽东将想法对朱德说了，叫人找来军需处长范树德，向他交代了一个重要任务："找到两个团的司务长，要他们一定想办法搞到酒菜，让官兵们吃上一餐年饭。"范树德召集十几个司务长在一起计议一番，决定先向群众打欠条，凡是吃物全部过秤登记。

　　大年初一，追敌刘士毅部钻进了红军伏击圈。濒临险境的红军官兵，人人与敌拼死相搏。刘士毅部从未遇到过如此顽强拼搏的对手，被打得溃不成军。两个团基本被歼，800余官兵成为俘虏。弹尽粮绝的红四军不但得到了两个团所携的枪弹和银钱，还打击了追敌的嚣张气焰。同年5月，从闽西回师的红四军路过大柏地，向前村的民众兑现了所欠的款项。

　　1930年，随着年关临近，国民党蓄谋已久的"三省会剿"也开始了。前委决定红四军撤离闽西，回师赣南，以打乱敌人的部署，在运动中相机歼敌。毛泽东带领第二纵队离开上杭。1月27日，红二纵队抵达广昌的尖峰。毛泽东看见一路上走着办年货的农民，才想起明天就是大年三十了。毛泽东对纵队司令员胡少海说："少海呀，这么说我们得要打广昌了，拿下了县城，春节就好过。"胡少海马上派人去广昌城打探敌情，获悉广昌县城没有敌人的正规部队，只有一支200余人的靖卫团。毛泽东听后对胡少海说："胡司令，天赐良机啊，赶到广昌城去过年吧。"

大年三十这天辰时，红四军第二纵队突然出现在广昌城外，不费吹灰之力拿下了城池，胡少海自带一个连扑向县府"衙门"。红军轻取广昌县城，过上了热闹而丰盛的春节。因为缴获了国民党县政府的一批银洋，每个官兵还得到了一份压岁钱，大家甭提有多高兴了。毛泽东高兴地对胡少海等人说："广昌过年，好运连连啊！"

1935年10月，毛泽东率领中央红军长征后落脚陕北，毛泽东在陕北过了13个春节。

1940年春节前夕，警卫党中央首长的长枪连，只买了20斤猪肉。正在这时，管理中央首长生活的同志，抬着半肩猪肉送来了，并说："昨天小灶杀了一头猪，这是毛主席叫送给你们过年的。"事实上，当时的中央首长平素也见不到荤。连队里开会讨论中，不知是谁说了句："请毛主席吃年饭！"大伙不约而同地都说好。就这样，把请毛主席吃年饭的任务交给连指导员张久厚去办。开始，毛泽东告诉张久厚："你们的心愿我领了。吃饭嘛，我就不去了！"张久厚一听，坚决地说："不去不行！"毛泽东放下文件，笑了笑说："你们这不是请客，是在下命令。看来，我只好服从了。能不能给我点权力，让我帮你们多请几位怎样？"张久厚以笑作答。毛主席果断地说："好，就这样定了。"

年三十过午三点多钟，毛泽东、周恩来、朱德、刘少奇、任弼时等来到了长枪连。进窑洞落座后，毛泽东问："我们这张桌上的饭菜是不是和大家一样？"他环视了一下，又说，"我们不能特殊。搞特殊，人家嘴里不说，可心里有意见，那就不好了。"稍停，毛泽东又说，"我们常讲同甘共苦，共产党人说得到做得到，言行一致群众才信服。"开饭后，没有酒，大家热情地向毛主席敬肉。毛泽东一看就笑了，说："这么大块的红烧肉，我还是第一次见。你们存心不让客人吃呀！"一排长夹起三两重的一块肉吃了下去。毛泽东见状，说："你厉害，比不过你，我认输了。"

毛泽东在延安时，每年春节都要在枣园的小礼堂请村里人吃饭。礼堂门口放着一张方桌，毛泽东就在桌旁和每个人握手。每家的家长都穿着新衣服来给人民领袖毛主席拜年，他们给毛主席带来软糕、油馍、黄酒、麻糖等礼物，满满堆了一桌。吃饭时礼堂里摆十几桌，每桌都有一位领导人作陪。

1949年10月1日，中华人民共和国成立之后不久，毛泽东就在12月6日乘火车离开北京赴苏联访问，10天后抵达莫斯科。这一年的春节是2月17日，如果在条约签署后毛泽东乘飞机回国还是赶得上在北京过年的，可是最终还是选择乘火车回国，而且动身的日期就是2月17日大年初一这一天。所以，毛泽东建国后的第一个春节是在苏联度过，而且是在行进中的火车上。

1962年的春节这天，毛泽东在颐年堂内设家宴，宴请末代皇帝爱新觉罗·溥仪，特请章士钊、程潜、仇鳌和王季范四位社会名流和乡友作陪。

上午8时许，毛泽东待章士钊等人入席后，一本正经、诙谐地说："今天请你们来，要陪一位客人。"章士钊环顾四座，觉得有些莫名其妙，急切地问道："主席，客人是谁呢？"毛泽东吸了一口香烟，有些神秘地说："这个客人嘛，非同一般，你们都认识他，来了就知道了。不过也可以事先透一点风，他是你们的顶头上司呢！"

正在这时，一位高个儿、50多岁的清瘦男人，面带微笑，仪态大方，在工作人员的引导下步入客厅。大家的目光都集中在客人身上。毛泽东显然也是第一次见到这个人，却像老朋友似的迎上去握手，并拉他在自己身边坐下，同时向章士钊等人微笑着介绍："你们不认识吧，他就是宣统皇帝嘛！我们都曾经是他的臣民，难道不是顶头上司？"

毛泽东指着在座的四位老人向溥仪作了介绍。溥仪态度极为谦虚，每介绍一位，他都站起来鞠躬致意，根本看不出半点皇帝的"架子"。毛泽东对他说："你不必客气，他们都是我的老朋友，常来常往的，不算客人，只有你才是真正的客人嘛！"

那年正是国家困难时期，虽然是一国主席设的家宴，却没有什么山珍海味——"燕窝席"、"鱼翅席"，更无往日皇宫溥仪常见的"满汉全席"和"御宴"。桌面上只有几碟湘味儿的辣椒、苦瓜、豆豉等小菜和大米饭加馒头，喝的是葡萄酒。毛泽东边吃边对溥仪说："我们湖南人最喜欢吃辣椒，叫做'没有辣椒不吃饭'，所以每个湖南人身上都有辣椒味哩。"说着，他夹起一筷子青辣椒炒苦瓜，置于溥仪面前的小碟内，见他已吃进嘴里，笑着问，"味道怎么样啊？还不错吧！"溥仪早已辣出一脸热汗，忙不迭地说："不错！不错！"毛泽东风趣地说："看来你这北方人，身上也有辣味哩！"

毛泽东指了指仇鳌和程潜，又对溥仪说道："他们的辣味最重，不安分守己地当你的良民，起来造你的反，辛亥革命一闹，就把你这个皇帝老子撵下来了，是不是？"毛泽东妙语连珠，溥仪笑得前仰后合。毛泽东听说溥仪在抚顺时，已与他的"福贵人"离婚，于是关切地问："你还没有结婚吧？"溥仪彬彬有礼地回答："还没有呢！"毛泽东马上接话："可以再结婚嘛！不过，你的婚姻问题要慎重考虑，不能马马虎虎。要找一个合适的，因为这是后半生的事，要成立一个家。"溥仪点点头："主席言之有理。"

年饭后，毛泽东与溥仪等客人合影留念。毛泽东还特意拉过溥仪，让他站在自己右侧，附着他的耳朵说："我们两人可得照一张相哟！"

1976年1月31日，毛泽东在中南海游泳池度过了他人生的最后一个除夕之夜。

那时，卧病在床的毛泽东身边没有客人，也没有自己家的亲人，只有几个工作人员陪伴着他。年夜饭是工作人员一勺一勺喂的。此时的毛泽东不仅失去了"饭来伸手"之力，就是"饭来张口"，吞咽也十分困难了。毛泽东在病榻上侧卧着，艰难地吃了几口他历来喜欢吃的武昌鱼和一点米饭。这就是他的最后一次年夜饭。

饭后，工作人员把毛泽东搀扶下床，送到客厅。毛泽东坐下后，头靠在沙发上休息，静静地坐在那里。入夜时隐隐约约听见远处的鞭炮声，使他想起了往年燃放鞭炮的情景。他看着眼前日夜陪伴自己的几个工作人员，用低哑的声音说："放点爆竹吧！你们这些年轻人也该过过节。"正在值班室的几名工作人员，准备好几挂鞭炮在房外燃放了一会儿。此刻的毛泽东听着这爆竹声，他那瘦弱、松弛的脸上露出了一丝笑容。

2. 毛泽东与中华酒文化

"对酒当歌"，古老的中华，千百年来，文人骚客们遇酒必歌，赋诗必酒，诗酒结下难解之缘，从而铸就了放射着奇光异彩的中华诗酒文化。"形同槁木因诗苦，眉锁愁山得酒开"，欣赏卷帙浩繁的中国古典诗词，随处都能嗅到美酒的醇香。

毛泽东是中国现代伟大的诗人。他的一生，与诗歌结下了不解之缘。诗成了他生命的一部分。他喜欢读诗词，也很喜欢写诗词。他虽然不好酒，但自幼就受到洋溢着浓郁酒香的诗词的熏陶与滋润，在他的诗词中也散发着缕缕酒香。

酒在毛泽东诗词中有着独特的神韵。毛泽东的全部诗词中，提及酒的共有五首：《菩萨蛮·黄鹤楼》中："把酒酹滔滔，心潮逐浪高。"《蝶恋花·答李淑一》中："问讯吴刚何所有？吴刚捧出桂花酒。"《七律·和周世钊同志》中："尊前谈笑人依旧，域外鸡虫事可哀。"《五古·挽易昌陶君》中："望灵荐杯酒，惨淡看铭旌。"《四言诗·祭母文》中："此时家奠，尽此一觞。"

1927年春天，当时正值"四·一二"之后，轰轰烈烈的大革命遭受了无情封杀，毛泽东站在黄鹤楼上，放眼远眺，波涛滚滚，苍山莽莽。中国革命正处于严峻时刻，此时的毛泽东不是情绪低落，意志消沉，而是有一种"把酒酹滔滔，心潮逐浪高"的豪情，他的词中没有曹操诗中的人生"譬如朝露，去日苦多"的叹息，也没有苏轼词中的"人生如梦"的感伤。面对危机四伏的革命形势，34岁的毛泽东借酒激励自己，填词抒发胸怀。

雄才大略的毛泽东一生其实不善饮酒，其少量的饮酒仅是一种礼仪性的活动。他深知酒的双重作用：既能激励人，也能醉人误事。而他是革命事业的领导人，日理万机，必须时时刻刻保持清醒的头脑，准备随时处理各种错综复杂的重大问题。所以，毛泽东的诗词中提到酒时，多是一种礼仪文化的载体："吴刚捧出桂花酒"，这酒是为了欢迎杨、柳二位烈士的忠魂的，其礼仪性质不言而喻；"望灵荐杯酒"和"此时家奠，尽此一觞"，这是把酒当做追悼同学、亲人的礼仪文化的表征而写的。

当人们读到毛泽东的这些诗词时，自然会联想到三千年前西周王朝时周公姬旦在其《酒诰》中提出的"祀兹酒"的主张，也会联想到西汉邹阳在其《酒赋》中讲的"君子以为礼"的理智和清醒。

酒文化，在传统的中国文化中有其独特的地位。在几千年的文明史中，酒几乎渗透到社会生活中的各个领域。酒是社会文明的标志。

晋代的江统在《酒诰》中写道："酒之所兴，肇自上皇，或云仪狄，又云杜康。"

在古代，往往将酿酒的起源归于某某人的发明，把这些人说成是酿酒的祖宗，由于影响非常大，以致成了正统的观点。对于这些观点，宋代《酒谱》曾提出过质疑，认为"皆不足以考据，而多其赘说也"。这虽然不足于考证，但作为一种文化认同，不妨列举于下：

一是酒与天地同时。带有神话色彩的说法是"天有酒星，酒之作也，其与天地并矣"。

二是酿酒始于黄帝时期。汉代成书的《黄帝内经·素问》中记载了黄帝与岐伯讨论酿酒的情景，《黄帝内经》中还提到一种古老的酒——醴酪，即用动物的乳汁酿成的甜酒。黄帝是中华民族的共同祖先，很多发明创造都出现在黄帝时期。《黄帝内经》一书实乃后人托名黄帝之作，其可信度尚待考证。

三是仪狄酿酒。相传夏禹时期的仪狄发明了酿酒。公元前2世纪史书《吕氏春秋》云："仪狄作酒。"汉代刘向编辑的《战国策》则进一步说明："昔者，帝女令仪狄作酒而美，进之禹，禹饮而甘之曰：'后世必有饮酒而亡国者。'遂疏仪狄而绝旨酒。"

四是杜康酿酒。有传说认为酿酒始于杜康（亦为夏朝人）。东汉许慎《说文解字》中解释"酒"字的条目中有："杜康作秫酒。"《世本》也有同样的说法。

这些传说尽管各不相同，大致说明酿酒早在夏朝或者夏朝以前就存在了，而这一点已被考古学家所证实。夏朝距今约四千多年，而目前已经出土距今五千多年的酿酒器具。我国酿酒起码在五千年前已经开始，而酿酒之起源当然还在此之前。在远古时代，人们可能先接触到某些天然发酵的酒，然后加以仿制，这一探索时期应该是相当漫长的。

中国人一年中的几个重大节日，都有相应的饮酒活动，如：端午节饮"菖蒲酒"，重阳节饮"菊花酒"，除夕夜的"年酒"。在一些地方，如江西民间，春季插完禾苗后，要欢聚饮酒，庆贺丰收时更要饮酒，酒席散尽之时，往往是"家家扶得醉人归"。

宋人朱翼曾撰《北山酒经》云："大哉，酒之一于世也！礼天地，事鬼神，射乡之饮，鹿鸣之歌，宾主百拜，左右秩秩，上至缙绅，下逮闾里，诗人墨客，樵夫渔父，无一可以缺此。"酒以治病，酒以养老，酒以成礼，酒以成欢，酒以忘忧，酒以壮胆，酒以驱寒……几千年来，酒的作用真是太多了。然而，酒也使人沉湎、坠落，伤身毁志。历史上有不少国君因沉湎于美酒，引来亡国之祸。

在我国古代，聪明的帝王巧妙地利用酒的社会功能，用饮宴的形式来和谐君臣关系。《诗经》中的《鹿鸣》，就是周朝天子宴饮群臣宾客时的乐歌。从诗中可以看出，宴饮的目的不是为了娱乐，而是为了勾通君臣之间的感情，计议治国良策。

对中国传统文化了如指掌的毛泽东，也善于以美酒为媒，沟通与下属、同志与友人之间的感情。

1937年春，一天，毛泽东请以前给自己当过警卫员的吴吉清星期天去家里吃甜酒。毛泽东一听见院子里的脚步声，便走出窑洞欢迎吴吉清，贺子珍也抱着女儿李敏出来。毛泽东说："今天请你来，主要请你尝尝我做的甜酒好不好。"说着，就要吴吉清先到窑洞里坐坐。吴吉清说："先看看甜酒吧，顾不得坐了。"便径直向隔壁的伙房里走去。进了伙房，只见毛泽东做好的甜酒正在锅台上放着。吴吉清连忙帮炊事员煮饭做菜。毛泽东也亲自动手，一会儿烧火，一会儿剥葱，还不时说起在长征中闹过的那些笑话，逗得大家笑个不停。吴吉清和炊事员都说："主席，您歇一会儿吧！"毛泽东却笑着说："烧火剥葱，也算一功嘛！"饭菜做好后，毛泽东就和大家围着桌子坐了，他把甜酒满满地斟了一碗，放在吴吉清面前，然后才给自己斟酒。毛泽东说："你今天要吃得好好的，吃得饱饱的，我想你不会客气吧？"吴吉清笑着说："到主席和贺大姐这里，我不会客气的。"

1942年，为了办好《解放日报》第四版副刊，毛泽东与副刊主编舒群商量，拟定了一份征稿人名单。他亲自抄写好名单，随即由中共中央办公厅发出通知，请这些人参加毛泽东的"枣园之宴"。名单中有范文澜、邓发、徐真、冯文彬、艾思奇、陈伯达、蔡畅、董纯才、吴玉章，还有柯仲平等三位作家。宴会上，毛泽东致辞："诸公驾到，非常感谢。今在枣园摆宴，我想诸位专家、学者，必然乐于为第四版负责，当仁不让，有求必应，全力赴之，取之不尽，用之不竭……"大家边吃边谈，直到月明东升才尽兴而归。只有柯仲平一人仍埋头吃喝。毛泽东马上叫警员送来三大碗，给柯仲平、舒群和自己斟得满满的，说："喝吧，老柯、大舒，酒逢知己千杯少……"又对柯仲平说，"你带个剧团，常年奔波他乡，辛苦了。这是慰劳酒！"夜深了，舒群悄悄写了一个条子，让柯仲平别喝了，不料让毛泽东截住了，他笑着把条子撕掉，挽留二人继续喝下去，直到柯仲平喝得不能再喝才作罢。柯仲平喝多了，回去时在马上左右摇晃，一个不稳掉下马来。舒群下马去扶，两个东倒西歪没走多远，便双双卧地大睡。好梦正酣时，毛泽东带着两个警卫员找到了他们，将他们送回家。

毛泽东不胜酒力，从他为数不多的饮酒活动，特别是与民主人士交游中，不难看出他深厚的文化积淀和待人接物、性格风貌的某些侧面。

1943年，在国民党掀起第三次反共高潮期间，沈钧儒次子沈叔羊为他父亲"画以娱之"。画中画着一把酒壶，上写"茅台"二字，壶边几只杯子，并请黄炎培书题。黄炎培便在画上题了一首七绝：

> 喧传有客过茅台，酿酒池中洗脚来。
>
> 是假是真我不管，天寒且饮两三杯。

这首诗里暗含了一个故事：说的是红军长征期间四渡赤水，曾到过茅台村，当地群众送酒慰劳，但战士们舍不得喝，拿它当碘酒擦拭脚上的血泡。这件事被当时国民党的媒体歪曲渲染，就变成红军在酿酒池中洗脚了。按说，这样一幅字画，毛泽东不收也罢，而他不仅收了，还把它高高挂起来。

两年后的1945年7月1日，黄炎培等六位国民参政员，应毛泽东之邀，飞赴延安访问。第二天下午，他们应约到杨家岭访问毛泽东。在会客室，四壁挂着几幅地图，还有一轴沈叔羊画、黄炎培书题的那幅"茅台"画。当黄炎培在此时此地看到这幅画时，一股知遇之情的暖流涌遍了全身，使他完全敞开了心扉。三天中，黄炎培和毛泽东促膝长谈达十几小时，促使他一生发生了巨大转折。访问延安后，黄炎培在一个新的起点上前进了。一生拒不做官的他，在新中国成立后，出任了中央人民政府委员、政务院副总理兼轻工业部部长。当儿子问他年过七旬怎么做起官来时，他说："人民政府，是人民的政府，是自家的政府。自家的事，需要人做时，自家不应该不做，是做事，不是做官。"

1945年8月28日，毛泽东应蒋介石之邀从延安飞往重庆和平谈判。毛泽东一到重庆，即为国事奔波于三会：谈判会、茶话会、宴会。9月2日中午，毛泽东等参加了张澜以中国民主同盟的名义在"民主之家"特园举行的宴会。一进园，毛泽东就高兴地说："这是'民主之家'，我也回到家里了。"一句话说得满园生辉。作为主人之一的鲜英尽地主之谊，特意取出封存多年的家酿枣子酒，款待客人。毛泽东高兴地说："特生先生献家宝喽！我不胜此物，但今天定要领这个情，一醉方休！"毛泽东的话引起满堂欢笑声。席间，张澜引用李白《将进酒》中的诗句，举杯敬向毛泽东："会须一饮三百杯！"才思敏捷的毛泽东立即引用陶渊明的《饮酒诗》，举杯相邀道："且共欢此饮！"两人碰杯，一饮而尽。酒宴在热情洋溢、亲密无间的气氛中进行。毛泽东勉励大家道："今天我们聚会'民主之家'，今后我们共同努力，生活在'民主之国'。"接着，他反复强调"和为贵"。宴毕，特园主人拿出纪念册，请毛泽东留墨宝，毛泽东题写了"民主在望"四个字，并笑对诸公说："道路尽管曲折，前途甚是光明。"

重庆谈判结束前，蒋介石也举办了一个招待宴会。宴会上，蒋介石显得很开心。他举杯向毛泽东敬酒，但毛泽东却只是礼节性地与蒋介石碰了杯："为蒋先生长寿，干杯！"然而却仅沾沾嘴唇而已。

　　1947年，沙家店战役打响之前，毛泽东突然向卫士长李银桥要酒。李银桥知道，这是遇到劲敌了，因为毛泽东平时从不喝酒，只有在遇到困难几天几夜睡不着觉时才会借酒提神。当时的对手是何钟松、刘戡。何钟松刚受过蒋介石的嘉奖，气焰很盛。李银桥问："拿葡萄酒吗？"毛泽东摇了摇头："不，何钟松还是比葡萄酒辣一些，没那么好喝。"李银桥说："那就拿高粱白吧？"毛泽东又说："那又抬举他了，他也高不到60度，没那么难喝。就来一瓶白兰地吧！"结果，那一仗首先吃掉了何钟松的123旅，最终全歼了刘戡的整编36师。战斗结束后，毛泽东的一瓶酒只喝了三分之一。他敲了敲酒瓶，风趣地说："还是不那么英明哪，一开始就拿错了。"李银桥说："什么敌人一到主席手里，也就只落个葡萄酒的水平了！"

　　1948年3月21日，毛泽东离开陕北，前往河北的西柏坡。行前举行宴会，李志胜与毛泽东坐在同一桌上。李志胜是陕西神木县人，在毛泽东身边工作时，主要任务是抄写毛泽东的手稿，被毛泽东称为"我的小文抄公"。毛泽东宣布宴席开始后，拿起酒壶给大家斟满酒，最后才给自己满上了酒。毛泽东把酒杯举起，十分高兴地对大家说："我们明天就要胜利离开陕北这块根据地了，今天我们喝的是走向全国胜利的酒。"随之把酒杯高高举起，招呼道，"好，我们干杯！"三杯酒进肚后，李志胜脸红了，头也晕了，他真怕毛泽东再说"干杯"。这时，毛泽东突然念着他的名字朗声大笑，说："啊！原来你是我的弟弟，我是你的哥哥呀，李德胜，李志胜，不是兄弟吗？"原来，毛泽东1947年主动撤离延安转战陕北时，曾用过"李德胜"这个化名，取"离得胜"之意，如今预言已成事实。毛泽东的话，把三个桌子上的人都逗笑了。笑声一平静下来，在座的习仲勋就说："全世界数中国人能喝酒，中国人数我们陕西人能喝酒，陕西人数陕北人能喝酒，陕北人数神木人能喝酒。"周恩来接着说："李志胜也是一个'世界之最'呀！"毛泽东紧接过话头说："唐朝有一位酒仙叫李白，今天我们这里有一位酒仙叫李志胜！"引得满堂欢笑。

1954年4月，周总理到苏联去开会，会议结束后苏共中央第一书记赫鲁晓夫以及其他领导人，设宴款待周恩来，欢送他。宴会上赫鲁晓夫举杯，一口就把酒喝下去了。这种场合下，周恩来出于礼节，有敬酒就要喝干。这样一来二去，当时在宴会上，周恩来就喝醉了。

周恩来这一醉，耽误了第二天的回国计划。酒醒之后，他马上打电话向在北京的毛泽东检讨，第一句话就说："主席，我犯了一个错误，向你作检讨！"毛泽东问："犯什么错误了？"周恩来就讲在宴会上，我在外交场合出了洋相，丢了丑。毛泽东说：喝酒的人醉酒是常有的事，这不算什么错误，你不用检讨了。要是我跟他们比的话，我不比喝酒，我要跟他们比吃辣椒，看谁吃辣椒厉害。毛泽东还说：这是"以己之长，攻彼之短"。

不善饮酒的毛泽东对茅台酒却十分关心。有着"国酒"美称的茅台酒在国内外享有巨大声誉。有些人为了进行仿造，采用化学、物理、生物等几种最先进的现代化科研手段，对茅台酒乃至茅台酒生产地的水文、地理、植物、气象一一进行了全面的反复的研究，企图破译茅台酒的酿造秘方，却一无所获。20世纪50年代，在一次会议的间隙，毛泽东把当时任贵州省委书记的周林请到了自己的身边，亲切地拉着他的手问道："老周，你不是贵州仁怀人吗？你给我说说，你们的茅台酒究竟是用什么神水搞的？那么香，那么美，让那么多人神魂颠倒地在研究它？"老家距茅台镇仅有10多公里的周书记回答说："主席，哪有什么神水，就是用您长征四渡赤水的那个水搞的。"毛泽东听后爽朗一笑说："对我是不是也保密啊？""对主席哪有什么密可保。"听到这里，毛泽东高兴地说："果真如此那就太好了！既然有这么多的神水，茅台酒，为何不搞它个一万吨呢？"

在韶山毛泽东同志纪念馆的馆藏文物中，有一只普通的大玻璃缸子，缸里装的是茅台酒，重约4公斤，酒中浸泡数支高丽参。据说，这是毛泽东晚年体弱多病时工作人员特意为他泡制的。然而，毛泽东生前却从来未曾喝过，使这缸茅台酒成为珍贵文物。

3. 毛泽东与中华"国饮"

"饮茶粤海未能忘，索句渝州叶正黄。"

可以说，这是毛泽东诗词中，唯一写到"茶事"的句子。这两句诗是毛泽东在1949年4月29日创作的《七律·和柳亚子先生》的首联，回忆了与柳亚子在广州时的难忘时光。

第一次国共合作时期，毛泽东曾以共产党员身份出任国民党中央候补执委、代理宣传部长。1926年5月，毛泽东在广州出席国民党二届二中全会，与时为国民党中央监察委员的柳亚子先生相识，并同桌饮茶，纵论天下大事。会上，蒋介石提出了所谓《整理党务案》，旨在排斥共产党。毛泽东坚决反对，柳亚子支持毛泽东。这初次会晤，两人给对方都留下了深刻的印象。

毛泽东在《七律·和柳亚子先生》中委婉地批评柳亚子不要"牢骚太盛"，要"风物长宜放眼量"，暗示共产党不会忘记长期合作的老朋友的立场。写此诗后的第三天，是1949年五一国际劳动节，毛泽东到颐和园访柳亚子。在益寿堂，两人品茗论诗，谈兴甚浓。随后一同乘船游览昆明湖。舱内放着一张长桌，桌子上摆着茶水、香烟、糖果。毛泽东坐在椅子上边喝茶边吸烟，柳亚子只喝茶不吸烟。他们边欣赏着湖光山色，边亲切地交谈起来。柳亚子问道：今天胜利会这么快，毛主席用的是什么妙计。毛泽东喝了一口茶，笑着说："打仗没有什么妙计，如果说有妙计的话，那就是知己知彼，根据实际情况，作出正确的决策。还有，那就是先生说的，人民的支持是最大的妙计。"

早在1937年初，美国著名女记者、社会活动家史沫特莱到延安采访。2月初的一天傍晚，毛泽东吃过晚饭到史沫特莱住处来看望她。毛泽东进屋后，史沫特莱给他搬过一把木椅，请他在桌旁坐下。不一会儿，史沫特莱又给毛泽东端上一杯热腾腾的咖啡。毛泽东呷了一口咖啡，史沫特莱问他味道如何，他点头连连称赞："好，好！比茶叶好喝！你们美国人很懂得享受嘛！"毛泽东那浓重的湖南口音加上俏皮的话语，使史沫特莱忍不住笑起来。

毛泽东虽然说咖啡比茶叶好喝，可他一生中却很少"享受"咖啡。他情有独钟的是历史悠久的中国茶饮。

茶饮是地地道道的中国的"国饮"。我国历来对选茗、取水、备具、作料、烹茶、奉茶以及品尝方法都颇为讲究，因而逐渐形成丰富多彩、雅俗共赏的饮茶习俗和品茶技艺。

中国历史上有很长的饮茶纪录，已经无法确切地查明到底是在什么年代了，但是大致的时代是有说法的。并且很多证据显示，在世界上的很多地方饮茶的习惯确实是从中国传过去的。所以，很多人认为饮茶就是中国人首创的，世界上其他地方的饮茶习惯、种植茶叶的习惯都是直接或间接地从中国传过去的。

陆羽《茶经》云："茶之为饮，发乎神农氏，闻于鲁周公。"

早在神农时期，茶及其药用价值已被发现，古代人直接含嚼茶树鲜叶汲取茶汁而感到芬芳、清口并富有收敛性快感，久而久之，茶的含嚼成为人们的一种嗜好。

随着人类生活的进化，生嚼茶叶的习惯转变为煎服。即鲜叶洗净后，置陶罐中加水煮熟，连汤带叶服用。煎煮而成的茶，虽苦涩，然而滋味浓郁，风味与功效均胜几筹，日久，自然养成煮煎品饮的习惯，这是茶作为饮料的开端。

秦朝时，茶叶的简单加工已经开始出现。鲜叶用木棒捣成饼状茶团，再晒干或烘干以存放。饮用时，先将茶团捣碎放入壶中，注入开水并加上葱姜和橘子调味。此时茶叶不仅是日常生活之解毒药品，且成为待客之食品。另外，由于秦统一了巴蜀（我国较早传播饮茶的地区），促进了饮茶知识与风俗向东延伸。

西汉时，茶已是宫廷及官宦人家的一种高雅消遣，王褒《童约》已有"武阳买茶"的记载。

三国时期，崇茶之风进一步发展，开始注意到茶的烹煮方法。此时出现"以茶当酒"的习俗。

到了两晋、南北朝时，茶叶从原来珍贵的奢侈品逐渐"飞入寻常百姓家"，为普通饮料。

隋唐时，茶叶多加工成饼茶。饮用时，加调味品烹煮汤饮。随着茶事的兴旺，贡茶的出现加速了茶叶栽培和加工技术的发展，涌现了许多名茶，品饮之法也有较大的改进。尤其到了唐代，饮茶蔚然成风，饮茶方式有较大之进步。此时，为改善茶叶苦涩味，开始加入薄荷、盐、红枣调味。此外，已使用专门烹茶器具，论茶之专著已出现。

我国第一位著《茶经》而将茶艺弘扬光大的人，是唐朝的陆羽，后来经营茶艺的人，都供奉他为"茶神"。陆羽《茶经》三篇，备言茶事，更对茶之饮之煮有详细的论述。此时，对茶和水的选择、烹煮方式以及饮茶环境和茶的质量也越来越讲究。陆羽倡导茶文化之始，就把精神追求和价值评判贯穿于茶色之中，把饮茶作为"精行俭德"、修身养性和陶冶情操的重要途径，逐渐形成了"茶道"。由唐前之"吃茗粥"到唐时人视茶为"越众而独高"，是我国茶文化的一大飞跃。

"茶兴于唐而盛于宋"，大宋朝时，制茶方法出现改变，给饮茶方式带来深远的影响。宋初茶叶多制成团茶、饼茶，饮用时碾碎，加调味品烹煮。随着茶品的日益丰富与品茶的日益考究，逐渐重视茶叶原有的色香味，调味品逐渐减少。同时，出现了用蒸青法制成的散茶，且不断增多，茶叶生产由团饼为主趋向以散茶为主，烹饮程序逐渐简化。

明代后，由于制茶工艺的革新，团茶、饼茶已较多改为散茶，烹茶方法由原来的煎煮为主逐渐向冲泡为主发展。

明清之后，随茶类的不断增加，饮茶方式出现两大特点：一是品茶方法日臻完善而讲究。茶壶茶杯要用开水先洗涤，干布擦干，茶渣先倒掉，再斟；器皿也"以紫砂为上，盖不夺香，又无熟汤气"。二是出现了六大茶类，品饮方式也随茶类不同而有很大变化。同时，各地区由于不同风俗，开始选用不同茶类。如两广喜好红茶，福建多饮乌龙，江浙则好绿茶，北方人喜花茶或绿茶，边疆少数民族多用黑茶、茶砖。

1946年7月31日，美国著名女记者、作家斯特朗飞抵延安，采访和了解中国共产党对解决国内问题的主张。8月6日傍晚，毛泽东在他所住的杨家岭窑洞前一块平地的苹果树下，与斯特朗坐在石桌旁，边喝茶，边交谈。就是在这次谈话中，毛泽东提出了"一切反动派都是纸老虎"的著名论断。毛泽东含笑摆弄着石桌上的茶壶、茶杯作譬喻。他把茶壶放在一边代表苏联，又指着一个大茶杯说是美国反动派，而把小杯子放在大杯子周围来代表美国人民。"在美国和苏联中间隔着极其辽阔的地带，这里有欧、亚、非三洲的许多资本主义国家和殖民地、半殖民地国家。"毛泽东语气坚定地说，"我以为，美国人民和一切受到美国侵略威胁的国家的人民，应该团结起来，反对美国反动派及其在各国的走狗的进攻。只有这个斗争胜利了，第三次世界大战才可以避免，否则是不可能避免的。"说着，毛泽东把"辽阔地带"的那些小杯子和火柴盒、香烟都收起来，剩下的那个代表美国的大杯子就孤零零地留在那里，好像束手无策的样子。斯特朗后来回忆说："毛泽东直率的言谈，渊博的知识，诗意的比喻，使这次谈话成为我一生中遇到的最动人的谈话。我从来没有见过任何人的比喻像他那样尖锐，那样富有诗意。"

毛泽东不仅以茶会友，以茶入诗，而且一生嗜好喝茶。和平建设时期，毛泽东常常睡觉醒来后并不起床，湿毛巾擦过手脸就开始喝茶，一边喝茶一边看报，过一小时才起床、吃饭，然后开始一天紧张忙碌的工作。

1957年初春的一个深夜，毛泽东在中南海菊香书屋，伏案批阅文件。值夜班的卫士封耀松轻轻走过来，准备给毛泽东的茶杯里续水。正当此时，毛泽东伸出左手端起了茶水已喝完的茶杯。一看没水了，毛泽东右手放下那支红蓝铅笔，忽将三个指头插入茶杯，一抠，杯里的残茶叶就进了他的嘴巴。他顺势用手背擦了一下沾湿的嘴角，嘴咀嚼起来。这一连串的动作自然熟练，很像个老农民。封耀松看得目瞪口呆，赶紧拿起空杯出去换茶。封耀松小声报告卫士长李银桥："主席吃茶叶了，是不是嫌茶水不浓？"跟随毛泽东多年的李银桥对此似乎司空见惯，根本不当回事，说："吃茶叶怎么了？在陕北就吃。既然能提神，扔掉了不是浪费？"

吃茶叶是毛泽东的一个长期的习惯，他认为茶叶像青菜一样也有营养，全吃下去是理所当然的事。

毛泽东的吃茶叶习惯，应该在少年时代就养成了。湖南人其实很早就有了吃茶叶的习俗。近人徐苛《清稗类钞》记载说："湘人于茶，不惟饮其汁，辄并茶叶而咀嚼之。人家有客至，必烹茶，若就壶斟之以奉客，为不敬。客去，启茶碗之盖，中无所有。盖茶叶已入腹矣。"

关于吃茶叶的记载，《诗经》有"采荼薪樗，食我农夫"句，"荼"是古代的"茶"字，农夫是吃茶的。东汉壶居士《食忌》中有"苦茶久食为化，与韭同食，令人体重"的记载。古人是认为吃茶可以增加人的体重的。

唐代茶圣陆羽在《茶经》中提到"茗粥"，是将茶叶煮成粥，他引述刘琨的《与兄子南兖州刺史演书》说："傅咸司隶校曰：'闻南方有蜀妪作茶粥卖。'"可见，一般人都喜欢吃茶粥。

明代陆树声写《茶寮记》告诉人们如何做"茗粥"："茗，古不闻食。晋宋以降，吴人采叶煮之，曰茗粥。"

江南一带历来讲喝茶为"吃茶"，熟人见面总有一句"请你吃茶"，意思不是"吃"而是"喝"。寻根溯源，一开始，茶是当药的，后来作为食品，再后来才冲泡以解渴。茶膳有保健作用，现代人追求清淡、清雅，吃茶又顺应人的返璞归真的意愿。

毛泽东喝茶还有一个习惯，就是睡前喝的那杯茶不倒掉，起床后加点开水再喝。现在人们都说喝隔夜茶有害，可毛泽东不管那么多，照喝不误。

毛泽东爱喝绿茶，尤喜龙井，且要浓、要热。身边工作人员每年都要代他向杭州定购西湖龙井茶叶。

毛泽东说："杭州这个地方环境好，不嘈杂，适合工作，适合休息。"据有关部门统计，从1953年至1975年的22年间，毛泽东曾40余次来到杭州工作、休养，每次大都住在位于龙井茶区的刘庄。"西湖得天下山水之独厚，刘庄占西湖风光之灵秀。"毛泽东曾在刘庄主持起草新中国第一部宪法，撰写了《人的正确思想是从哪里来的》等许多光辉的哲学著作与重要文件。

1963年4月28日下午，毛泽东在刘庄散步，看到警卫战士正忙着采摘茶叶，他也兴致勃勃地采起茶叶来。第二天，警卫处将毛泽东亲手采摘的茶叶加工成龙井茶送他品尝，他抓了一把仔细地欣赏，又闻闻香气，然后送进嘴里咀嚼起来，满怀深情地说："虎跑水泡龙井茶，天下一绝！"

据毛泽东身边的工作人员回忆：毛泽东每月喝掉三四斤茶叶是常事，这些都从他的工资中开支。毛泽东外出开会视察时也是自带茶叶，喝过地方上提供的茶叶后一般都会付钱。

广西桂平的西山为南国名山，出产名茶——西山茶。西山茶，始于唐代，到明清已享有盛誉，名闻遐迩。然而，西山茶到了民国后期却衰败落伍了。1949年，释宽能法师应巨赞法师之邀从广东曲江南华寺来到西山洗石庵任住持的时候，西山茶的年产量只有17斤，一级好茶不足3斤。尔后，在释宽能法师和弟子的努力下，西山茶枯木逢春，又繁盛起来。到了1954年，释宽能法师和众尼姑，为了表达对共产党和毛主席的感激之情，把收获到的一些茶叶精选了2斤，寄给了毛泽东。毛泽东收到茶叶后，立即委托中共中央办公厅秘书室写去了一封热情洋溢的鼓励信，信中说："你们在茶叶生产上获得显著成绩，这是很好的。希望你们今后继续努力，不断地提高产量和质量，以供应人民生活的需要。"第二年夏天，释宽能法师又给毛泽东寄去了2斤茶叶，可是毛泽东却不再接受了，他嘱咐秘书室打价寄回茶叶款，并写信传达了毛泽东的指示："最近，中央已作出决定：国家机关工作人员不准接受礼物。这次寄来的茶叶作价寄回……"

到了晚年，毛泽东依然喜茶。为了保证他每日能吸收到充分的营养，工作人员开始在茶水中掺兑葡萄糖、柠檬汁。毛泽东起初对此并不习惯，后来多喝几次便习以为常了，这一习惯他一直保持到临终之际。

毛泽东享年83岁，他的健康长寿可能与良好的饮茶习惯有关。毛泽东是把茶当做"药"来看待的，他曾对保健医生徐涛说："我的生活里有四味药：吃饭、睡觉、喝茶、大小便。能吃、能睡、能喝、大小便顺畅，比什么别的药都好。"他还引经据典，"茶可以益思、明目、少卧、轻身，这些可是药学祖师爷李时珍说的。"

毛泽东一生中留下了许多博大精深的理论文章和气势磅礴的诗词，他的许多独到见解和写作灵感，正是来自于他那细细地品茶而又豪放地吃茶之间。

4. 毛泽东与传统庆寿文化

中国从古代就希望老年人能够"寿比南山"，庆寿文化在中华大地源远流长。

"老吾老，以及人之老"，中华民族有尊老爱幼的传统美德。中国的儒家文化特别提倡孝道，孔子认为孝是做人的根本，中国古代提倡"百善孝为先"。

寿，是生命在时间上的概念，是生命长久之称。根据人体新陈代谢的规律，六十岁以上才可称为"寿"。

自古以来，六十岁以上的人都可以"做寿"，也称之为"庆寿"、"祝寿"。庆寿是中华孝道的体现，是尊老敬贤的美德的体现，也是对晚辈的一种教育。

毛泽东熟悉中国的祝寿文化，但是他反对别人为他做寿，他自己也不做寿，为全党树立了一个不慕虚荣、不讲排场、朴素务实的好风气。然而，这不是说，他反对给别人做寿；相反，他却常记得别人的生日，祝贺别人的生日。从独具特色的祝寿方式中，我们可以领略作为领袖人物的毛泽东，对师长、对革命老人、对亲属、对民主人士的款款深情。

在延安时期，每逢"延安五老"徐特立、吴玉章、董必武、林伯渠和谢觉哉过生日，毛泽东都必定去参加他们的生日宴会。

1937年1月13日，是毛泽东的湖南一师时的老师徐特立的60寿辰。这天，毛泽东特地写信向徐特立祝寿，他饱含深情地说：

"你是我二十年前的先生，你现在仍然是我的先生，你将来必定还是我的先生。"

这几句话曾广泛传诵。

1940月1月15日，在吴玉章60寿辰之际，毛泽东在延安为他庆贺，并致热情的祝词。其中的几句话，后来也流传甚广，成为家喻户晓的名言：

"一个人做点好事并不难，难的是一辈子做好事……"

在延安，至今流传着毛泽东给24位老人祝寿的美谈。

1943年，毛泽东从杨家岭迁到枣园。农历正月十四日下午，毛泽东外出散步时遇到几位老人，便亲切地同他们交谈了起来。毛泽东问老人们年龄多大，身体好不好，生活怎么样。老人们告诉毛泽东，他们的年龄都在60岁以上，枣园村有24个这样年纪的老人，其中有两人还是同年、同月、同日出生，生日就是正月十五日。

毛泽东高兴地笑着说："你们年逾花甲，德高望重，应该给你们祝寿！"有个老人叹了口气说："唉！咱们这号老百姓过生日，还贺个啥寿呢！"毛泽东笑了，说："如今穷人翻了身，生产又搞得好，真是人寿年丰，应该庆贺。明天是元宵节，我给你们祝寿，请大家都来，千万不要客气。"

第二天下午，毛泽东派人把枣园的24位老人都请到中央书记处小礼堂，招待大家吃寿饭。周恩来、朱德等中央领导都来了。大家喝着本地产的白酒，跳起了秧歌舞，气氛欢快而热烈。毛泽东为老人们敬酒，祝老人们延年益寿，老当益壮。饭后，又专门给老人们放映了一场《列宁在十月》的电影。直到深夜，老人们才依依不舍地同毛泽东告别。临走时，毛泽东又亲手一一送给每位老人一条毛巾、一块肥皂，作为祝寿的礼物。

1946月11月30日，是朱德总司令的60大寿。虽然延安面临着国民党飞机轰炸的危险，中央还是照常举行了祝寿大会。为朱德60岁做寿是毛泽东的提议，并经中央书记处讨论和举手表决通过的。边区人民为他老人家举办了隆重而热烈的庆祝活动，延安全城悬旗三天，各界纷纷举行祝寿活动。《解放日报》接连几日以整版篇幅刊登贺词贺电及报道祝寿活动盛况。当天，毛泽东的题词是"人民的光荣"。刘少奇的题词是"朱总司令万岁"。周恩来的祝词独具特色，满怀激情，他写道："亲爱的总司令，朱德同志：你的六十大寿，是全党的喜事，是中国人民的光荣。全党中，你首先同毛泽东同志合作，创造了中国人民的军队，建立了人民革命的根据地，为中国革命写下了新的纪录。在毛泽东同志旗帜之下，你不愧为他的亲密战友，你称得起人民领袖之一。你的革命历史，已成为二十世纪中国革命的里程碑。"

最能显示毛泽东的孝心和敬老精神的是杨开慧牺牲后，毛泽东一直记挂着杨开慧之母向振熙老人（杨老太太）的寿辰，并两次向她祝寿。

　　1949年8月，长沙和平解放后，杨开慧的哥哥杨开智将杨老太太健在的消息电告毛泽东，毛泽东欣慰不已，当即回电致贺。9月，王稼祥的夫人朱仲丽准备回湘省亲，毛泽东获知后，即托她给杨老太太捎去一件皮袄，以抵御风寒。

　　1950年是杨老太太80大寿。4月，毛泽东派长子毛岸英回湖南给外婆拜寿，并捎去两棵人参，让老太太滋养身体。毛岸英临行前，毛泽东还给杨老太太写了一封祝寿信，全文如下：

　　向老太太尊鉴：

　　　　欣逢老太太八十大寿，因令小儿岸英回湘致敬，并奉人参、鹿茸、衣料等微物以表祝贺之忱，尚祈笑纳为幸。

　　　　敬颂康吉！

毛泽东

江青

一九五〇年四月十三日

　　向振熙老人读了这封祝寿信后，心里获得很大的安慰。

　　值得注意的是，这封贺信是毛泽东和江青共同署名的，并且"江青"二字是毛泽东亲笔写上的。

　　1960年，杨老太太90大寿时，毛泽东于4月25日给杨开慧的堂妹杨开英写了一封信，并寄去寿礼，以慰老人。信是这样写的：

　　开英同志：

　　　　杨老太太今年九十寿辰，无以为敬，寄上二百元钱，烦为转致。或买礼物送去，或直将二百元寄去，由你决定。劳神为谢！

　　　　顺致问候！

毛泽东对民主人士一直都非常尊重，也通过祝寿的方式，表达关爱之情。

1951年阴历五月初五这一天，是国民党起义将领、时任水利部部长傅作义的生日。毛泽东特意派薄一波把傅作义请来吃饭。吃饭时，毛泽东与他开怀畅饮，谈笑风生。饭后，傅作义感慨地说："毛泽东真细心，真伟大！令人钦佩之至。"

毛泽东的诞辰，据《韶山四修族谱》卷十五记载："清光绪十九年癸巳十一月十九辰时生。"即1893年农历十一月十九日生。毛泽东身边的工作人员叶子龙等人，从历书上查对，将公历和农历对照，核定毛泽东的生日为公历12月26日。毛泽东曾风趣地说："哦，我的那碗面条，此后不在阴历十一月十九日吃，改在阳历12月26日吃。"

毛泽东享受83岁，可谓是长寿之人。以毛泽东在国内外、党内外的资历、地位和影响力，绝对是德高望重，人们有理由为他祝寿。但作为党的领袖，毛泽东生前曾明确要求，不要给自己做寿。

1943年3月20日，中共中央在延安召开政治局会议，选举毛泽东为中央政治局主席、中央书记处主席，对书记处会议所讨论的问题，有最后决定权。4月初，中共中央宣传部部长何凯丰制定了一个"三宣传"计划，即宣传领袖毛泽东、宣传毛泽东的思想、宣传毛泽东的体系。这一年，正逢毛泽东迎来50大寿，党内一些同志酝酿为他祝寿。何凯丰提出要借毛泽东50寿辰之际，来宣传毛泽东的思想。4月22日，毛泽东复信何凯丰，明确指出：

> 生日决定不做。做生的太多了，会生出不良影响。目前是内外困难的时候，时机也不好。我的思想（马列）自觉没有成熟，还是学习时候，不是鼓吹时候；要鼓吹只宜以某些片断去鼓吹（例如整风文件中的几件），不宜当作体系去鼓吹，因我的体系还没有成熟。

当时担任中央书记处三人成员之一的任弼时，也曾郑重地向毛泽东早年的同学萧三嘱咐："写一本毛泽东传，以庆祝他的50大寿。"负责中央宣传部工作的胡乔木也极力帮助萧三集中精力写好毛泽东传记，免除了他的一些工作，希望萧三在毛泽东50寿辰到来之际完成。但是毛泽东反对为他祝寿，更反对为他立传，他主张活着的人都不写传，因而萧三写的《毛泽东的初期革命活动》，拖到1944年7月1日和2日才在《解放日报》副刊上发表。在毛泽东的坚持下，党中央和边区各界都没有给毛泽东祝寿。

1947年12月25日至28日，中共中央在陕北米脂县杨家沟召开扩大会议。会议第二天——12月26日，正是毛泽东54岁生日。参加会议的中央委员和各地方、军队的高级干部对毛泽东说："我们赶上吃你的寿面了。"

毛泽东风趣地说："寿面并不能使人长寿啊！吃不吃无所谓哟。"

大家又举出一些理由："沙家店战役胜利结束了，全国进入反攻阶段，应该庆祝这一胜利，顺便为你祝寿。"

毛泽东谢绝了大家为他祝寿的建议。当时在毛泽东身边工作的阎长林回忆，毛泽东举出三条理由：一是战争期间，许多同志为革命流血牺牲，应该纪念的是他们，为一个人"祝寿"，太不合理；二是群众和部队还缺粮食吃，我们不能忘掉群众疾苦；三是才五十多岁，大有活头。

那天晚上，贺龙带来了晋绥评剧团在杨家沟演戏。为让周围各村农民看好戏，毛泽东要求将戏台搭在村中心的平地上。毛泽东让卫士给他搬来个小凳，悄悄地坐在人群后边，看起戏来。戏散后，周恩来对毛泽东说："你的生日就这么过了？"毛泽东爽朗地答道："这么过不是很有意义嘛！"

建国后，生活稳定了，条件变好了，但毛泽东也很少做寿。

1953年12月26日，是毛泽东的"花甲"大寿。党中央收到世界各国马列主义政党、友好团体和人士发来的贺电、贺信，热烈祝贺毛泽东60大寿。毛泽东决定，对于这些贺电、贺信，一律不准公开发表。可是，毛泽东身边的工作人员抑制不住对主席的敬仰之情，想给他祝寿。这天，中央办公厅警卫科长申虎成很早就来到值班室，他走到毛泽东床前，把大家的心意报告给他，并祝他健康长寿。毛泽东听后微笑着点点头说："谢谢同志们。"稍停，又对申虎成说，"你去备点酒，让老廖师傅做4个菜，一个汤，请大家一起吃顿饭。"毛泽东还特别叮嘱说，别忘了告诉烧锅炉的工人和秘书同志们，请他们一起来。

这次简朴的"寿宴"只有毛泽东身边的工作人员参加，没有他的亲属。当天毛泽东就起程赴杭州，晚上住在西湖边上的刘庄。

毛泽东住下后，江青找到负责接待的浙江省公安厅副厅长王芳说，主席不愿意人家向他祝寿，但我们得有个表示。1954年元旦快到了，是否请浙江省委以庆祝元旦的名义，请主席吃饭，并以此向主席表示祝寿。但不要说"祝寿"、"长寿"什么的，意到话不到，免得主席不高兴。浙江省委立即去筹备。12月30日晚，毛泽东高兴地赴宴。餐桌上除了酒菜外，还摆放了花生、红枣和面条；意为庆祝华诞。席间气氛热烈愉快，大家轮流向毛泽东敬酒，他高兴地一一回敬。毛泽东平时很少喝酒，那晚却喝了不少。酒宴最后，毛泽东面前还有4杯斟满的茅台酒没有喝光，他就冲王芳说："你喝了吧，别浪费。"王芳遵命，一扫而光。

庆祝生辰各地方的风俗也不一。自明清以来，按北京的风俗习惯，有"庆九"、"庆十"之分，即男不庆九，女不庆十。给男人庆寿用"十"的整数，每十岁为"一秩"也叫"一旬"。给女人庆寿则提前一年，如五十岁生日在四十九岁时庆祝，称为"四秩晋九"。在江南一带则流行做寿庆"九"不庆"十"的风俗。所谓"庆九不庆十"是说做寿不逢十，要提前一年逢九做，此习俗据传与《三国演义》六十九回里的"赵颜借寿"的故事有关。赵颜寿数本应十九岁，神卜管辂占卜以后，为其出谋借寿，主管生命的南斗星君在赵颜的生死簿上"十九"之前加了个九字，竟让他活到九十九岁。也有说法是"做九不做十"是因为"九"与"久"同音，有长久之意，十则"十全为满，满则招损"。

但作为彻底的唯物主义革命家的毛泽东似乎很不在意民间的那些说法。1963年12月26日，是毛泽东70岁大寿。古云"人活七十古来稀"，加上此时全国经济形势明显好转，中苏论战初获胜利，毛泽东心中充满喜悦。他主动提出，自己出钱办酒席，设家宴请大家，一起过这个生日。

宴席设在颐年堂，时间定在12月26日晚上。对于吃什么菜，喝什么酒，请什么人参加，设几桌菜等，毛泽东都作了具体交代。从12月25日下午开始，毛泽东的生活管理员顾作良就与厨师们一起，讨论制定菜谱。他们决定不搞什么山珍海味，也不上什么名贵酒水，准备一些毛泽东平时爱吃的普通菜肴，再增加几道有祝寿意义的菜，做一桌既普通又有庆祝意义的宴席。他们把这个方案报上去，得到了毛泽东的批准。12月26日晚7时，宴会正式开始。厅内灯光明亮，洋溢着喜庆气氛。毛泽东与身边的工作人员同席，他的亲属们坐另一桌。大家推杯换盏，欢声笑语，同祝毛泽东健康长寿。毛泽东站起来笑着举杯答道："谢谢，大家健康长寿！"然后喝下一口酒，大家鼓掌庆贺。

庆寿家宴结束后，毛泽东提出要与每个人照相留念。这天晚上，毛泽东没有讲更多政治性的话，但始终微笑，流露出少有的轻松愉快。人们也没有说许多祝寿词，但从心底真诚地祝他健康长寿。

寿面是中国人过生日必备的吉祥物，它既是供品也是礼品。在风俗习惯上，人的生日必须吃面条，称之为"挑寿"。庆寿用的面条越长越好，寓意"长寿"；吃时要高高挑起，寓意"高寿"。过去的寿面是一种细切面，盘成底粗上尖的塔形，顶上盘成桃形，喷上红色，放于一高座的红漆铁盘里，罩以红色剪纸，成一"网套"状。一般"庆寿"正日中午这顿饭或寿宴上一定要吃寿面。每逢毛泽东生日，厨师都要精心地为他做寿面，毛泽东也很乐意吃寿面。但毛泽东最后的一个生日，据他身边的工作人员回忆，做寿面时，发生了一件不可思议的事。

1975年12月26日，是毛泽东82岁生日，也是他最后一个生日。这天，毛泽东特地请来了以前在自己身边工作过的几位同志。一早，毛泽东的女儿李敏、李讷和护士长吴旭君、秘书张玉凤等人也来到中南海游泳池，毛泽东的居室不时传出欢笑声。

这次生日，餐桌上也很简单，只是比平时多了几样菜。负责毛泽东生活事务的吴连登给田树滨师傅打电话的时候，田师傅正在电话机边守着。田树滨是中南海的面点师傅，面食点心做得特别好。毛泽东生日的长寿面，每次都是他擀的。田师傅接起电话说："哟，你现在才来电话，今天是主席生日，我一直守在电话旁边哩。"吴连登说："你过来吧。"田师傅拿上厨具来到毛泽东的厨房。没多久，毛泽东说要吃饭。田师傅把面条下入沸滚的锅里，但想不到的事情发生了：面条全碎了，一节一节的，没有一根是整的。这一幕惊呆了毛泽东厨房的庞师傅、于师傅和吴连登。田师傅流着泪说："不得了了！从来没有这样的事，我这辈子从来没有做过这样的面条。"吴连登也感到十分意外，他暗想：面条碎在锅里，这是天意，还是巧合？

毛泽东吃饭的时间短，菜又不多，只等着吃寿面。再擀面条肯定来不及了，吴连登当即决定：煮挂面。几十年后吴连登说："主席临终也不知道这件事，他哪里知道这最后一碗长寿面不是手擀面，而是挂面。但他吃得还是很香。"这顿生日饭，毛泽东还喝了胖头鱼汤，他高兴地说："胖头鱼汤好香噢！"吃的时候，他坚持自己用勺舀汤喝，不让别人帮忙。

毛泽东的这个生日，金日成送来了朝鲜的大苹果表示祝贺。这些苹果，装在竹制的圆形果篮里，篮子的把上缀着两个红色缎带，上面有金日成用朝鲜文亲笔写的"祝毛泽东主席长寿"几个字。毛泽东见了老朋友送的礼物，自然高兴。他拿出一个又红又大的苹果，端详片刻，然后对身边的人员说："这苹果，留下两个，其他的你们分着吃吧。"在分享中，毛泽东过了他人生中最后一个生日。

5. 毛泽东与"国戏"麻将

在漫长的革命生涯中，毛泽东在紧张繁忙的工作之余，也常常忙里偷闲，听听京剧、游游泳、打打乒乓球、跳跳舞。鲜为人知的是毛泽东也爱打麻将牌。在毛泽东的遗物中就有两副麻将牌：一副为牛骨质地，橙色，装在有金属搭扣的棕色牛皮箱中；另一副为塑料质地，呈淡绿色，装在带拉链的棕色牛皮箱中。

在延安期间，毛泽东曾说过："中国对世界有三大贡献，第一是中医，第二是曹雪芹的《红楼梦》，第三是麻将牌。""不要看轻了麻将……你要是会打麻将，就可以更了解偶然性与必然性的关系。麻将牌里有哲学哩。"

麻将起源于中国，可以说是一项很古老的"国粹"。国学大师胡适先生，就认为麻将是中国的"国戏"。

麻将最早属皇家和王公贵族的游戏，其历史可追溯到三四千年以前。在长期的历史演变过程中，麻将逐步从宫廷流传到民间。

麻将牌（又称麻雀牌）是由明末盛行的马吊牌、纸牌发展、演变而来的。而马吊牌、纸牌等娱乐游戏，又都与我国历史上最古老的娱乐游戏——博戏有着"血缘"关系。现在流行的棋、牌等博弈戏娱，无不是在博戏的基础上发展、派生、演变而来的。

据《史记》和其他有关文字的记载，博戏的产生至少在殷纣王之前。我国最早的博戏叫"六博"，有六支箸和十二颗棋子。箸是一种长形的竹制品，相当于今天打麻将牌时所用的骰子。

相传到明朝时，名为万饼条（或"万秉章"）的人在"叶子格戏"的基础上创造麻将，以自己名字"万、饼、条"作为三种基础花色。

另据有关资料记载，在江苏太仓县曾有皇家的大粮仓，常年囤积稻谷，以供"南粮北调"。粮多自然雀患频生，每年因雀患而损失了不少粮食。管理粮仓的官吏为了奖励捕雀护粮者，便以竹制的筹牌记捕雀数目，凭此发放酬金，这就是太仓的"护粮牌"。这种筹牌上刻着各种符号和数字，既可观赏，又可游戏，也可作兑取奖金的凭证。这种护粮牌，其玩法、符号和称谓术语无不与捕麻雀有关。

例如，"筒"的图案就是火药枪的横截面，"筒"即是枪筒，几筒则表示几支火药枪。"索"即"束"，是用细束绳串起来的雀鸟，所以"一索"的图案以鸟代表，几索就是几束鸟，奖金则是按鸟的多少计算的。"万"即是赏钱的单位，几万就是赏钱的数目。"东南西北"为风向，故称"风"，火药枪射麻雀应考虑风向。"中、白、发"："中"即射中之意，故为红色；"白"即白板，放空炮；"发"即发放赏金，领赏发财。

麻将玩法的术语也与捕雀护粮有关。如"碰"即"嘭"的枪声。又如成牌叫"和"（音胡），"和""鹘"谐音，"鹘"是一种捕雀的鹰。除此还有"吃"、"杠"等术语也与捕麻雀有关。那么为何又叫"麻将"呢？太仓方言称"麻雀"为"麻将"，"打麻雀"自然也就叫成"打麻将"了。

还有一种说法，麻将是郑和在下西洋途中发明的。

明朝郑和下西洋时，船上没有什么娱乐用的设备，船上的将士只能以投掷骰子赌博作为消遣。但是在长久的航海中，将士们厌倦了，思家心切，甚至有试图谋反的。为了稳定军心，郑和以纸牌、牙牌、牌九等为基础，以一百多块小木片为牌子，以舰队编制，分别刻了一到九"条"。又以船上装淡水桶的数量，分别刻了一到九"桶"（筒）。又根据风向，刻了"东西南北"四个风向。又以吸引人的金钱刻了一到九"万"。又以"大中华耀兵异域"的口号，刻了红色的"中"。然后根据一年四季，刻了四个花牌。最后有一块牌不知道刻什么好，就不刻任何东西，这个就是"白板"。

第一次玩的时候是郑和、副帅、大将军、郑和的夫人（明朝太监也可以娶妻）四个人一起玩。确定了游戏规则后，全船开始都玩此游戏。船上有一个姓"麻"的将军，玩这个游戏得心应手，于是郑和给这个游戏命名"麻大将军牌"，即后人说的"麻将牌"。

上述不过是一些有趣的传说罢了。通观世界娱器及娱乐方式的诞生，皆在娱乐中完善起来，一次设计成型提交公众娱乐的东西，难有生命力。麻将牌的发明和完善，很显然是经过很多人的长期探索和改进，最终定型的。

小小的麻将牌，蕴涵着丰富的智慧，它是棋与牌结合的产物，将古代的钱（筒子或饼）、栓钱之索（条索）和数字单位（万）分解成三种牌，又加上东南西北风中发白和绘牌春夏秋冬，通常是144张牌，在与同桌斗智中将其按牌规组合出无数变化，是玩牌者莫大乐趣，也是麻将牌经久不衰之原因。

20世纪20年代，麻将牌盛行亚洲，又流行欧美。中国成麻将牌出口大国，出口麻将牌上刻有阿拉伯数字和英文字母。随之，叙述麻将打法的书籍、研究麻将打法的杂志十分流行。日本有专门研究麻将的团体，有麻将俱乐部和定期举办全国及世界麻将大赛。在西方，麻将牌也是具有东方情趣的古董，被玩家和收藏家装进雕刻精致的盒子里珍藏。

毛泽东是从什么时候接触麻将牌的，当然无从可考。但据有关的回忆，毛泽东在延安时就玩过麻将。

在延安时期，保健医生们为了调节毛泽东紧张的心身，经常动员他打打麻将牌。

1936年，美国医学博士马海德经宋庆龄介绍，与美国著名记者埃德加·斯诺一起，到中国共产党和中国工农红军最高指挥部的临时驻地——陕北保安访问。访问结束后，他便自愿留下来参加了中国工农红军。1937年随中国共产党迁至陕北延安。中国工农红军改编为八路军后，马海德担任八路军总卫生部的顾问，兼任毛泽东的保健医生。

毛泽东为革命事业日夜操劳，加上延安生活条件艰苦，马海德担心毛泽东长期这样，身体会吃不消，就经常拉毛泽东打麻将，让他放松一下身心。可是，毛泽东打麻将也像指挥战斗一样全神贯注，马海德就不断地想办法分散他的注意力。后来，马海德发现毛泽东最不喜欢"十三不靠"。因为这是一种很怪的打法，特点是全靠自己起牌，只有和牌时可以用别人打出来的牌来和。为了凑这个"不靠"，打牌的人常常手里捏着别人需要的牌久久不放。毛泽东说这种打法既没有学问，又有很大的破坏作用。可马海德偏偏总爱打"十三不靠"。有一次，马海德捏着毛泽东要和的牌不放，这一把被别人和了。毛泽东嗔怪道："都是老马打'十三不靠'闹的，你就不能打别的牌吗？以后我们打牌取消'十三不靠'。"马海德调皮地说："取消'十三不靠'，我就不跟你们玩了。"两个人像孩子似的争个不休，最后还是毛泽东让步了，他无可奈何地说："好，好，就打你的'十三不靠'吧！真是怪人打怪牌。"打牌结束后，毛泽东轻松地伸伸胳膊。马海德说："怎么样？主席，争争吵吵，比干打八圈开心多了吧！"毛泽东恍然大悟，笑道："亏你老马想得出来。"

毛泽东在延安的窑洞里，埋头写文章、批文件，坐的时间一长竟患上了慢性肩关节炎，多时没有治好，就是因为他的手臂活动太少，影响了功能的恢复。为这件事，医务人员动了不少脑筋，各自出了不少主意，想促使毛泽东多活动。一天，领受了"任务"的毛泽东的保健医生朱仲丽走进毛泽东的办公室，这时他已伏案工作了很长时间。毛泽东似乎已知道朱仲丽的来意，不等她开口，便抢先说："我猜猜看，你是来陪我打麻将的吧？"朱仲丽笑呵呵地说："是呀，这是为了使您活动活动肩臂关节。"毛泽东很不情愿地说："又来做好事了。不过，打麻将是很浪费时间的咧！"但朱仲丽仍然苦苦劝说，一副不达目的不罢休的样子。毛泽东推不过，只好同意了，有些无可奈何地说："唉，你们的嘴就是厉害。好嘛，医院开来处方一个，打麻将四圈，目的是帮助肩关节的功能恢复。"窑洞里，顿时响起了一片笑声，杂夹着哗哗啦啦洗牌的声音。

打起麻将来，四个人也要争个输赢。朱仲丽"慷慨仗义"，常常故意出一张好牌给毛泽东，他笑呵呵地连和了两盘，面前的筹码棍子红红绿绿地叠了一大摊。他笑着说："如果是开赌场，只要朱仲丽坐在我的上家，我敢下注几万元，必成大富翁。"他接着转向朱仲丽，笑道，"你这位同志是不是在收买我，给我金钱炮弹，叫我当资本家？"朱仲丽连连说："不，我不善于打麻将，所以不会扣下家的牌。"毛泽东取笑她："你要是在赌场里打牌，恐怕连裤子也要送进当铺！"他的话惹得大家哈哈大笑。同往常一样，在打过一阵麻将之后，毛泽东说："好啦，今天又听了你们的话，搬了花砖，摸进一块又打出一块，运动了肩胛关节，服从了医生的命令，到此为止吧！"说完，便起身走到办公桌前坐下，继续工作。

毛泽东还曾巧妙地借助麻将术语做"统战"工作。1949年4月，国民党和共产党在北京举行和平谈判，双方代表团经过半个月的谈判达成《国内和平协定》之后，毛泽东分别会见了参加和谈的国民党代表。4月中旬的一天，曾任国民党军令部次长、国防部参谋次长的刘斐接到了毛泽东的邀约。想到要去见共产党的领袖，刘斐心中忐忑不安。见面后，毛泽东与刘斐聊起了家常，他问："刘先生，你是湖南人？""我是醴陵人。和主席邻县，是老乡。"毛泽东高兴地说："啊，老乡见老乡，两眼泪汪汪哩！"听着这亲切的湖南乡音，刘斐的紧张心情缓和了许多。当时刘斐不得不考虑自己的归宿，回南京？还是留北京？这使他的思想斗争激烈得难以承受，对前途感到茫然无着。毛泽东留刘斐一起吃饭，边吃边谈，刘斐也感到食不甘味。当谈到个人爱好时，刘斐趁机把心中的疑虑用谈笑的方式说给毛泽东，他试探着问："您会打麻将吗？"毛泽东随口答道："晓得些，晓得些。"刘斐接着问："您爱打清一色呢，还是喜欢打平和？"毛泽东顿时明白了他提出这个问题的用意，笑得差点把饭喷出来，立即回答道："平和，平和，只要和了就行了。"一语双关，点破迷津，刘斐会心地笑了。

毛泽东那寓意深远的回答不仅使刘斐倍加叹服，顾虑皆释，而且也坚定了他选择新道路、向共产党靠拢的决心，于是，他立刻说道："平和好，那么还有我一份。"

国共和谈破裂后，刘斐不再返南京，在香港发表声明，接受中共领导。新中国成立后，刘斐历任中央人民政府人民革命军事委员会委员、中南军政委员会委员兼水利部部长、体育运动委员会主任、全国政协副主席及民革中央副主席等。刘斐感慨地说："是毛主席为我指明了为人民服务的方向和道路。毛主席是我革命的良师！"

在打麻将时，毛泽东也常会借题发挥，揭示出一些引人深思的哲理。

有一次，毛泽东和叶剑英等人打麻将。开始时，毛泽东幽默地说："咱们今天'搬砖头'喽！"大家以为他只是随口说笑而已，谁知他又连说了几遍"搬砖头喽"、"搬砖头喽"！毛泽东察觉到在座的人不理解，就解释说："打麻将好比面对着这么一堆'砖头'。这堆'砖头'好比一项艰巨的工作。对这项艰巨的工作，不仅要用气力一次次、一摞摞地把它搬完，还要开动脑筋，发挥智慧，施展才干，就像调兵遣将，进攻敌人一样，灵活运用这一块块'砖头'，使它们各得其所，充分发挥作用。你们说，对不对？"大家这才明白他说"搬砖头"的含义，都笑了起来。

毛泽东兴致盎然地接着说："打麻将这里有辩证法，有人一看手中的'点数'不好，就摇头叹气，这种态度，我看不可取。世界上一切事物都不是一成不变的。打麻将也是一样。就是最坏的'点数'，只要统筹调配，安排使用得当，会以劣代优，以弱胜强。相反，胸无全局，调配失利，再好的点数拿在手里，也会转胜为败。最好的也会变成最坏的，最坏的也会变成最好的，事在人为！"

还有一次，毛泽东把麻将同反封建迷信联系起来，他说：麻将和神一样，都是人做的，目的都有用，不过用处不同。人们打麻将是为了消遣和娱乐，而神则不同。人们创造神是为了征服自然，主宰世界，借他来实现自己的理想。人们创造的龙王就是为了让它上天行好事，四方呈吉祥。

睿智的毛泽东善于独立思考，善于对世间事物进行对比分析，常常能从像打麻将这样平凡的事情中悟出许多深刻哲理来，充分显示了他那高深的哲学思维和敏锐的眼光，折射出他那迥乎寻常的伟人魅力和风采。

第十章

毛泽东评价国学大师

　　广大的知识分子虽然已经有了进步，但是不应当因此自满。为了充分适应新社会的需要，为了同工人农民团结一致，知识分子必须继续改造自己，逐步地抛弃资产阶级的世界观而树立无产阶级的、共产主义的世界观。

　　　　　　　——《毛泽东文集》第七卷，人民出版社1999年版，第225页

1. 毛泽东评梁启超

　　近年来，在热播全国的红色经典青春励志电视剧《恰同学少年》中，有这样振奋人心的一幕：青年毛泽东大声背诵梁启超的《少年中国说》，然后不断有他的同学加入到背诵的行列，最后一群热血沸腾的青年大声齐诵《少年中国说》。这感人的场面，折射了梁启超对包括毛泽东在内的那一代青少年的巨大影响。

　　青年毛泽东说："梁固早慧。"

梁启超，1873年2月23日生于广东新会，字卓如，一字任甫，号任公，别署饮冰子、饮冰室主人、哀时客、中国之新民等。

1915年6月25日，毛泽东在致同学湘生的信中，评价梁启超说："梁固早慧，观其自述，亦是先业词章，后治各科。"

梁启超确实"早慧"，是一个聪明绝顶的少年天才：四五岁就读完了《四书》《诗经》；6岁在父亲教导下，五经卒业；除经学外，还读《史记》《汉书》《纲鉴易知录》《古文辞类纂》等；9岁，能做千言的文章；12岁，便中秀才。

中秀才后，梁家更是对他寄予厚望，送他到广州深造。15岁时，梁启超进入当时广东省最高学府学海堂学习。

17岁时，梁启超结识了康有为，二人见面之后，聊了好几个时辰。梁启超后来追忆这段往事时说，康有为以"大海潮音，作狮子吼"（佛家语），当头棒喝之后，使他一时不知所措，以前所学的不过是应付科举考试的敲门砖而已，根本不是什么学问。于是退出学海堂，拜康有为为师。从此，在康有为的引导下，梁启超尽舍训诂之学，接受康有为的维新变法思想与政治主张，逐渐成长为康有为的左膀右臂，史称"康梁"。

1895年春，梁启超赴京会试，协助康有为，发动了在京应试举人联名请愿的"公车上书"运动。维新运动期间，梁启超表现活跃，曾主北京《万国公报》（后改名《中外纪闻》）和上海《时务报》笔政，又赴澳门筹办《知新报》。他的许多政论在当时产生很大的影响。

1897年，梁启超任长沙时务学堂总教习，在湖南宣传变法思想。1898年，回京参加"百日维新"。7月，受光绪帝召见，奉命进呈所著《变法通议》，赏六品衔，负责办理京师大学堂译书局事务。

戊戌变法之前，梁启超的主要见解皆来自于康有为，梁启超用他那充满感情的笔触，阐发康有为杂乱、高深的思想，从而使"君主立宪"深入人心。

青年毛泽东对梁启超的崇拜和效仿

1910年秋，毛泽东走出闭塞的韶山冲，到五十华里之外去上学。那学堂就是湘乡县立东山高等小学堂。

1936年，毛泽东同斯诺谈起过当年的情形说：

"我在这个学校很有进步。老师们都喜欢我，尤其是那些教经书的老师，因为我写得一手好古文。但是我对读经书不感兴趣，当时我正在读表兄送给我的两种书刊，讲的是康有为的维新运动。其中一本叫做《新民丛报》，是梁启超主编的。这些书刊我读了又读，直到可以背出来。我那时崇拜康有为和梁启超。"

风靡一时的《新民丛报》，是梁启超在日本创办的。

1898年的戊戌政变，谭嗣同等"戊戌六君子"喋血遇难，康有为、梁启超亡命日本。痛定思痛，梁启超认为，中国当时的贫弱落后、受列强欺凌，不只是因为有"最腐败之政府"，更因为有"最散弱之国民"，而后者为更重要、更深层次上的原因。于是他决心致力于思想启蒙工作，以提高国民的素质。

1898年12月，梁启超在日本横滨创刊《清议报》，以"倡民权"、"衍哲理"、"明朝局"、"厉国耻"为宗旨。这个报刊1901年末停刊后不久，梁氏又于1902年2月在横滨创刊《新民丛报》。当时都遭清廷禁止在国内发行的这两种报刊，在政治上，鼓吹保救光绪皇帝，反对慈禧太后，主张君主立宪；但更重要的是，梁启超以此为阵地发表了一系列鼓吹西方资产阶级政治、文化、道德、思想的文章，介绍和中国传统文化完全不同的价值标准、伦理观念、思维方式和行为规范，在长期囿于封建文化观念的中国知识界中，起了振聋发聩的作用。

《新民丛报》于1907年冬季停刊。毛泽东在1910年下半年读到的，已经是几年前的旧杂志了。但是对于一个来自闭塞山村的少年来说，其中的一系列主张却是见所未见、闻所未闻的，自然更启发毛泽东从全新的角度来思考中国，思考人生。正如他自己说的，对这些文章，他是"读了又读，直到可以背出来"。他从这里受到的影响，持续了相当长的时间。

现在韶山纪念馆里，保存了一本当年毛泽东读过的《新民丛报》（第四号）。其中刊载了梁启超《新民说》第六节"论国家思想"，文中解说了"国家"和"朝廷"两个概念的差异。梁启超说：

"固有国家思想者，亦爱朝廷。而爱朝廷者未必皆有国家思想。朝廷由正式成立者，则朝廷为国家之代表，爱朝廷即所以爱国家也。朝廷不以正式而成立者，则朝廷为国家之蟊贼，正朝廷乃所以爱国家也。"

在梁启超这段文字的旁边，毛泽东批了一段话："正式而成立者，立宪之国家也。宪法为人民所制定，君主为人民所推戴。不以正式而成立者，专制之国家也，法令由君主所制定，君主非人民所心悦诚服者。前者，如现今之英日诸国；后者，如中国数千年来盗窃得国之列朝也。"

这是现在见到的毛泽东对政治、对历史见解的最早文字记录。于此可见毛泽东在读《新民丛报》的时候，就在思考着中国的过去、现在和未来，这是一种十分可贵的读书态度。后来他投身于改造中国与世界的斗争，也就不是偶然的了。

1911年春，辛亥革命前夕，毛泽东来到长沙，进入湘乡驻省中学。长沙是当时革命党活动的一个基地，在这里他第一次读到革命派的著名报刊《民立报》，这才知道有个同盟会。由湖南人黄兴领导的广州黄花岗起义，七十二烈士殉难的消息传来后，毛泽东非常激动，以致写了一篇文章贴在学校墙壁上。

毛泽东后来对斯诺回忆说："这是我第一次公开发表政见，可是这个政见却有些糊涂。我还没有放弃我对康有为、梁启超的钦佩。我并不清楚孙中山和他们的区别。所以我在文章里鼓吹必须把孙中山从日本召回，担任新政府的总统，由康有为任国务总理，梁启超任外交部长。"

在以后进入省立高等中学的半年，以及在第一师范的五年半的学习中，毛泽东并没有完全忘记梁启超。在现在保存下来求学时期的毛泽东的读书批语、笔记和书信中，或隐或显，或直接或间接，都能看到梁启超的影子。如1915年至1916年的反袁斗争中，对"筹安会"的鼓噪，梁启超曾著《异哉所谓国体问题者》《上大总统书》等文，讥斥"筹安"诸君子，强烈反对帝制复辟。后来参加蔡锷讨袁世凯起义后，梁氏又连著《军中敬告国人》《袁政府伪造民意密电》《袁世凯之解剖》等文，笔力雄浑、锐利酣畅，社会影响很大。毛泽东在第一师范读书，通过学友会，将汤化龙、康有为、梁启超3人有关反袁及对时局不满的文章，编印成册，题为

《汤康梁三先生对时局之主张》，广为散发。

毛泽东在《伦理学原理》一书的批注中，常有"参见梁启超"的某种评论，或将书中文意与梁文相比附，借助梁文加深对该书的理解。在致黎锦熙信中的"今日之我与昨日之我挑战"，就是直接援引梁启超的《政治学大家伯伦知理之学说》一文。关于"英雄"、"豪杰"的历史作用；将人分为"圣贤"与"愚人"两类；以"慈悲之心，以救小人"为特征的佛家平等观念；尤其是以"变化民质"、"启迪民智"为救国图存的根本要义，等等，毛泽东在《伦理学原理》批注中所反映的这些观点，也都直接或间接地出自梁启超的影响。

直到"五·四"前夕，毛泽东在1917年8月23日给黎锦熙的信中仍然认为，中国积贫积弱，根本原因是"思想太旧，道德太坏"，"二者不洁，遍地皆污"。因此，根本的解决还在于从改变"人心道德"、"变化民质"入手。这种观点与梁启超《新民说》基本一致。1918年，毛泽东、蔡和森等在长沙创立学会，确定以"新民"为学会之名。在为新民学会起草会章时，毛泽东提出以"革新学术，砥砺品行，改良人心风俗为宗旨"，也正是梁启超《新民说》中之观点的具体化。

梁启超写文章不屑于恪遵古文"义法"，不满足于雕章琢句，而注重落笔自然，辞以达意，时杂以俚语韵语及外国语法，纵笔所至不检束，"以饱带感情之笔，写流利畅达之文，洋洋万言，雅俗共赏。读时则摄魂忘疲，读竟或怒发冲冠，或热泪湿纸"。一时学者竞效之，号曰新文体，对于读者，别有一种魔力。毛泽东当时就是被这种"魔力"所感染并起而仿效的。

1913年，毛泽东进入湖南第四师范学习。国文教师袁仲谦先生是前清举人，最重古文教学，很欣赏毛泽东的才气纵横，笔力雄健，但又嫌他的文章太像梁启超的"野狐笔"，劝他多读古文。为此，毛泽东曾经下工夫熟读《昭明文选》和唐宋八大家的作品。他还从旧书店买回一套二十多册的《韩昌黎全集》，反复研读，揣摩其笔法，终于能写出一手入格的古文来。袁仲谦在评语中，甚至称赞得意弟子毛泽东的文章"深得孔融笔意"。

梁启超的《国学入门书要目及其读法》

1912年，梁启超由日本回国。1918至1920年旅欧期间，梁启超了解到西方社会的许多问题和弊端，回国之后即宣扬西方文明已经破产，主张光大传统文化，用东方的"固有文明"来"拯救世界"。于是他决意退出政坛，潜心研究学问，以西学的方法研究国学，回归到书斋，回归到国学，立志通过国学的研究和传播，"在社会上造成一种不逐时流的新人"，"在学术界上造成一种适应新潮的国学"，"以构成一种不中不西非中非西之新学派"。

这一时期的学术研究，梁启超是从"整理国故"开始的。他就与胡适等人一起积极参与了整理国故的运动，并成为国粹主义史学派的中坚。梁启超认为："史学为国学最重要部分。"所以他的国学研究，也以史学为第一重头戏。先后撰写了《清代学术概论》《中国历史研究法》及其补编、《先秦政治思想史》《中国近三百年学术史》等皇皇专著。

1922年起，梁启超在清华学校兼课。《清华周刊》的记者约请梁启超撰写《国学入门书要目及其读法》一文，梁启超于1923年4月26日撰成此文。

《国学入门书要目及其读法》的正文开列五类图书目录：（甲）修养应用及思想史关系书类，有《论语》《孟子》等39种；（乙）政治史及其他文献学书类，有《尚书》《逸周书》等21种；（丙）韵文书类，有《诗经》《楚辞》等36种；（丁）小学书类及文法书类，有段玉裁《说文解字注》等7种；（戊）随意涉览书类，有《四库全书总目提要》《世说新语》等30种。以上5类书共计133种。

正文后收附录三篇：第一篇是《最低限度之必读书目》，开出《四书》《易经》《书经》《诗经》等25种书。梁启超称此为"真正之最低限度"书目。第二篇是《治国学杂话》，是谈学习国学的个人切身体会。强调"一个人总要养成读书趣味"，工作之余，"随时立刻可以得着愉快的伴侣，莫过于书籍，莫便于读书"，"在学校不读课外书以养成自己自幼的读书习惯，这个人简直是自己剥夺自己终身的幸福"，还介绍了阅读国学书的一些基本方法。第三篇是《评胡适之〈一个最低限度的国学书目〉》。

在《评胡适之〈一个最低限度的国学书目〉》中，梁启超直截了当地说："胡君这书目，我是不赞成的，因为他文不对题。""胡君这篇书目，从一方面看，嫌他挂漏太多；从别方面看，嫌他博而寡要，我认为是不合用的。""不是做哲学史家、文学史家，这里头的书十有七八可以不读。真要做哲学史、文学史家，这些书却又不够了。"梁启超认定"史部书为国学最主要部分"。他说："我最诧异的：胡君为什么把史部书一概摒绝！一张书目名字叫做'国学最低限度'，里头有什么《三侠五义》《九命奇冤》，却没有《史记》《汉书》《资治通鉴》，岂非笑话？若说《史》《汉》《通鉴》是要'为国学有根底的人设想'才列举，恐无此理。若说不读《三侠五义》《九命奇冤》便够不上国学最低限度；不瞒胡君说，区区小子便是没有读过这两部书的人。"梁启超还批评胡适列了许多皇皇巨著，让青年人无从下手。如仅《正谊堂全书》（清人编辑的宋代至清代数十位理学家的文集汇编）就有100多册，叫青年们从何读起？再如所列文学史之部书籍《全上古三代秦汉三国六朝文》等，大略估计，总数在1000册以上，叫人从何读起？

胡适的书目，给今天的文科研究生阅读、使用，大致还差不多；推荐给文科的大学生阅读，显然不大合适。梁启超的书目，最大好处是离各科大学生的实际水平和需要较近，他们能用得起来。

梁启超开的详细的书目，因文字很多，现仅将他开的简要书目抄录于下：

《四书》《易经》《书经》《诗经》《礼记》《左传》《老子》《墨子》《庄子》《荀子》《韩非子》《战国策》《史记》《汉书》《后汉书》《三国志》《资治通鉴》（或《通鉴纪事本末》）《宋元明史纪事本末》《楚辞》《文选》《李太白集》《杜工部集》《韩昌黎集》《柳河东集》《白香山集》。其他词典集随所好选读数种。

梁启超强调，这份书单子上的书，是务必要阅读的。"以上各书，无论学矿、学工程、学……皆须一读。若并此未读，真不能认为中国学人矣。"

1925年，梁启超应聘任清华国学研究院导师，指导范围为"诸子"、"中国佛学史"、"宋元明学术史"、"清代学术史"、"中国文学"、"中国哲学史"、"中国史"、"史学研究法"、"儒家哲学"、"东西交流史"等。这期间著有《墨子学案》《中国近三百年学术史》《情圣杜甫》《屈原研究》《中国文化史》等。主要著作收入《饮冰室文集》。

1927年，梁启超离开清华研究院。1929年病逝。

晚年毛泽东说："梁启超一生有点像虎头蛇尾。"

多年后，已成为中国共产党领袖的毛泽东，在语言文字上对自己的著作和党内文件的要求非常严格。

1942年，毛泽东在为整顿党的文风而作的报告中列举"党八股"的罪状有"空话连篇"、"装腔作势"、"无的放矢"、"语言无味"和"不负责任"等，这与梁启超早年所举报章之"五弊"颇见神似。毛泽东认为文章和文件是"给群众看"，"应当是生动的，鲜明的，尖锐的，毫不吞吞吐吐"，既要"分清条理，去掉空话"，又要"合文法"，要"以通俗的语言解释许多道理"给人民群众听。这些思想与梁启超所称舆论应具备的"常识"、"真诚"、"直道"三本和"浸润"、"强聒"、"见大"、"主一"、"旁通"、"下逮"六德如出一辙。梁启超"其文条理明晰，笔锋常带情感，对于读者别有一种魔力焉"的夫子自道，完全可以移植给毛泽东。毫不夸张地说，比起梁启超的"纵笔所至不检束"来，毛泽东的文风要更胜一筹。

据曾任《人民日报》总编辑兼新华社社长的吴冷西回忆，毛泽东1958年3月30日对梁启超有过一番评论：

"毛主席说，梁启超一生有点像虎头蛇尾。他最辉煌的时期是办《时务报》和《清议报》的几年。那时他同康有为力主维新变法。他写的《变法通议》在《时务报》上连载，立论锋利，条理分明，感情奔放，痛快淋漓。加上他的文章一反骈体、桐城、八股之弊，清新平易，传诵一时。他是当时最有号召力的政论家。""毛主席又说到梁启超写政论往往态度不严肃。他讲究文章的气势，但过于铺陈排比；他好纵论中外古今，但往往似是而非，给人以轻率、粗浅之感。他自己也承认有时是信口开河。"

2. 毛泽东与胡适

1936年，毛泽东在延安对美国著名记者、作家埃德加·斯诺说过这样一段话："《新青年》是有名的新文化运动的杂志，由陈独秀主编。我在师范学校学习的时候，就开始读这个杂志了。我非常钦佩胡适和陈独秀的文章。他们代替了已经被我抛弃的梁启超和康有为，一时成了我的楷模。"

新文化运动的主将

一时成为青年毛泽东"楷模"的胡适，其实只比毛泽东年长两岁，1891年2月17日生于上海大东门外。原名嗣穈，学名洪骍，安徽绩溪人，留学考试时改名胡适，字适之。1962年2月24日逝世于台湾。

胡适5岁开蒙，在绩溪老家私塾受过9年传统教育，打下坚实的国学基础。1904年到上海进新式学校，接受《天演论》等新思潮，并开始在《竞业旬报》上发表白话文章。1910年夏赴美留学，先入康乃尔大学习农科，后转入文科。1915年入哥伦比亚大学，追随实用主义哲学家杜威学习哲学。

毛泽东还在湖南长沙读师范学校时，胡适早已因鼓吹和积极投身新文化运动，提倡白话文和文学改良而声名鹊起，成为当时以至后世最有影响的著名学者。

1917年，胡适完成博士学位论文《古代中国逻辑方法之进化》。在此期间，胡适热心探讨文学改良方案，并试作白话诗。而他与《新青年》主编陈独秀的通信，以及他的《文学改良刍议》一文的发表，更引发了一场声势浩大影响深远的文学革命。同年，胡适学成归国，被聘为北京大学教授，并参与《新青年》杂志的编辑，至此一发而不可收，成为新文化运动的主将之一。

"五·四"时期，胡适连续撰写《历史的文学观念论》《建设的文学革命论》等文，提倡"国语的文学，文学的国语"，并相继完成《国语文法概论》《白话文学史》等著作，对白话文取代文言文而成为现代中国人重要的思想和交流工具起了决定性作用。

胡适称"五·四"新文化运动为"中国的文艺复兴"，并断言其有四重目的：研究问题；输入学理；整理国故；再造文明。

胡适的所谓"整理国故"，就是用科学方法对三千年来的国学进行一番有系统的研究。因此胡适治学特重方法，屡次撰文介绍清儒与西哲的"科学方法"，以至于再三声称自己的学术研究都是为了证明并推广其"科学方法"。

"五·四"洪流中相互激赏和支持

毛泽东和胡适是在北京大学结识的。

胡适1917年9月到北京大学任教。1918年8月19日，毛泽东应在北大任教的恩师杨昌济之召来到北京，随后在北大图书馆谋到了一个月薪八个银元的图书管理员的职位。胡适那时是北大最年轻的新派教授，毛泽东曾不失时机抽空去旁听过胡适的课，所以毛泽东曾一度称自己也是胡适的学生。后来，毛泽东同萧三等人经杨昌济先生介绍专程去拜访过胡适，同胡适讨论新思潮的各种问题。

1918年4月14日，毛泽东、蔡和森、何叔衡等人在长沙创立了以"改造中国和世界"为宗旨的革命团体——新民学会。新民学会成立不久，会员中一些有抱负的青年怀着到西方寻找真理的愿望，响应蔡元培、吴玉章在北京发出的号召，积极组织到法国勤工俭学。为此，毛泽东曾进行了多方面的活动，在将近一年里，毛泽东的全部时间和精力都用在留法勤工俭学的宣传、组织和准备工作上。可到了临行前，毛泽东却决定不去法国了。许多新民学会会员对此很不理解，毛泽东的解释则是：

"我觉得我们要有人到外国去，看些新东西，学些新道理，研究些有用的学问，拿回来改造我们的国家，同时也要有人留在本国研究本国问题。我觉得关于自己的国家，我所知道的还太少，假使我把时间花费在本国，则对本国更为有利。"

一年多后，毛泽东在给周世钊的一封信中又说到这件事：

　　"我觉得求学实在没有'必要在什么地方'的理，'出洋'两字，在一些人只是一种'谜'。中国出过洋的总不下几万乃至几十万，好的实在很少。多数呢？仍旧是'糊涂'，仍旧是'莫明其妙'，这便是一个具体的证据。我曾以此问过胡适和黎邵西（黎锦熙——著者注）两位，他们都以我的意见为然，胡适之并且作过一篇《非留学篇》。因此，我想暂不出国去，暂时在国内研究各种学问的纲要。"

　　由此可见，毛泽东最后决定不去法国勤工俭学，一方面在于他要了解中国的国情，研究国内的问题；另一方面与胡适的态度有关，毛泽东为是否出国一事，专门与胡适讨论过，胡适赞成、支持他留在国内研究问题。

　　1919年7月14日，毛泽东在长沙创办了《湘江评论》。与此同时，胡适在北京的《每周评论》上发表那篇有名的《多研究些问题，少谈些主义》。

　　毛泽东如期把《湘江评论》寄给了胡适。胡适在8月24日的《每周评论》第36号上撰写了《介绍新出版物》（署名"适"），高度评价了《湘江评论》：

　　"《湘江评论》的长处是在议论的一方面。《湘江评论》第二、三、四期的《民众的大联合》一篇大文章，眼光很远大，议论也很痛快，确是现今的重要文字。还有'湘江大事述评'一栏，记载湖南的新运动，使我们发生无限乐观。武人统治之下，能产生出我们这样的一个好兄弟，真是我们意外的欢喜。"

　　《民众的大联合》这篇文章正是毛泽东写的，"民众大联合"的思想也是毛泽东思想的一个重要方面。

　　毛泽东当时是赞成胡适主张的"多研究些问题"的，他在湖南长沙组织了一个"问题研究会"。1919年9月1日，毛泽东在湖南起草了《问题研究会章程》，寄给北京大学的邓中夏，刊发于10月23日的《北京大学日刊》。《问题研究会章程》中所列的亟待研究的"问题"，如"孔子问题"、"东西文明会合问题"、"经济自由问题"、"国际联盟问题"，等等，共计71大类；其中的教育、女子、劳动、华工、实业、交通、财政、经济8大类又分列出81个更具体的问题，如"杜威教育说如何实施问题"、"中等教育问题"、"女子交际问题"、"贞操问题"、"国语问题"、"司法独立问题"、"联邦制应否施行问题"，等等，合计144个要研究的"问题"。

1919年12月18日，毛泽东率领湖南"驱张代表团"到达北京。这是毛泽东第二次进京。湖南"驱张运动"的大本营也随之从长沙移师北京。到北京后，毛泽东就住在北长街20号（原北长街99号）福佑寺这个喇嘛庙中，立即与各方面协商组成了"旅京湖南各界联合会"和"旅京湘人驱张各界委员会"。毛泽东代表新民学会上书胡适，争取胡适对湖南学生的支持。

1920年1月15日的胡适日记中有："毛泽东来谈湖南事。"

胡适晚年旅居美国，在1951年5月16至17日的日记上，胡适回忆说："毛泽东依据我在1920年的《一个自修大学》的讲演，拟成《湖南第一自修大学章程》，拿到我家来，要我审定改正。他说，他要回长沙去，用'船山学社'作为'自修大学'的地址，过了几天，他来我家取去章程改稿。不久他就回湖南了。"

胡适所说这段史实，在毛泽东给朋友的信中可得到印证。1920年2月和3月14日毛泽东在离开北京之前分别给陶毅、周世钊的信中说："湘事平了，回长沙，想和同志成一'自由研究社'（或径名自修大学），预计一年或两年，必将古今中外学术的大纲，弄个清楚。好作出洋考察的工具（不然，不能考察）。""我想我们在长沙要创造一种新的生活，可以邀合同志，租一所房子，办一所自修大学（这个名字是胡适先生造的），我们在这个大学里实行共产的生活。""如果自修大学成了，自修有了成绩，可以看情形出一本杂志。"

1921年8月16日毛泽东在湖南《大公报》上发表了《湖南自修大学组织大纲》。同时他又起草了《湖南自修大学创立宣言》。9月，毛泽东利用船山学社的校舍开办的自修大学开学。原船山学社的社长贺民范为校长，毛泽东任教务长。1922年4月，自修大学的校刊《新时代》创刊。11月自修大学和刊物被湖南政府勒令停办。

湖南自修大学的创办，培养了一批青年人，他们中的大部分后来成了共产党的干部。

胡适"最低限度"的国学书目

经过"五·四"运动的洗礼，毛泽东的思想发生了巨大的变化，1920年11月25日，他在给罗章龙的信里指出："我不赞成没有主义，头痛医头，脚痛医脚的解决。"他论述了确立马克思主义的伟大意义："没有主义是造不成空气的。我想我们学会，不可徒然做人的聚集，感情的结合，要变为主义的结合才好。主义譬如一面旗子，旗子立起了，大家才有所指望，才知所趋势。"

毛泽东经历了实验主义，又超越了实验主义，开始自觉地接受马克思主义，成为一名共产主义者。

那么，此时的毛泽东，又是如何看待胡适的呢？1923年4月10日，毛泽东在《新时代》创刊号上发表的《外力、军阀与革命》一文中，对当时国内各派政治势力作了分析，其中，他把胡适划为"非革命的民主派"，有民主性的一面，是可以同革命派合作的。

因为胡适在新文化运动中的领袖地位，带头进行了文学革命，于是，一些人就认为胡适是彻底的反传统文化的代表人物；因为胡适在某种特殊历史背景下中说过"西化"之语，不少人就据此认为胡适是一个彻头彻尾的"全盘西化"者。事实上，在20世纪20年代，胡适对于国学的推广和普及不遗余力。主要表现在他先后两次关于中学古文教学的公开演讲及为清华学生开列的"最低限度"的国学书目中。

在两次演讲中，胡适对于中学古文的教学给予很大的关心和热情，认为没有相应的国学知识，青年们对外则不能代表中国，对内则将没有意义。胡适坚信，国学一定可以拥有更加光明的未来。

1923年，胡适在《努力周报》的增刊《读书杂志》第7期上，发表了为清华学校（1928年改为清华大学）的学生拟的一个"最低限度"的国学书目。

胡适开的书目包括三部分：工具之部，有周贞亮、李之鼎《书目举要》，张之洞《书目答问》等15种；思想史之部，有《老子》《庄子》等91种；文学史之部，有朱熹《诗经集传》、姚际恒《诗经通论》等78种。

胡适在一长串书单子的前面，声明两点：一是他拟这个书目，不是为国学有根底的人设想，而是为那些想学得一点系统国学知识的普通青年人设想；二是他拟这个书目，是想为青年人提供一个"下手的方法"。他还说："国学在今日还没有门径可说……对初学人说法，须先引起他的真兴趣……在这个没有门径的时候，我曾想出一个下手的方法来……这个书目的顺序便是下手的法门。"

出乎胡适意料，该书目发表后，立即遭到了质疑。1923年3月11日，《清华周刊》的记者给胡适写了一封信，对胡适开的书目提出了两点疑问，实际上是两点批评：一方面，书目"范围太窄"，只包括了思想史和文学史著作，遗漏了中国文化史的其他门类如民族史、语言文字史、经济史等著作；另一方面，书目所列图书太多了，太专深了，不合乎"最低限度"四个字，没有考虑到学生们的实际程度，学生们读不完，也未必都读得懂。记者希望胡适先生替清华学生另外拟一个书目，拟一个称得上"实在最低的国学书目"。

胡适在答书中写道：

如果先生们执意要我再拟一个"实在的最低限度的书目"，我只好在原书目加上一些圈；那些有圈的，真是不可少的了。此外还应加上一部《九种纪事本末》（铅印本）。

以下是加圈的书：

《书目答问》《中国人名大辞典》《九种纪事本末》《中国哲学史大纲》《老子》《四书》《墨子间诂》《荀子集注》《韩非子》《淮南鸿烈集解》《周礼》《论衡》《佛遗教经》《法华经》《阿弥陀经》《坛经》《宋元学案》《明儒学案》《王临川集》《朱子年谱》《王文成公全书》《清代学术概论》《章实斋年谱》《崔东壁遗书》《新学伪经考》《诗集传》《左传》《文选》《乐府诗集》《全唐诗》《宋诗抄》《宋六十家词》《元曲选》《宋元戏曲史》《缀白

裘》《水浒传》《西游记》《儒林外史》《红楼梦》。

政见的分歧与分道扬镳

1945年3月27日，国民党行政院发表胡适为出席旧金山联合国大会代表团代表。4月25日，联合国大会中国代表团中的中共代表董必武按毛泽东指示与胡适长谈，希望胡适支持中国共产党的主张。谈话中，胡适搬出《淮南子》的无为主义，规劝中国共产党从事单纯的政党活动，作为国内的第二大党参加选举。

同年7月1日，国民参政会的民主党派人士傅斯年、黄炎培、章伯钧等六人访问延安。其中的傅斯年既是胡适的学生，又是胡适的挚友。毛泽东以学生的身份请傅斯年代他向远在美国的老师胡适问好。

从延安回到雾都重庆，傅斯年在重庆的报纸上，通过文章向自己的老师兼朋友胡适转达了毛泽东的问候。

胡适见到傅斯年的文章后，并没有改变自己的看法。是年的8月24日，胡适在纽约发了一封著名的电报给毛泽东：

润之先生：

顷见报载傅孟真兄转达吾兄问候胡适之之语，感念旧好，不胜驰念。

前夜与董必武兄深谈，弟恳切陈述鄙见，以为中共领袖诸公今日宜审察世界形势，爱惜中国前途，努力忘却过去，瞻望将来，痛下决心，放弃武力，准备为中国建立一个不靠武装的第二大政党。公等若能有此决心，则国内十八年纠纷一朝解决，而公等廿余年之努力皆可不致因内战而完全消灭。试看美国开国之初，节福生（现译杰弗逊——著者注）十余年和平奋斗，其手创之民主党遂于第四届选举取得政权。又看英国工党五十年前仅得四万四千票，而和平奋斗之结果，今年得千二百万票，成为绝大多数党。此两事皆足供深思。中共今日已成第二大党，若能持之以耐力毅力，将来和平发展，前途未可限量。万不可以小不忍而自致毁灭！

　　此时正值蒋介石三次电邀毛泽东赴重庆共商国是。而苏联领导人斯大林于胡适电报之前两天，也催迫毛泽东去重庆与蒋介石会谈，电报说："坦率告诉（中共），我们认为暴动的发展已无前途，中国同志应寻求与蒋介石妥协，应加入蒋介石政府，并解散其部队。"对斯大林的这封电报，毛泽东非常不满，1949年底，毛泽东去莫斯科终于表达了自己的不满。对于胡适所发的那份电报，毛泽东的不满，自然是可想而知了。但毛泽东并没有放弃对自己的这位曾经的"老师"的争取和"统战"。

　　1945年9月6日，胡适被国民党任命为北大校长。1946年7月5日，胡适从美国回到上海，受到蒋介石、孙科等国民党党政要员的热情款待。

　　1946年11月，胡适不顾众人的反对，脱去自己极力标榜的"自由"和"民主"的外衣，趋炎附势，出席了所谓的"国大"。作为第一个大会执行主席，主持通过了蒋介石炮制的《中华民国宪法草案》，以其在海内外思想文化界的独特影响力，粉饰了蒋介石"民主"的伪装，竭尽全力为其"捧场"。此时，胡适虽然还是心向学术，但由于不甘寂寞、不肯疏远于政治，抱定英美式民主的政治理想，渐渐陷入蒋介石的政治泥潭，再也拔不出脚来。

　　1948年11月20日，在内战大局已定的情况下，胡适在北平傅作义的华北"剿总"讲演时，还在信口雌黄，大讲"和比战难"、"苦撑等变"，把国民党的内战比作是"圣战"，是"民主、自由、平等与集权、恐怖、残忍，两种不同生活方式的斗争"，肆意攻击共产党和共产主义。

　　据胡适的学生季羡林回忆："有一天我到校长办公室去见适之先生，一个学生走进来对他说：昨夜延安广播电台曾对他专线广播，希望他不要走，北平解放后，将任命他为北大校长兼北京图书馆的馆长。他听了以后，含笑对那个学生说：人家信任我吗？"

　　于是，1948年12月14日，胡适登上了蒋介石派来的专机，走上了与共产党决裂的道路。

　　1949年，毛泽东针对美国国务院发表的《美国与中国的关系》（"白皮书"），连续发表五篇评论，文中对个人民主主义者进行了批评和劝告，其中几处直接或间接提到了胡适。

在《丢掉幻想，准备斗争》一文中，毛泽东写道："为了侵略的必要，帝国主义给中国造成了数百万区别于旧式文人或士大夫的新式的大小知识分子，对于这些人，帝国主义及其走狗中国的反动政府只能控制其中一部分人，到了后来，只能控制其中的极少数人，例如胡适、傅斯年、钱穆之类，其他都不能控制了，他们走到了它的反面……有一部分知识分子还要看一看。他们想，国民党是不好的，共产党也不见得好，看一看再说。其中有些人口头上说拥护，骨子里是看。正是这些人，他们对美国存着幻想。他们不愿意将当权的美国帝国主义分子和不当权的美国人民加以区分。他们容易被美国帝国主义分子的某些甜言蜜语所欺骗，似乎不经过严重的长期的斗争，这些帝国主义分子也会和人民的中国讲平等，讲互利。他们的头脑中还残留着许多反动的即反人民的思想，但他们不是国民党反动派，他们是人民中国的中间派，或右派。他们就是艾奇逊所说的'民主个人主义'的拥护者。"

胡适没有搭乘蒋介石的飞机直接去台湾，而是于1949年4月6日，在解放军的隆隆炮声中再次登上从上海开往美国的轮船，与祖国诀别。他在美国租赁的纽约东81街104号那所破烂不堪的公寓里度过了那段几乎使他的经济状况和健康状况陷入绝境的困苦日子。为了避免坐吃山空，这位"五·四"新文化运动的风云人物，只得屈尊接受普林斯顿大学的聘请，在葛思德东方图书馆做一个管理中文图书的小职员。

毛泽东预言21世纪替胡适恢复名誉

1949年4月29日，胡适刚刚抵达纽约的第三天，他的老朋友、史学家陈垣致信于他。该信于1949年5月11日在《人民日报》以《北平辅仁大学校长陈垣给胡适的公开信》为标题发表。在信中，陈垣诚恳地规劝胡适正视现实，幡然觉悟，批判过去的旧学问，回到新青年之中，为广大的人民服务——一封给胡适的公开信能够在共产党机关报发表，毫无疑问，毛泽东始终给胡适敞开着大门。

然而，胡适囿于他顽固的反共情结，在日记中表示了对该信的"鄙视和厌恶"，并于1950年1月9日在台湾《自由中国》发表《共产党统治下"决没有自由"——跋所谓陈垣给胡适的一封公开信》，明确表示了拒绝"挽救"的强硬态度。10月，他又在美国《外交季刊》上发表《斯大林策略下的中国》这篇反共文章，这使得毛泽东争取胡适的希望从无奈中走向了破灭。

此时此刻的胡适，已将自己装扮成一个彻头彻尾的反共骑士，利用美国人和蒋介石别有用心地套在他头上的种种光环，连篇累牍地发表反共言论，为危机四伏的国民党黑暗统治映照出一丝隐晦的亮色——胡适自己关闭了毛泽东为他敞开的大门。

1954年，中国大陆掀起了一场声势浩大的批判俞平伯的《〈红楼梦〉研究》运动，后来转向批判俞平伯的老师胡适。胡适由学界泰斗一下变成声名狼藉的人物，批判者称他为"实用主义的鼓吹者"、"洋奴买办文人"、"马克思主义的敌人"。当时，由中国科学院和中国作家协会共同成立了专门批胡的机构即周扬所称的"讨胡委员会"。在郭沫若"委员长"的领导下，出版了《胡适思想批判》八辑约二百万字，另有别的出版社出的批胡著作三十本，总计有三百万言之多。

这些批判文章，在大陆可能没有一个人通读过，可胡适全部都读了，并在有些地方作了些富于谐趣的批注。对这种自上而下发动的批判，胡适将其看做是自己的资产阶级学术思想乃至政治信念的胜利，是另一种对自己的抬举和宣传方式。胡适一再和友人说："这些谩骂的文字，也同时使我感到愉快和兴奋，因为我个人四十年来的一点努力，也不是完全白费的，毕竟留下了大量的毒素。这种毒素对于马列主义好比瘟疫，还发生抗毒和防腐的作用。"

胡适对自己早年曾欣赏和支持过的毛泽东，似乎越来越反感。1959年3月11日，胡适读到大陆出版的毛泽东《诗词十九首》，在当天的日记中写道：

看见大陆上所谓"文物出版社"刻印的毛泽东《诗词十九首》，共九页。真有点肉麻！其中最末一首即是"全国文人"大捧的"蝶恋花"词，没有一句通的！抄在这里：

游仙·赠李淑一

我失骄杨君失柳，杨柳轻飏直上重霄九。

问讯吴刚何所有，吴刚捧出桂花酒。

寂寞嫦娥舒广袖，万里长空且为忠魂舞。

忽报人间曾伏虎，泪飞顿作倾盆雨。

我请赵元任看此词押的舞、虎、雨，如何能与"有"韵字相押。他也说，湖南韵也无如此通韵法。

胡适说这首脍炙人口的《蝶恋花》"没有一句通的"，此话讲得太过，已不是什么诗歌评论，恐怕已是赤裸裸的诋毁了，可谓"胡说"、"胡批"。

胡适经过"严密"地"论证"，还请教了湘籍著名语言学家赵元任，最终得出了毛泽东词《蝶恋花》就是照方言也不押韵的结论。按"蝶恋花"词牌要求，毛泽东的词的确"出格"了、"破韵"了。但这样的韵脚犯忌，一向重视用韵、深谙格律的毛泽东自然很明了。1958年12月，毛泽东在该词作的"作者自注"中说："上下两韵，不可改，只得仍之。""不可改"说明毛泽东是为了不因韵害意而"破格"。如此用韵，意与声谐，浑然天成，所以也就"只得仍之"了。诗言志，既然格律是为了表情达意服务的，"情动绳墨外，笔端起波澜"（臧克家语），这时又何必胶柱鼓瑟呢？毛泽东在遵循词律的大前提下，根据表达需要而作一点灵活变通，不也可以看做是他"旧体诗词要发展，要改革"诗论的一种艺术尝试吗？所以，胡适的批评未免太死板、太苛刻了，有违自己一向主张的"尝试"精神，同时也或多或少是一种有失大家气度的"泄私愤"。

尽管如此，晚年的胡适，还是不无欣赏地对身边人说："共产党中，白话文写得最好的还是毛泽东。"

1956年2月的一天，毛泽东在怀仁堂宴请出席全国政协会议的知识分子代表时说：

"胡适这个人也顽固，我们托人带信给他，劝他回来，也不知他到底贪恋什么？批判嘛，总没有什么好话，说实话，新文化运动他是有功劳的，不能一笔抹杀，应当实事求是。21世纪，那时候，替他恢复名誉吧。"

"学生"并没有全盘否定"老师"，对其评价还是十分公正的。这恐怕是胡适连做梦也想不到的吧！

毛泽东的话是很真诚的，显示了一个伟大政治家的宽广胸怀，同时也是表示对胡适已无争取的可能性。

1957年2月16日，毛泽东在颐年堂的一次讲话中，再次肯定了胡适，"他对中国启蒙运动起了作用"，"不能全盘抹杀胡适"。

1964年8月18日，毛泽东在与哲学工作者谈话时，又一次提到了胡适，此时，胡适已经去世两年多了。毛泽东说："《红楼梦》写出来有二百多年了，研究红学的到现在还没有搞清楚，可见问题很难。有俞平伯、王昆仑，都是专家。何其芳也写了个序，又出了个吴世昌。这是新红学，老的还不算。蔡元培对《红楼梦》的观点是不对的，胡适的看法比较对一点。"

3. 毛泽东品鲁迅

毛泽东生前多次坦言："我跟鲁迅的心是相通的。"毛泽东与鲁迅，是20世纪中国的两位伟人。毛泽东是伟大的思想家、政治家和革命家，文学造诣很高；鲁迅是伟大的思想家、文学家和革命家。他们的国学造诣都很深厚，都是国学大家。他们虽然未曾谋面，但是毛泽东对鲁迅充满了尊敬和敬仰之情，多次给予鲁迅很高的品评。

"鲁迅算不算国学大师"

鲁迅，原名周树人，和毛泽东一样属蛇，但年长毛泽东一轮，1881年出生，浙江省绍兴县人。17岁离开家乡，就读于南京江南水师学堂，后转到江南陆师学堂附设的矿务铁路学堂。1902年，抱着科学救国的理想赴日本留学，先在东京弘文学院，后去仙台医学专门学校学医。

在日本，有两件事促使周树人改变了初衷。一是他无法忍受那些有着狭隘民族主义思想的日本学生对中国学生的无端歧视。二是在观看日俄战争教育幻灯片时，画面上一个被指控为俄军侦探的中国人被日军抓捕后要被砍头示众，而画面上许多中国同胞却麻木不仁。这极大刺痛了他的心灵。他痛感：愚弱的国民，即使体格如何健壮，也只能做毫无意义的示众的材料和看客。他认为首先要改变国人的精神。于是，他弃医从文，立志于文学。

1909年回国后，周树人先后在杭州两级师范学堂、绍兴府中学堂、绍兴初级师范学堂等任教。辛亥革命后，应蔡元培之邀，他来到南京，在中华民国临时政府教育部任职。后随临时政府迁北京，继续在教育部任职，直到1926年8月离开。

在北京工作时期，周树人参加《新青年》的编辑工作和新文化运动，结识了李大钊和陈独秀等人。他以自己犀利的杂文和新颖的小说为新文化运动呐喊。1918年5月，他第一次以"鲁迅"为笔名，在《新青年》上发表短篇白话小说《狂人日记》，揭露封建制度"吃人"的本质，发出"救救孩子"和推翻这个社会的呼声。此后，连续创作了《药》《孔乙己》等优秀白话小说和大量杂文。

1926年，鲁迅因参加北京三一八反帝爱国运动，支持学生，声讨军阀政府，被北洋军阀政府通缉，8月被迫离开北京，先后在厦门大学、广州中山大学任教。

大革命失败后，中国共产党在上海领导开展了左翼文化运动，遭到国民党反动当局的残酷迫害和镇压。1927年10月，鲁迅来到上海。他不顾反动当局的迫害，积极参与革命的文艺运动，以满腔的热情宣传进步思想，成为左翼文化运动的旗手。1930年3月，鲁迅参与发起成立中国左翼作家联盟（简称左联），任常务委员，与瞿秋白等人一起领导左翼文艺运动。

1933年，鲁迅担任中国民权保障同盟执行委员，与宋庆龄等一起为营救被国民党反动当局关押的共产党人和爱国人士而斗争。他积极响应中共中央提出的抗日民族统一战线的主张，表示"我无条件加入这战线，那理由就因为我不但是一个作家，而且是一个中国人"。

正当他全身心投入为争取民族独立和解放而奋斗之时，病魔却无情地夺走了他的生命。1936年10月19日，鲁迅因肺结核病在上海逝世。上海民众自发地为他举行公祭。新中国成立后的1956年，他的遗体被从万国公墓迁葬至虹口公园，毛泽东为重建的鲁迅墓题字。

鲁迅一生创作了大量小说、散文、杂文、诗歌等作品，如《祝福》《阿Q正传》《呐喊》《彷徨》《朝花夕拾》等，为中国和世界留下了800多万字的皇皇著译。他的作品被译成英、日、俄、西、法、德等50多种文字。他以笔为武器战斗一生，被誉为"民族魂"、中国现代文学的旗帜和奠基人。毛泽东评价他是中华文化革命的主将。"横眉冷对千夫指，俯首甘为孺子牛"是他一生的写照。北京、上海、绍兴、广州、厦门等地先后建立了鲁迅博物馆、纪念馆等。他的小说、散文、诗歌、杂文有数十篇（首）被选入中、小学语文课本。小说《祝福》《阿Q正传》《药》等先后被改编成电影。

鲁迅先生的著作收入《鲁迅全集》。继1981年版《鲁迅全集》出版之后，2005年，《鲁迅全集》以崭新的面孔与广大读者见面，由人民文学出版社出版。新版文集中增收了鲁迅佚文24篇、佚信18封以及《两地书》原信68封，《答增田涉问信件集录》约10万字，总卷数由1981年版的16卷增加至18卷。这次修订对注释进行了大量的增补和修改，新版《鲁迅全集》新增注释1000余条。

2006年，由国学网、中国人民大学国学院、百度国学频道等单位联合主办的"我心目中的国学大师评选"活动，评选出的"十大国学大师"是王国维、钱钟书、胡适、鲁迅、梁启超、蔡元培、章太炎、陈寅恪、郭沫若和冯友兰。此次评选活动通过网络、邮寄、短信等方式，共收到来自两岸三地以及海外华人的120多万张选票，其中王国维以最高得票数位居榜首。而康有为、辜鸿铭的落选和鲁迅的入选则引起了各界强烈争议。"鲁迅算不算国学大师"，成了这场热点争议中的焦点。

反对鲁迅入选者认为，国学大师对国学的研究一定要深要透，要成为专家，"鲁迅不但没有做到这点，还推行白话文毁灭文言，怎么能算是国学大师呢"？

首都师范大学文学院吴相洲教授说："鲁迅应该说是文学大师。鲁迅在国学上倡导少读甚至不读古书，而对西方的一些东西比较推崇。而在国学方面，有很多人的造诣和贡献都要比鲁迅大。"中国人民大学国学院院长助理孟宪实也表示了类似看法："鲁迅在'整理国故'中确曾做过一些工作，但和他的小说散文创作相比，这并不是突出的成绩。他还曾努力贬低传统，对国学也没有推崇。这好像不是国学大师应有的态度。"而作为我国著名国学名家姜亮夫的弟子、中国美术学院教授章祖安则指出，凡是研究先秦以后文化的学者，成就卓著也称不上国学大师，"谁听说过研究唐诗宋词、明清小说的被称为国学大师的？"按照这一标准，如鲁迅这样的大文豪也未必能称得上国学大师了。

而支持者则指出，鲁迅不但有巨大的文学成就，还有深邃的鲁迅思想，传统文化方面底蕴也很深厚，应该当选"国学大师"。清华大学的刘石教授列出了评选鲁迅为"国学大师"的四点理由：第一，鲁迅是真正的国学研究大家，他在每一个研究领域都达到经典的高度。比如其《中国小说史略》是一部自成体系的中国小说通史，为中国小说史研究奠定了第一块基石，始终影响着后学；第二，鲁迅开创了将文学与文化结合起来的新的研究方法，比如其《魏晋风度及文章与药及酒之关系》，对文学史研究者具有方法论的启发意义；第三，鲁迅在古籍整理方面有重要成果，"比如他的《鲁迅辑录古籍丛编》，就非常严谨、规范，已具有现代古籍整理的特点"；第四，鲁迅对中国文化的影响力极其深远，堪称中国人的"精神导师"。

在很多人心目中，对国学的定义，是指以儒学为主体的中华传统文化与学术，而且这还是在历史长河中，被封建君主改造过的传统文化与学术。在21世纪的中国，这样的国学定义自然显得不合时宜。国学的概念，到了今天，其范畴和内涵已经发生了深刻变化。对于国学这个概念，大部分学者都倾向推举国粹派学人邓实在其《国学讲习记》对国学的定义："国学者何？一国所有之学也。有地而人生其上，因以成国焉，有其国者有其学。学也者，学其一国之学以为国用，而自治其一国也。"也就是说，除了我们熟悉的那些传统文化经典，医学、戏剧、书画、星相、数术等，这些也应当属于国学范畴。

国学网等几家机构组织的这个活动，显然是以一个宽广的定义，而不是狭隘的定义来阐述国学的，不然蔡元培、鲁迅等人也不会入选大师的行列了。同时，这也反映了网友对国学这个定义应是心里有数的，对于国学这样的传统文化概念也有着新的认识和体会。从活动第一轮的投票结果来看，入选的这些大师，不仅有王国维这样在古代文学研究方面有着深刻造诣的大师，也有偏于中国教育事业的蔡元培。鲁迅的入选也是网友们的一致推选。

一些人关注的是鲁迅对传统文化的批判的一面，却忽视了鲁迅自日本求学时期以来一直坚持的"新生"观——取今复古，别立新宗。鲁迅对传统文化特别是儒家的批判，具有历史背景，当时复古派的猖狂和国内环境，趋使鲁迅只能更多的批判。但值得注意的是，鲁迅的思想中存在一个复古的一面，这复古与复古派恢复到儒教本源的做法截然不同，他是要返回到先秦文化，去梳理"民族固有之血脉"，其终极目标是新生。

鲁迅在日本时期就发表了《文化偏至论》，提出"取今复古，别立新宗"的论断。鲁迅所要反对的，是戕害中国人生命力和创造力的文化；鲁迅所要发扬的，是中国脊梁人物身上的品质。扼要地说，鲁迅所要复的，是前人创造文化的动因，而非成果，他所提倡的新宗是古今合璧的新生。鲁迅对先秦文学的价值作了独到的认可，这表现在对屈原文学成就的高度评价——放言无惮，为前人所不敢言；另外指出老子思想的致命弱点，是"不撄人心"，人心枯槁，生命力萎缩；孔子思无邪的诗教理论，让中国人的心声得不到充分抒发，必然导致诗歌精神的枯萎——诗歌本来应该是最能表达情感的。

回国十年时间里，鲁迅主要研究古代小说，鲁迅更加深入地体察中国先秦文化以来的演变。鲁迅的《中国小说史略》和《汉文学史纲要》的与众不同在于，他以文学家、思想家、学问家的三重身份去梳理中国文化，见解不仅独到而且深邃，所以近百年来无人能出其右。这期间，鲁迅对传统文化特别是儒家文化批判和否定居多，但鲁迅已经开始以先秦文化为题材创作小说：《不周山》《奔月》《铸剑》，开始了建构先民生命力体系的工作。

综上可知，显而易见，鲁迅是当之无愧的国学大师。

毛泽东与鲁迅的互慕和神交

鲁迅先生虽然没有见过毛泽东，但是对毛泽东却非常佩服。1931年10月，鲁迅向左联文委书记冯雪峰以及茅盾打听中央苏区和毛泽东的情况，极为佩服朱毛在第二次反"围剿"斗争中的战绩，因为他们把气焰嚣张的国民党反动派"吓坏了"。鲁迅对英勇作战的红军十分钦佩。

1932年秋，在战斗中负伤的陈赓从鄂豫皖红四方面军来到上海养伤，在冯雪峰等人的陪同下，鲁迅曾在家中两次会见陈赓。陈赓讲述的红军英勇战斗的情形以及许多可歌可泣的英雄故事，给鲁迅留下了深刻印象。鲁迅非常重视这次谈话，以后一再提及，认为确实比《铁流》《毁灭》里写的内容更动人。他曾一度想写一部反映苏区红军战争题材的小说，但是终因没有实际生活经验而未动笔。

1933年初，临时中央从上海迁入中央苏区首府江西瑞金。临时中央博古提议，可以让鲁迅来当中华苏维埃共和国中央政府的教育人民委员（教育部长），主持中央苏区的教育工作。中共中央派到鲁迅身边的联络员冯雪峰不赞成博古的意见，认为博古不了解鲁迅，低估了鲁迅在白区文化工作中的重要作用，并提出还是让瞿秋白来主持教育工作为好。

1934年1月，因为冯雪峰在上海的安全难以保证，党中央把他调到瑞金，担任中央党校副校长。毛泽东此时受到博古、李德等人的"无情打击"，被剥夺了对红军的领导权，被排挤出核心领导层。处境艰难的毛泽东听说冯雪峰来到了瑞金，便专门拜访了他。毛泽东非常遗憾地说："'五·四'时期在北京，弄新文学的人我见过李大钊、陈独秀、胡适、周作人，就是没有见过鲁迅。"冯雪峰向毛泽东介绍上海的工作和左翼文艺阵营的活动，特别详细地介绍了鲁迅的情况。毛泽东对冯雪峰讲述的鲁迅的事情尤其感兴趣。

冯雪峰告诉毛泽东，有一个日本人曾经说过，全中国只有两个半人懂得中国：一个是蒋介石，一个是鲁迅，半个是毛泽东。毛泽东听后哈哈大笑，他在沉吟片刻后说："这个日本人不简单，他认为鲁迅懂得中国，这是对的。"

冯雪峰还告诉毛泽东，鲁迅读过毛泽东的诗词，认为他有"山大王"的气概。毛泽东听了非常开心。

"山大王"当然只是一种形象的说法。毛泽东性格中的主导面是"虎气"：藐视强权，对现存秩序的反抗。在毛泽东的诗词中，对于"山"可谓情有独钟。他独创的"工农武装割据，建立农村革命根据地，以农村包围城市"理论，是对马克思主义的创造性的发展。中国革命离不开山。鲁迅以"山大王"气概来评论这位革命家诗人的作品，确是独具慧眼。所以毛泽东听到冯雪峰的转述，发出会心的大笑。

对于"山大王"的评价，毛泽东还有过更为直接的认同。1973年5月，毛泽东召见新接班人王洪文，问及王之年龄，王答已38岁。毛泽东说：你比我强多了，我像你这样大的时候还在井冈山喝南瓜汤呢。王洪文立即称颂"主席那时已经是伟大的革命领袖了"。毛泽东笑道："不，是山大王，落草为寇，杀富济贫。"

一天晚上，毛泽东再次约见冯雪峰。毛泽东的兴致很高："今晚约法三章：一不谈红米南瓜，二不说地主恶霸，我们不谈别的，只谈鲁迅。"毛泽东接着说，"我很早就读了鲁迅的作品，《狂人日记》《阿Q正传》都读过。阿Q是个落后的农民，缺点很多，但他要求革命。看不到或者不理会这个要求是错误的。鲁迅对群众力量有估计不足的地方，但他看到农民的要求，毫不留情地批评阿Q身上的弱点，满腔热情地将阿Q的革命要求写出来。我们共产党人和红军干部，很多人看不到，对群众的要求不理会，不支持。应该读一读《阿Q正传》。"毛泽东还对冯雪峰说，"我也想重读一遍，可惜当地找不到这部书。"毛泽东又问鲁迅这几年写了些什么，冯雪峰扼要介绍了鲁迅到达上海后所写的文章，尤其是在几次论争中的文章。

冯雪峰接着透露，临时中央有人主张请鲁迅到苏区来。毛泽东问：

"干什么？谁主张的？"冯雪峰解释说："不是正式主张，只是随便说说。"毛泽东叹息道："这些人真是一点也不了解鲁迅！"冯雪峰还把鲁迅不想离开上海，并谢绝到苏联去，认为在岗位上，总能打一枪两枪的想法详细告诉了毛泽东。毛泽东感慨地说："这才是实际的鲁迅！一个人遇到紧要关头，敢于不顾个人安危，挺身而出，坚决将艰巨的任务承担下来，是符合人民愿望的最可贵的品格。我们民族几千年来多次濒临危亡，终于能够维持不堕，就因为人民有这样的品格，这点在鲁迅身上集中地体现出来。"

1935年10月，毛泽东等中共领导人带领红军冲破蒋介石几十万大军的围追堵截，经过万里长征，胜利到达陕北。鲁迅听到这个消息非常高兴，写下了著名的《亥年残秋偶作》一诗，其中有"竦听荒鸡偏阒寂，起看星斗正阑干"的句子，表现了鲁迅遥望北斗星，对远在陕北的红军及毛泽东等中共领导人的无限牵挂之情。

1936年3月29日，鲁迅抱病和茅盾一起为红军东征胜利给党中央和毛泽东发出了贺信："英勇的红军将领和士兵们，你们的英勇斗争，你们的伟大胜利，是中华民族解放史上最光荣的一页，全国民众期待你们更大的胜利，全国人民正在努力奋斗，为你们的后盾，为你们的声援，你们的每一步前进，将遇到热烈的欢迎与拥护。""在你们的身上，寄托着人类和中国的将来。"

鲁迅从毛泽东领导的共产党和工农红军身上，清醒地看到了"人类和中国的将来"，看到了中国革命和世界革命的无限光明前途。

1936年4月，冯雪峰奉党中央之命离开陕北到上海同中共秘密组织建立联系。冯雪峰在上海住到了鲁迅的家中，同鲁迅有了更加深入的交流。他向鲁迅讲述了红军长征的经过、遵义会议情况、党的抗日民族统一战线政策。鲁迅静静地倾听着，冯雪峰每次提到毛泽东，提到毛泽东周围的中共领导人，鲁迅总是流露出亲切信任的表情。鲁迅还委托冯雪峰把自己抱病编的瞿秋白《海上述林》以及购买的火腿送给毛泽东和周恩来。

1936年初，在上海的"托派"组织写信给鲁迅，对中共领导的民族统一战线及毛泽东为首的领导人加以攻击，企图挑拨鲁迅与中共的关系。6

月9日，已经病重的鲁迅口授了一封信，对他们进行了严厉的驳斥：

"你们的'理论'确比毛泽东先生们高超得多，岂但得多，简直一是在天上，一是在地下。但高超固然是可敬佩的，无奈这高超又恰恰为日本侵略者所欢迎……"对毛泽东们"我得引为同志，是自以为光荣的"。

鲁迅提及毛泽东见诸文字者为数不多，这是十分难得的一次。基于此点，毛泽东在新中国成立后的多次讲话中都提到了鲁迅，称赞"鲁迅是真正的马克思主义者，是彻底的唯物主义者"。

1936年10月鲁迅病逝后，根据毛泽东的提议，中共中央和中华苏维埃共和国政府联名发表了《为追悼鲁迅先生告全国同胞和全世界人士书》《致许广平女士的唁电》《为追悼与纪念鲁迅先生致中国国民党委员会与南京国民党政府电》。

鲁迅病逝后，党中央委托冯雪峰主持治丧工作。冯雪峰还特意把毛泽东的名字写进了鲁迅治丧委员会的名单中。1937年1月，冯雪峰回延安汇报工作，毛泽东一再关切地询问鲁迅逝世前后的情况，表示了对鲁迅的深切的怀念之情。

毛泽东说：鲁迅是现代中国的圣人

毛泽东爱读鲁迅的书，非常推崇鲁迅的人格、思想和文学功绩，在其著作、报告、讲演和口头谈话中，有不少关于鲁迅的论述。仅130万余字的《毛泽东选集》五卷本中就达20处之多。

1937年10月19日，陕北公学纪念鲁迅逝世一周年大会上，毛泽东发表演讲，谈到心目中鲁迅的崇高地位：

我们今天纪念鲁迅先生，首先要认识鲁迅先生，要懂得他在中国革命史中所占的地位。我们纪念他，不仅因为他的文章写得好，是一个伟大的文学家，而且因为他是一个民族解放的急先锋，给革命以很大的助力。他并不是共产党组织中的一人，然而他的思想、行动、著作，都是马克思主义的。他是党外的布尔什维克。尤其在他的晚年，表现了更年青的力量。他一贯地不屈不挠地与封建势力和帝国主义作坚决的斗争，在敌人压迫他、摧残他的恶劣的环境里，他忍受着，反抗着，正如陕北公学的同志们能够在这样坏的物质生活里勤谨地学习革命理论一样，是充满了艰苦斗争的精神的。陕北公学的一切物质设备都不好，但这里有真理，讲自由，是造就革命先锋分子的场所。

鲁迅是从正在溃败的封建社会中出来的，但他会杀回马枪，朝着他所经历过来的腐败的社会进攻，朝着帝国主义的恶势力进攻。他用他那一支又泼辣，又幽默，又有力的笔，画出了黑暗势力的鬼脸，画出了丑恶的帝国主义的鬼脸，他简直是一个高等的画家。他近年来站在无产阶级与民族解放的立场，为真理与自由而斗争。鲁迅先生的第一个特点，是他的政治的远见。他用望远镜和显微镜观察社会，所以看得远，看得真。他在1936年就大胆地指出托派匪徒的危险倾向，现在的事实完全证明了他的见解是那样地准确，那样地清楚。

鲁迅在中国的价值，据我看要算是中国的第一等圣人。孔夫子是封建社会的圣人，鲁迅则是现代中国的圣人。我们为了永久纪念他，在延安成立了鲁迅图书馆，在延长开办了鲁迅师范学校，使后来的人们可以想见他的伟大。

鲁迅的第二个特点，就是他的斗争精神。刚才已经提到，他在黑暗与暴力的进袭中，是一株独立支持的大树，不是向两旁偏倒的小草。他看清了政治的方向，就向着一个目标奋勇地斗争下去，决不中途投降妥协。有些不彻底的革命者起初是参加斗争的，后来就"开小差"了。比如德国的考茨基、俄国的普列汉诺夫就是明显的例子。在中国这等人也不少。正如鲁迅先生所说，最初大家都是左的，革命的，及到压迫来了，马上有人变节，并把同志拿出去献给敌人作为见面礼。鲁迅痛恨这种人，同这种人做斗争，随时教育着训练着他所领导下的文学青年，教他们坚决斗争，打先锋，开辟自己的路。

鲁迅的第三个特点是他的牺牲精神。他一点也不畏惧敌人对于他的威胁、利诱与残害，他一点不避锋芒地把钢刀一样的笔刺向他所憎恨的一切。他往往是站在战士的血痕中，坚韧地反抗着、呼啸着前进。鲁迅是一个彻底的现实主义者，他丝毫不妥协，他具备坚决的心。他在一篇文章里，主张打落水狗。他说，若果不打落水狗，它一旦跳起来，就要咬你，最低限度也要溅你一身的污泥。所以他主张打到底。他一点没有假慈悲的伪君子的色彩。现在日本帝国主义这条疯狗，还没有被我们打下水，我们要一直打到他不能翻身，退出中国国境为止。我们要学习鲁迅的这种精神，把它运用到全中国去。

综合上述这几个特点，形成了一种伟大的"鲁迅精神"。鲁迅的一生就贯穿了这种精神。所以，他在文艺上成了一个了不起的作家，在革命队伍中是一个很优秀的很老练的先锋分子。我们纪念鲁迅，就要学习鲁迅的精神，把它带到全国各地的抗战队伍中去，为中华民族的解放而奋斗！

毛泽东的演讲，被陕北公学学员汪大漠记录下来。汪大漠将演讲记录稿带到武汉后，交给曾协助鲁迅编过《海燕》杂志的左联重要成员、著名文艺理论家胡风。胡风将毛泽东的演讲稿刊载于自己主编的《七月》杂志上。

1981年9月22日，《人民日报》发表了毛泽东这篇题为《论鲁迅》的演讲记录稿，后编入《毛泽东文集》第二卷。

1940年1月，毛泽东在延安新创刊的《中国文化》杂志创刊号上发表了著名的《新民主主义论》，对鲁迅给予高度评价：

"鲁迅是中国文化革命的主将，他不但是伟大的文学家，而且是伟大的思想家和伟大的革命家。鲁迅的骨头是最硬的，他没有丝毫的奴颜和媚骨，这是殖民地半殖民地人民最可宝贵的性格。鲁迅是在文化战线上，代表全民族的大多数，向着敌人冲锋陷阵的最正确、最勇敢、最坚决、最忠实、最热忱的空前的民族英雄。鲁迅的方向，就是中华民族新文化的方向。"

在评价鲁迅的短短四句话中，毛泽东给予鲁迅"三家（伟大的文学家、伟大的思想家、伟大的革命家）五最（最正确、最勇敢、最坚决、最忠实、最热忱）"的最高政治定位。在毛泽东对古今中外人物的品评中，还没有第二个受到过如此高的评价，他把对鲁迅的评价推向了最高峰。

在1942年5月的延安文艺座谈会上，毛泽东发表了《在延安文艺座谈会上的讲话》。在这一篇专门谈文艺问题的讲话中，毛泽东提到的唯一一部文学作品就是鲁迅翻译的《毁灭》。

根据毛泽东的提议，1949年7月，全国文联代表大会在北平举行。会议召开期间，各位代表都获得了一枚特殊的像章，这就是毛泽东和鲁迅的双人像章。这枚像章为铜质，圆形，直径2.2厘米，中上方一面飘卷的红旗，有毛泽东和鲁迅的肖像，像章上方有"1949"的字样，下方"中华全国文学艺术工作者代表大会"15个繁体字呈半圆形。毛泽东与鲁迅双人像章的出现，反映了毛泽东对鲁迅的深厚感情。

毛泽东对鲁迅著作的品评

据长期为毛泽东管理图书的工作人员回忆，毛泽东大量接触鲁迅作品，是在1938年8月《鲁迅全集》20卷本编辑发行之后。

1938年1月12日，毛泽东写信给在延安抗日军政大学任主任教员的青年哲学家艾思奇说："我没有《鲁迅全集》，有几个零的，《朝花夕拾》也在内，遍寻都不见了。"

毛泽东在此之前已经读了一些鲁迅作品，但由于种种原因，没有系统地读到鲁迅的全部著作，因此对《鲁迅全集》充满着浓厚的兴趣。

1938年8月，中国第一次出版了20卷本的《鲁迅全集》，毛泽东通过上海中共秘密组织得到了一套。毛泽东对这套《鲁迅全集》十分珍爱。在戎马倥偬的战争年代，毛泽东的不少书籍和用品都丢弃了，可是这套20卷本的《鲁迅全集》却一直伴随着他。建国后，进了中南海后，有一天，他在书房里阅读这套《鲁迅全集》，一边翻阅，一边饱含深情地对身边工作人员说："这套书保存下来不容易啊！当时打仗，说转移就转移，有时在转移路上还要打仗，书能保存到今天，我首先要感谢那曾为我背书的同志们！"

1949年12月，毛泽东首次访问苏联，他也随身带着几本鲁迅的著作，一有空就读。有一天，外事活动后回到住地，离开饭的时间不到半小时，他又拿出鲁迅的书读起来。开饭时间到了，工作人员把饭菜放在桌子上，轻声催他吃饭，他说："还有一点，看完就吃。"毛泽东一边用笔在书上圈圈画画，一边自言自语道，"说得好！说得好！"一直把20来页书读完，才去吃饭。他一边吃，一边笑着对工作人员说："我就爱鲁迅的书，鲁迅的心和我是息息相通的。我在延安夜读鲁迅的书，常常忘了睡觉。"

毛泽东阅读《鲁迅全集》非常认真仔细。从他在书上批画的情形来看，凡是原书中文字排印颠倒、错字漏字的地方，他都把它们一一改正过来。例如，《鲁迅全集》第四卷《二心集》中的《唐朝的盯梢》里有一段文字："那里面有张泌的《浣溪沙》调十首，其九云：晚逐香车入凤城，东风斜揭绣帘轻，慢回娇眼笑盈盈。消息未通何计从，便须伴醉且随行，依稀闻道太狂生。"这首词中的"消息未通何计从"的"从"字，如果仅仅从词义来看，看不出是一个错字；但从词律的音韵来看，显然是错了。毛泽东读到这里时，便将"从"字改为"是"字。中华书局出版的《全唐诗》卷八百九十八显示，原词确实是"是"字，而不是"从"字。1981年新版《鲁迅全集》据此作了改正。

在鲁迅的著作中，毛泽东最爱读、谈得最多的就是《阿Q正传》。在论述一些重大现实问题时，毛泽东常常运用阿Q的形象来表达自己的思想。

1937年3月，毛泽东会见了到延安访问的美国女作家史沫特莱，谈到《阿Q正传》。这是毛泽东谈鲁迅作品的第一次书面记载。毛泽东说：国内有一部分带着阿Q精神的人，扬扬得意地把我们的这种让步叫做"屈服、投降与悔过"，阿Q在任何时候他都是胜利的，别人则都是失败的。

在与斯诺谈话时，毛泽东批评蒋介石否认统一战线的事实，便以阿Q为例，说蒋介石是阿Q主义者，是看不到统一战线存在的自欺欺人。

1945年4月在中共七大预备会上的讲话中，毛泽东说阿Q斗争起来还算英勇，缺点是主观主义、宗派主义，加上党八股。

1956年，毛泽东在《论十大关系》中赞扬"《阿Q正传》是一篇好小说"，"鲁迅在这篇小说里，主要是写一个落后的不觉悟的农民"。他特别指出："我劝看过的同志再看一遍，没有看过的同志好好地看看。"

1959年庐山会议前期，他说要将《阿Q正传》印发给大家，提醒与会的中央委员们不要像阿Q一样，自己的毛病别人说不得，一触即跳。

在1959年中央军委扩大会议上，毛泽东谈道："阿Q这个人是有缺点的，缺点就表现在他那个头不那么漂亮，是个癞痢头，因为他就是讲不得，人家偏要讲，一讲就发火，发火就打架，打架打不赢，他就说儿子打老子。"在这里，毛泽东讲这些话，意在说明有缺点要允许别人讲，有缺点或犯错误的同志要准备听闲话，准备多听一点。

鲁迅的七律《自嘲》是毛泽东最为推崇的作品。鲁迅在书赠柳亚子的条幅上有"达夫赏饭闲人打油偷得半联凑成一律"的跋语，但毛泽东透过作者的自谦领悟到的则是展现诗人人格的严肃主题。所谓"偷得半联"，据郭沫若考证，出自宋人的诗句"饭饱甘为孺子牛"，经诗人对"孺子牛"这一典故的改铸，确实是起了质的变化。毛泽东《在延安文艺座谈会上的讲话》中高度评价出自《自嘲》的"横眉冷对千夫指，俯首甘为孺子牛"一联，认为"应该成为我们的座右铭"，还说"一切共产党员，一切革命家，一切革命的文艺工作者，都应该学习鲁迅的榜样"，学他"做无产阶级和人民大众的'牛'，鞠躬尽瘁，死而后已"的精神。

　　如同鲁迅称赞毛泽东诗词有"山大王"的气概，毛泽东特别看重《自嘲》中的这一联，都是别具只眼。经毛泽东的弘扬，这一联已是公认的作者的人格自画像，是概括鲁迅精神的最为精辟的警语。郭沫若在20世纪60年代初这样评价此联："虽寥寥十四字，对方生与垂死之力量，爱憎分明；将团结与斗争之精神，表现具足。此真可谓前无古人，后启来者。"毛泽东多次书写此联。1945年10月在延安时书写过；1958年12月在武昌应著名粤剧表演艺术家红线女之请求，再次书写，现在传世的墨迹正是这一幅。

　　20世纪60年代初，毛泽东在一次谈话中说："鲁迅的战斗方法很值得学习。""鲁迅战斗方法的一个重要特点是，把所有向他射的箭，统统接过来，抓住不放，一有机会就向射箭的人进攻。人家说他讲话南腔北调，他就出《南腔北调集》。梁实秋说他背叛了旧社会，投降了无产阶级，他就出《二心集》。人家说他的文章用花边框起来，他就出《花边文学》。《申报》的'自由谈'的编者受到国民党的压力，发牢骚说，《自由谈》不要谈政治，只准谈风月，他就出了《准风月谈》。国民党骂他是堕落文人，他的笔名就用堕落文。他临死时还说，别人死前要忏悔，宽恕自己的敌人，但他对自己的'怨敌'，'让他们怨恨去，我也一个都不宽恕'。我们要学习鲁迅的这种战斗精神和方法。"

　　在推崇鲁迅的同时，毛泽东也实事求是地指出鲁迅的某些不足。1939年11月7日，毛泽东在给周扬的信中曾说过："鲁迅在表现农民的作品中，看重其黑暗面和封建主义的一面，忽略其英勇斗争、反抗地主，即民主主义的一面，这是因为他未曾经历过农民斗争之故。"新中国成立后，在同音乐工作者的一次谈话中，毛泽东指出："在中医和京剧方面他（鲁迅）的看法不大正确。中医医死了他的父亲。他对地方戏还是喜欢的。"

毛泽东最爱鲁迅的杂文

1957年前后，是毛泽东一生当中比较多地谈及鲁迅的时期，而他谈得最多的是鲁迅的杂文。

1957年3月8日，毛泽东在《同文艺界代表的谈话》中说：

"鲁迅不是共产党员，他是了解马克思主义世界观的。他用了一番工夫研究，又经过自己的实践，相信马克思主义是真理。特别是他后期的杂文，很有力量。他的杂文有力量，就在于有了马克思主义世界观。我看鲁迅在世还会写杂文，小说恐怕写不动了，大概是文联主席，开会的时候讲一讲。这33个题目，他一讲或者写出杂文来，就解决问题。他一定有话讲，他一定会讲的，而且是很勇敢的。"

中央宣传部办公室1957年3月6日印发的《有关思想工作的一些问题的汇集》，共汇集了33个问题，即毛泽东所说的"33个题目"。

1957年3月10日，毛泽东在接见新闻出版界代表时，谈道：

"鲁迅的文章就不太软，但也不太硬，不难看。有人说杂文难写，难就难在这里。有人问，鲁迅现在活着会怎么样？我看鲁迅活着，他敢写也不敢写。在不正常的空气下面，他也会不写的，但是更多的可能是会写。俗话说得好：'舍得一身剐，敢把皇帝拉下马。'鲁迅是真正的马克思主义者，是彻底的唯物论者。真正的马克思主义者，彻底的唯物论者，是无所畏惧的，所以他会写。现在有些作家不敢写，有两种情况：一种情况，是我们没有为他们创造敢写的环境，他们怕挨整；还有一种情况，就是他们本身唯物论没有学通。是彻底的唯物论者就敢写。鲁迅的时代，挨整就是坐班房和杀头，但是鲁迅也不怕。"

1957年3月12日，毛泽东在中国共产党全国宣传工作会议上的讲话时说：

鲁迅后期的杂文最深刻有力,并没有片面性,就是因为这时候他学会了辩证法。列宁有一部分文章也可以说是杂文,也有讽刺,写得也很尖锐,但是那里面就没有片面性。鲁迅的杂文绝大部分是对敌人的,列宁的杂文既有对敌人的,也有对同志的。鲁迅式的杂文可不可以用来对付人民内部的错误和缺点呢?我看也可以。当然要分清敌我,不能站在敌对的立场用对待敌人的态度来对待同志。必须是满腔热情地用保护人民事业和提高人民觉悟的态度来说话,而不能用嘲笑和攻击的态度来说话。

1966年7月8日,毛泽东在韶山滴水洞所写的一封信中指出:"晋朝人阮籍反对刘邦,他从洛阳走到成皋,叹道:世无英雄,遂使竖子成名。鲁迅也曾对于他的杂文说过同样的话。我跟鲁迅的心是相通的。"这是引鲁迅为知音了,因此又说:"我喜欢他那样坦率。他说,解剖自己,往往严于解剖别人。在跌了几跤之后,我亦往往如此。"鲁迅在毛泽东心目中的地位显然又提升了。

1971年11月20日,毛泽东在同参加武汉地区座谈会人员谈话时说:"我劝同志们看看鲁迅的杂文。鲁迅是中国的第一个圣人。中国第一个圣人不是孔夫子,也不是我,我算贤人,是圣人的学生。"

晚年的毛泽东,"读鲁迅"的兴致并没有因体衰多病有所减少,反而更甚。他在考虑起用一大批老干部时说,要"打破'金要足赤'、'人要完人'的形而上学错误思想",大概也是借用了鲁迅在《准风月谈·关于翻译(下)》的说法。毛泽东还号召各级领导干部"读点鲁迅"。

4. 毛泽东与冯友兰

2006年,由百度国学频道等单位联合主办的"我心目中的国学大师评选"活动的评选结果中,著名哲学家、被誉为"现代新儒家"的冯友兰先生榜上有名。

冯友兰，字芝生，1895年12月4日生于河南省唐河县祁仪镇。父亲名台异，字树候，清光绪年间戊戌科进士。家境殷富，极重教育，堪称"诗礼人家"。冯友兰7岁上学，先读《诗经》，次读《论语》《孟子》，再读《大学》《中庸》《书经》《易经》和《左传》，从头至尾，反复吟诵，从小就奠定了坚实的国学基础。

1912年，冯友兰入上海中国公学大学预科班，1915年入北京大学文科中国哲学门，1919年赴美留学，1924年获哥伦比亚大学博士学位。回国后历任中州大学、广东大学、燕京大学教授、清华大学文学院院长兼哲学系主任。

抗战期间，冯友兰任西南联大哲学系教授兼文学院院长。1946年赴美任客座教授。1948年末至1949年初，任清华大学校务会议主席。曾获美国普林斯顿大学、印度德里大学、美国哥伦比亚大学名誉文学博士。1952年后一直为北京大学哲学系教授。

在燕京大学任教期间，冯友兰讲授中国哲学史，分别于1931年、1934年完成《中国哲学史》上、下册，后作为大学教材，为中国哲学史的学科建设作出了重大贡献。

从1939年到1946年的7年间，冯友兰连续出版了6本书，称为"贞元之际所著书"：《新理学》（1937）、《新世训》（1940）、《新事论》（1940）、《新原人》（1942）、《新原道》（1945）、《新知言》（1946）。通过"贞元六书"，冯友兰创立了新理学思想体系，使他成为中国当时影响最大的哲学家。

20世纪五六十年代是冯友兰学术思想的转型期。新中国成立后，冯友兰放弃其新理学体系，接受马克思主义，开始以马克思主义为指导研究中国哲学史。著有《中国哲学史新编》第一、二册、《中国哲学史论文集》《中国哲学史论文二集》《中国哲学史史料学初稿》《四十年的回顾》和七卷本的《中国哲学史新编》等书。

冯友兰先生和马克思主义哲学家毛泽东有着不同寻常的交往，毛泽东对冯友兰有着颇多的点评。

建国伊始的书信交往

毛泽东与冯友兰的交往始于1949年10月份。

1949年10月1日，冯友兰参加了新中国的开国大典，当聆听了毛泽东在天安门城楼上庄严地宣告"中华人民共和国中央人民政府成立了"时，他心潮起伏，思绪万千。几天后，即10月5日，冯友兰提笔给毛泽东写了一封信。信中说：

毛主席：

在你及中国共产党的领导下，中华人民共和国成立了。你们为中国人民开辟了一个新天地，为中国历史开了一个新纪元。这是关系全人类四分之一人的生死荣辱的一件大事，当然（也）是全世界的一件大事。

我参加了你在天安门就职的典礼，我感受到近几日来群众的欢乐。一切的新气象以及自北京解放以来的所见所闻，使我深切相信你所说的，中国人民不但是站起来了，并且一个文化的高潮即将来临，使中国以具有高度文化的民族的姿态出现于世界。

在参加这几日的庆祝的时候，我于欢喜之中，感觉到十分愧悔，因为在过去我不但对于革命没有出过一份力量，并且在抗日战争时期与国民党发生过关系，我以前所讲的哲学，有唯心及复古的倾向。这些在客观的社会影响上讲，都于革命有阻碍。

各方面对于我的批评我都完全接受，但是我也要表示，我愿意随着新中国的诞生，努力改造自己，作一个新的开始，使我能跟着你及中国共产党，于新中国的建设中，尽一份力量。

……我计划于五年之内，如政协共同纲领所指示的，以科学的历史的观点，将我在二十年前所写的《中国哲学史》，重新写过，作为一个新编。诚如你所说的，我们不但要知道中国的今天，还要知道中国的昨日。

我愿以此项工作迎接将要来临的文化高潮，并响应你的号召……

冯友兰为什么要写信给毛泽东呢?

他晚年回忆道:"当时有许多人向毛泽东写信表态,我也写了一封。"

开国前后,毛泽东异常繁忙,但他还是很快给冯友兰写了回信:

友兰先生:

　　10月5日来函已悉。我们是欢迎人们进步的,像你这样的人,过去犯过错误,现在准备改正错误,如果能实践,那是好的。也不必急于求效,可以慢慢地改,总以采取老实态度为宜。

　　此复。敬颂

　　教祺!

毛泽东
10月13日

　　冯友兰后来回忆说,接到毛泽东回信,他有两点很意外的感受:其一是,"我不料毛泽东的回信来得如此之快,并且信还是他亲笔写的,当时颇有意外之感";其二是,"信中最重要的一句话'总以采取老实态度为宜',我不懂。而且心中有一点反感,我当时想,什么是老实态度,我有什么不老实"。多年后,冯友兰反省道:"经过了30多年的锻炼,我现在才开始懂得这句话了。"冯友兰认识到掌握马克思主义的立场、观点、方法"谈何容易",至于要应用到哲学史的研究工作中"那就更困难",要真正学习并应用马克思主义,就必得"马克思主义'化'了才行","这样的'化'岂是三年五载的时间所能完成的?没有这样的程度,而要重新写《中国哲学史》,那也不会新到哪里,充其量也不过是用马克思主义的字句生搬硬套而已"。于是,他终于认识到:1949年给毛泽东信中所说的"要用马克思主义的立场、观点、方法,在五年之内重写一部中国哲学史,这话真是肤浅之至,幼稚至极","明眼人一看就知道是大话、空话、假话。夸夸其谈,没有实际的内容,这就是不老实态度"。

　　冯友兰还进一步反思自己走过的历程,认为:如果我从解放以来,能够一贯采取老实态度,那就应该实事求是,不应该哗众取宠。写文章只能写我实际见到的，说话只能说我所想说的。改造或进步，有一点是一点，没有就是没有。如果这样，"就可能不会犯在批林批孔时期所犯的那种错误"。

毛泽东多次接见和鼓励冯友兰

1956年1月14日，党中央召开了关于知识分子问题的会议。毛泽东在会上也号召团结知识分子"向科学进军"，迅速赶上世界先进科学技术水平。为了繁荣和发展新中国的科学文化事业，1956年4月，毛泽东在中央扩大会议上提出了"百花齐放、百家争鸣"的方针。中国的知识分子无不欢欣鼓舞，迎来了思想改造后的第一个春天。

冯友兰作为党外人士的大知识分子、全国政协委员，在这一时期应邀参加了一系列政治和学术活动，因而与毛泽东有了多次直接接触和交谈的机会。

1957年2月27日至3月1日，最高国务会议第十一次扩大会议在中南海怀仁堂召开，出席会议的各方面人士共有1800多人。冯友兰作为全国政协委员列席了这次会议。毛泽东在27日下午的会上，以"如何处理人民内部的矛盾"为题发表讲话。讲话分12个问题，从下午3点一直讲到晚上7点，他谈笑风生，讲得深入浅出，讲出了许多新观点、新思想，深深打动了在场的每个人，会场气氛非常活跃。

冯友兰亲耳聆听了毛泽东的精彩报告，这使他不禁联想起"谈笑间，樯橹灰飞烟灭"、"指挥若定失萧曹"的诗词名句中的周瑜和诸葛亮。冯友兰充满钦佩地说："当然，毛主席的讲话是心怀全国，眼观全球，迥非周瑜、诸葛亮可比。但他确实是在谈笑之间，指挥若定，虽然担负着全国的革命重担，但又有举重若轻、若无其事的气象。"

1957年3月6日至13日，中共中央在北京召开了全国宣传工作会议，研究思想动向和意识形态方面的问题，认真贯彻"双百"方针。冯友兰出席了这次会议，又一次聆听了毛泽东具体阐述知识分子和"双百"方针等问题的重要讲话。

3月11日晚，毛泽东邀请了包括冯友兰在内的部分大学负责人在颐年堂座谈。此前，冯友兰发表了《论中国哲学遗产的继承问题》一文，其中对孔子说的"学而时习之，不亦说乎"作了抽象意义和具体意义的新解，认为这句话的抽象意义可以继承。座谈会开始时，毛泽东一看到冯友兰进来，就主动地和他打招呼，并说："学而时习之，不亦说乎？"可见，毛泽东已经阅读过他的文章。会上，毛泽东请冯友兰发言。冯友兰提出了一些关于中国哲学史方面的问题，说："照现在讲法，有些很难讲通。"毛泽东说："那是简单化了。不可以简单化。"散会时，毛泽东拉着冯友兰的手说："好好地鸣吧，百家争鸣，你就是一家嘛。你写的东西我都看。"一番亲切的话语，使冯友兰深受鼓舞。

1957年4月11日，毛泽东在中南海颐年堂的家中请冯友兰、金岳霖、贺麟、郑昕、胡绳、周谷城、王方名等吃午饭。冯友兰后来回忆说，那天其他客人都先到了，只有他迟到了。"毛泽东问我说：'方才找你找不着，你是在上课吧？'我说：'不是上课。今天是任锐同志的周年，我上她的墓地扫墓去了。'毛泽东说：'任锐同志是孙维世的妈妈？'我说：'是的。'"任锐早年参加革命，是冯友兰妻子任载坤的二姐。后来胡绳也到了。毛泽东说："你们都是打过笔仗的人。"毛泽东问郑昕是哪一省的人，郑昕说是安徽的。毛泽东说："你们安徽出过曹操，曹操是个大人物，他比别人高明之处，在于他认识到粮食的重要。"在上饭的时候，毛泽东说："我这饭叫四面八方人马饭，其中有各种米，还有许多豆类，人、马都可以吃，所以叫人马饭。"

冯友兰后来评价说："曹操注重粮食的生产，这是众所周知的，可是把它归结为一句话，以为这是曹操的特点，这是前人所没有说过的。这是'读书得间'，对于研究历史的人是一个启发。"这是冯友兰初次到毛泽东家吃饭，他感叹道："毛主席的生活是简朴的。当时中南海的其他地方，如怀仁堂之类，都经过改建，油漆一新。颐年堂还是很陈旧的样子……他的起居饮食，看样子也不过是像一个生活比较优裕的教授一样，真是书生本色。"

1962年4月，政协全国委员会开大会，冯友兰在会上就他写《中国哲学史新编》作了一个发言。4月15日下午闭会时，毛泽东和中央全体领导同志接见到会的委员，并在一起照相。冯友兰恰好站在毛泽东、刘少奇和周恩来的座位后面。毛泽东就座时，看见冯友兰就拉着他的手说："你的身体比我的身体好。"冯友兰说："主席比我大。"毛泽东说："不行了，我已经露了老态。"毛泽东又问了一遍《中国哲学史新编》进展的情况，并说："你的中国哲学史写完以后，还要写一部西方哲学史吧？"冯友兰说："我只能写中国的，写西方哲学史的任务已经派给别人了。"毛泽东说："对于孔子，你和郭沫若是一派。"说到这里，刘少奇插话说："你的发言很好，言简意赅。"周恩来也向毛泽东介绍说："这一次开会，他是三代同堂：任芝铭任老是他的岳父，孙维世是任老的外孙女，是第三代。"毛泽东点点头。

这次会见，冯友兰感觉很好，说："在这一次谈话中，无论是就谈话的内容还是谈话的态度来说，毛泽东都好像是对待多年不见的老朋友一样。"因此，他回家后，情不自禁地赋诗一首：

怀仁堂后百花香，浩荡春风感众芳。

旧史新编劳询问，发言短语谢平章。

一门亲属传佳话，两派史论待衡量。

不向尊前悲老大，愿随日月得余光。

"文革"中毛泽东保护冯友兰

1966年6月，史无前例的"文化大革命"爆发了。运动一开始，冯友兰就被打成"资产阶级反动学术权威"，成了"牛鬼蛇神"，被抄家，被关进"牛棚"。

然而，1968年11月18日，冯友兰突然被释放回家。冯友兰很想知道为什么如此宽大处理了自己？

后来有人悄悄告诉他说："毛主席在一次中央的会上提到你和翦伯赞。毛主席说，'北京大学有一个冯友兰，是讲唯心主义哲学的，我们只懂得唯物主义，不懂得唯心主义，如果要想知道一点唯心主义，还得去找他。翦伯赞是讲帝王将相的，我们要想知道点帝王将相的事，也得去找他。这些人都是有用的。对于知识分子，要尊重他们的人格。'"

回家后，冯友兰给毛泽东写了感谢信，又于12月26日毛泽东生日，作《蝶恋花·韶山颂》词一首：

> 红日当空耀奇彩，照遍全球，开创新时代。五洲万国祝寿恺，长领革命向前迈。
> 辜负期望十九载，反动路线，罪行深如海。承蒙教育今又再，追随正路永不怠。

1971年6月5日，谢静宜到冯友兰家。"毛主席叫她告诉我说，我给他的信他看见了，谢谢我。毛泽东并且派她向我问候。这使我很受感动。我写了一封感谢信，还作了一首诗，托谢静宜转达。"这首诗是这样写的：

> 善救物者无弃物，善救人者无弃人。
> 为有东风着力勤，朽株也要绿成阴。

1972年8月，文芷来采访冯友兰后，写成《"朽株也要绿成阴"——冯友兰访问记》，收入《中国知识分子近言录》。

1973年，"批林批孔"运动开始后，冯友兰心里又暗自紧张起来，害怕自己这个"尊孔派"又要成为"众矢之的"了。后来他又想，自己何必怕呢？只要和群众一道"批孔"，这不就没有问题了嘛。在这种思想指导下，他写了《对于孔子的批判和对于我过去的尊孔思想的自我批判》和《复古与反复古是两条路线的斗争》两篇文章。前文，是在北大哲学系全体师生大会上的发言；后文，是在北大老年教师"批林批孔"大会上的发言。这两篇文章，在当时"批林批孔"的大背景下果然很受欢迎。

不久，冯友兰这两篇文章同时被刊于《北京大学学报》1973年第四期。接着，《光明日报》于12月3、4两日，予以全文转载，并特地加了"编者按"。再接着，《北京日报》也转载了全文及"编者按"。后来，全国各大报刊都纷纷转载。连冯友兰自己也被弄糊涂了。

直到1974年1月25日，从谢静宜在国务院直属单位"批林批孔"大会上的报告中才"得到一些线索"。冯友兰回忆道:"谢静宜说,在有一次会上,北大汇报'批林批孔'运动的情况,说到我那两篇文章,毛泽东一听说,马上就要看。谢静宜马上回家找到这两篇文章,回到会场交给毛泽东。据说毛泽东当场就看,并且拿着笔,改了几个字,甚至还改了几个标点符号。后来就发表了。她可没有说是毛泽东亲自叫发表的呢,还是下边的人揣测毛泽东的意思而发表的。也没有说《光明日报》那篇'编者按',是谁执笔写的。无论如何,自从这两篇文章发表以后,各地的群众鼓励我的信蜂拥而来,每天总要收到好几封……在领导和群众的鼓励下,我暂时走上了'批林批孔的道路。'""1973年我写的文章主要是出于对毛主席的信任,总觉得毛主席、党中央一定比我对。"

毛泽东晚年曾有过一个讲话录音,其中谈到冯友兰。他说:"冯友兰,中国哲学史是能写的,他的观点是唯心论的。"虽然有唯心论与唯物论的分歧,但是从史学的角度来评价人物,毛泽东对冯友兰却是很欣赏,所以多次作出正面的评价,使得冯友兰文革中得到保护。

1976年9月9日,一代伟人毛泽东病逝,举国哀悼。当晚,冯友兰作了一首挽诗。诗云:

> 神州悲痛极,亿兆失尊亲。
>
> 一手振华夏,百年扶昆仑。
>
> 不忘春风教,长怀化雨恩。
>
> 犹有鸿文在,灿烂照征尘。

9月18日,在天安门举行的毛泽东追悼大会上,冯友兰又作了一首挽诗。诗云:

> 纪念碑前众如林,无声哀于动地音。
>
> 城楼华表依然在,不见当年带路人。

5. 毛泽东与赵朴初

1958年6月30日，毛泽东接见了胡达法师率领的柬埔寨佛教代表团，中国佛教协会副会长赵朴初陪同会见。于是，毛泽东利用等待客人机会，兴致勃勃地问赵朴初有关佛教问题。

赵朴初的回答给毛泽东留下了很深的印象，后来他指着赵朴初对旁人说："这个和尚懂得辩证法。"

赵朴初的佛教慈善路

赵朴初生于1907年11月5日（清光绪三十三年农历十月三十日），是卓越的佛教领袖、杰出的书法家、著名的社会活动家，伟大的爱国主义者。安徽省安庆市人。

1911年，赵朴初随父母迁回老家太湖县寺前河居住。乳名"小开"，谱名"荣续"，号"朴初"。5岁开始在家塾里读书，接受传统国学教育。

1920年，13岁的赵朴初离开了他童年生活的太湖县寺前河，来到中国最繁华的城市上海。1922年春，赵朴初插班考入苏州东吴大学附中。1926年，赵朴初以优异的成绩考入东吴大学。在所有的大学课程中，赵朴初特别爱听江南才女苏雪林的诗词课。幼年私塾已有基础，加上名师的指点，使他在诗词学业上大有进展。

赵朴初的表舅关絅之曾以同知（相当于地方政府厅一级长官）身份，做上海道尹袁树勋的幕僚，是同盟会会员，搭救过孙中山先生。1921年，关絅之走上佛教道路，1922年发起成立佛教居士林，这是全国第一个居士林团体。同年，创办净业社。1927年，净业社迁入上海觉园。

净业社是上海江浙佛教联合会下属单位，赵朴初在这里做秘书，收发报纸，起草文件。关絅之对赵朴初要求很严。第一次看到赵朴初起草的文字时，关絅之皱着眉头，一边拿笔批改，一边婉言批评："你的国文很好，毛笔字也好，但佛教有佛教的门径，你要多看佛书。"从此，赵朴初开始研究佛经。

1929年4月，中国佛教会成立，关絅之被选为九人常委之一。从此，赵朴初和全国高僧大德的接触更加频繁了。年轻的赵朴初在这样一个佛化气氛里，不知不觉也走上了慈悲为怀、普度众生的道路。

1935年秋天，一代高僧圆瑛法师在上海兴办圆明讲堂，经他介绍，赵朴初皈依佛门，成为在家居士。

在圆明讲堂，赵朴初接触了卷帙浩瀚的佛经。在经卷和高僧的影响下，赵朴初将自己在私塾和东吴大学所学的国学知识，融会贯通到佛学中去；他的诗词和书法造诣，也与日俱进了。

1934年至1936年间，中国佛教会改组，圆瑛任会长，赵朴初仍在会中任秘书，他同时又在后来成立的中华慈善团体联合救灾会工作。

1937年上海"八·一三"抗战后，赵朴初积极进行抗日救亡宣传活动，动员和掩护300多名青壮年奔赴前线，千方百计地救济、安置难民。上海沦陷后，他冒着生命危险，克服重重困难，积极与新四军联系，把经过培训的千余名中青年难民，分批送往皖南新四军总部，其后陆续送往苏南、苏北等地参加抗战。

1938年，赵朴初参加了职业界救亡组织上海益友社并担任理事长，参加了上海各界人士抗日统一战线组织"星二聚餐会"及其核心组织"星六聚餐会"，积极宣传抗日主张，团结爱国人士，开展秘密斗争。

1941年，赵朴初通过李恩浩与陶希泉促成，由盛幼安出资，编辑出版大藏经和翻译巴利文藏经。请持松、芝峰、夏丏尊、黄幼希组成《大藏经》编委会，赵朴初担任总务，刊印出版了《普慧大藏经》。

1949年，为迎接上海解放，中共上海地下党组织通过赵朴初联络各界人士成立上海临时联合救济会，赵朴初任总干事。任务是收容战区难民，维护地方治安，接收国民党扔下的伤兵及散兵游勇并给予看管，防止他们扰乱社会。地下党组织决定，由赵朴初出面将美国援华的全部物资接收过来，以补充临时救济委员会的物资不足。如此艰巨任务，赵朴初都完成得很出色。解放后，在"三反"中，经过清算和核查，所有经济账目和物资收支都一清二白。中共上海地下党的负责人张执一在回忆中说，他把这件事向周恩来总理汇报时，周恩来高度评价赵朴初说"解放前做救济工作的人，做到这样是很难得的。这个人要重用"。

1949年秋天，赵朴初从上海到北京出席中国人民政治协商会议第一届全体会议，见到了在会议上致开幕词的中共中央主席毛泽东。这是赵朴初第一次见到毛泽东。在10月9日全国政协举行的第一次会议上，毛泽东当选全国政协主席，赵朴初当选为全国政协委员和中国人民保卫世界和平委员会委员。

在此之前，赵朴初四叔之子、堂弟赵荣声曾于1937年春天去延安，受到毛泽东的接见。赵朴初叔父赵恩宏之子、著名京剧演员赵荣琛，曾在抗战时期的重庆为毛泽东专门演出过。

毛泽东批示："发扬佛教优良传统"

1952年11月4日至5日，中国佛教协会发起人会议在北京召开。赵朴初是发起人之一，并为中国佛教协会发起人会议做了大量的筹备工作。会上决定成立中国佛教协会筹备处，由赵朴初担任筹备处主任。会后发表了《中国佛教协会发起书》。

1953年5月30日至6月3日，中国佛教协会成立会议在北京举行。来自西北、西南、东北、华中、中南、内蒙以及西藏和云南边境地区，包括汉、藏、蒙、满、苗、维吾尔等七个民族的活佛、喇嘛、法师、居士代表120人出席了会议。赵朴初居士在会上作了《中国佛教协会发起经过和筹备工作的报告》；中央民族事务委员会副主任汪锋作了时事报告；中共中央统战部部长李维汉到会讲了话。会上通过了赵朴初起草的，经过李维汉审阅，并报呈毛泽东主席批示同意的《中国佛教协会章程》。这个章程中"发扬佛教优良传统"之句，是毛泽东亲笔加上的。会上经过协商，选举产生了中国佛教协会第一届理事会。选举圆瑛为会长，赵朴初当选为副会长兼秘书长。

中国佛教协会的成立，实现了中国佛教三大语系、四众弟子的空前大团结。中国佛教界许多有识之士长期向往追求的理想变成了现实。赵朴初居士所起的作用，是任何人不能代替的。

赵朴初从1953年起担任中国佛教协会副会长兼秘书长，1980年担任中国佛教协会会长；同时他还担任中国佛学院院长、中国藏语系高级佛学院顾问、中国宗教和平委员会主席。作为新中国一代宗教领袖，他把佛教的教义圆融于中国共产党领导的建设有中国特色社会主义伟大事业之中；圆融于维护民族和国家的尊严，捍卫国家领土和主权的完整，促进祖国和平统一与世界各国佛教界友好交往的伟大事业之中。

作为现代佛教大德，赵朴初一生倡导"人间佛教"。他总结了中国佛教两千多年来的历史经验教训，从理论到实践，解决了当代佛教适应中国特色社会主义社会的重大问题。赵朴初说："人间佛教"的基本内容，"包括五戒、十善、四摄、六度等自利利他的广大行愿。《增一阿含经》说：'诸佛世尊，皆出人间'，揭示了佛陀重视人间的根本精神。《六祖坛法》说'佛法在世间，不离世间觉，离世觅菩提，恰如求兔角'，阐明了佛法与世间的关系。佛陀出生在人间，说法度生在人间，佛法是源出人间并要利益人间的。我们提倡的人间佛教的思想，就要奉行五戒、十善以净化自己，广修四摄、六度以利益人群，就会自觉地以实现人间净土为己任，为社会主义现代化建设这一庄严国土、利乐有情的崇高事业贡献自己的光和热。"

可以说，赵朴初倡导的"人间佛教"，是对毛泽东"发扬佛教优良传统"的批示的落实和具体化。

毛泽东赏识赵朴初的三首散曲

赵朴初还是享誉海内外的诗人。他的诗词曲曾结集出版过《滴水集》《片石集》《赵朴初韵文集》。赵朴初诗词曲表现了深厚的文化底蕴和娴熟的韵律技巧，曾受到过毛泽东的赏识。

1952年国庆节，在观看全国各少数民族代表在中南海怀仁堂表演的节目后，柳亚子先生即席填词《浣溪沙》献给毛泽东。毛泽东填《浣溪沙·和柳亚子先生》词，回赠柳亚子：

长夜难明赤县天，百年魔怪舞翩跹，人民五亿不团圆。

一唱雄鸡天下白，万方乐奏有于阗，诗人兴会更无前。

毛泽东词公开发表后，赵朴初也和词一首：

铜鼓芦笙响彻天，轻裾长袖舞翩跹，歌声齐唱大团圆。

民德如今敦友爱，军威海外又喧阗，五星旗指万夫前。

这是赵朴初在新中国写词之始，对他后来发展成为诗词大家，有"开山"之作用。

20世纪60年代，中国最痛恨的是美帝国主义、苏联修正主义和各国反动派，简称"帝、修、反"。在"帝、修、反"中首当齐冲的当权者是"三尼"：美国总统肯尼迪、苏共第一书记尼基塔·赫鲁晓夫、印度总理尼赫鲁。那时的世界格局，意识形态纷争十分激烈，亚、非、拉美反殖民的独立运动的浪潮汹涌，苏、美两国则以世界两大阵营主宰自居，试图以两国间的交易支配世界。

1963年7月14日，苏共中央发表给苏联各级党组织和全体共产党员的公开信，公开攻击中国共产党，挑起了中、苏两党意识形态的大论战。从9月开始，中共开始连续发表评论文章，抨击苏共公开信。毛泽东认为，苏共领导已经背叛了马克思列宁主义，与新老殖民主义同流合污，是世界被压迫民族和人民更危险的敌人，因此，要同他们"斗一万年"。

1963年11月，美国总统肯尼迪遇刺身亡。正在参加全国政协第三届四次会议的赵朴初，听到消息后想：肯尼迪死了，物伤其类，尼基塔·赫鲁晓夫该伤心了，于是挥笔写下一首《尼哭尼》：

[秃厮儿带过哭相思] 我为你勤傍妆台，浓施粉黛，讨你笑颜开。我为你赔折家财，抛离骨肉，卖掉祖宗牌。可怜我衣裳颠倒把相思害，才盼得一些影儿来，又谁知命蹇事多乖。

真奇怪，明智人，马能赛，狗能赛，为啥总统不能来个和平赛？你的灾压根是我的灾。上帝啊！教我三魂七魄飞天外。真是如丧考妣，昏迷苫块。我带头为你默哀，我下令向你膜拜。血泪儿染不红你的坟台，黄金儿还不尽我的相思债。我这一片痴情呵！且付与你的后来人，我这里打叠精神，再把风流卖。

其中"马能赛，狗能赛，为啥总统不能来个和平赛"，揭露的就是美、苏勾结，充当国际领袖。

没过多久，当时的中宣部副部长姚溱在赵朴初家中看到了这首曲子，认为写得很好，就拿走了。当时姚溱正在由康生牵头的"中苏论战写作组"里，康生从姚溱处看到曲子后，便送到毛泽东主席那里。毛泽东一看很喜欢，说："你别拿走了，这个曲子归我了。"康生的真实目的，并不是觉得曲子写得好，而是认为赵朴初把严肃的反修斗争庸俗化，以显示其政治嗅觉的敏锐；但他见毛泽东喜欢，马上看风使舵，投毛泽东所好，直接找到赵朴初说："以后有什么新作，可要给我啊！"

半年后，尼赫鲁去世。印度在1960年中印边界制造武装冲突后，赫鲁晓夫曾发表声明，偏袒印度；1962年印度向中国发动大规模武装进攻后，苏联成为印度最大的军火供应者。中共与苏共在意识形态领域的斗争白热化后，1964年3月31日，中共发表了"八评"苏共公开信——《无产阶级革命和赫鲁晓夫修正主义》。赫鲁晓夫对尼赫鲁的死，自然也会有兔死狐悲之感。于是，赵朴初又挥笔写了《尼又哭尼》：

[哭皇天带过乌夜啼] 掐指儿日子才过半年几，谁料到西尼哭罢哭东尼？上帝啊！你不知俺攀亲花力气，交友不便宜，狠心肠一双拖去阴间里。下本钱万万千，没捞到丝毫利。实指望有一天，有一天你争一口气。谁知道你啊你，灰溜溜跟着那个尼去矣。教暗地心惊，想到了自己。人生有情泪沾臆。难怪我狐悲兔死，痛彻心脾。而今后真无计！收拾我的米格飞机，排练你的喇嘛猴戏，还可以合伙儿做一笔投机生意。你留下的破皮球，我将

狠命地打气。伟大的、真挚的朋友啊！你且安眠地下，看我鞠躬尽瘁，死而后已。呜呼噫嘻！

这首曲子，与前曲有异曲同工之妙，而且一脉相承，妙不可言。这首曲子很快传到毛泽东那里，毛泽东非常喜欢，读了又读，爱不释手。

1964年10月14日，勃列日涅夫等把赫鲁晓夫赶下了台。中国第一颗原子弹在新疆罗布泊试爆成功。赫鲁晓夫下台后，苏共新领导向率领中国党政代表团访苏的周恩来总理表示，在国际共产主义运动和对中国问题上，他们和赫鲁晓夫没有一丝一毫的差别。针对这一立场，11月21日，《红旗》杂志发表社论，揭露勃列日涅夫、柯西金等执行"一条没有赫鲁晓夫的赫鲁晓夫主义"。反复研读社论后，赵朴初又写了《尼自哭》：

[哭途穷] 孤好比白帝城里的刘先帝，哭老二，哭老三，如今轮到哭自己。上帝啊！俺费了多少心机，才爬上这把交椅，忍叫我一筋斗翻进阴沟里。哎哟啊咦！辜负了成百吨的黄金，一锦囊妙计。许多事儿还没来得及：西柏林的交易，十二月的会议，太太的妇联主席，姑爷的农业书记。实指望，卖一批，捞一批，算盘儿错不了千分一。哪料到，光头儿顶不住羊毫笔，土豆儿垫不满沙锅底，伙伴儿演出了逼宫戏。这真是从哪儿啊说起，从哪儿啊说起！说起也稀奇，接二连三出问题。四顾知心余几个？谁知同命有三尼？一声霹雳惊天地，蘑菇云升起红戈壁。俺算是休矣啊休矣！眼泪儿望着取下像的宫墙，嘶声儿喊着新当家的老弟，咱们本是同根，何苦相煎太急？分明是招牌换记，硬说我寡人有疾。货色儿卖的还不是旧东西？俺这里尚存一息，心有灵犀。同志们啊！努力加餐，加餐努力。指挥棒儿全靠你、你、你，耍到底，没有我的我的主义。

很快，这首曲子经由康生之手，又传到了毛泽东的案头，毛泽东读后自然又大加赞赏一番。

1965年初，苏联部长会议主席柯西金将访华，毛泽东说："柯西金来了，把这组散曲公开发表，给他当见面礼。"

毛泽东将三首散曲原来的标题《尼哭尼》《尼又哭尼》《尼自哭》，分别改为《哭西尼》《哭东尼》《哭自己》，又写了"某公三哭"四个大字作为总标题，让《人民日报》发表。

1965年2月1日，这三首散曲见诸《人民日报》后，中央人民广播电台在早晚新闻和首都报纸摘要节目中，接连几天予以播出。文学作品得如是待遇，还是破天荒头一遭。一下子，这三首曲子震动了文坛，轰动了全国。赵朴初的名字一时风靡海内外。

以毛泽东的雄才大略，面对美苏交易，各方面压力，他不是也有轻描淡写的"不见前年秋月朗，订了三家条约"，"土豆烧熟了，再加牛肉"吗？这同赵朴初散曲中"西柏林的交易，十二月的会议"，"土豆儿垫不满砂锅底"何其相近！在毛泽东，是政治伟人履险自若的潇洒；在赵朴初，是三界外凌虚俯瞰的达观透彻。这正是毛泽东对赵朴初的散曲大为欣赏的原因。

赵朴初也是享誉国内外的书法大师。他的书法，清俊洒脱，秀美润泽，每幅作品都能体现出严谨、沉稳、力到、意到、神到，在一波一碟、一提一转之间仿佛妙手点化，盎然耀眼。当代书法大家启功先生说："朴翁擅八法，于古人好李泰和、苏子瞻书，每日临池，未曾或辍，乃知八法功深，至无怪乎书韵语之罕得传为家宝者矣。"

1976年9月9日，毛泽东主席逝世。这天，正是中秋月正圆之时（农历八月十六）。听到广播里一阵阵揪心的哀乐声音，赵朴初仰望中天，忧心忡忡，万般感慨，涌上心头。当晚，赵朴初作《毛主席挽诗》两首：

> 忽播哀音震八方，人间方望晚晴长。
> 悲逾失父嗟无怙，杞不忧天赖有纲。
> 永耀寰瀛垂训诲，群遵正道是沧桑。
> 乱云挥手从容渡，万古昆仑耸郁苍。

当年立志拔三山，终见神州奋翮翰。

更谴风雷驱鬼蜮，普教天地为回旋。

人心早有丰碑在，真理争从宝藏探。

满月中天瞻圣处，遗言永忆助登攀。

赵朴初谈毛泽东传承国学的功绩

赵朴初对毛泽东十分敬仰，他曾访问延安和韶山，瞻仰毛泽东的旧居窑洞和诞生地。

1987年春天，赵朴初在中国作家协会鲁迅文学院演讲《诗歌及其与佛教关系漫谈》，谈到毛泽东的诗词改革思想：

"记得在1965年间的一天，陈毅同志找我到他家闲谈，他告诉我说：毛主席同他讲过，中国的文艺改革诗最难改，大约需要50年的时间。时间过得很快，转瞬22年过去了。当时在听到陈毅同志转述这些话时，我心里想这一辈子是看不见新的诗歌的改造成功。过去20余年时间再来想，毛主席的估计是正确的，是有道理的。其实这也不仅是毛主席、陈老总的看法，在1950年郭沫若同志就在一篇文章中谈过。他说新诗的形式在今天仍然在探索的途中。1953年郑振铎同志也在一篇文章中谈到，中国诗的形式到现在还是一个没有解决的问题，还处在一个摸索的阶段。到1983年丁芒同志在一篇文章中说：'我国的新诗还没有从内容到形式发展到同旧诗最相称甚至超过它的程度。摸索、探索已经有60多年了，到现在还在摸索、探索。'从50年代到80年代已经有30多年时间了，事实说明毛主席所说的诗歌改革需要50年的时间是不算长的，甚至还有可能更长一些。我不知道毛主席那句话是什么时候讲的，就以陈毅同志告诉我的1965年算起，也有22年过去了，那么还有28年时间。28年时间能够把诗歌改革问题解决，能够完成诗歌改革，就还需大家努力，努力，再努力。据我看，诗歌的改革首先需要从进行诗歌创造的人在思想认识上要取得一致，那么，就是说我们要尊重我们的传统，民族诗歌的传统，不可轻视和忽视这个传统。"

在这次演讲中，赵朴初还谈到毛泽东在传承国学上有两大功绩：

"一个是保存了中医，他指出中西医应当结合，这个方向是很正确的，假如没有毛主席的指示，那么中医中药到今天就会有绝灭的危险，更谈不上发展了。许多年来，中医中药事业遭到很大厄运，遭到一些人的轻视，而正是有了毛主席的指示才得以保护、挖掘和发展，现在有许多西方人都认识到中医药的宝贵价值，向我们学习中医药学。毛主席还有一个功绩就是保存了我们传统的诗歌。毛主席自己写的都是古典诗词，而且指出我们的方向就是古典诗和民歌相结合的方向。我认为这个说法也是正确的。"

6. 毛泽东与郭沫若

在毛泽东的遗物中，有一块欧米茄表。它的外壳呈圆形，直径4厘米，为机械表，"12"数字下有"OMEGA"（欧米茄）字样，表带是棕色牛皮制成的。是一块不寻常的表。这块表是重庆谈判期间郭沫若先生送给毛泽东的。毛泽东非常珍惜它，一直戴到逝世。这块手表真实见证了毛泽东后30余年的革命历程，也凝聚着毛泽东与国学大师郭沫若先生之间的非同寻常的深厚情谊。

郭老国学大成就

郭沫若是我国现代著名的作家、文学家、诗人、剧作家、考古学家、思想家、古文字学家和著名的革命活动家。原名郭开贞，字鼎堂，号尚武。笔名沫若。清光绪十八年九月二十七（1892年11月16日）生于四川省乐山县观娥乡沙湾镇。幼年入家塾读书，1906年入嘉定高等学堂学习，1914年春赴日本留学，先学医，后从文。毕业于日本东京帝国大学医科。这个时期接触了泰戈尔、歌德、莎士比亚、惠特曼等外国作家的作品。1919年9月开始发表新诗。1921年，与郁达夫、成仿吾等组织"创造社"。同年8月，第一部诗集《女神》出版。"皖南事变"后，他写了《屈原》《虎符》等六部历史剧。新中国成立后，他担任多种国家行政、科学文化方面的领导工作，同时坚持文学创作，出版了历史剧《蔡文姬》

《武则天》等和多部诗集。他是我国新诗的奠基人，是继鲁迅之后革命文化界公认的领袖。参加革命工作30余年，为八一南昌起义之核心人物。历任政务院副总理、全国文联主席、全国人大副委员长、全国政协副主席等重要职务。

郭沫若的学术文化大体可以如此划分：20世纪20年代末至30年代中，以甲骨文和青铜器等古文字、古器物为基础，进行中国古代社会研究；30年代后期至40年代中，一面配合历史剧创作进行历史人物研究，一面纵论先秦诸子思想学说；50年代主要精力放在古代社会分期问题和古籍整理方面，60年代以历史人物研究与历史剧创作影响着当时的社会科学和文学艺术领域，在50至70年代的20余年间没有间断过对于古文学、古器物的考释或研究。

1928年3月郭沫若亡命日本，在从事国外理论与学术文化著作的翻译过程中，逐渐意识到简单地把历史唯物论只作为纯粹的方法来介绍，生硬地玩弄一些不容易理解的译名和语法，反而会使其在接受与运用上增加障碍。他采用了围绕"国学"介绍"国学"的做法。同时发现恩格斯《家庭、私有制和国家的起源》中"没有一句说到中国社会的范围"，便决心以这部名著为"向导"来撰写"续篇"，在恩格斯所知道的美洲印第安人，欧洲古代希腊、罗马之外，提供出"他未曾提及一字的中国的古代"。

1928年7月底8月初，郭沫若与古史辨派"不期而同"，从"文籍考订"入手打开"层累地造成"的《周易》这座神秘的殿堂，写出《周易的时代背景与精神生产》（后改名《周易时代的社会生活》），紧接着又推出《〈诗〉〈书〉时代的社会变革与其思想上之反映》。两篇文章，反映了郭沫若对中国古代社会变革的最初认识。在写作过程中，他感到《易》《诗》《书》中有"后人的虚伪的粉饰"，必须找寻没有经过后世的影响而"确确实实足以代表古代的那种东西"。于是，他迈出"考古证史"的步履，自1928年8月底起，在两个月的时间里读完了日本东洋文库中所藏甲骨文的著作以及王国维的《观堂集林》，踏进甲骨文的研究领域，完成《卜辞中的古代社会》这一长篇论文。观点是根据恩格斯《家庭、私有制和国家的起源》一书"摘录"的，材料则以罗振玉、王国维的甲骨文研究为出发点，综合考察了殷商社会的生产状况和组织结构。随后，又以摩尔根《古代社会》和恩格斯《家庭、私有制和国家的起源》为"必须知道的准备知识"，将《卜辞中的古代社会》的基本观点浓缩出来，写成《中国社会之历史发展阶段》，西周以前为原始公社制，西周时代为奴隶制，春秋以后为封建制，最近百年为资本制。在结集出版之际，又赶写了《周代彝铭中的社会史观》，以青铜器铭文论证西周社会是奴隶社会。1930年3月，论文结集为《中国古代社会研究》，由上海联合书店出版。

《中国古代社会研究》一书针对当时的"国故"之争，在认识上和方法上有着两大重要突破。其一，"跳出"经史子集的范围，以地下出土实物为出发点，去认识"古代社会之真情实况"。其二，"跳出"传统观念的范围，引进外来的辩证唯物论观念。由此，确立起一个全新的"中国古代文化体系"。

尽管《中国古代社会研究》一书有"错误的结论"，但具体结论的错误却无法掩盖这样一个事实，即它是以20世纪20年代最新的思想观念——唯物史观为指导，综合了当时最有代表性的两大学术派别——古史辨派、考古证史派的最新成果，确立起自己独特的中国古代文化研究体系，领导了此后的学术文化潮流。

甲骨文、金文研究是郭沫若研究中国古代社会不可分割的组成部分，他曾经把《中国古代社会研究》与《甲骨文字研究》《殷周青铜器铭文研究》作为古代研究的"三部曲"。前面说到，他对传统经典《易》《诗》《书》产生怀疑，因"疑经"转而对地下出土的实物——甲骨文、青铜器进行研究，很快就在这两大领域分别取得举世瞩目的巨大成就。

19世纪末，河南安阳小屯偶尔发现甲骨，经古文字学家王襄、王懿荣辨认，确定为殷商文字。罗振玉在此基础上一面购求、探采，一面开始整理，先后拓印编录了《殷墟书契前编》《殷墟书契后编》等。王国维从罗振玉的著录出发，开始对卜辞进行综合比较研究，写下大量"超越时间、地域"的著名篇章。自1928年起，至1937年，中央研究院先后15次对殷墟进行大规模发掘，总共得甲骨24830余片。1929年和1930年，河南博物馆也有两次发掘，得甲骨3650余片。正当中央研究院在安阳进行大规模发掘期间，郭沫若在日本完成了他关于殷虚甲骨文的系统研究，走出一条"读破它、利用它、打开它的秘密"的路径。于是，形成"甲骨四堂"——罗雪堂（振玉）、王观堂（国维）、董彦堂（作宾）、郭鼎堂（沫若）——各展其长的美谈。

1928年开始，1931年出版的《甲骨文字研究》，反映的是郭沫若对于甲骨文"读破它、利用它"的初始阶段的水平。"识字"是一切探讨的第一步，而且文字本身也是社会文化的一个重要象征。他对甲骨文字的考释，大多根据字的原始形义，结合文献中对字的解释，再参照相关的民俗学资料，纳入他对古代社会的基本认识当中。虽然有些考释尚有不同看法，但就其本身而论，大都能成其为一家之言。

在甲骨学发展近80年的历史中，有50年取得的成就都与郭沫若的创造性探索密不可分。他的甲骨文研究使甲骨学的发展由草创迈向成熟，并预示着后来推进的基本趋势。作为"四堂"之一的郭沫若虽然未来得及为《甲骨文合集》写出"前言"就离世而去了，但他作为主编确实是当之无愧的。

在青铜器铭研究领域，自北宋以来著录的殷周青铜器多达三四千件，但多数青铜器的年代和来历不明。1923年，河南新郑、山西浑源等处发现春秋时期的铜器群。河南洛阳、浚县、汲县以及安徽寿县、山东滕县等地，也都陆续有铜器被发现。殷墟发掘的商代铜器数量也很多，但被盗出售的也为数不少。其中罕见的大器，又多铸有铭文，更是研究铸造时期社会状况的极有价值的史料。当时，著录青铜器的名家有罗振玉、刘体智、容庚、于省吾、孙海波、商承祚等。

1929年，为了考古学上有所借鉴，郭沫若翻译出版了德国学者米海里斯《美术考古学发现史》（后改译名为《美术考古一世纪》），把考古学纳入"美术的视野"。郭沫若的《殷周青铜器铭文研究》一书是最初的实践，书中16篇考释、韵读、综合研究的思路和编次，一年以后被他的《两周金文辞大系》吸收和扩展。

郭沫若的《两周金文辞大系》以及增订成的《两周金文辞大系图录考释》，改变了以往"以器为类"的著录方法和孤立考释器铭的治学传统，理出两周青铜器铭的历史系统和地域分布，首次建立起研究两周彝铭的科学体系。

郭沫若从器物的形制、花纹入手进行考察，以青铜器的形象求得其历史系统，以历史系统与地域分布建立起认识中国青铜器的科学体系，勾画出其发展轮廓，这一举世公认的巨大成就，体现了形象思维与逻辑思维的完美结合。

释读周代彝铭，确立断代体系，是要探讨两周社会，因而发掘出若干重要史实，为研究两周社会开出了新局面，这是郭沫若超出其他古文字学家、古器物学家的地方。

郭沫若考察周秦诸子思想，是与其对中国古代社会的认识紧紧联系在一起的。郭沫若初涉周秦诸子是1921年发表的《我国思想史上之澎湃城》，勾画了中国远古历史的轮廓，设想的"各家学术之评述"，包括老子、孔子、墨子、庄子、惠施等。当他以唯物史观为指导确立起新的中国古代文化体系之后，1935年底写成《先秦天道观之进展》，不仅注意各派的承传，更留神相互间的影响和趋同。至20世纪40年代，郭沫若对于秦以前的社会和思想作出系统研究，呈献出考察周秦之际学术高潮的"姊妹篇"——"偏于考证"的《青铜时代》和"偏于批评"的《十批判书》，成为其贯通子部诸家学说的代表作。

"苏活"古书生命是郭沫若一生整理古籍的最基本态度。这一方面，在他个人的学术研究生涯中占据着重要地位，从不同领域、不同侧面展示出他在古籍整理方面的认识与特色、成就和贡献。

郭沫若选译《国风》中40首抒情诗给它"换上一套容易看懂的文字"，结集为《卷耳集》出版，使得许多年轻人对于古代文学渐渐发生了研究的兴趣。郭沫若认为，不论对于传统文化还是外来文化，都要"向作品本身去求生命"，弄懂原著。而弄懂原著的关键在于使原先颇具生命力的作品通过今译，能够在今天"苏活转来"。他特意写了一篇《古书今译的问题》，强调整理国故的最大目标是"使有用的古书普及，使多数的人得以接近"，并满怀自信地预言："我觉得古文今译一事也不可忽略。这在不远的将来是必然盛行的一种方法。"后来他更进一步指出，传统的注释方法总嫌寻章摘句，伤于破碎，没有整个翻译来得那样的直截了当，并把古书今译问题提到关系继承文化遗产的高度。

校勘和诠释，历来是整理古籍最为基本、最见功力之处。《管子集校》一书，集中显示出郭沫若在这方面的独特路径和所取得的巨大成就。郭沫若首先是在版本搜集、对勘上下大工夫，总共得17种版本和稿本，从中发现不同的版本系统，为前所未闻的创见。同时，他尽可能无遗地网罗以往校释《管子》的诸家著述，达42种之多。书中征引古今学者之说，不下110家。全书写有2000余条"沫若案"，总字数不下20万字。其独特之处大致可以归纳为：以校为主，校注一体；不仅校字校句，而且校节校篇；校释与辨伪、校释与断代结合；运用甲骨文、金文、隶书、草书等新旧文字作校释；以现代经济学等学科的思想注入校释。这种带有研究性质的校改，将《管子》一书的整理推向了新的高度，被认为是"前所未曾有"的第一部博大精深的批判继承祖国遗产的巨大著作。

郭沫若是一位兼具诗人气质和学者博识的文化巨人，因而形成他独特的思维特点和学术风格。在他的庞大的文化体系中往往贯穿着热爱诗人的美、崇尚哲人的真的双重追求，即如他本人所说"以理智为父，以感情为母"。这一特点，反映在他的学术文化研究领域，差不多决定着他的论题选择、研究路数和所作评价。由感情喜好出发，生出选题兴致，求得多种表现形式，或诗、或剧、或文。一旦进入研究境界，在论辩的推动下，定要尽一切努力去寻求证据，非得弄清真相不可，以求得理智的归宿。

翻检毛泽东与郭沫若半个多世纪友谊交往的档案文献史料，处处闪耀着政治豪情与文化浪漫、革命理想与现实斗争、真诚友谊与超人智慧的璀璨光芒。

相逢革命风浪中

1926年3月，大革命的浪潮把毛泽东、郭沫若二人推到了南方革命的策源地——广州。

1926年3月，经瞿秋白推荐、中共组织的安排，郭沫若出任广州大学（今中山大学）文科学长。郭沫若和郁达夫、王独清于3月18日离开上海，23日抵达广州后，到码头接郭沫若一行的是创造社的元老和干将、当时在广东大学担任教授、同时兼任黄埔军校军事教官的成仿吾。

他们先找了一家旅馆住下。虽然忙忙碌碌，但是成仿吾没有忘记把广州时局的现状告诉了新来的几位朋友。把行李安排好之后，郭沫若顾不上休息，就和成仿吾一同到林祖涵（伯渠）家拜访，这是他们在上海与林祖同接洽的时候早已说定了的。

林伯渠，出生于1886年，湖南临澧人，早年留学日本，加入过同盟会，是一位革命元老。国共第一次合作时，共产党人林伯渠担任了国民党中央执行委员会常务委员、农民部长。在当时的革命队伍里，肩负着十分重要的责任。

郭沫若一行人到达林伯渠家时还是上午，林伯渠有事刚出门不久，家里人让他们在屋里坐等，说很快主人就会回来。于是，他们决定等一会儿。

没想到，在主人的书房里，还有另一位客人在等候着。那位客人就是来与林伯渠商量工作的毛泽东。

毛泽东此时是国民党中央代理宣传部长。当时国民党中央宣传部长为汪精卫，但汪还担任着国民政府主席的职务，忙不过来，就向国民党中央推荐了身为国民党中央候补执行委员的毛泽东代理宣传部长。

郭沫若等人被引进书房，先已坐等的毛泽东立即十分礼貌地站了起来，主动和他们打招呼。

成仿吾因为到广州已有些时日，和毛泽东有过接触，郭沫若和毛泽东却从未见过面。但此时此地相会，凭感觉二人都能估计到对方不会是等闲之辈。

客观地说，那时郭沫若和毛泽东二人，要说对于对方的熟悉和了解，恐怕是郭少于毛，毛多于郭。此前他们互不相识，郭沫若对毛泽东不会没有耳闻，但印象至多是"一个革命党人"。毛泽东应该对郭沫若知道得更多，因为当时的郭沫若在文坛上已是人人皆知，远近闻名。郭沫若在新文化运动中的表现，他在诗歌创作上的成就和影响，也令毛泽东仰慕。此刻，他们在林伯渠家见面，对于双方，都不能不说是一件快慰平生的事。

毛泽东第一次见郭沫若，其印象如何，因为没有文献可考，后人无法揣度。这也许给历史留下一点遗憾。不过，郭沫若对毛泽东的第一印象却以当事者回忆录的形式保留了下来。

郭沫若在事过多年以后，用看来十分平淡，实则饱含深情的笔触，记述了这次有意义的会见及他对毛泽东的最初印象——1932年6月郭沫若在自传《创造十年》中生动地描述：

> 太史公对于留侯张良的赞语说："余以为其人计魁梧奇伟，至见其图，状貌如妇人好女。"吾于毛泽东亦然。人字形的短发分排在两鬓，目光谦抑而潜沉，脸皮嫩黄而细致，说话的声音低而委婉。不过在当时的我，倒还没有预计过他一定非"魁梧奇伟"不可的。
>
> 在中国人中，尤其在革命党人中，而有低声说话的人，倒是一种奇迹。他的声音实在低，加以我的耳朵素来又有点背，所说的话我实在连三成都没有听到。不过大意是懂到的，所谈的不外是广东的现状，仿吾在旅馆里早就告诉我们了。

这时正是王明"左"倾路线控制中央的时候，《创造十年》9月出版，10月宁都会议时毛泽东便被解除了红军总政委和总前委的职务，被排斥在中央领导之外。郭沫若对毛泽东的称赞在客观上无异于是一种道义上的支持。

从郭沫若这段话中，是可以明显看到这样几点的。那就是：第一，郭沫若对毛泽东的第一印象确实非常好，甚至可以说是超过想象的好；第二，郭沫若对毛泽东印象之好，是觉得毛泽东不但文静儒雅，而且为人"谦抑而潜沉"，不大声说话，不像有些革命党人喜欢高谈阔论，喜欢动辄教训人，甚至常常表现出咄咄逼人的气势。在郭沫若眼里，毛泽东和他们完全不同，这不能不让他印象甚深。

正如郭沫若所说，毛泽东和他谈话的内容"不外是广东的现状"。从毛泽东这面看，他认为这对刚刚来到广州的郭沫若无疑是最应该也最急于知道的。而毛泽东和郭沫若刚刚见面，就毫无保留地向郭介绍广州当前的情况，也完全是以革命同志相待，由此也足以显出他对郭的尊敬和信任。毛泽东告诉郭沫若，从当前的情况看，"中山舰事件"充分暴露了资产阶级右翼的动摇性和叛变革命的极大可能性。他本人早在3月20日之前，就已经预见到了这一发展趋势，他曾经说过："那动摇不定的中产阶级，其右翼可能是我们的敌人。"只是想不到事情发生得这样快。毛泽东在对当时形势作了科学的分析之后，一再对郭沫若说：对资产阶级右派的反动行为，必须针锋相对地进行反击。而且，经过事变的教训，共产党人和国民党左派应该更坚决地和资产阶级右派争夺革命的领导权，并且积极地争取农民和士兵群众，把他们团结在自己周围。这次事件，虽然资产阶级右派遭受到挫败，但还必须保持高度的警惕，提防他们的可能叛变。他的这些看法在当时革命队伍中并不是人人同意，然而他自信是合乎客观形势的，希望得到郭沫若的支持。

当时毛泽东正在广州主办第六届农民运动讲习所，觉得让像郭沫若这样有名气的诗人来讲讲也不错。过了几天，毛泽东就专程来到郭沫若的家里邀请他，郭沫若欣然应诺。不久，毛泽东便亲自陪同他去农民运动讲习所作报告。后来，广东东山青年会邀请毛泽东、郭沫若去作演讲，两人欣然而往，当场各作了一番演说。

同年7月9日，北伐战争开始。当国民革命军攻占武汉后，国民政府也迁都武汉。不久郭沫若身为北伐军总政治部副主任、秘书长，又奉命从汉口搭船，到江西九江去做政治工作了。

北伐军占领武汉三镇不久，广州国民政府也迁往武汉。毛泽东在武汉任全国农民协会总干事，主持中央农民运动讲习所工作。郭沫若此时任北伐军总政治部副主任、代主任，主持政治部日常工作。根据总政治部主任邓演达的命令，政治部工作重点"偏重在农民运动方面"，因而他们之间不但在工作上有密切配合，而且在个人友谊上也加深了。许多年后毛泽东还在书信中提到"武昌分手"之事，难忘那段革命友谊。

"四·一二"反革命政变发生后，毛泽东参加了"八七会议"，发动秋收起义上了井冈山，开辟了中国革命"农村包围城市"的武装斗争道路。郭沫若则参加了南昌起义，任起义军总政治部主任兼宣传委员会主席，在南下途中入党，起义失败后，逃亡香港，后到上海，接着又流亡日本10年，直到1937年7月抗战爆发后才回到祖国。

相互支持与鼓励

抗日战争时期，郭沫若在中共南方局和周恩来的直接领导下，从事抗日文化和统一战线工作，成为国民党统治区乃至文化界公认的领袖，革命文化运动的旗手。

毛泽东对于郭沫若的文化工作、学术研究和历史剧创作，给予极高评价。郭沫若对党、对毛泽东也发自内心地热爱和拥戴。他曾宣称要做"党的喇叭"，"党决定了，我就照办，要我做喇叭，我就做喇叭"。

1938年1月，郭沫若在赠于立群诗《陕北谣》中唱道："陕北陕北太阳红，救救祖国出牢笼。"表达了对党、对领袖赤诚的挚爱和赞美之情。

毛泽东多次在讲话和信件中对郭沫若所取得的卓越成就，给予祝贺和鼓励。

1939年7月，郭沫若父亲去世后，毛泽东在挽联中对郭沫若委婉地给予了表彰，说："哲嗣乃文坛宗匠，戎幕奋飞，共驱日寇，丰功勒石励来兹。"

1940年1月，毛泽东在《新民主主义论》中，将中国文化革命自"五·四"起至抗战分列四个阶段，并充分肯定了郭沫若在第四阶段的卓著成就。

1944年1月9日，毛泽东在收到郭沫若的历史剧《虎符》后，请董必武转交他给郭沫若的电报，表示庆贺：

"收到《虎符》，全篇读过，深为感动。你做了许多十分有益的革命文化工作，我向你表示祝贺。"

同日晚，毛泽东在给杨绍萱、齐燕铭的信中，又再次称赞郭沫若，说：

"郭沫若在历史剧方面做了很好的工作，你们则在旧剧方面做了此种工作。"

信中的"此种工作"，即毛泽东信中所说的："历史是人民创造的，但在旧戏舞台上（在一切离开人民的旧文学、旧艺术上）人民却成了渣滓，由老爷、太太、少爷、小姐们统治着舞台，这种历史的颠倒，现在由你们再颠倒过来，恢复了历史的面目，从此旧剧开了新生面。"因此，毛泽东对他们表示祝贺。

1944年，郭沫若写了一篇不但在全国历史学界，也在革命队伍中引起强烈反响的长篇史论——《甲申三百年祭》。

这一年，对中国共产党和全中国人民来说，意味着一个重要的转折。夺取抗日战争的全面胜利，解放全中国的前景已为时不远。当时，由共产党领导的《新华日报》和《群众》周刊杂志社等组织发表一批纪念明亡300周年的文章，意在用此历史教训提醒全党和全国人民，在胜利时务必保持清醒头脑，不要犯骄傲自满忘乎所以的历史错误。

郭沫若应约写出了《甲申三百年祭》，交重庆《新华日报》发表，自3月19日至3月22日连载了四天。国民党方面十分震惊，一些大员指责作者"为匪张目"。郭沫若即理直气壮地说："我郭沫若就是要为'匪'张目嘛！"《中央日报》还专门为此发表了一篇题为《纠正一种偏向》的社论，说郭沫若在文章中"鼓吹战败主义和亡国思想"，表示不能"听其谬种流传"，要"共同纠正这一思想，毫不姑息，毫不放松"。

《甲申三百年祭》很快得到了毛泽东的肯定和热情赞扬。毛泽东对李自成原本十分重视，对其领导的农民起义有过高度的评价。在他的著作中，曾多次提到李自成起义。特别是来到陕北后，毛泽东对李自成的事迹表现得更为关心。陕北米脂是李自成的家乡。当地有位名叫李健侯的人写了一部历史章回小说《永昌演义》（1926），毛泽东于1942年见到这部书的手抄本，表现了很大的兴趣，认真地把它读完。当然，这是一本写作比较粗糙、思想认识也比较浅薄的作品，毛泽东对其评价不可能很高。在毛泽东看来，不能把李自成单单写成一个品德方面的英雄，要表现阶级斗争推动历史进步的主题思想，挖掘起义所蕴涵的历史意义。现在，他读到郭沫若关于李自成的分析，发现这篇文章正是用辩证唯物主义和历史唯物主义观点评价李自成起义的，当然格外兴奋，格外重视。

就在读了《甲申三百年祭》后不久的4月12日，毛泽东在延安高级干部会议上作的《学习和时局》的报告中，特别提到郭沫若的这篇文章。他说：我党历史上曾经有过几次表现了大的骄傲，都是吃了亏的……近日我们印了郭沫若论李自成的文章，也是叫同志们引为鉴戒，不要重犯胜利时骄傲的错误。

同月18日和19日，延安《解放日报》又按毛泽东的指示，全文转载了郭沫若的文章，并加了"编者按"，对以《中央日报》为首发起的对郭文的"围剿"进行了反击，说"蚍蜉撼大树，只是增加了郭先生的文章的历史价值而已"。之后，毛泽东即指示将该文作为整风文件，供党内学习。

8月下旬，郭沫若收到周恩来从延安托专人带来的，用陕甘宁边区产的淡蓝色马兰纸印的《屈原》剧本和《甲申三百年祭》的单行本。当天晚上，他即给毛泽东和周恩来以及其他许多在延安的朋友一一修书致函，感谢他们对自己的鼓励和鞭策。

11月21日，毛泽东亲笔复信郭沫若，全文如下：

沫若兄：

大示读悉。奖饰过分，十分不敢当；但当努力学习，以副故人期望。武昌分手后，成天在工作堆里，没有读书钻研机会，故对于你的成就，觉得羡慕。你的《甲申三百年祭》，我们把它当作整风文件看待。小胜即骄傲，大胜更骄傲，一次又一次吃亏，如何避免此种毛病，实在值得注意。倘能经过大手笔写一篇太平军经验，会是很有益的；但不敢作正式提议，恐怕太累你。最近看了《反正前后》，和我那时在湖南经历的，几乎一模一样，不成熟的资产阶级革命，那样的结局是不可避免的。此次抗日战争，应该是成熟了的，国际条件是很好的，国内靠我们努力。我虽然兢兢业业，生怕出岔子；但说不定岔子从什么地方跑来；你看到了什么错误缺点，希望随时示知。你的史论、史剧有大益于中国人民，只嫌其少，不嫌其多，精神决不会白费的，希望继续努力。恩来同志到后，此间近情当已获悉，兹不一一。我们大家都想和你见面，不知有此机会否？

谨祝

健康、愉快与精神焕发！

毛泽东上

一九四四年十一月二十一日，于延安

山城重逢见真情

1945年春，郭沫若就跟一位与他亲近的青年说，他最崇拜的人是毛泽东，这不仅因为毛泽东已是中国共产党的主席，更因为他对毛泽东的才华和人格力量的"崇拜"。郭沫若说：

"这个人全面地赢得我的佩服。比如说这个人写的文章，单是语言文字，就远非我郭沫若所能及。你去读读他的文章，例如《论持久战》，真是汪洋恣肆，博大精深，句句是至理名言，而且深入浅出，简洁明了，可以说是现代的太史公笔墨！至于政治、军事的分析论断，那是当前中国绝无出其右者，所以他堪称中国共产党的杰出领袖，中国现代的非凡的政治家……"

1945年8月28日，毛泽东由延安飞赴重庆与国民党谈判。郭沫若和各民主人士前往机场迎接。这是他们自武汉分手后头一回见面。9月1日晚，在出席中苏友协举行的鸡尾酒会上，他们再次相会。3日下午，毛泽东原打算去郭沫若住处天官府会见各界人士，因举行庆祝抗战胜利大游行而交通受阻，改在谈判期间毛泽东在市内下榻处桂园。郭沫若偕夫人于立群前往，在座的有翦伯赞、邓初民、周谷城、冯乃超等人。毛泽东同大家开怀畅叙，特别对坐在身边的郭沫若再次谈起他读《反正前后》的印象。

谈话快结束时，毛泽东从衣袋里掏出一块老怀表来看时间。郭沫若见这块怀表已经很旧，目前正在和国民党谈判，毛泽东又有许多社会活动，应该有一块更好的表，于是立即把自己的瑞士名表抹下相赠。

毛泽东对郭沫若的这一赠品十分珍视，曾多次对身边的工作人员谈起这块表的来历，说："这块表可不能丢，不要叫别人拿去。"虽然几经修理，表带也换过了，但他一直戴到临终。现在，这块表就陈列在毛泽东纪念堂的展柜里。1986年9月9日，汪东兴来瞻仰毛泽东遗容时，对参观的同志说："毛主席的礼品里有好几块外宾赠送的表，我曾拿两块让他选一块戴，但他不要。有一次，这块表拿去修理，我给他送去一块礼品表，他不戴，只是摆在办公桌上。这块表修好后，他又将礼品表送回礼品室了。"由此足可看出毛泽东是多么重视自己和郭沫若之间的深厚的友情。

重庆谈判期间，毛泽东的《沁园春·雪》一词曾在文化界人士中广为传抄。毛泽东返回延安后，《新民报》副刊《西方夜谭》编者吴祖光，于11月14日将该词刊载。两周后，《大公报》又将柳亚子的和词连同毛泽东的词一并以显著位置刊出。一时间，仅重庆就有十余家报刊发表步韵、唱和与评论文章。舆论沸腾，人心所向，令国民党当局十分惊恐。

国民党中宣部的头目一面召见《新民报》负责人，责骂其向共产党"投降"；一面又在蒋介石授意下指使《中央日报》《扫荡报》以唱和为名，攻击共产党人"妄图称霸"，辱骂人民军队不过是黄巢之辈的"草莽"，狂叫什么要"完璧归赵"。《益世报》《文化先锋》等报刊与之遥相呼应。

郭沫若为反击那些"皮相轻飘"、"鹦鹉学舌"的国民党御用文人，先后写了两首和词，对毛泽东的词予以崇高评价，批驳那些无耻的谰言，说"毛泽东的词，岂是汉高祖刘邦的《大风歌》所能比拟的，亦与荆轲离燕赴秦刺杀秦始皇时告别友人的千古绝唱《易水寒》本质不同"，毛词"别开生面，是堂堂大雅"，国民党当局的文化扫荡，即为"漫天迷雾"也终有消散之时，是"无损晴朗"的！

随着人民解放军战争的节节胜利，郭沫若对毛泽东的感情也逐渐升华，对毛泽东的历史功绩和雄才大略无比崇仰，对毛泽东的文艺思想自觉遵从且不遗余力地宣传介绍，对毛泽东的诗词，更是佩服得五体投地，自愧不如。

1948年11月，郭沫若由香港乘轮船赴东北解放区途中，诗兴大发，作《金环吟》一首，其中有"凤飞岐山岭，衔环献毛公"的句子。虽然用的是周朝初周文王时代的凤鸣岐山的典故，但是表现了诗人对党、对人民革命事业和领袖的赤诚与报效的感情。

1949年1月，沈阳各界举行欢迎从香港归来的民主人士大会。会上，郭沫若公开表示，今后要"以毛泽东主席的意见为意见"。

1949年7月1日，中华全国文学艺术工作者代表大会召开，郭沫若被推为总主席。会议期间，毛泽东、朱德、周恩来等也来了。臧克家在《得识郭老五十年——怀念郭沫若同志》一文中曾描写当时的情景：毛主席、周总理都亲临盛会。郭老代表近千名代表向毛主席深深地，深深地90度鞠躬。这一鞠躬，给我的印象深刻极了。使我想到20多年来，郭老对窃国大盗蒋介石鄙视之，唾骂之，与之坚决斗争，生死不顾。今天，对人民的革命导师则一躬到地，毕恭毕敬。

1950年国庆节，在天安门城楼上，身为全国文联主席、政务院副总理、中央人民政府委员的郭沫若代表民主党派、无党派民主人士，手持一面锦旗，走到毛泽东面前，恭恭敬敬地赠送给毛泽东。旗上写着："我们永远跟着您走。"毛泽东见状，十分高兴，连忙接下锦旗，与郭沫若握手，表示感谢。

诗词唱和谱新章

毛泽东和郭沫若从某个意义上说又都是诗人，而且是新时代的革命浪漫主义的杰出代表。他们有许多同好、不少相似之处，如都非常喜欢唐代浪漫主义诗人李白。毛泽东提出革命现实主义与革命浪漫主义相结合的创作方法，公开为浪漫主义正名；郭沫若公开承认自己是一个浪漫主义者，一改20年代世界观转变以来对浪漫主义采取的不满态度。在繁忙的政务和研究之余，两人都喜欢自铸新词，或相互传观，或互为唱和，或切磋技艺，或评词论诗，一时传为文坛佳话。

1955年岁末，郭沫若曾率中国科学院考察团访问日本，期间写了《访日杂咏》十首古体诗，郭沫若将《箱根即景》等七首呈送毛泽东。后来毛泽东十八首诗词在《诗刊》创刊号上发表不久，郭沫若就写了《试和毛主席韵》，作《念奴娇·小汤山》《浪淘沙·看溜冰》《水调歌头·归途》，和毛泽东的《念奴娇·昆仑》《浪淘沙·北戴河》《水调歌头·游泳》。

郭沫若在1958年7月《红旗》杂志第三期，发表了《浪漫主义与现实主义》，以毛泽东的《蝶恋花·答李淑一》为例，表达对毛泽东的敬仰。郭沫若在文中说："不用说这里丝毫也没有旧式词人的那种靡靡之音，而使苏东坡、辛弃疾的豪气也望尘却步。这里使用着浪漫主义的极夸大的手法把现实主义的主题衬托得非常自然生动、深刻动人。这真可以说是古今的绝唱。我们如果要在文艺创作上追求怎样才能使革命的现实主义和革命的浪漫主义结合，毛泽东同志的诗词就是我们绝好的典范。"

1959年9月7日，毛泽东写就七律《到韶山》《登庐山》两首新作，即写信给胡乔木，请他将两首诗"送给郭沫若同志一阅，看有什么毛病没有？"并嘱："加以笔削，是为至要。"郭沫若读后，于9日、10日连写两信，提出自己的修改意见："主席诗《登庐山》第二句'欲上逶迤'四字，读起来似有踯躅不进之感。拟易为'坦道蜿蜒'，不识何如"。又认为："《到韶山》'热风吹雨洒南天'句，仔细反复吟味了多遍，觉得和上句'冷眼向洋观世界'不大谐协。如改为'热情挥雨洒山川'以表示大跃进，似较鲜明，不识何如。古有成语，曰：'挥汗成雨'。"毛泽东看后感到很有启发，将两诗字句作了修改后，又命胡乔木"再送郭沫若一观，请他再予审改"。这两首诗经郭沫若、臧克家等提出意见，毛泽东反复斟酌修改后才公开发表。

1961年10月18日，郭沫若在北京民族文化宫，观看了浙江省绍剧团演出的《孙悟空三打白骨精》。这出地方戏引发了郭沫若的诗兴和政治热情，于10月25日夜，写下了七律《看〈孙悟空三打白骨精〉》，并在11月1日的《人民日报》上发表：

> 人妖颠倒是非淆，对敌慈悲对友刁。
>
> 咒念紧箍闻万遍，精逃白骨累三遭。
>
> 千刀当剐唐僧肉，一拔何亏大圣毛。
>
> 教育及时堪赞赏，猪犹智慧胜愚曹。

毛泽东看到后，于11月17日作《七律·和郭沫若同志》：

一从大地起风雷，便有精生白骨堆。

僧是愚氓犹可训，妖为鬼蜮必成灾。

金猴奋起千钧棒，玉宇澄清万里埃。

今日欢呼孙大圣，只缘妖雾又重来。

郭沫若《看〈孙悟空三打白骨精〉》发表的直接政治背景是，在1961年10月苏共召开的二十二大上，在全世界的社会主义国家面前，苏联人空前激烈地谴责斯大林，猛烈攻击和中共关系密切的阿尔巴尼亚共产党，并号召推翻阿共领袖霍查。参加这次会议的中国代表团团长周恩来，当场予以批评与驳斥，并率代表团提前回到中国，以示抗议。苏共此番举措，无异于在中苏关系上火上浇油。

郭沫若写完《看〈孙悟空三打白骨精〉》，送交发表的同时呈送了毛泽东，随后就南下上海、浙江、广东等地游访，约两月有余。郭沫若最早看到毛泽东的和诗，据他自己说，是在1962年1月6日的广州，由康生抄录见示的。郭沫若见到毛泽东和诗的当天，立马写了一首和诗，1月8日由康生转呈毛泽东：

赖有晴空霹雳雷，不教白骨聚成堆。

九天四海澄迷雾，八十一番弭大灾。

僧受折磨知悔恨，猪期振奋报涓埃。

金睛火眼无容赦，哪怕妖精亿度来。

毛泽东看了郭沫若的和诗，于1月12日给康生回信（而不是直接复信郭沫若）说："八日惠书收到，极高兴。请告郭沫若同志，他的和诗好，不要'千刀当剐唐僧肉'了，对中间派采取了统一战线政策，这就好了。近作咏梅词一首，是反修正主义的，寄上请一阅。并请送沫若一阅。外附陆游咏梅词一首。末尾的说明是我作的，我想是这样的。究竟此词何年所作，主题是什么，尚有待于考证。我不过望文生义说几句罢了。请代问郭老好！"

复信中所说的"反修正主义"的咏梅词，就是毛泽东的《卜算子·咏梅》：

> 风雨送春归，飞雪迎春到，已是悬崖百丈冰，犹有花枝俏。
>
> 俏也不争春，只把春来报，待到山花烂漫时，她在丛中笑。

从郭沫若最初写的《看〈孙悟空三打白骨精〉》来看，郭沫若当时大概没有考虑到更为复杂的中国国内外政治斗争。当看了毛泽东的和诗后，郭沫若马上意识到自己原先的想法和毛主席的想法有不一致之处。于是，依毛泽东和诗原韵，写了一首和诗。毛泽东所谓"和诗好"，无异于肯定了郭沫若和诗的用意。其实，对郭沫若和诗的称赞，恰恰隐含着毛泽东对郭沫若原诗政治内涵的不认同。其中的原委曲折，郭沫若在以后的文章中说了出来："'千刀当剐唐僧肉，一拔何亏大圣毛'，这就是我对于'人妖颠倒是非淆，对敌慈悲对友刁'的唐僧的判状。但对戏里的唐僧这样批判是不大妥当的。戏里的唐僧是受了白骨精的欺骗，因而把人妖颠倒了，把敌友混淆了。他是蠢人做出了蠢事。在戏的后半，白骨精的欺骗当场揭穿时，唐僧也就醒悟过来，直到悔恨，并思念孙悟空。"

1962年值逢毛泽东《在延安文艺座谈会上的讲话》发表20周年之际，经毛泽东同意，《人民文学》5月号发表其30年前旧作词六首。编辑部特请郭沫若作些诠释，帮助读者理解。郭沫若为此跑了几次中央档案馆弄清每首词的时代背景，写成《喜读毛主席"词六首"》同时刊在《人民文学》上。郭沫若在收到文章小样后，即写信送呈毛泽东"加以删正"。毛泽东特地对《娄山关》词开头的时令和结尾问题作了详细的说明。说该词是攻克娄山关、重占遵义后追写的。南方好多省，冬天无雪，或多年无雪，而只下霜，长空有雁，晓月不甚寒，正像北方的深秋，云、贵、川诸省，就是这样。结尾"苍山如海，残阳如血"是当时实际的感受。一到娄山关，这种战争的胜利和自然景物的偶然遇合，使这两句颇为成功。同时，毛泽东还将郭沫若文中感谢中央档案馆同志的一句话作了修改，改为"其中有中央档案馆的同志们的很大的帮助"。

毛泽东70虚岁生日那天，郭沫若写了一首《满江红·领袖颂》。《光明日报》在1963年元旦，以《满江红——1963年元旦抒怀》为题发表：

　　　　沧海横流，方显出英雄本色。人六亿，加强团结，坚持原则。天垮下来擎得起，世披靡矣扶之直。听雄鸡一唱遍寰中，东方白。

　　　　太阳出，冰山滴；真金在，岂销铄？有雄文四卷，为民立极。桀犬吠尧堪笑止，泥牛入海无消息。迎东风革命展红旗，乾坤赤。

　　郭沫若的这首词又一次引发了毛泽东的诗兴和唱和。毛泽东读后，大发感慨，在短短数日后的1月9日，彻夜未眠，挥毫吟诵成一首《满江红·和郭沫若》：

　　　　小小寰球，有几个苍蝇碰壁。嗡嗡叫，几声凄厉，几声抽泣。蚂蚁缘槐夸大国，蚍蜉撼树谈何易。正西风落叶下长安，飞鸣镝。

　　　　多少事，从来急；天地转，光阴迫。一万年太久，只争朝夕。四海翻腾云水怒，五洲震荡风雷激。要扫除一切害人虫，全无敌。

　　据身边工作人员讲，毛泽东写这首词的时候时而在室内踱来踱去，时而又坐下奋笔疾书，真是殚精竭虑，反复琢磨而成，第二天只见废去的稿纸就装了大半纸篓。1月9日毛泽东即将新词书赠周恩来。其后发表，又有几处经过毛泽东修改。

批孔惊涛有安慰

毛泽东对郭沫若的史学著作，历来十分重视。在毛泽东的中南海故居里，收藏有郭著《历史人物》《青铜时代》《十批判书》《奴隶制时代》和《中国史稿》等。这些书上都有圈有点，留下了认真阅读过的痕迹。

大概是《十批判书》在学术界影响深广的缘故，毛泽东先后读了五遍。晚年因为视力不好，还特地印了大字本来看。开始，他对郭沫若的《十批判书》也不是全盘否定，只是说其中有的观点是好的，有的有错，思想是尊孔的。

1968年10月31日，毛泽东在中国共产党扩大的八届十二中全会闭幕会上，说到郭沫若的观点和《十批判书》：

"拥护孔夫子的，我们在座的有郭老，……我这个人比较有点偏，就不那么高兴孔夫子。你那个《十批判书》崇儒反法，在这一点上我也不那么赞成。"

此时毛泽东语气平和，还停留在学术观点的争鸣上，所以郭沫若也并未感到有多大压力。

1971年"九·一三事件"发生后，情况就有些不同了。1973年5月，中共中央工作会议上，传达了毛泽东关于"要批孔"的指示。就在这一年的下半年，毛泽东一而再、再而三强调他批孔扬秦、扬法抑儒的观点。

1973年5月，毛泽东写了一首五言诗：

> 郭老从柳退，不及柳宗元。
> 名曰共产党，崇拜孔二先。

同年8月5日，毛泽东又让江青记录下他的七律《读〈封建论〉赠郭老》：

> 劝君少骂秦始皇，焚坑事业要商量。
> 祖龙魂死秦犹在，孔学名高实秕糠。
> 百代多行秦政制，十批不是好文章。
> 熟读唐人封建论，莫从子厚返文王。

毛泽东的《读〈封建论〉赠郭老》是他扬秦始皇抑孔夫子、扬法抑儒的经典表述。写这首诗的时候，毛泽东已经80岁了。这是他写的最后一首咏史诗，也是他一生中写的最后一首诗。这首诗之所以写给郭沫若，是因为郭老20世纪40年代在重庆写的《十批判书》里面，称赞孔子"是顺应着当时的社会变革的潮流的"。毛泽东不赞同这个观点。对秦始皇历来遭受非议的"焚书坑儒"之事，毛泽东也多有辩护。这些，他都写进了诗中。

毛泽东的《读〈封建论〉赠郭老》这首诗除了批评郭沫若之外，还有两个隐而不显的批评对象。诗中的"孔学名高实秕糠"句实际上是对着宋代诗人谢涛的《梦中咏史》说的："百年奇特几张纸，千古英雄一窖尘。唯有炳然周孔教，至今仁义洽生民。"而"祖龙魂死秦犹在"句明显针对的就是唐人章碣的《焚书坑》的前两句："竹帛烟消帝业虚，关河空锁祖龙居。"

1973年7月4日在和王洪文、张春桥的谈话中，毛泽东对李白描写秦始皇的《古风》一诗作了评价。李白诗云："秦王扫六合，虎视何雄哉！挥剑决浮云，诸侯尽西来。"毛泽东认为这几句写得非常好，因为这是歌颂秦始皇的；"但见三泉下，金棺葬寒灰。"毛泽东认为这几句写得很不好，因为这是讽刺秦始皇的。

"批林批孔"运动的干将江青，跑到北京大学，组织起一班人将郭沫若著作中颂扬儒家的话全部摘录出来，准备印发各地作为批判的靶子。江青这样做，也不是以郭沫若作为首要和终极目标，她心中有更大用意和目标，那就是被她看做最大障碍的周恩来。毛泽东发现了江青想用郭沫若祭刀，立刻加以制止，并明确指示："不能批判郭沫若。"

江青还是组织清华、北大两校"大批判组"（后来取其谐音，以"梁效"署名）连篇累牍地撰写评法批儒的文章。一贯崇儒的北大名教授冯友兰迫于形势，也写了两篇批孔文章。毛泽东知道后，饶有兴趣地叫人拿来给他看。在看完两篇文章后，他对人说："那里面可是指了郭老的名字的，别批郭老啊！"后来这两篇文章在《光明日报》公开发表时，郭沫若的名字和《十批判书》的书名都删掉了。

1974年1月25日，江青等人擅自在北京首都体育馆召开了国务院系统近两万人参加的"批林批孔"动员大会。在大会上，江青公然蛮横地点了郭沫若的名。她还引用毛泽东说过"十批不是好文章"的话，把郭沫若叫起来站着，当众侮辱达数分钟之久，这无异于对郭沫若进行了一次声势浩大的批判。

会后，郭沫若拖着疲惫的身躯回到自己前海西街18号的家里，他内心沉郁，一句话都不想说。家里人也不知道该怎样安慰他。就在这时，周恩来派人来探望，并对郭沫若的家属、秘书和工作人员说："郭老已经是80多岁高龄了，要保护好郭老，保证郭老的安全。"并且传达了认真保护好郭沫若的四条具体措施：第一，郭老身边24小时不能离人，要配备专人昼夜值班；第二，要郭老从10多平方米的卧室搬到大房间去住，理由是房子小，氧气少，对老年人身体不利；第三，郭老在家活动的地方，要铺上地毯或胶垫，避免滑倒跌伤；第四，具体工作由秘书王廷芳组织执行，出了问题，由他负责。郭沫若听后激动地连连说："谢谢总理，谢谢总理！"

1月25日的大会是背着政治局召开的，也没有经过毛泽东的同意。毛泽东在知道情况之后，十分生气。他下令扣留江青他们准备发到全国各地的"一·二五"大会实况录音带，使有关批判郭沫若的那些话没有在全国范围内散播。这使郭沫若感到别有一番暖意在心头。

出于对"伟大领袖"的感激，也出于"自觉革命"的要求，他于2月7日，抱病写了两首题为《春雷》的七律奉呈毛泽东：

春雷动地布昭苏，沧海群龙竞吐珠。
肯定秦皇功百代，判宣孔二有余辜。
十批大错明如火，柳论高瞻灿若朱。
愿与工农齐步伐，涤除污浊绘新图。

读书卅载探龙穴，云水茫茫未得珠。
知有神方医俗骨，难排蛊毒困穷隅。
岂甘樗栎悲绳墨，愿竭驽骀效策驱。
最幸春雷惊大地，寸心初觉识归途。

郭沫若用回答毛泽东的《读〈封建论〉赠郭老》的方式，一方面检查、批判自己过去的观点，一方面表白自己重新学习、重新认识的决心。

然而，即便如此，江青一伙还是不甘就此罢休。"1·25"大会后不久，张春桥和江青先后蹿到郭沫若家里，指责他歌颂孔子骂了秦始皇。江青更是逼他写"批宰相"、"批大儒"的文章。郭沫若知道那是针对周恩来的，即以沉默表示对抗。江青喋喋不休地纠缠了近三小时，郭沫若五内俱焚，急火攻心，当夜即发高烧，住进了医院。

周恩来知道郭沫若为张春桥、江青所逼，生气而生病住院的情况后，立即指示要精心治疗，并常派自己的医生去医院探望。随后，毛泽东也派人看望郭沫若，并又要去了他写的《读〈随园诗话〉》。这对郭沫若当然是最大的安慰，因为他心里最清楚，就在这本书的《论秦始皇》一节里，他是肯定了秦始皇，并为秦始皇的"焚书坑儒"辩解过。

毛泽东逝世一年以后，郭沫若赋诗怀念毛泽东：

> 形象思维第一流，文章经纬冠千秋。
> 素笺画出新天地，赤县翻成极乐洲。
> 四匹跳梁潜社鼠，九旬承教认孔丘。
> 群英继起完遗志，永为生民祛隐忧。

7. 毛泽东和高亨

1966年初，有一首《水调歌头》的词作，曾以手抄的形式，在大江南北广为流传。由于其气势磅礴，豪放雄迈，很多人认为是一代诗词巨匠毛泽东的手笔。全词如下：

> 掌上千秋史，胸中百万兵。眼底六洲风雨，笔下有雷声。唤醒蛰龙飞起，扑灭魔炎魅火，挥剑斩长鲸。春满人间世，日照大旗红。
> 抒慷慨，写鏖战，记长征。天章云锦，织出革命之豪情。细

检诗坛李杜，词苑苏辛佳什，未有此奇雄。携卷登山唱，流韵壮东风。

在当时，就连对毛泽东诗词深有研究的一些人，也认为是毛泽东的新作，因为此词谈古论今，纵横驰骋，其遣词造句、起承转合，都实在酷似毛泽东已发表的词作的风格了。

曾任中共中央文献研究室副主任、中共中央宣传部副部长、中共中央党校副校长、中央党史研究室常务副主任等职的龚育之，其时虽对此词义不符合毛泽东之口吻而表示怀疑，但也认为"写得有气派，艺术上也是高水准的"，"似也可信"。1966年2月上旬，龚育之在武汉东湖向毛泽东汇报工作的间隙，当面向毛泽东求证。毛泽东哈哈一笑，说："词写得不错嘛！有气势，不知是哪个知识分子写的？"

后来有关部门考虑到这首词流传甚广，关系到领袖，经过一番认真调查，终于弄清了此词的来龙去脉。

原来，此词作者乃当时山东大学的教授高亨。

为了避免以讹传讹，1966年的2月18日的《人民日报》在第八版上刊登此词。编辑在排版时作了精心安排，不仅放在右上角的显眼位置、加了粗线条的花边、用了大号字，而且在高亨名字前特加上了"山东大学教授"六字，并且还用黑体字加了编者按："1964年初，《文史哲》杂志组织了一次笔谈学习毛主席诗词十首的活动。在笔谈中，作者写了下面这首词，原刊《文史哲》1964年第1期。"

《人民日报》之所以介绍得如此详细，显然有辟谣之意。作者虽得以澄清，但这首词的社会影响却丝毫没有减小，人们谈到毛泽东的诗词，总是忘不了"掌上千秋史，胸中百万兵……"文革初期，此词竟被冠以《读林彪〈人民战争胜利万岁〉有感》的标题，与陈明远的一些诗词一同被冠以"未发表的毛主席诗词"而广泛流传。

山东大学是一所以文史见长的百年名校，曾因有"冯陆高萧"四大学者而名扬世界。冯，指冯沅君；陆，指陆侃如；萧，指萧涤非；高，就是高亨先生。

高亨，又名晋生，是我国著名的古文字学家、先秦文化史研究学者和古籍校勘考据专家。1900年7月29日生于吉林双阳县一个小山村。10岁时取名高仙翘，入私塾就读，打下了坚实的国学基础。1918年春，高仙翘考入吉林省立第一师范学校，1922年冬毕业。1923年春，他远离家乡来到北京，入北京弘达学院补习英语，继而转到北京师范大学、北京大学。1925年秋，改名高亨，考入清华大学研究院，师从中国当时第一流的学者梁启超、王国维。梁启超对高亨的毕业论文《韩非子集解补证》颇为赏识，曾说："陈兰甫始把《说文》带到广东，希望你把《说文》带到东北。"并赠给他一副对联："读书要最识家法，行事不须同俗人。"从此，高亨立志遵循清代著名学者高邮王氏的家法，严谨治学，并决心过"读书、教书、写书"的"三书"生活。

　　1926年秋，高亨从清华大学研究院毕业，被吉林省立法政专门学校聘为教授，开始了终生的教书生涯。两年后转任沈阳东北大学教授。"九·一八"事变后随东北大学来到北平。之后又历任河南大学、武汉大学、齐鲁大学、西北大学和湘辉学院教授。1945年8月，在四川三台执教于东北大学，一年后随东北大学迁回光复后的沈阳。自1931年底离开东北奔赴关内，高亨先生足迹遍及大半个中国，辗转流徙，飘无定居，在充满孤独漂泊之感和忧国忧民愁思的日子里，坚持学术研究。他的几部力作如《周易古经通说》《周易古经今注》《老子正诂》《墨经校诠》等，大都完成于这一时期。这几部专著以其内容丰实、考订精当而享誉学界，从而确立了他在现代易学、老学和墨学研究中不可摇撼的地位。

　　全国解放后，高亨仍从事高校教学工作，1953年任山东大学中文系教授。

　　1963年10月，中国社会科学院哲学社会科学部第四次委员会（扩大会议）在北京举行。在山东大学任教的高亨教授应邀参加了会议。会议即将闭幕时，他与范文澜、冯友兰等九位国学大家一起，受到毛泽东的亲切接见。当中宣部副部长周扬介绍到高亨先生时，毛泽东一面亲切与他握手，一面风趣地询问："你是研究文学的还是研究哲学的呢？"高先生回答说自己对于古代文学和古代哲学都很有兴趣，但水平有限，没能够做出多少成绩。毛泽东心情很好，说他读过高先生关于《老子》和《周易》的著作，对高先生的成绩给予肯定，还说了些鼓励的话。

这次接见，使高亨激动不已，终生难忘。返回济南后，遂将自己的著作《诸子新笺》《周易古经今注》等6种，连同一信，寄周扬副部长转呈毛泽东。

1963年12月，人民文学出版社出版的新版《毛泽东诗词》中，除收有早已流传的27首诗词之外，还有初次发表的新作10首。山东大学学报《文史哲》编辑部及时组织了一次笔谈学习毛主席诗词的活动，高亨先生积极参加，并填写了那首著名的《水调歌头》。

1964年第1期《文史哲》杂志配合编刊了《笔谈学习毛泽东诗词》的文章和附词一组，其中就有高亨的这首词。这首词一经发表，立即引起共鸣，被传抄吟诵，广为流传。但在传抄中，不少人漏抄作者姓名，这便引出一桩"诗案"。

随后，高亨把这首词连同一张恭贺春禧的短函寄呈毛泽东。大约过了一个月的时间，高亨就收到了毛泽东的回信。全文如下：

高亨先生：

寄书寄词，还有两信，均已收到，极为感谢。高文典册，我很爱读。肃此。敬颂安吉！

毛泽东

1964年3月18日

信封上写道：

青岛山东大学高亨先生　北京毛寄

毛泽东信中说的"寄书"，就是高亨第一次托周扬转呈的《诸子新笺》等几本书。"寄词"就是第二次寄去的词作《水调歌头》。"还有两信"就是寄书和寄词时附的两封信。"高文典册，我很爱读"两句，是毛泽东对高亨著作的评价。毛泽东显然是把他的著作作为典籍对待了，这个评价是很高的，对后来确立高亨在全国学术界的地位，无疑起了权威性的作用。"肃此"即恭敬地写这封信，这里是谦词。不过信封上写的"青岛山东大学"有误，因为山东大学在1958年由青岛迁到了济南。毛泽东亲笔题写的"山东大学"校名，便出自这封信的信封上，现在高悬在山东大学的校门上方。

高亨先生收到毛泽东手书后，十分欣喜，倍加珍重，特制镜框装裱，高悬书房。20世纪70年代初，当北京图书馆征集毛泽东手书时，高亨先生虽十分珍惜，万难割爱，但为顾全大局和永久保藏计，仍欣然应允。

由于种种原因，1966年后，高亨同许多教授一样，被迫停止工作，接受批判和参加体力劳动。1967年8月，在毛泽东的直接关怀下，高亨被借调到北京，先住在中华书局，后又由文化部安排了一个住处，实际上是被保护起来。从此，他离开工作了十几个年头的山东大学。

1986年2月2日晨，高亨先生逝世于北京，终年86岁。

高亨先生的学术著作素以博湛精深著称，其留世的《高亨著作集林》共分10卷，收有《周易古经今注》《周易大传今注》《周易杂论》《老子正诂》《老子注译》《诸子新笺》《庄子今笺》《商君书注译》《墨经校诠》《诗经选注》《诗经今注》《楚辞选》与《上古神话》《文字形义学概论》《文史述林》《文史述林辑补》等，是当之无愧的现代国学大师。

8. 毛泽东评梁漱溟

如今儒学复兴，被称为"中国最后一个儒家"的梁漱溟先生，自然备受推崇。这位1988年逝世的95岁高龄的老人，与和他同龄、但先他十几年而逝的开国领袖毛泽东，有着一段非同寻常的交往和必将流传青史的故事。

现代"新儒学"的先驱

梁漱溟是一位学识渊博、著作等身的国学大师。祖籍广西桂林，1893年10月生于北京。原名梁焕鼎，字寿铭。梁漱溟5岁发蒙读书，6岁还不会穿裤子，瘦弱多病而且呆笨。梁漱溟9岁时，有一次他积蓄的一小串铜钱不见了，四处寻问，且向人吵闹，也没有找到。隔一天，他的父亲在庭院前桃树枝上发现了这串钱，知道是孩子挂在树枝上遗忘了。父亲并不责斥他，也不喊他来看，只写了一张纸条，大意是：有小儿在桃树下玩耍，偶将一小串钱挂于树枝上而忘之，到处寻问，吵闹不休。次日，其父打扫庭院，见钱悬于树上，乃指示之，小儿始自知其糊涂云云。小梁漱溟看了，马上省悟，跑去一看，一串钱还挂在树枝上，不禁十分羞愧。此事的教益遂长久留在梁漱溟的记忆里，使他此后树立了事事认真的态度。

梁漱溟历经两度私塾，13岁考入顺天中学，渐渐养成独立思考的习惯。他看到家里的佣人天天做饭、洗衣服，很是辛苦，便问她们是否辛苦，而她们都说习惯了，脸上常有知足的笑容。自己家产富足，父母疼爱，不用操任何心，也挑不出任何不满意的地方，但内心却常常感到很烦闷，这是为什么？他为人生问题感到困惑，反复思考，悟出这样一个道理：人生的苦乐不在环境，而在自身，即在主观。其根源是自己的欲望，满足则乐，不满足则苦。第一个欲望满足了，第二个欲望又来了，而欲望是无法全部满足的。

那时北京琉璃厂西门有个"有正书局"，出售上海狄葆贤主编的《佛学丛报》，当时梁漱溟对佛教的大乘、小乘尚不分晓，什么密宗、禅宗也不明白，但见到佛书就买，买回家就读，渐渐地发现自己对人生苦乐的探求与佛学合拍，于是边学边钻，渐渐入了门。

辛亥革命时期，梁漱溟在甄元熙的介绍下，参加了同盟会，在京津支部主办的《民国报》任编辑和外勤记者。他常用的笔名有寿民、瘦民等。有一次，该报总编辑孙浚明为梁写了一幅扇面，上款题"漱溟"二字，梁看后认为孙浚明代拟的笔名很好，甚合心意，从此便以"漱溟"行世。

当时社会的黑暗、官场的污浊，使梁漱溟很快地感到厌倦和憎恶。他辞去了记者工作，在家闲居，专心攻读佛典，从20岁开始长年素食，且不蓄发，俨然一个僧人。

梁漱溟24岁那年，因在《东方杂志》上发表论著《究元决疑论》为蔡元培所赏识，应聘到北京大学主讲印度哲学。当时的北大受蔡元培"思想自由，兼容并包"教育思想的影响，学术空气异常浓厚，新旧不同学术思想都十分活跃。在这种氛围下，梁漱溟在北大发起了东方学及孔子哲学的研究，出版了《东西文化及其哲学》《中国文化要义》等著作，首次运用比较学的方法，对中国、印度和西方三种文化体系产生的历史渊源及不同特点作了全面系统的分析，对儒学在世界文化中的地位及其未来发展趋势和作用进行了大胆预言，因此，被学术界誉为现代"新儒学"的先驱。

梁漱溟从来"不为做学问而做学问"，而是善于把冷静的思辨介入复杂的人生哲学，用自己的认知和实践，走寻求解决中国社会问题的人生之路。1924年，他毅然辞去北大教职，到山东菏泽办高中，又创办了山东乡村建设研究院，发表《中国民族自救运动之最后觉悟》《乡村建设大意》《乡村建设理论》等著作，推行乡村建设运动。1925年任山东省立六中（今菏泽一中）高中部主任。1928年至1929年，担任广东省立第一中学（今广雅中学）校长，他将广雅精神提炼为"务本求实"四个字，并成为延续至今的校训。1931年，他在邹平创办山东乡村建设研究院。

延安窑洞里的彻夜畅谈

1937年，"七·七"事变后抗战全面爆发。梁漱溟在山东搞了7年的乡村建设工作自然就搞不下去了。他作为无党派的社会贤达被邀请参加南京国民党的"参议会"。但随着国民党军队"八·一三"抗战失利，日军长驱直入，特别是一些国民党大员，无信心抗日，有的丢弃大片国土，不战而逃；有的不只自己逃难，还把资产、妻儿送往国外，使梁漱溟大失所望，对抗战的前途也很悲观。于是，产生了去延安见见中共领袖毛泽东的念头。

1938年1月，梁漱溟风尘仆仆，只身来到了革命圣地延安。此次延安之行，毛泽东共会见梁漱溟8次，每次二人交谈时间都在两小时以上，其中有两次几乎是彻夜长谈。

初次见面，毛泽东就说："梁先生，我们早就见过面了，您还记不记得？民国七年（1918年）在北京大学，那时您是大学讲师，我是小小图书管理员。读到您的《究元决疑论》，还蛮佩服您敢于向名人挑战的精神呢！您常来豆腐池胡同杨怀中先生家串门，总是我开大门。后来杨怀中先生病故，我也成了杨家的女婿。"

毛泽东一语唤醒了梁漱溟对往事的回忆，连声说："是的，好记性，有这事，有这事。"

原来，梁漱溟有一位本家兄长名叫梁焕奎，家在湖南湘潭，是当地著名的开明绅士。为了支持维新，培育人才，他曾资助过包括杨怀中在内的一批湖南青年赴日留学，因此被杨怀中尊称为恩师。1917年，为躲避战乱，梁焕奎来到北京，借住在梁漱溟家中。不久杨怀中亦进京，在北大哲学系任教。由于杨怀中经常去探望梁焕奎，遂与梁漱溟结识。二人一见如故，志同道合，情谊日笃，成为忘年之交。此后，梁漱溟每遇到难解之题，不论是白天还是晚间，就去向杨怀中讨教，因而成了杨家的常客。杨怀中，就是毛泽东在湖南一师时的恩师、杨开慧的父亲杨昌济先生。

恰好毛泽东是1918年初到北京，经杨怀中介绍，在北大图书馆谋得一职。毛泽东白天供职兼修习，晚上就住在杨家。梁漱溟每每晚间去杨宅，总见一位高个子青年前来开门揖客，彼此也点头寒暄，但他始终没有打问过对方是谁，更没有想到他就是后来成为开国领袖的毛泽东！然而毛泽东早从杨怀中那里得知这位来客的尊姓大名，并且认真拜读了他的成名作《究元决疑论》，留下非常深刻而良好的印象。

1938年1月，在延安，屋外严寒逼人，屋内温暖如春，毛泽东与梁漱溟彻夜畅谈……

第一次晤谈时，他们谈起了30年前的一些往事，也谈起了抗战以来发生的许多事情。当谈到对时局的看法时，梁漱溟就把近年来自己的所见所闻、心中的迷惘以及此次造访的来意，向毛泽东作了如实的倾诉。他不无忧虑地问道："中国的前途如何？中华民族会亡吗？"

毛泽东一边吸烟，一边耐心地听完了梁漱溟的陈述，然后面带微笑，缓缓地回答道："梁先生，你所见所闻若干情况，大体都是事实。但我的看法，中国的前途大可不必悲观，应该非常乐观。中华民族不会亡的，最终中国必胜，日本必败，只能是这个结局，别的可能性是没有的。"接着毛泽东扳着指头详细分析了战争爆发以来国内外形势的变化："决定中国前途者不外三方面：一为中国自身；一为敌人方面；一为国际环境。而求中国之胜利，一在中国自身；二在敌人的内溃；三在国际的协助。国际情形，分析起来，已经日益好转。敌人一面，随战事的扩大与延久，而日益暴露其弱点，增其困难。所剩的为中国自身团结问题，两年来已逐步趋向团结。既如此，又何须悲观？抗战的最终结果，中国必胜，日本必败，也是必然的。"

毛泽东这一番条分缕析、入情入理的话，使梁漱溟顿开茅塞，心悦诚服，他就无限感慨地说："毛先生，可以这样说，几年来对于抗战必胜，以至如何抗日，怎么发展，还没有人对我说过这样使我信服的话！您今天的谈话，真使我豁然开朗，心中的愁闷一扫而光！"

第一次晤谈，从下午6点一直持续到次日凌晨，因时间太晚，他们约定明晚继续交谈。临别，梁漱溟拿出自己写的《乡村建设理论》，请毛泽东指教。

第二次谈话，也是从下午6点开始，一直谈到次日天明，整整一个通宵，两人谈兴甚浓，欲罢不能。这次谈话的内容是一旦抗战胜利，如何建设一个新中国的问题。在这个问题上，梁漱溟和毛泽东分歧较大。

谈话一开始，毛泽东就拿出梁漱溟送的那本《乡村建设理论》，说："大作拜读了，但看得不细，主要之点都看了。我还从大作中摘出一些结论性的话。概括地说，你的著作对中国社会历史的分析有独到的见解，不少认识是对的。但你的主张总的说是走改良主义的路，不是革命的路。而我认为，改良主义解决不了中国的问题，中国社会需要彻底的革命。革命怎样才能彻底，中国共产党的基本理论，是对中国社会进行阶级和阶级斗争的分析、估计，从这一基本分析、估计而得出的力量对比出发，而确定中国共产党的路线、方针、政策……"毛泽东十分详尽地分析了中国社会的特点，特别是阶级矛盾和阶级斗争的激化问题，并十分突出地强调其作用。

梁漱溟当即争辩说："中国的社会与外国社会不同。在历史上，外国的中古社会，贵族与农民阶级对立鲜明，贵族兼地主，农民即农奴，贫富对立，贵贱悬殊。但中国的中古社会不是这样，贫富贵贱，上下流转相通，有句老话叫：'朝为田舍郎，暮登天子堂；将相本无种，男儿当自强。'中国的社会贫富贵贱不鲜明、不强烈、不固定，因此，阶级分化和对立也不鲜明、不强烈、不固定。这种情况在中国历史上延续了一两千年，至今如此。根据这种分析，我提出了'伦理本位'、'职业分途'八个字。所谓'伦理本位'是针对西方人'个人本位'而言的。西方人讲自由、平等、权利，动不动就是有我的自由权，个人的权利放在第一位，借此分庭对抗。但中国不是这样，注重的是义务，而不是权利。父慈子孝，还有兄友弟慕，夫妻相敬，亲朋相善，等等，都是'伦理本位'的内容，是指导中国家庭和社会的重要原则，即注重义务，每个人都要认识自己的义务是什么，本着自己的义务去尽自己的责任，孝家庭，也孝社会。所谓'职业分途'，也就是社会分工，你干哪一行，从事哪件工作，就有责任把它做好。人人尽责，做好本行，则社会就稳定、发展……"

毛泽东十分耐心地听完梁漱溟的长篇大论，然后心平气和地说："中国社会有其特殊性，有自己的文化传统，有自己的伦理道德，梁先生强调这些也并没有错。但中国社会却同样有着与西方社会共同的一面，即阶级的对立、矛盾和斗争，这是决定社会前进最本质的东西。我以为梁先生是太看重了中国社会特殊性的一面，而忽略了决定着现代社会性质的共同性即一般性的一面。其理由我再申述之……"

梁漱溟对此不以为然，他十分断然地说："毛先生，恰恰相反，我认为正是您的理论太看重了现代社会共同性即一般性的一面，而忽略了中国社会最基本、最重要的特殊性的一面。我们的分歧，正在这里。"……

两人都不断地、反复地申述自己的观点，相持不下，直至天明，谁也没有说服谁。

在48年后的1986年秋天，毛泽东已经逝世10年，93岁高龄的梁漱溟先生在回顾这次争论时，还心绪激动地说："现在回想起那场争论，使我终生难忘的是毛泽东作为政治家的风貌和气度。他披着一件皮袍子，有时踱步，有时坐下，有时在床上一躺，十分轻松自如，从容不迫。他不动气，不强辩，说话幽默，常有出人意外的妙语。明明是各不相让的争论，却使你心情舒坦，如老友交谈。他送我出门时，天已大亮。我还记得他最后说：'梁先生是有心之人，我们今天的争论可不必先作结论，姑且存留听下回分解吧。'"

其实，1951年梁漱溟写了《何以我终于落归改良主义？》等文章，对10余年前延安窑洞里的争论作了结论。梁漱溟在文中毫无保留地说："若干年来我坚决不相信的事情，竟然出现在我眼前。这不是旁的事，就是一个全国统一稳定的政权竟从阶级斗争中而建立，而屹立在世界的东方。我曾经估计它一定要陷于乱斗混战而没有结果的，居然有了结果，而且结果显赫，分明不虚。"梁漱溟的检讨和反省，虽然没有说清楚自己思想转变的来龙去脉，却在事实面前，承认了对于中国的前途问题，毛泽东的主张是正确的，而自己是错的。

中南海毛泽东家的座上客

新中国成立后，成为开国领袖的毛泽东，没有忘记他的党外老朋友梁漱溟。

1950年1月，重庆解放才两个月，毛泽东和周恩来就电邀身在重庆的梁漱溟来北京，共商国是。当梁漱溟到达北京时，毛泽东和周恩来恰好出访莫斯科。3月10日，毛泽东和周恩来返抵北京，在火车站欢迎的人群中，毛泽东一眼就认出了梁漱溟，他快步走上前去，微笑着紧紧握着梁的手说："梁先生，您也到了北京，我们又见面了。您身体可好？家眷都来了吗？改日到我家做客，长谈，再干一个通宵也成！"

毛泽东老友般的亲切话语，使梁漱溟握着毛泽东的手，激动得一时竟说不出话来。

第二天晚上中央政府举办的宴会上，二人约定次日到中南海颐年堂叙谈。

3月12日下午5时许，梁漱溟作为座上客，第一次走进了中南海。毛泽东早在颐年堂院门等候，并由中央政府秘书长林伯渠陪同，三人一同来到会客室。一番简单的寒暄过后,毛泽东就开门见山地征询梁漱溟对国事的意见。一向爽心直口的梁漱溟随口答道:"如今中共得了天下,上下一片欢腾。但得天下易而治天下难,这也可算是中国的古训吧。尤其是本世纪以来的中国,要长治久安,不容易呵。"毛泽东摆摆手,笑笑说:"治天下固然难,得天下也不容易啊!众人拾柴火焰高。共产党靠大家,大家为国家齐心协力,治天下也就不难了。梁先生这次到了北京,可以参加我们政府的工作了吧?"

毛泽东这最后一句话,是梁漱溟事先没有料想到的,他迟疑了片刻回答说:"主席,像我这样的人,如果先摆在政府外边,不是更好吗?"

梁漱溟之所以这样回答,当时有他不便说出的顾虑。他考虑到自抗战结束以来,他一直以"第三方面"的资格,参与国共两党的军事"调停",为国内和平奔走。现在新中国虽然成立了,但全国大局能不能从此稳定统一下去尚有疑虑。如果今后大局一旦发生变化,仍需要他这样的人出来为国奔走效劳。若一旦参加了新政府,自然便失去了为各方面说话的身份。

梁漱溟的答复,显然令毛泽东面露不悦,但他随即说:"那样也好!在新中国,民主党派有许多工作可做。共产党是离不开民主党派的,不参加政府,也有许多工作需要梁先生去做。您可以当全国政协委员,在政协里面,就可以为我党建言献策,可以搞调查研究,可以研究一些国家重大问题。"

听了毛泽东的这番话,梁漱溟便说:"到京两个月来,我感觉到近百年来患难中的中华民族可能由中国共产党而开出生机来,但这不过是种感觉,尚未成为一种确切的认识,所以想到国内各地走一走,仔细观察思考一番。"

毛泽东当即同意了梁漱溟的这一请求,并建议他先到山东、河南和东北老解放区看看。

从1950年4月开始,历时5个月,梁漱溟先后参观考察了河南、山东、平原三省农村及东北地区的城市、农村,所到之处,都受到很高的礼遇和盛情的接待,使他备受感动。9月23日,毛泽东约梁漱溟谈话,梁详细汇报了这次考察沿途的所见所闻。联想到梁对中国农村的固有看法，毛泽东发觉这次考察归来梁的思想有所转变，于是建议他再到南方新解放区走走看看。

1951年5月，梁漱溟主动报名参加中央土改工作团，奔赴四川农村。9月3日晚，也就是梁漱溟返京后的第四天，毛泽东即用车把他接进中南海，听取他的意见。

从这之后，毛泽东与梁漱溟的交往日见频繁，几乎每隔一两个月就有一次晤谈，谈论的话题涉及方方面面，谈话的气氛从来都是坦诚而从容的。

然而，1953年在一次会议上，这对老朋友因意见分歧而发生公开冲突，竟使他们的友好关系一去不复返。

毛、梁"九天九地"的争执

1953年9月8日，全国政协常委会召开扩大会议，请周恩来总理作关于过渡时期总路线的报告，梁漱溟作为全国政协委员列席了会议。

9月9日上午在小组讨论会上，梁漱溟发言，谈了自己学习总理报告后的几点体会。后来周恩来找到梁漱溟，希望他能在大会上把他的意见讲一讲。梁漱溟当即答应下来，并连夜作了认真的准备。

9月11日下午，梁漱溟在大会上谈了他对贯彻执行总路线的三点意见，大意是：一、实现国家工业化，不能只注重发展重工业，还要注意相应地发展轻工业、交通运输业等，对此也应列入国家计划。二、完成国家建设计划，靠的是广大群众，因此要重视做好群众工作。工业建设可依靠工会组织，发展农业应依靠农会。但农会土改后已作用渐微，只好靠乡村的党政干部了。而目前乡村干部的作风存在问题很多，须多下教育工夫。三、关于农民问题。进城之后，工作重点转移于城市。近年来，城里的工人生活提高得快，而乡村的农民生活却依然很苦。有人说，如今工人的生活在九天，农民的生活在九地，有"九天九地"之差，这话值得引起注意。搞建设如果忽略或遗漏了农民，那是不相宜的。尤其中共之成为领导党，主要亦在过去依靠了农民，今天要是忽略了他们，人家会说你们进了城，嫌弃他们了，这一问题，希望引起政府重视。

那天的会议，毛泽东没参加，但梁漱溟在会上的发言，却很快被汇报到他那里，引起了他的警觉和不满。

第二天，即9月12日，参加政协常委会扩大会议的人员，列席中央政府的第27次会议。会上，毛泽东即席发言说："有人不同意我们的总路线，认为农民生活太苦，要求照顾农民。这大概是孔孟之徒施仁政的意思吧。然须知有大仁政、小仁政者，照顾农民是小仁政，发展重工业、打美帝是大仁政。施小仁政而不施大仁政，便是帮了美国人。我们今天的政权基础，工人农民在根本利益上是一致的，这一基础是不容分裂，不容破坏的！"

毛泽东可能考虑到老朋友的面子，没有点出梁漱溟的名字。但梁漱溟心里明白，批评就是冲着他来的。他觉得这里面肯定有误会，凭着多年老朋友的关系，他要当面找毛泽东把事情说清楚。于是他提笔给毛泽东写了一封信，一是指出毛泽东的批评不当，请予以收回；二是他愿当面向毛泽东复述他发言的内容，以消除误会。

9月13日上午，梁漱溟在会场上将信直接交给毛泽东，毛泽东答应晚上找他谈话。这天晚上怀仁堂举办京剧晚会，二人见面时，离晚会开始只剩下20多分钟。急于要澄清问题的梁漱溟见时间不多，便不及细谈直接要求毛泽东解除对他的误会，而毛泽东则坚称梁漱溟是反对总路线之人，只是不言明或不承认而已。二人言语间频频冲突，最后不欢而散。

梁漱溟不肯就此罢休，9月16日再次登上大会讲台为自己申辩，遭到了周恩来和毛泽东的严厉批判。

9月17日，周恩来在大会上作了长篇发言，联系历史上的许多事实，指出"梁漱溟的思想观点与中共立场一贯对立"，"梁说工农生活'悬殊'，相差'九天九地'，好像他代表的是农民，实际上他是代表地主说话，是挑拨工农联盟的。对梁的那套主张，我们不能接受，我们应该断然地拒绝"。

在周恩来讲话过程中，毛泽东不时插话，声色俱厉，言辞激烈。"我认为你是放毒"，"梁先生自称有骨气的人，香港的反动报纸也说梁先生是大陆最有骨气的人，台湾的广播也对你大捧……你梁漱溟功在哪里？你一生一世对人民有什么功？一丝也没有，一毫也没有……梁漱溟是野心家，是伪君子"，是"以笔杆子杀人的杀人犯"等。

对于中共领导人的批判，梁漱溟心里十分生气和不服气，在9月18日大会上发言时，梁漱溟视一切于不顾，当场要求发言作答。遗憾的是，会场上一些人不让他再讲下去，他只好求助于毛泽东。梁说，现在我唯一的要求是给我充分的说话时间，同时我也直言，我还想考验一下领导党，想看看毛主席有无雅量。毛泽东说，您要的这个雅量，我大概不会有。梁紧接着说，主席您有这个雅量，我就更加敬重您；若您没有这个雅量，我将失掉对您的尊敬。毛泽东又说，这一点雅量还是有的，那就是您的政协委员可以当下去。这时，已是针尖对麦芒了。梁说，这一点倒无关紧要，我现在的意思是想考验一下领导党，看看党倡导的自我批评是真是假。毛泽东反驳说，对你是实行自我批评吗？不是，是批评。梁还是坚持说，我是说主席有无自我批评的雅量……后来，由于会场气氛紧张，不少与会者大喊，"梁漱溟滚下台"。到了这个时候，毛泽东口气略缓，说，梁先生，你今天不要讲下去了，给你10分钟，好不好？梁即答，10分钟怎么够？希望主席给我一个公平的待遇。会场再次哗然。最后有人提出交付表决。表决时，毛泽东等少数人举手赞同梁漱溟讲话，而大多数人则反对，梁还想再说一句话，会场上立刻有人大呼："服从决定，梁漱溟滚下来！"梁漱溟被轰下了台。

分歧发生后，梁漱溟曾主动提出要闭门思过。他给主持全国政协工作的陈叔通副主席和李维汉秘书长写信，要求请长假，"容我闭门思过"。请示到毛泽东那里，毛泽东并不赞成梁漱溟闭门思过，因此，他没有直接答复。李维汉派人告诉梁漱溟："今后可以这样办：需要出席的会议和活动，通知照发，但参不参加自便。"

晚年毛泽东批示：可惜没有梁漱溟

从1953年9月后，梁漱溟仍然是全国政协委员，他的工资照发，对他也没有进行任何正式处分。

梁漱溟能主动闭门思过，与何香凝的帮助分不开。梁漱溟几十年后在回顾这段历史公案时曾说："何香凝先生的发言在当时和事后，有三点引起我的注意。第一，在那种场合，她是唯一在发言中明确肯定了我过去是反蒋抗日的。也就是说，我并不是一生中对国家、民族没有做过一件好事的人。何先生说的是事实。那时候，因日寇进攻广西，桂林失守，我们退到贺县百步，我在那里主持民主同盟的发展工作，有许多反蒋抗日的朋友在那里，何先生是大家所敬重的一位。我同她时常见面，对时局的看法亦很相近。第二，她的语气缓和，发言中左一个梁先生，右一个梁先生。这在当时，发言者除毛主席等少数人还时而对我这样称呼外，大多数人都对我直呼其名。第三，她提醒我要闭门改过，补救前途。这是使我醒悟自己不该与毛泽东顶撞的最早的规劝之言。"

"文化大革命"中，由于周恩来的关照，梁漱溟没有成为"反动学术权威"之类的人物被打倒，这可以说是梁漱溟先生之大幸了。但因为他毕生铸就的刚正不阿，敢说敢为，善恶分明的个性，还是有话不吐不快。

1974年，江青策划了"批林批孔"运动。梁漱溟公开说自己不想批孔，但是可以批林，而且批林不应该批孔，两者根本没有关系。作为当代唯一坚守的儒家，他忍无可忍，单枪匹马上阵，疾呼孔子有功有过，不可全盘否定。他讲了中国的哲学精神，儒家的精华，明明白白地说，孔子的学说有糟粕更有精华，我们应该给以继承和发展。孔子的"中庸之道"、"克己复礼"属于学术研究的范畴，不能与政治问题同日而语。连毛主席都说从孔夫子到孙中山，我们应给以科学的总结。

梁漱溟的这篇针锋相对的发言，震动四座，使得批判的那些人将矛头从孔子和林彪身上转向了梁漱溟，持续了七八个月之久，等到最后一次批判他的时候，主持人问他的感想，他说："三军可夺帅，匹夫不可夺志！"并解释说，这是受压力的人说的话，不是在得势的人说的话。"匹夫"就是独人一个，无权无势。他的最后一招只是坚信他自己的"志"，什么都可以夺掉他，但就是这个"志"没法夺掉，就是把他这个人消灭掉，也无法夺掉！

梁漱溟的这段解释，使在座的人更加哑然、木然。几天后，上边传下话来说，梁某人是不可改悔的反动分子，跟他纠缠会上他的当，"转移了大方向"。从此，就没有人再与梁漱溟对阵了。

毛泽东和梁漱溟始终没有忘记对方。

1972年12月26日毛泽东生日，梁漱溟把尚未出版的《中国——理性之国》手抄书稿送到中南海，作为祝贺毛泽东生日的寿礼。

1975年9月30日晚，重病中的周恩来总理最后一次出席国庆26周年招待会。当时，毛泽东、周恩来起用邓小平主持党和国家的第一线工作。为了落实党的政策，一批在"文革"中受冲击的老干部、老民主人士、老教授、老专家被邀请出席了这次国庆招待会。当时的中国科学院哲学社会科学部（现在的中国社会科学院）也有许多位知名学者应邀出席了。国庆招待会之后，当时的哲学社会科学部领导小组给毛主席、周总理写了一份简报，反映出席国庆招待会的知名学者的雀跃之情。

毛泽东阅后很高兴，在这份简报上批示："金无足赤，人无完人。名单上的人参加招待会甚好，可惜没有周扬、梁漱溟。"

毛泽东的这个批示，证实了即便1953年之后毛与梁中断了见面长谈，但毛泽东并没有忘记梁漱溟这位特殊的老朋友。

1983年，90高龄的梁漱溟到韶山参观。一见毛泽东故居地地道道的农舍房屋，想起毛泽东世代为农的家庭背景，这位老人的心情犹如打翻了五味瓶。一种发自肺腑的内疚第一次冲击着梁漱溟的心。他突然感悟到是自己首先没有一种让别人批评的"雅量"；没有站在国家"一穷二白"的高度，全盘布局的"雅量"，而在大庭广众之下，再三用话语"逼迫"毛泽东"自我批评"，也太目中无人、意气用事了……

梁漱溟主动对陪同人员谈起当年和毛泽东争论的事，动情地说："当时是我的态度不好，说话不讲场合，使他很为难。我更不应该伤了他的感情，这是我的不对。他的话与事实不大符合，我的言语也是与事实有很大的不符合之处的，这些在争吵时都是难免的，可以理解的，没有什么的。"

说到这里时，老人伤心不已，眼圈儿也红了，他掏出手绢擦了擦眼角的泪水，又说："由于我的狂妄自大、目中无人，全不顾毛主席作为领袖人物的面子，当众与他顶撞，促使他在气头上说了若干过头的话。如果说他当时是意气用事、言语失控，那么也是我的顶撞在先，才有毛主席对我的严厉批评在后。这件事要是发生在蒋介石身上，他底下的特务早就叫梁漱溟拿人头来了。那件事后，我的政协委员照当，生活待遇照旧，也没有受到任何组织处理，我知道那是毛泽东的意思。他已故世了，我感到深深的寂寞……"

梁漱溟最后感叹道："毛主席的思想确实是博大精深，是可学不可及的！"

参考文献

1.《毛泽东选集》（一至四卷），人民出版社，1991。

2.《毛泽东选集》（第五卷），人民出版社，1977。

3.《毛泽东文集》（一至八卷），人民出版社，1996。

4.《毛泽东早期文稿》，湖南出版社，1990。

5.《毛泽东书信选集》，中央文献出版社，1983。

6.《毛泽东军事文选》，战士出版社，1981。

7.《毛泽东著作选读》，人民出版社，1986。

8.《毛泽东外交文选》，中央文献出版社，世界知识出版社，1994。

9.《毛泽东新闻工作文选》，新华出版社，1983。

10.《毛泽东农村调查文集》，人民出版社，1982。

11.《毛泽东著作专题摘编》，中央文献出版社，2003。

12.《毛泽东诗词对联辑注》，湖南文艺出版社，1991。

13.《毛泽东谈文说艺实录》，长江文艺出版社，1992。

14.《毛泽东一九三六年同斯诺的谈话》，人民出版社，1979。

15.《毛泽东自传》，解放军文艺出版社，2001。

16.《毛泽东同志八十五诞辰纪念文集》，人民出版社，1979。

17.《怀念毛主席》，山西人民出版社，1978。

18.《缅怀毛泽东》，中央文献出版社，1993。

19.《最好的怀念》，红旗出版社，1984。

20.《毛泽东的旗帜飘万代》，解放军文艺出版社，1977。

21.《毛泽东读文史古籍批语集》，中央文献出版社，1993。

22.《毛泽东与中国历史文化》，河北人民出版社，1993。

23.《毛泽东遗物事典》，红旗出版社，1996。

24. 逄先知、金冲及：《毛泽东传》，中央文献出版社，2004。

25. 金冲及：《毛泽东传》，中央文献出版社，1996。

26. 马连儒、柏裕：《毛泽东自述》，人民出版社，1996。

27. 郭金荣：《毛泽东的晚年生活》，教育科学出版社，1993。

28. 熊向晖：《在历史的注脚——回忆毛泽东、周恩来及四老帅》，中共中央党校出版社，1995。

29. 孙宝义、刘春增、邹桂芝：《毛泽东的读书人生》，中央文献出版社，2006。

30. 龚育之、逄先知、石仲泉：《毛泽东的读书生活》，三联书店出版，1986。

31. 龚周忠、唐振南、夏远生：《毛泽东回湖南纪实》，湖南出版社，1993。

32. 龚国基：《毛泽东与诗》，中国文联出版公司，1998。

33. 龚国基：《毛泽东与中国古代诗人》，中央文献出版社，2003。

34. 赵志超：《毛泽东和他的父老乡亲》，湖南文艺出版社，1992。

35. 于俊道、李捷：《毛泽东交往录》，人民出版社，1991。

36. 李锐：《毛泽东早年读书生活》，万卷出版公司，2005。

37. 李锐：《庐山会议实录》，河南人民出版社，1994。

38. 蔡清雷、吴万刚、黄辉映：《毛泽东与中国古今诗人》，岳麓书社，1999。

39. 胡为雄：《诗国盟主毛泽东》，当代中国出版社，1996。

40. 张学新、王之望：《毛泽东文艺思想与实践大观》，天津人民出版社，1993。

41. 赖传珠：《古田会议前后，星火燎原选编（一）》，中国人民解放军战士出版社，1977。

42. 牛克伦：《回忆毛主席，熔炉》，人民文学出版社，1977。

43. 王行娟：《贺子珍的路》，作家出版社，1985。

44. 李衍柱、李戎：《毛泽东文艺思想概论》，山东文艺出版社，1991。

45. 胡小林、于云才：《毛泽东的学习思想与实践》，山东人民出版社，2003。

46. 盛巽昌：《毛泽东眼中的历史人物》，上海辞书出版社，2005。

47. 盛巽昌：《毛泽东与三国演义》，广西人民出版社，1997。

48. 陈锋、王翰：《毛泽东瞩目的现代名流》，长江文艺出版社，2003。

49. 吴冷西：《忆毛主席》，新华出版社，1995。

50. 张启华：《读懂毛泽东》，四川人民出版社，2001。

51. 许兴全：《毛泽东与孔夫子》，人民出版社，2003。

52. 许全兴：《为毛泽东辩护》，当代中国出版社，1996。

53. 陶永祥：《毛泽东笔下的诗文典故》，中央文献出版社，2004。

54. 王宝琮、卢玉珂：《毛泽东著作典故集注》，中国工人出版社，1992。

55. 陈钧：《毛泽东选集典故》，中国广播电视出版社，1992。

56. 陈晋：《文人毛泽东》，上海人民出版社，2005。

57. 陈晋：《毛泽东与文艺传统》，中央文献出版社，1992。

58. 陈晋：《毛泽东读书笔记解析》，广东人民出版社，1996。

59. 陈晋：《毛泽东之魂》，中央文献出版社，1997。

60. 萧三：《毛泽东同志的青少年时代和初期革命活动》，中国青年出版社，1980。

61. 邹兆辰：《毛泽东对历史的考察》，首都师范大学出版社，1995。

62. 赵以武：《毛泽东评说中国历史》，广东人民出版社，2001。

63. 汪澍白：《毛泽东思想的双重渊源》，厦门大学出版社，1993。

64. 汪澍白等：《毛泽东早期哲学思想探源》，中国社会科学出版社，1983。

65. 叶永烈：《毛泽东之初》，作家出版社，1993。

66. 张贻玖：《毛泽东读史》，中国友谊出版公司，1991。

67. 张贻玖：《毛泽东和诗》，中央文献出版社，1998。

68. 张贻玖：《毛泽东评点唐诗三百首》，中国档案出版社，中共中央文献出版社，1999。

69. 刘济昆：《毛泽东兵法》，巴蜀书社，1996。

70. 樊昊：《毛泽东和他的顾问》，人民出版社，1993。

71. 石玉山：《毛泽东怎样读书》，中国大百科全书出版社，1991。

72. 刘光荣：《毛泽东的人际艺术》，中共中央党校出版社，1992。

73. 中共中央文献研究室编：《毛泽东诗词集》，中央文献出版社，1996。

74. 刘建国等：《韶山的昨天与今天》，湖南文艺出版社，1993。

75. 王凡、东平：《特别经历——十位历史见证人的亲历实录》，中共党史出版社，2007。

76. 张恩和、张洁宇：《长河同泳——郭沫若和毛泽东的友谊》，华文出版社，2002。

77. 臧克家：《毛泽东诗词鉴赏》，河北人民出版社，1996。

78. 傅德岷、邓洪平：《毛泽东诗词鉴赏》，四川人民出版社，2001。

79. 陈廷一：《毛氏三兄弟》，东方出版社，2004。

80. 毕桂发：《毛泽东评说文人墨客》，解放军出版社，2004。

82. 毕桂发：《毛泽东批阅古典诗词典赋全编》，中国工人出版社，1997。

83. 时鉴：《听毛泽东讲中国》，红旗出版社，2003。

84. 王凤贤：《毛泽东与中国传统文化》，安徽人民出版社，1996。

85. 薛泽石：《跟毛泽东学史》，红旗出版社，2000。

86. 吴宜、温宪祝：《毛泽东读书与写文》，中共中央党校出版社，1993。

87. 龙剑宇：《毛泽东家世》，人民出版社，1996。

88. 龙剑宇、胡国强：《毛泽东的诗歌人生——从韶山冲到中南海》，中央文献出版社，2004。

89. 王兴国：《毛泽东与佛教》，中国书籍出版社，2002。

90. 毛新宇：《爷爷毛泽东》，国防大学出版社，2003。

91. 何显明：《超越与回归——毛泽东的心路历程》，学林出版社，2002。

92. 黄丽镛：《毛泽东读古书实录》，上海人民出版社，1994。

93. 付健舟：《毛泽东诗词全集详注》，伊犁人民出版社，1999。

94. 柳文郁：《毛泽东评点古今诗书文章》，红旗出版社，1994。

95. 董边等：《毛泽东和他的秘书田家英》，中央文献出版社，1989。

96. 张素华等：《说不尽的毛泽东》，辽宁人民出版社，1995。

97. 华英：《毛泽东的儿女们》，中外文化出版公司，1989。

98. 侯俊智、刘佳：《书山有路——毛泽东风采》，新华出版社，2003。

99. 马清福：《毛泽东妙评古代文史哲》，辽宁画报出版社，2001。

100. 戴木才：《毛泽东人格》，江西人民出版社，2001。

101. 曹英：《震撼共和国的大阴谋》，团结出版社，1993。

102. 朱正明等：《在毛泽东身边》，山西人民出版社，1993。

103. 王子今：《毛泽东与中国史学》，中共中央党校出版社，1993。

104. 董学文：《毛泽东和中国文学》，春风文艺出版社，1994。

105. 宋贵文：《毛泽东与中国文艺》，人民出版社，1993。

106. 彭德怀：《彭德怀自述》，人民出版社，1998。

107. 聂荣臻：《聂荣臻回忆录》，解放军出版社，1983。

108.《王震传》，当代中国出版社，1999。

109. 埃德加·斯诺：《西行漫记》，三联书店，1979。

110. 施拉姆：《毛泽东》，红旗出版社，1988。

111. 杨伯峻：《孟子译注》，中华书局，1980。

112. 杨伯峻：《论语译注》，中华书局，1980。

113. 蒋南华：《荀子全译》，贵州人民出版社，1995。

114.《诗经研究丛刊（第五辑）<毛公后裔今何在>》，学苑出版社，2003。

115. 释传正、释妙峰：《关于禅的研究与探讨》，中国社会科学出版社，2004。

116.《梁启超全集》，北京出版社，1999。

117. 张恒俊：《论儒家文化与青年毛泽东》，湖南工业大学学报，2009,14（3）。

118. 程林辉：《毛泽东与儒家人生哲学》，青海社会科学，2008，（5）。

119. 王兴国：《成年毛泽东与儒学》，湘潭大学学报，2005，（3）。

120. 王淑萍：《孔子的大同施政思想及其对毛泽东的影响》，南都学坛，2003，23（4）。

121. 王思涛、孔翠萍：《论毛泽东对儒家思想的扬弃》，河海大学学报（哲学社会科学版），2004，6（4）。

122. 缪德阳：《毛泽东群众路线对儒家民本思想的扬弃》，湖南科技大学学报（社会科学版），2008，11（3）。

123. 季荣臣：《儒家"内圣外王"之道对青年毛泽东人格的影响》，党的文献，2007，（1）。

124. 黛素芳：《儒家生死哲学与毛泽东的生死观》，齐齐哈尔大学学报（哲学社会科学版），2001，（5）。

125. 余画洋：《老子的"道"、"德"与毛泽东的哲学》，中南大学学报（社会科学版），2010，16（3）。

126. 林源：《老子哲学与毛泽东的矛盾辩证法》，江苏社会科学，2001，（6）。

127. 陈锦松：《毛泽东对老子中哲学命题的发展与升华》，西北民族大学学报，2006，（6）。

128. 陈锦松：《老子和毛泽东哲学中关于转化的辩证思想》，上海第二工业大学学报，2007，24（2）。

129. 笑人：《毛泽东读<老子>实录》，党史文汇，2002，（8）。

130. 高成：《毛泽东军事辩证法思想与老子的兵学思想渊源》，毛泽东思想研究，2006，23（2）。

131. 李艳：《先秦道家哲学与毛泽东辩证法思想》，毛泽东思想研究，2004，21（2）。

132. 罗绂成：《浅谈毛泽东诗词中的"鲲鹏"意象》，安徽文学评论研究，2007，（11）。

133. 哈斯朝鲁：《从<祭母文>看佛教对早年毛泽东的影响》，毛泽东思想研究，2006，（4）。

134. 牛崇辉：《毛泽东与五台山僧人》，湖南党史，2000，（4）。

135. 陈喜荣：《试析毛泽东主观能动性思想的儒、道、佛思想渊源》，福建省委党校学报，2005，（12）。

136. 曹固强：《毛泽东和达赖交往内幕》成功（教育版），2008，（5）。

137. 张铁军：《毛泽东谈禅宗六祖慧能》，党的文献，2007，（6）。

138. 游和平：《毛泽东眼中的佛教文化》，中国粮食经济，2008，（8）。

139. 毛国庆：《毛泽东与佛教》，黑龙江省社会主义学院学报，2006，（3）。

140. 檀庆双：《毛泽东与佛教文化》，忻州师范学院学报，2002，18（5）。

141. 秦亚红：《毛泽东与五台山》，五台山，2006，（9）。

142. 张强：《少年毛泽东的佛教信仰》，世界宗教文化，2004，（1）。

143. 熊华源：《毛泽东究竟何时读的<孙子兵法>》，党的文献，2006，（3）。

144. 谷峰：《毛泽东在何时读了<孙子兵法>的探析》，毛泽东思想研究，2002，（3）。

145. 邵平桢：《孙子<计篇>与毛泽东<论持久战>比较研究》，毛泽东思想研究，2003，20（2）。

146. 肖茜熔、朱方长：《中国古代兵家辩证法对毛泽东哲学思想的影响》，科技创新导报，2010，（9）。

147. 卢秀华：《毛泽东对<孙子兵法>的辩证法思想的批判继承》，光明网。

148. 王君：《"古为今用"与毛泽东军事思想的创立》，佳木斯大学社会科学学报，2008，26（1）。

149. 魏天顺、齐德学：《书生成于统帅——毛主席用兵，真如神》，党史信息报，2007-10-17。

150. 徐焰：《四渡赤水出奇兵——到底奇在哪里》，党史信息报，2006-11-29。

151. 王子今：《毛泽东论析秦始皇》，百年潮，2003,（10）。

152. 丁毅：《"我们是他生命长存的见证人"——毛泽东谈屈原》，党的文献，2006,（4）。

153. 孙业礼：《"吏不得人,则法不得行"——从毛泽东评王安石变法说起》，党的文献，2005,（6）。

154. 徐祝林：《化用情中韵豪放意精新——毛泽东诗词化用唐诗的艺术管窥》，当代文坛，2010,（4）。

155. 张志忠：《毛泽东的李杜论和唐诗观》，党史文汇，2008,（12）。

156. 毛炳汉：《毛泽东酷爱屈原<楚辞>及其原因》，湖南社会科学，2003,（1）。

157. 牟玉亭：《毛泽东与<诗><骚>》，西华师范大学学报（哲学社会科学版），2006,（2）。

158. 熊劲松：《从两首论史词作看范仲淹对毛泽东的深刻影响》，范仲淹研究文集，1996,（3）。

159. 熊劲松：《毛泽东论范仲淹》，湖南科技大学学报，2009,12（5）。

160. 徐中远：《毛泽东读红楼梦》，党的文献，1994,（1）。

161. 艾丽辉：《毛泽东与中国四大古典名著》，南都学坛，2004,24（3）。

162. 陈晋：《"务虚"之用——从毛泽东批注李世民的工作方法说起》，党的文献，2007,（4）。

163. 马莉：《毛泽东十一次谈屈原及其作品》，世纪桥，2009,（10）。

164. 牟玉亭：《毛泽东与<诗经>》，深圳大学学报，2008,25（6）。

165. 刘汉民：《毛泽东与<昭明文选>》，荆州师专学报，1998,（3）。

166. 陈延嘉：《毛泽东的<昭明文选>情结》，名家，2000,（1）。

167. 高玉昆：《毛泽东与唐诗艺术》，国际关系学院学报，2004,（2）。

168.《毛泽东与陈毅同志谈诗的一封信》，文艺报，1978,（1）。

169.《毛泽东提倡读三部中国小说》，山西日报，1984-01-09。

170. 薄一波：《回忆片断》，人民日报，1981-12-26。

171. 孟祥中：《毛泽东与中国古典小说》，文史哲，1993，（6）。

172. 王学坚：《毛泽东与中国古典小说》，昌潍师专学报（社会科学版），1996，（1）。

173. 黎建明：《毛泽东与湘剧》，艺海，2009，（3）。

174. 孙琴安：《毛泽东与冯友兰的交往》，成功，2008，（2）。

175. 沈素珍：《毛泽东与哲学大家冯友兰的故事》，情系中华，2007，（7）。

177. 谢保成：《郭沫若与20世纪学术文化》，郭沫若学刊，2002，（1）。

178. 孙琴安、李师贞、岳洪治：《毛泽东与文化名人》，人民日报·海外版，2003-12-24。

179. 黄禹康：《毛泽东与郭沫若半个多世纪的交往》，文史春秋，2009，（5）。

毛泽东——无与伦比的国学大师（代跋）

目前，"国学热"一浪高过一浪，"国学班"、"国学院"遍地开，各种祭祖活动此起彼伏，孔子铜像立进了天安门广场，"孔子学院"开到了非洲大陆……短短数年间，国学由书橱里的"古董"，一跃为大众热捧的"显学"。

在这场汹涌而至的"国学热"浪潮中，我们不应淡忘一个人，淡忘他终生不移的"国学情结"，淡忘他对国学的与时俱进和发扬光大所作出的独特贡献。

他自幼饱读"四书五经"。从《尚书》到《诗经》，从《论语》到《孟子》，他都熟读成诵。写作谈话他能引经据典，妙语如珠。

他对上下五千年的国史了如指掌。一部《资治通鉴》，他整整读了十七遍；煌煌《二十四史》，被他翻破了。他的史论常常石破惊天，他的史识往往发人未发。有人填词评价他"掌上千秋史，胸中百万兵"，绝非过誉之言！

他是诗国盟主。从屈原到李白，从古体到近体，从唐诗到宋词，从豪放到婉约，名家名篇他讽咏成诵，挥洒自如。多少诗词歌赋让他如痴如醉，多少风流俊才让他瞩目萦怀！

他是文章妙手。从《昭明文选》到《古文观止》，从贾谊策论到韩愈古文，他反复读诵，揣摩摹仿。兴致所至，他又荐之于他人，"奇文共赏析"。

他是自创一体的书法家，他又是撰写传统楹联的高手；他是"古典小说迷"，他又是传统戏剧曲艺的鉴赏家；他既读破了万卷"有字之书"，又踏遍神州大地的名山大川，深入到田间地头，寻常巷陌，读透了中国国情这部"无字之书"！……

他是谁？

他的头像高悬在中华民族的象征建筑天安门正中央，他的颂歌《东方红》被人造卫星发射到太空深处，他是中华各族人民世世代代爱戴的伟大领袖，他有一个震古烁今、传遍世界各个角落的名字——毛泽东！

尽管战争年代戎马倥偬，尽管建设时期日理万机，但毛泽东争分夺秒所研读的国学典籍，用"汗牛充栋"来譬喻不为夸张。当今的某些以"国学大师"自居的人是无法望其项背的。

如何对待以国学为核心的中华传统文化，毛泽东曾提出了明确主张：总结，整理，"取其精华，弃其糟粕"，推陈出新，古为今用。

毛泽东有一句名言："读书是学习，使用也是学习，而且是更重要的学习。"

古为今用，活学活用，是毛泽东阅读国学经典，挖掘国学宝藏的一个最大的特征。这也是他超过那些皓首穷经、数黄论黑，坐谈立议，百不及一，起而行之，百无一能的书生、"书蠹"们的千万倍的地方。

在毛泽东的笔下和口中，古老的国学被赋予了全新的灵魂，它能为现实的革命斗争提供方针政策的指导，它能为开展思想教育工作贡献力量，更奇妙的是，它能与来自西方的马克思主义水乳交融，从而使马克思主义原理呈现出大中华气派，为中国老百姓所喜闻乐见。

毛泽东一生笔走风雷，写过许多气势雄宏足以传颂千古的文章。《毛泽东选集》，"雄文四卷"，曾有人作过粗略统计，其中的成语典故，有40条左右来自《左传》，有20至30条来自《论语》《孟子》《史记》《汉书》等，有10条左右来自《诗经》《尚书》《易经》《大学》《中庸》《老子》《庄子》《国语》《战国策》《后汉书》《三国志》《孙子兵法》等。"毛选"中活用古典小说、诗词曲赋的地方更是俯拾皆是。

在毛泽东妙笔点化下，古老而早已失去生机的国学典籍中的成语、典故、诗词，甚至神话传说，立即变得熠熠生辉，焕发出新时代的勃勃生机，给人以隽永的启迪，从而使他的文章光彩夺目，虎虎生威，让人百读不厌。

毛泽东在演说、讲话和与人交谈时，常常上天下地，海阔天空，纵横古今，对于国学典籍中的故事、成语，他能信手拈来，随意驱驰。他能给一句古典格言赋予全新的时代内涵，使之成为党的指导方针；他能以古典小说中的一个情节来说明一个革命道理，令听者拨云见日；他能从初见者的姓名中寻找到楚辞唐诗，让对方惊叹不已……听毛泽东演讲，和毛泽东交谈，在享受他独特的口才魅力的同时，使人深深受到智慧的启迪，情操的陶冶，国学知识的教益。

人们都知道，毛泽东思想是马克思主义基本原理同中国实际相结合的智慧结晶。试问，如果没有毛泽东对国学典籍的饱览，没有他对中华民族的历史延革以及民族性格的了如指掌，他能对中国的实际现状洞若观火吗？这种结合能如此的天衣无缝吗？

江山如画，一时多少豪杰！

早年毛泽东在一首诗中浩歌："山川奇气曾钟此。"晚年毛泽东曾对一位美国来访者说："我生着一张大中华的面孔。"是的，毛泽东是大中华山川奇气所钟的奇男子，伟丈夫，更是延绵五千年国学传统之精华所哺育铸就的"风流人物"！

俱往矣，数风流人物，还看今朝！

集革命家、军事家、政治家、哲学家、书法家于一身的毛泽东，博览古籍，精通经、史、子、集，更是一位空前绝后的、无与伦比的"国学大师"，他对国学的品鉴、评点、批注和古为今用，是留给后代的一笔宝贵的精神财富。整理和挖掘这笔精神宝藏，对今日的"国学热"有多方面的指导意义，对于国学的全面复兴和走向世界，对于中华文化的大繁荣大发展，具有难以估量的价值和作用！